"上海市普通高中新课程新教材实施研究与实践"项目成果

指向核心素养落地

37个核心问题的
上海实践

上海市教师教育学院（上海市教育委员会教学研究室）◎编著

华东师范大学出版社
·上海·

图书在版编目(CIP)数据

指向核心素养落地：37个核心问题的上海实践/上海市教师教育学院(上海市教育委员会教学研究室)编著.

上海：华东师范大学出版社，2025. —ISBN 978-7
-5760-5889-5

Ⅰ. G639.21

中国国家版本馆CIP数据核字第2025Q0R636号

指向核心素养落地：37个核心问题的上海实践

编　　著　上海市教师教育学院(上海市教育委员会教学研究室)
责任编辑　刘　佳
特约审读　古小磊
责任校对　廖钰娴　时东明
装帧设计　卢晓红

出版发行　华东师范大学出版社
社　　址　上海市中山北路3663号　邮编200062
网　　址　www.ecnupress.com.cn
电　　话　021-60821666　行政传真021-62572105
客服电话　021-62865537　门市(邮购)电话021-62869887
地　　址　上海市中山北路3663号华东师范大学校内先锋路口
网　　店　http://hdsdcbs.tmall.com/

印　刷　者　上海景条印刷有限公司
开　　本　787毫米×1092毫米　1/16
印　　张　23.75
字　　数　520千字
版　　次　2025年4月第1版
印　　次　2025年4月第1次
书　　号　ISBN 978-7-5760-5889-5
定　　价　98.00元

出　版　人　王　焰

(如发现本版图书有印订质量问题，请寄回本社客服中心调换或电话021-62865537联系)

序

　　教育兴则国家兴，教育强则国家强。新时代赋予基础教育的使命前所未有，立德树人的根本任务关乎国家前途、民族希望、人民福祉，培养担当民族复兴大任的时代新人，责任重于泰山。在百年未有之大变局下，全球竞争的本质是人才的竞争、教育的较量、素养的比拼。培养具有创新精神、实践能力和家国情怀的高素质人才，是国家战略布局的重要支撑和关键所在。实施新课程、新教材（简称"双新"）改革，就是立足当下、面向未来，构筑国家竞争力和民族创新力的战略举措。

　　上海，历来勇于领潮时代之先，敢于率先改革实践。作为国家教育改革的试验田、创新发展的示范区，上海市教委以战略视野布局"双新"改革，以系统思维驱动顶层设计，以务实精神扎根基层探索创新，精准破解人才培养模式瓶颈，系统推进课程体系深度重构、跨学科实践纵深发展、评价机制深度转型。这些探索路径与成果，不仅彰显了上海"双新"实施的格局和魄力，更为全国基础教育改革树立了标杆与典范。

　　上海市普通高中新课程新教材的实施，是上海教育综合改革的重要内容，也是实现高中育人方式改变的重要途径，更是高中学校办出特色的重要载体。为全面贯彻落实《国务院办公厅关于新时代推进普通高中育人方式改革的指导意见》（国办发〔2019〕29 号），提高普通高中新课程新教材实施水平，提升普通高中育人质量，2021 年 9 月，上海市教委启动了"上海市普通高中新课程新教材实施研究与实践"项目，总项目组编制了项目指南，构建了市、区、校三级项目研究共同体，以三批滚动实施的方式，先后组织杨浦、黄浦、普陀、浦东、徐汇、宝山、嘉定、闵行 8 个项目区和 120 所高中项目校全力推进。

　　本书汇聚的是"上海市普通高中新课程新教材实施研究与实践"项目的第一批 35 所项目学校和杨浦、黄浦两个项目区的实践结晶。比如，上海中学通过大中学协作，形成了"高中—大学"贯通式培养体系，以科学研究引领学生深度成长，成功培养出具备突出学术潜质与创新精神的资优人才。控江中学则通过跨界资源整合与跨学科实践探索，拓展了教育与真实世界连接的新路径，激发学生走出课堂，融入场馆、社区乃至更广泛的社会空间，使学生在真实世界的实践中发展创新精神、社会责任感与综合素养。这些鲜活的实践案例，生动展现了"双新"改革在学生成长、学校发展与社会需求之间的有机整合。

　　这些具体而丰富的实践探索，也彰显了上海"双新"改革在方法论上的整体性突破与实践创新。各校扎根教育现场，以高度的问题意识为引导，运用循证实践的方法论，进行系统性、创造性的深度实践探索，实现了理论与实践的交汇、政策与实践的深度互动。与此同时，课堂教学也在

"双新"改革中焕发新的生机——以学生为中心的学习方式正在重塑,基于核心素养的教学变革成为主流。各校积极探索项目式学习、主题探究式教学、融合人工智能技术的智慧课堂等,推动学科教学向深度学习迈进。每所学校的问题虽各自不同,但整体体现的是"双新"改革在上海教育系统的全面性与系统性,这种突破不仅仅停留在问题解决本身,更在于整体推动了教育生态的重塑与育人模式的创新。

本书汇集的成果,更体现了沪上高中落实新时代教育改革的政治站位与战略高度,回应了党和政府对教育的基础性、根本性与战略性要求。每个学校的探索都聚焦于"双新"实施中的热点、重点和难点,各有击破,皆有建树,呈现了校本化的生动实践和群体智慧的创新特色。各项成果既是理论探索的深刻体现,又是"双新"改革实施过程中的实践佐证,不仅展现了"双新"在高中教育中的"进行时"与"创新态",更具有典型的示范效应和显著的辐射价值。

普通高中推进实施"双新",是一项长期而又系统的工程,既需要战略上顶层设计,也需要战术上步步为营;既需要围绕核心素养培育的主题,也需要遵循教育规律的实践;既需要教师精心教书育人,也需要学生用心体验感受。可以说,本书仅仅是沪上普通高中推进实施"双新"的初步成果,盼望第二批、第三批项目区和项目校以及所有高中能够持续探索、拓展深化。站在更宏大的历史视野和更广阔的国家战略布局中审视,我们期待未来的上海实践能够进一步聚焦核心素养的深度落地,进一步助力教育生态的系统性变革,为全国提供可借鉴、可推广的创新样本与改革方案。

征途漫漫,唯有笃行方可致远。让我们携手同行,以更加坚定的信念、更加宏大的视野、更加务实的行动,共同谱写新时代基础教育改革创新、人才培养提质增效的壮丽篇章,为中华民族伟大复兴贡献教育智慧与力量!

王洋

上海市教师教育学院(上海市教育委员会教学研究室)院长

目录

第一部分

创新人才培养

1

大中学合作促进高中资优生学术志趣聚焦的发展指导探究——以上海中学与高校合作育人实践为例

/ 上海市上海中学

核心问题

如何引导高中资优生关注国家重大需求和战略必争领域,立志突破关键技术,夯实对感兴趣领域的学术志趣与素养?

一、背景与问题

实验性示范性高中客观上集聚了一批有学术潜质的资优生,如何引导他们发展学术兴趣与特长,促进他们的潜能得到开发,引领他们成为国家重大需求和战略必争领域的高水平人才? 上海中学与各大高校多年的合作育人实践提供了一种大中学合作促进资优生学术志趣聚焦的发展指导范例。

(一)背景概述

高中教育是基础教育与高等教育衔接的重要阶段,是高水平人才培养体系建设的重要枢纽。为此,需要将高中教育作为高水平人才培养体系建设中的重要环节,为高水平人才成长奠基。立足高水平人才培育的"全局",抓好高中教育这个"枢纽"工程,关键在于做好对高中阶段资质相对优异学生(以下简称"资优生")的教育引领,促进大学与中学的育人衔接,缩短人才培养周期。我国各省市的实验性示范性高中客观上集聚着一批资优生,如何引导他们在学术探究之路上站得更高、看得更远是高中教育需要面临的一个现实问题。上海中学在推进大中学合作、促进高中资优生学术志趣聚焦的发展指导上进行了长期的实践探索。

上海中学于 2008 年开始在上海市率先开展"高中生创新素养培育实验项目",2010 年被教育部批准为国家教育体制改革项目"探索建立拔尖创新人才培养基地"首批试点学校。学校在 2008 年与上海交通大学合作设立科技实验班,并在 2012 年与多所高校拓展合作,建立工程实验班。2009 年起,开始陆续与同济大学、华东政法大学等高校合作开展面向全体学生选学的节能汽车、软件工程、法学等十多个实验组专门领域课程。2014年至今，推进与复旦大学合作的"学术兴趣与素养培育的导师制计划"。2016年，将科技实验班、工程实验班的大中合作专门领域课程打通选学。多年来，学校不断探索大学与中学合作的高水平人才早期培育链，形成了大中学合作反馈机制并持续优化迭代。上海中学与高校的实质性合作育人模式引导资优生逐步聚焦学术志趣，形成了强化模式、一般模式、整合模式多元运行的发展格局（见图1-1-1）。

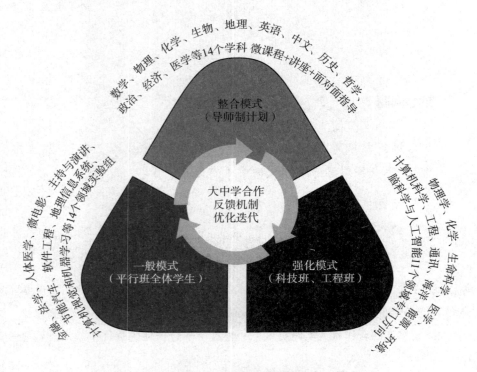

图1-1-1　上海中学与高校的合作育人模式

　　每个孩子都是独一无二的，不同学术发展取向的孩子，其发展水平和需求存在现实差异。大中学协同育人宜采用"一般模式与强化模式相结合，逐步聚焦整合"的方式。"一般模式"以丰富的选修课程以及大中学合作的实验组专门领域课程选学的形式开展，"强化模式"以科技实验班、工程实验班等形式开展。在不断优化迭代的过程中，这两种实施方式还可以逐渐形成"整合模式"：不设立实验班、实验组，面向全体学生挑选出80—90名学生组成导师带教形态开展大中学合作。这种模式以复旦大学和上海中学合作的"学术兴趣与素养培育的导师制计划"为代表。每个学生依据自己的兴趣、特长与能力选择个人的轨道，在聚焦志趣的同时，产生对于学术的敬畏感和研究热情。

　　（二）拟解决问题分析

　　在突破边界的高水平人才早期培育探索过程中，如何引导高中资优生在大中学合作育人过程中进一步树立学术志趣与夯实学术素养？《辞海》中将"学术"诠释成"较为专门、有系统的学问",如此一来,"学术素养"便是指探求专门、有系统学问的兴趣、知识、能力与德行。与高校学生"学术素养"培育关注学术问题解决与学术创新能力不同,高中资优生"学术素养"培育从高中生认知发展规律出发,以"学术探究思维和方法养成"为逻辑主线,激活学术探究兴趣,内化学术道德,夯实学术知识,提升学术能力。

高水平人才的早期培育需要高水平的学术引领以及丰富的资源匹配。目前,尽管诸多高中在突破资源限制、引领学生学术聚焦方面,与大学开展了各种形式的合作,但主要是通过邀请大学专家到高中开设讲座、让学生进入高校实验室体验课题研究的方式来推进,更多是一种"点到为止"的尝试。为此,亟须探索一种更适合高中资优生成长的、促进学术志趣聚焦的大中学合作育人机制。

针对大中学合作促进高中资优生学术志趣聚焦的发展指导的开展,拟解决的两个关键问题是:第一,如何拓宽高中资优生的学术视野,在课程内容、教学形式上实现育人方式的突破;第二,如何引入大学学术资源,实现学生、师资、制度、评价等要素的优化组合,为学生提供接触真实学术研究的经历,促进其在聚焦学术志趣的基础上提升学术素养。

二、路径与办法

针对普通高中资优生教育的学术引领方式过于简单与学术素养培育资源不足等问题,上海中学在大中学合作促进高中资优生学术志趣聚焦的发展指导上,立足新时代人才强国战略对于高水平人才的需求,注重与一批"双一流"高校建立合作,用更宽广的学术引领平台,引领高中阶段客观存在的、对一定领域感兴趣的、有着良好学术潜质的资优生,在大中学协同育人机制影响下,树立高中学术志趣追求,并进行了高水平人才培养体系视野下的大中学合作育人整体思考(见图1-1-2)。在这一整体思考下,上海中学对大中学合作促进高中资优生学术志趣聚焦的发展指导路径与方法进行了设计。

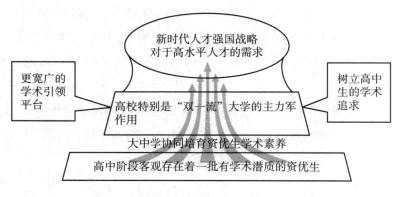

图1-1-2　高水平人才培养体系视野下的大中学合作育人整体思考

（一）路径设计

上海中学在2020年至2023年主要通过问卷调查,了解学生和高校专家在参与大中学合作育人的各类课程授课、课题指导过程中形成的有效育人关键点,以及大中学合作育人对学生学术志趣聚焦和未来可持续发展的影响;通过深度访谈,了解导师、学生的反馈及其成长过程中的感悟,形成学生发展的事实性材料。在此基础上,对大中学合作促进高中资优生学术志趣聚焦的发展指导路径进行了设计(见图1-1-3)。

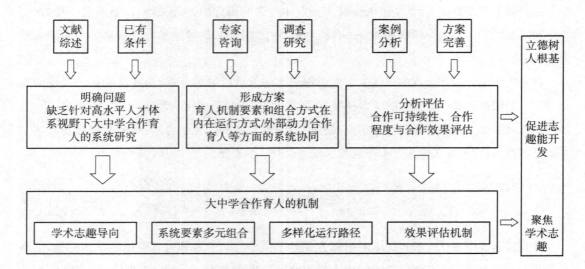

图1-1-3　大中学合作促进高中资优生学术志趣聚焦的发展指导路径设计

学校以"上海中学—复旦大学学术兴趣与素养培育的导师制计划"(以下简称"导师制计划")为研究个案,全方位分析导师制的实施策略、路径选择、课程开发、实施效果。同时,通过对典型的学生案例进行长时间的跟踪研究,了解大中学合作育人模式对于具有不同发展潜质学生的影响及其学术志趣聚焦的过程。

在大中学合作实践探究上,学校抓住新课程新教材实施的契机,提炼促进高中资优生学术志趣聚焦的发展指导有效路径,同时又在实践过程中进一步检验、充实、完善合作范式的科学性、先进性和可行性,引导资优生夯实立德树人根基,促进他们的学术志趣聚焦与潜能开发。

（二）探究方略

上海中学与上海交通大学、复旦大学等十余所合作高校持续深化合作内容、拓展合作方式、丰富合作形态、创设合作机制,从资优生学术兴趣激活到志趣聚焦乃至形成阶段性的专业取向,做到了"三个打破"与"三个坚持"。

1. 做到"三个打破"

(1) 打破学科与学年界限,形成合作育人贯通体系。大中学合作双方通过调研分析,在合作定位、沟通方式、合作形态等问题上达成共识,形成了多种合作模式。以"导师制计划"为例,自

2014年两校签订合作协议至今,已经历三次续约,两校的合作打破学科与学年的界限,逐步形成了包括高一学科讲座、高一高二学科微课程、高二高三"导师面对面"、暑期大学先修课程、在线指导与慕课学习、科研实践项目"六位一体"的合作育人实施路径,构建了完整的高中三年导师带教周期。

(2)打破"大学化"育人模式,形成合作育人管理系统。学校与合作高校打破以知识传授为主的高校课程资源前移的"大学化"育人模式,形成了适合高中资优生学术兴趣与素养培育的学术课程体系与管理系统。学校与上海交通大学等高校合作推进科技实验班、工程实验班的脑科学与人工智能等十多个领域的专门课程开发与课题探究;与同济大学、华东师范大学等高校合作实施节能汽车、地理信息系统等十多个实验组专门领域课程,形成了逐步提升学术探究能力的学术素养课程体系与"专人对接+定期座谈"的沟通方式,建立了稳定的项目管理团队。

(3)打破"点到为止"的学术体验格局,注重全过程思维方法与价值引领。学生在聆听大学教授开设的专门课程、学科讲座与微课程的基础上,根据自身感兴趣的学科领域选择实验班、实验组以及专门领域导师,就感兴趣的问题、主题、课题或项目进行探究,打破了浅尝辄止的学术体验模式。学生还可以带着课题走进大学实验室、走进科研团队,感受真学术。

2. 做到"三个坚持"

(1)坚持研讨释疑,改变重"短期效果"的合作评价,保持良好的沟通反馈机制。例如,每学期至少组织一次大学教授/专家/导师与中学教师助教、学生参与的研讨,并建立合作育人的学生跟踪发展评估,关注学生学术生涯的持续动力。

(2)坚持点面结合,提炼大中学合作育人模式。上海中学在大中学合作育人的"点"上,将同一类型发展潜质的学生集聚在科技与工程创新实验班、复旦大学导师制计划、上海交通大学钱学森英才计划中进行学习教育;"面"上,面对全体学生,形成了金融(与上海财经大学合作)、法学(与华东政法大学合作)等14个实验组专门领域课程供学生选学。

(3)坚持普及推广,促进大中学合作实践经验上升为理性思考。上海中学作为普通高中新课程新教材实施国家级示范校,不断开发探索大中学合作的课程资源,不断深化大中学合作育人机制,进一步推进学校创新型平台搭建与研究型氛围营造,并促进该计划形成的诸多实践成果在上海市同类学校加以推广。

三、成果与经验

(一)明晰了高中资优生学术志趣与素养培育的学术引领方向

在高中资优生学术素养引领方面,大中学合作育人要获得实效,需要始终把握学术方向、聚焦学术志趣、提升学术素养。将学术探究思维和方法养成作为逻辑主线,始终聚焦学术志趣,将高中资优生的学术志向导引与国家人才战略需求相连、学术潜能开发与成才价值观结合；始终贯穿"会学会玩"，关注基础学科前沿导引，激活资优生学术兴趣，在学中追求"术"；通过大师引领，引导学生参与真学术，在感兴趣的课程领域学习中会"玩"，主动借助各类平台开发自身学术潜能。聚焦学术志趣强调丰富平台，我校与合作高校开发多领域课程供学生选学，激活学生学术兴趣，借助导师与学生组建的学术研修共同体，凝炼学生学术志向。提升学术素养依靠实践磨砺，重在培育学生的学术道德，夯实学术知识，提升学术能力。其中学术道德是学术素养的底线，学术知识是学术素养的根基，学术能力是学术素养的核心。

（二）形成了以学生为主体、配备大学与中学双导师的学术研修共同体模型

探究是高度个性化的创新活动，贯穿于整个高中阶段。其中，大学教授、专家、导师的引领对于高中资优生而言十分重要。每年合作高校派出 100 多位教授、专家、导师来校指导学生。在大中学合作育人运行中，高中资优生、合作高校教授/专家/导师以及我校配备的学科领域相匹配的中学教师助教一起组成了学术研修共同体（见图 1-1-4）。大学教授/专家/导师关注专业领域研究前沿和研究方法指引，重在引领高中生的学术科学精神和思维。高中教师作为学生学术探究活动的组织者、引导者与陪伴者，既受高中生的探究热情和好奇心推动，不断提升专业素养，同时又从大学专家那里了解学科发展前沿趋势，始终保持学科敏感性。学生是学术研修共同体的内驱力，在思维碰撞与多领域探究中感受导师的学术素养，夯实学术知识，聚焦学术志趣，提升学术素养。

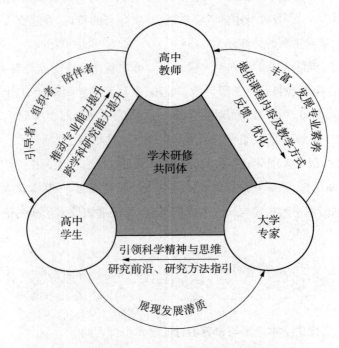

图 1-1-4 学术研修共同体模型

（三）形成了促进高中资优生发展的学术素养课程内容体系

上海中学在"双新"实施过程中，针对高中资优生群体，建构了物理学、医学、工程、能源、环境等十多个领域的实验班专门课程与软件工程、法学等十多个领域的实验组专门领域课程系统。同时，形成了"导师制计划"学术素养课程内容体系，包括聚焦基础学科学术引领、强调跨领域组合学习的学科微课程；聚焦国家战略领域前沿、强调高观点思维引领的学科讲座，已累计开设了150余场；聚焦基于问题的深度交流、强调大师引领的导师面对面课程，已累计1 200多小时的师生面谈；聚焦做真学术、强调真做学术的暑期课程，让学生亲身体会来自真问题的探究是怎么回事。这些课程内容都是学术志趣形成的关键。

（四）创设了大中学资源统整服务于资优生学术素养提升的动力运行机制

此动力运行机制主要包括一个核心（聚焦学术志趣、激发学术潜能）、三大载体（专门课程实施、课题项目研究与创新实验室建设），以及制度、资源、实施、评价四个贯通体系（见图1-1-5）。在制度贯通体系上，学校与大学共同制订培育方案，合作组成教学团队，协同实施教学管理，联合实施教学评价；在资源贯通体系上，重视大中学的实验室资源分享、高水平专家资源驱动、优势专业课程资源引导、科创活动平台资源开发；在实施贯通体系上，强调激励机制、沟通交流机制的建立；在评价贯通体系上，对学生参与课程学习与开展活动的情况进行记录、评价，并将相关学习反思材料纳入学校综合评价系统。这四个贯通体系相互协作，促进大中学资源统整服务于资优生学术素养提升，激发学生持续追求学术的动力。

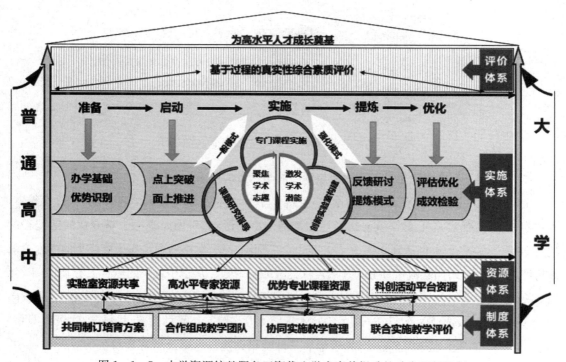

图1-1-5 中学资源统整服务于资优生学术素养提升的动力运行机制

（一）促进了高中资优生在参与"真学术"探究中提升学术素养

从学术兴趣到学术志趣，不是一般意义上的对某领域越来越感兴趣，而是关乎内在倾向的价值变化（见图1-1-6）。针对高中资优生群体，需要以探究为主线，丰富学生的学术体验。上海中学开展的大中学合作育人，无论是哪种合作模式，学生均需要经历课题或项目探究的过程。课题研究基于专门领域课程的学习，参与"强化模式"的每位学生在大学教师和校内教师的指导下利用一年半的时间至少完成一个课题，经历开题、中期考核、结题的完整研究过程。参与"一般模式"的每位学生需要完成一个小课题，并最终撰写一篇小论文。以"整合模式"的"导师制计划"为例，高一微课程作为学术兴趣的导引，让每个学生找到感兴趣的探究主题。随后，灵活程度更大的学科讲座作为过渡，让学生逐步对自己感兴趣的领域有较为深入的认识，并为进入高二学科微课程的学习作好准备。微课程是学生从常规的中学课程走向学术探究的第一步，随着探究的深入，需要有导师的一对一深度交流；在深度交流并形成了真问题后，学生再带着课题通过暑期课程等形式体验学术研究。

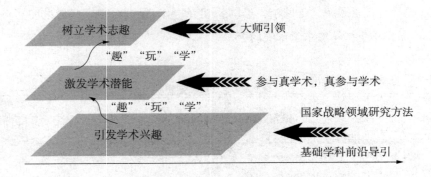

图1-1-6 高中资优生学术内在倾向的价值变化

（二）增强了高中资优生基于志趣聚焦领域的学术发展追求

上海中学大中学合作育人实践的推进，促进了学生学术志趣的聚焦。调研显示，近五年来，科技实验班、工程实验班、数学实验班学生在校期间所选课程、所做课题与升学专业的匹配程度达到90%左右，平行班也达到80%左右。其中，"导师制计划"实施增强了高中资优生的学术追求和持续发展动力，对国家战略领域人才的需求达成匹配效果。从学生成长的"点"上看，以2017年至2022年全程参与此计划的455名毕业生为例，他们的大学就读专业与"导师制计划"课程方向匹配率约达85%，选择国家"卡脖子"关键技术领域专业（芯片、计算机系统、材料、生物医学等）的约占40%，其他学生则选择了数学、物理学等基础学科深造。从惠及所有在校生的"面"上看，学生在追求学术志趣的道路上逐步清晰自身未来生涯发展的方向。

（三）为大中学合作培育高中资优生学术素养提供了一种实践范例

上海中学的大中学合作育人实践使高中资优生原有的学习资源（包括学习空间、学习时间、学习领域等）获得极大拓宽，这既为大学进行全链条人才培养提供了参考，也为高中充分利用大学、科研院所资源培育资优生学术素养提供了良好范例。"导师制计划"实践智慧集结的十个学科微课程转化为复旦大学周末"先修学堂"，全市150余所高中学子报名学习。一系列的教育思考和沉淀也逐步形成，2020年以来，学校教育研究成果形成了十本著作，如《聚焦志趣 静待花开——大学与中学合作下师生成长》《学术志趣引领——高中生研究论文选编》等，这些积淀又进一步促进学校教育治理效能的持续提升。整合大学与中学合作育人成果的《上海中学探索实践：基于学术志趣导航的拔尖创新人才早期培育》被编成专题简报，报送中央教育工作领导小组等部门交流。

五、反思与展望

深化学术志趣引领的高中与大学合作育人打造了创新人才多元成长的枢纽，夯实了多领域高水平人才早期培育根基，能够解决中学教育学术引领方式单一、资源开发不足的难题，打破学科与学年界限，提升为国育人的战略全局思维。

（一）跳出生源桎梏，开拓创新人才自由生长的新空间

高水平人才培育没有统一的公式，更没有统一的方法、统一的解，学校要结合自身实际去探索合适的路径。高中教育是基础教育与高等教育衔接的重要阶段，如何引导高中阶段有不同兴趣领域、发展潜质的学生在学术探究上站得更高、看得更远？对此，学校要以拓展大中学合作育人空间为着力点，注重引领不同发展潜质的高中生激活学术探究兴趣，内化学术道德，夯实学术知识，提升学术能力，让创新人才自由生长。

抓好大中学衔接这个关键点，对"着力造就一批拔尖创新人才"具有重要意义。高中与大学合作育人，应该形成包括制度保障、资源互通、实施有序、评价衔接等在内的更为连贯的高水平人才培养体系，而不是简单的生源输送。这种实质性合作能让不同发展潜质的高中生在学习过程中离学术更近一些。大中学联合进行多领域学术课程开发与多样化教学形式变革，引导学生的学术探究从兴趣走向价值追求，不是育人过程的"添砖加瓦"，而是"突破边界"找新路，让孩子们在良好的氛围中自由地生长。

（二）激发学术志趣，让每个孩子发现自己的成长赛道

学校要尊重孩子的身心健康与成长规律，认识到有些素养需要在高中培养，有些素养可以与大学衔接，不能拔苗助长，而要努力创设条件，包括进一步拓展高中与大学合作育人的空间，激发对某一或某些领域感兴趣、有潜质的学生树立学术志趣，让每个孩子发现自己的成长赛道，引导学生将自身发展的"志"与国家需要、社会责任联系起来。

由于高水平人才的识别没有普适的规律,培养的途径也不是单一的,在没有统一方法去解的时候,就要采取多元途径。立足学生的长远发展激发学术志趣,让兴趣相同、潜能相当的学生形成学习共同体,强化"生生"与"师生"之间的高效交流,是高水平人才培养的有效途径。对于学校而言,创新人才培养也并不仅仅是资优生的培养,而是要形成整体的氛围和生态,通过与多所高校、科研院所的多领域合作,带动全体学生的发展,打造学生多元成长的枢纽。

(三)拓宽合作领域,释放学生学术志趣蓬勃生长的激情

创新人才是个性化、分领域的,每个学生的兴趣点与发展潜质不一样,学校既要教给学生知识,为未来走向创新而奠基,更要创设不同的平台和条件(积极开展多视角、多领域课题与项目研究),释放他们的创新激情,培育他们勇于创新的思维与品格。有条件的高中可以与多所大学的多个专门领域进行合作,引导不同兴趣爱好、不同发展潜质的学生获得更好的发展,促进他们在感兴趣的领域形成学术志趣,夯实学术素养。

将对同一领域感兴趣、有潜质的学生集聚在一起,形成专门领域的探究小组,建立起高中与大学在相应领域的学术联系通道,能够更大范围地释放学生在学术志趣领域的创新激情。学校以满足学生的发展需求为核心,集聚各方面的资源,为他们创设条件,让他们充分发挥潜能,就会迸发出"群星效应"。如果一个孩子把感兴趣的方向都体验过了,即便未能有明显的成果也没有关系。在探究过程中,他也会积累终身受用的经验和能力,并逐步形成适合自己的最佳专业发展取向。

学校要释放学生在学术志趣领域的创新激情,满足学生探究的好奇心,让学生的志趣得到聚焦、潜能得到开发,并且将自身发展的志趣与国家发展、社会需要保持同向,持续提升他们的社会责任意识与思想境界。同时,更要努力落实大学多领域专家资源引入、实验室平台共享等机制,鼓励孩子成为探究的主角,给孩子试错的机会,全方位激活他们的内驱力,让每个孩子都能找到自己的成长空间。

(执笔人:刘茂祥　程　林)

2 依托创新实验室的高中创客教育实践研究

/ 上海市控江中学

核心问题

如何为高中多样化的育人方式找到适切的载体?

一、背景与问题

(一)研究背景

1. 政策依据

有关部门印发的相关政策不断强调课程建设的多样性、综合性、实践性。同时,上海已提出加快向具有全球影响力的科技创新中心迈进的目标,2017 年又制订和颁布了"上海文创五十条"。教育教学改革和上海的发展定位为本案例研究提供了有力的政策依据。

2. 区域优势

上海市控江中学所处的杨浦区是国家双创示范基地、全国普通高中新课程新教材实施国家级示范区、上海市基础教育创新实验区、"基于教学改革、融合信息技术的新型教与学模式"实验区。在《杨浦区教育改革和发展"十四五"规划》中明确将"创智教育"作为工作核心,相应地,我校的"十四五"规划也把创新实验室建设作为发展创客教育的引擎。此外杨浦区还集中了大量的高校院所和创客园区,这些都是学校创客教育发展的潜在转化资源。

3. 学校基础

就理念而言,创客教育理念契合学校的办学理念和育人方式。近年来,学校在办学实践中凝练出"玩学合一"的育人方式,提倡在低控制、高支持、重自主的学习氛围中,依托形式多样的学习组织,通过由浅入深的学习方式,将"玩""学""研"结合起来,实现"顺其天性、助其个性、养其长性"的育人内涵。在这样的办学理念和育人方式下,综合实践学习、混龄同伴学习、跨领域学习、混合式学习愈发被重视,而创客教育则是这种育人方式的适切载体。就实践而言,学校已在创客课程、创客活动、创客团队、创客空间、创客产品等方面做了一系列先期研究,提炼了高中创客教育的实践经验,尤其是科创、文创项目已经形成一定的示范影响力。

（二）拟解决的问题

本项目在文献研究、开题论证、专家报告的基础上,以创新实验室建设为牵引,在实践研究中提炼高中阶段创客教育的普适经验,为育人方式改革和新课程教材实施拓展路径。拟解决以下五个问题:

一是如何以创新实验室建设为导向,孵化创客学习空间;

二是如何重构原有课程资源,建立创客课程体系;

三是如何打造创客师资队伍,变革传统教学方式;

四是如何组织创客教育活动,培育推广创客文化;

五是如何协同各方面的力量,形成多元参与格局。

二、路径与办法

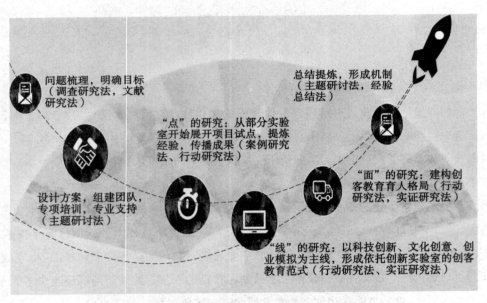

图1-2-1 项目路径与方法

三、成果与经验

本项目以创新实验室建设为导向,以创客教育的理念,将创新实验室转化为创客学习空间,从科技创新、文化创意、创业体验三个领域发展高中创客教育体系,从创想,到创为,再到创生,形成三个梯度的挑战式培养路径。将创客教育实践打造为素养孵化池,聚焦学会学习、创新实践、责任担当三大素养的生成,在实践研究中提炼高中阶段创客教育的普适经验,逐步形成体现控江中学表达的高中创客教育体系(见图1-2-2)。

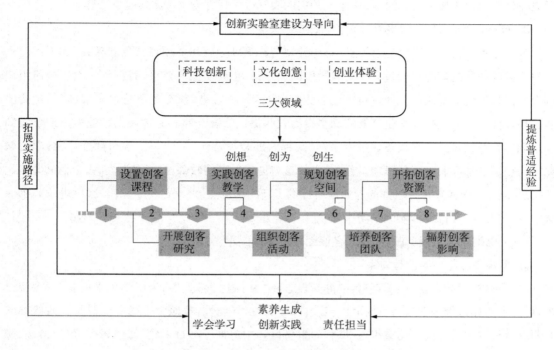

图1-2-2 高中创客教育体系

具体成果经验如下。

(一)孵化创客学习空间,均衡创客教育实践

1. 持续改善创客教育物理环境

近年来,学校完成了学生活动中心独栋大楼的建造以及理化生实验室的现代化升级,同时建成文化创意中心、科技创新中心(含环境化学实验室、工程技术实验室、航模实验室、物理学术竞赛实验室、机器人实验室等)、历史人文创新中心(含历史创新实验室、语文"三·一"课堂创新实验室、地理创新实验室、篆刻艺术创新实验室等)、媒体运用中心、生涯指导中心五大创新实验区,并加快创新实验区的新技术运用,形成有利于创客教育的线下物理环境。

2. 初步开发虚拟学习空间——"创客群岛"

学校在多方、多轮、多项研讨的基础上,挖掘校本创客课程中的远程探究、自主学习、线上考核等要素,将部分课程改造成特征鲜明、线上线下结合的虚拟课程,在慕课平台上构建虚拟学习空间——创客群岛,为线上线下混合式学习提供了可能。

(二)培养创客团队力量,赋能创客师资动力

1. 设立实验室管理团队,健全创客教育管理制度

学校内的11个市区级创新实验室配备11支实验室管理人员团队,根据创客教育实际情况,

健全实验室管理制度。例如理科类实验室陆续引进和培养后备专职实验员;人文类创新实验室管理团队以教研组为单位,实现"1+N"配置模式,即一位固定实验室总负责人员负责统筹规划,下设轮值实验室工作人员,根据每学年老师们的实际教学任务合理分工实验室工作。

2. 打造创客研训机制,培养创客教育团队

学校通过"青蓝工程""启航计划""卓越计划""STEM 教师培养项目""慕课项目"加大了对创客教育教师团队的培养。通过学生发展导航课程建设、创新实验室建设、科创班建设等教研组织创设来优化配置教师团队。通过科技创新大赛、明日科技之星、创客夏令营、"未来杯"学生挑战赛、"控江杯"科创大赛、汉文化节等活动赛事为教师提供带赛经验。通过加大绩效奖励鼓励教师积累创客教育的经历。学校还通过专家辅导、校内外教师合作、一线与二校教师合作、跨学科联动等为创客教师和教师团队赋能。目前,学校参与创客教育的教师在 60 名左右,占全体教师的比例接近 50%。创客教育为教师的专业发展提供了新的增长点,因此在新一轮市、区级骨干教师评选中,我校有 50 余位教师入围不同序列。

(三)重构原有课程资源,创立创客课程体系

1. 重构多样化创客课程体系

基于学校"倡导自主、追求创新"的办学理念和"为学生适性发展,为学生未来奠基"的课程思想,创客课程体系聚焦多样性、选择性、实践性、综合性、导航性,按照学生的专业愿景和研修方向对原有课程资源进行模块化重组,在课程的重新设计中追加了项目引领、课题研究、院校链接、愿景生成、活动衍生、特质培养等功能,形成了 12 个指向生涯启蒙的学生发展学程模块,并整合成科创、文创、人文、艺体四大学程领域。

2. 提升课程综合赋能与导航未来的功能设计

从横向看,创客课程体系包括三个课程领域和八个课程模块,在物理与工程、化学与环境、生物与医学、编程与人工智能、文学与传媒、历史与文博、财经与政法、创意与设计这些课程模块中,均形成了相应的创客课程、创客学习、创客活动、创客研究、创客资源,使得创客教育成为学校特色课程发展的重要内容支架。从纵向看,创客课程对高中学生发展提供了有力支持,鼓励兴趣发展,惠及全体学生。具体来说,创客课程的分布如表 1-2-1 所示。

表 1-2-1   上海市控江中学创客课程分布表

领域	所属模块	代表性课程	活动设计	相关社团
科技创新	物理与工程	物理学术竞赛、创意结构工程、无人机、航空模型	全国物理学术竞赛、同济建造节、无人机系统挑战赛、航模挑战赛、物理竞赛	航模竞技社、建构社
	化学与环境	环境科学、废水处理与分子筛	环境科学考察、化学竞赛、高校院所研学	化学俱乐部

领域	所属模块	代表性课程	活动设计	相关社团
	生物与医药	分子医药、揭秘微生物	生物竞赛、高校院所研学	根与芽社、医学社
	编程与人工智能	算法基础与编程实践、人工智能、单片机、智能电路、程序设计、3D打印	赛复创智杯活动、科技创新大赛、单片机挑战赛、机器人创客马拉松	XDE网络社、机器人社
文化创意	文学与传媒	戏剧教育	鹿鸣剧场、研学旅行	文学社、汉服社
	历史与文博	奇妙博物馆、上海史话	"青史杯"剧本大赛、汉文化节、国庆游园会、博物馆研学	历史研究社
	创意与设计	文化创意设计与实践、社区文创、篆刻	创客夏令营、艺术节、上海创客新星大赛、"未来杯"微电影大赛	创意发声社、工艺社、橡皮章社、动漫社、书画社
创业体验	财经与政法	上海财经大学经济课程、金融实战场课程、模拟政协课程、律师攻略、模拟联合国课程	商业挑战赛、KJ学生公司、模拟政协、模拟法庭、模拟联合国活动	BC商赛社、模拟联合国社、模拟政协社

3. 跨学科项目化学习，促进创客新样态

学校为学生创设充分体验跨学科学习的选择机会、支持跨学科学习的时空条件、创客教育引领下的跨学科学习体系、开放协同的跨学科学习资源。形成了一批跨学科课程教学项目，如社区文创、植物菁华录、物理学术竞赛、低空无人机、航空模型、人工智能、工程结构、环境化学、揭秘微生物、戏剧表演、博物探馆、模拟政协、模拟联合国、商业挑战赛等，构建了跨学科慕课学习平台"创客群岛"。

4. 优化创客课程教学，形成适性培养路径

创客课程教学以"创新环境，情境教学；任务驱动，激活自主；让渡时空，重视研学；优化评价，人文激励"的课程理念推动学生"玩学研一体化"，优化学习流程。具体做法是采用"活动设计—任务驱动—情境教学—探究学习—学生输出—创意激励"模式进行课程教学实践。重构校内资源、打通校外资源，在课程教学中赋予好"玩"的教学活动来激活孩子"玩"的天性，变静态的课堂为动态的课堂，实现时间与空间向学生的充分让渡；在课程教学活动中渗透项目式学习的要求，变教学的课堂为探究的课堂，形成以师生"研习共同体"为基础的课程教学流程；通过学生研学成果多重形态的呈现输出检测课程教学成效；通过创意性的激励评价调动学生的主体参与积极性，给出课程教学模式可持续运作的内驱动力。在此基础上，鼓励教师成为研学的引导者、陪伴者、激励者，让师生"研习共同体"互动下的课程教学得以实现。同时，在研学中引入校外资源、跨学科师资的支持，变校内研学为多维空间的研学，变单科研学为融通研学。课程、活动、研究不再有

明确边界,而是有效结合,让"玩"变得更有品质。

(四)跨界整合资源,创设育人新生态

从纵向看,学校逐步构建了上通高校院所、中连创新实验室、下接集团校的"初中—高中—大学"贯通式培养,从而为创客教育的实施创设了稳定而有效的工作机制。2017年起,学校陆续以上海交通大学与复旦大学的"英才计划"、复旦大学"步青计划"、上海交通大学"学森挑战计划"、同济大学"苗圃计划"、上海财经大学"经世计划"、上海海洋大学联合培养计划为驱动力,对不同志趣、不同学力、不同年级的学生开展差异化培养,探索出了高中—大学合作办学的有效方法,拓展了拔尖学生培养的路径。2023年起,学校启动"致海书院"创新人才培养项目,打通高校院所的办学合作为学校带来了优质课程、讲座和专家资源,极大地促进了学生的研究性学习能力和水平,也为创客教育创造了更多可能性。此外,学校将创客教育的经验与成果下移到初中集团校。在控江中学领衔的初高中一体化教育集团内,制订指向学生综合素质培养和评价的"萌芽计划"、指向学生科创素养培养和评估的"前滩计划",这些计划目前在六所初中集团校有序开展。

从横向看,学校通过创客教育,使学校与社会、城市和乡村、国内和海外、线上和线下皆为课堂,不再有围墙,有利于建立开放性、共享型的教育环境。通过组织设计校外创客体验活动,学校与中国科学院、上海市激光技术研究所、上海院士风采馆等科研机构保持良好的合作关系,将创客学习空间从校园延伸到场馆与社区,从城市延伸到乡村,从上海延伸到全国,从中国延伸到海外,这些变化拓宽了学生的视野、促进了深度学习、带动了沉浸式学习体验。以创业体验项目为例,学校开设了财经与金融专业系列课程,包括与上海财经大学合作开发的财商课程、与青年创业家合作开设的金融实战场进阶课、与社会公益组织合作开设的商业挑战赛课程。

四、检验与佐证

1. 激发了学生的未来思考和创新动力

学生通过参与创客教育,从某一领域的学程起,通过分阶段、综合性的学习经历赋能,为高中选科选课、大学选专业、未来选职业提供预体验,形成证据链;通过参与学程"＋高校""＋企业""＋社区""＋场馆""＋公益"等联动项目延展了学习边界,课题成果、创客成就、艺体成绩斐然;学生对未来的专业选择、职业方向有了更加明确的倾向,课程满意率从70%提升至95%,选科调换率从20%下降至5%,学生填报基础学科、"卡脖子"关键技术领域专业的意愿增强,典型案例涌现。例如,学生通过参加商赛社、商业模拟挑战赛以及公司模拟体验等一系列活动,成功地弥补了传统教育模式中实践机会的缺失,不仅点燃了学生们的创业激情,也极大地提高了他们的学习兴趣。实际效果显示,参与这些活动的学生在创业思维、团队协作能力以及问题解决技巧等方面均取得了明显的进步。

2. 赋能了教师的教育行为和专业素养

学校探索素养导向下的高中创客教育学习路径,编制了素养导向下高中深度学习的指征体系2.0、3.0及4.0版,开展教学研讨、教学实验、教学展示,不断推进深度教研。截至目前,学校组织开展大型综合性市、区级以上教学展示、研讨和论坛活动共8次;教师开设区级以上公开课近百节,市、区级以上立项课题不少于26项,开发区域共享课程6门,出版专著12本,发表论文47篇。例如,文创中心为教师提供了一个实验场地,让他们能够尝试新的教学理念和方法。教师可以根据学生的学习成果和反馈,不断调整和优化自己的教学策略,使教学内容和方式更加生动、有趣且具有吸引力。这种教学的灵活性和适应性,有助于提高教学质量,实现教学方法的持续改进和创新。在教育能力提升方面,中心强调实践与体验,这要求教师不仅要有扎实的理论知识,还要具备引导学生进行实践操作的能力。通过设计和指导项目,教师能够在实践中提升自己的组织、指导和评估能力,同时也能够通过不断学习新技术和新知识来提升自身的专业素养。在跨学科实践方面,中心鼓励教师跳出传统学科的框架,进行跨学科的教学设计和研究。这种跨学科的协作和实践,有助于教师建立更加广泛的教育网络,提高自己的教学和研究能力,获得更广阔的大局观,形成项目与实践的良性循环。

3. 优化了课程的育人理念和实施方式

在创客教育的实践下,课程供给从单一走向多元,课程实施从分散走向综合,课程学习从静态走向动态,课程环境从封闭走向开放,学习评价从数量走向质量。学校围绕跨学科学习、项目化学习、数字化工具、社会性实践等方式探寻创客教育的方法、路径,积极探索"学会学习、创新实践、责任担当"三大素养导向下的创客课程设计、教学设计、案例研究、创客教育系列展示。目前,已编制依托11大创新实验室的12个学生课程纲要,共建完整课程68门、微课3 200余节,其中13门在市、区级慕课平台上线,课程在平台的使用率近几年提升了45%。例如,在生物实验室的实践探索中,老师们尝试将数字化工具应用在课堂教学,特别是实验教学中,亦取得良好的教学效果。姜翠平老师在"探讨DNA分子双螺旋结构的发现过程并制作模型"一课中,将"三个助手"数字教学系统使用与课堂情景设置、实验建模、问题讨论、结果评价结合起来,获得了良好的即时教学效果。

五、反思与展望

1. 加快线上线下创客教育空间环境的同步建设

在创新实验区、创新实验室的利用效率不平衡问题上,学校一是通过定期的智库指导、第三方评估,对空间利用形成评估报告,给出建设性意见,按照其绩效开展梯度分层奖励;二是通过举办丰富且有意义的创客教育活动,加大创新实验区、创新实验区人财物资源的循环利用;三是加大创新实验区、实验室对集团校、联盟、高地、基地等的开放力度,使其成为学校教育开放共享的重要舞台;四是变创新实验室为学校对外交流的窗口,通过国际交流、国内交流、校际交流,使创新实验室成为学校办学经验与成果示范、辐射、输出的阵地。在线上创客空间建设相对滞后的问题上,学校通过信息化标杆校项目的驱动,建设线上学习超市、创客资源库,将创客教育的既有成果有序上线,形成共建共享资源。

2. 加大创客教育"三驾马车"之间的合作互助

通过课程共建、活动共办、空间共用、文化共育、课题共研、成果共享等方式支持文创、科创、创客体验三大创客教育模块之间开展合作性、互助性的教育教学实践。结合新课程新教材的建设,通过开展课程领导力研修、创智课堂、STEAM 教师培训与头脑风暴,组织跨学科、跨实验室、跨领域的项目设计与实践,推动创客教育从分散走向统整,形成集群规模效应。

(执笔人:徐莉娜)

3 推动大中衔接　培育学术素养——复旦大学附属中学新课程新教材实施研究与实践项目成果

/ 复旦大学附属中学

核心问题

如何在"双新"背景下,形成学术素养的培育与评价体系,构筑高中—大学衔接课程体系,发现与培养拔尖创新人才,并对其进行学术生涯引领?

一、背景与问题

各个国家与地区关于拔尖创新人才培养的实践,在制订法律与政策、建立专门学校、注重综合素质评价、构建差异化课程体系、形成多元化校外培养体系等领域都作出了很多探索。[①] 相比于世界发达国家,我国重点关注高等教育阶段的拔尖创新人才开发,但在基础教育阶段对拔尖创新人才的早期培养重视相对不足。[②] 同时,拔尖创新人才的早期培养需要打通基础教育和高等教育阶段之间的壁垒,而以往的大—中衔接研究与实践更多地围绕招生制度改革、学科衔接、大学新生适应教育等领域展开,[③]且一定程度上更强调"选拔功能"而非"教育功能",对拔尖创新人才的衔接培养关注度不够。[④] 这也使得高中阶段培养和选拔出来的学生,在进入高校学习,尤其是开启学术道路之后,表现出不适应的现象尤为突出。

复旦大学附属中学(以下简称"复旦附中")作为上海市首批实验性示范性高中,受上海市教委和复旦大学双重领导,长期深耕大—中衔接教育领域。2017 年起,复旦附中进一步加强与复旦大学教务处的合作,以开设"大学微课"、参与"步青计划"为契机,全面构建以学术素养培育为导向、

---

① 叶之红.关于拔尖创新人才早期培养的基本认识[J].教育研究,2007(6):36—42.
② 钱智,吴也白,宋清,等.上海拔尖创新人才早期培养存在的问题和对策[J].科学发展,2022(2):15—22.
③ 赵淑梅.大学与高中教育衔接研究的概况与展望[J].江苏高教,2014(2):110—112.
④ 鲍威,李珊.高中学习经历对大学生学术融入的影响——聚焦高中与大学的教育衔接[J].清华大学教育研究,2016,37(6):59—71.

以大中衔接教育为主要平台的拔尖创新人才早期培养体系。传统大—中衔接的具体形式更侧重于知识、课程的衔接，衔接的选拔功能被不断放大，且尚未建立起完善的衔接培养评价体系。因此，复旦附中认为亟须建立起在"学术素养"培育视域下的创新性大—中衔接课程与评价体系。

复旦附中在"双新"研究与实践过程中，将"拔尖创新人才"所应具备的素养定义为"学术素养"。如果说"核心素养"回应了"何为全面发展的人"以及"如何培养全面发展的人"这两个核心问题，因而具有全面性、普适性的话，复旦附中在此基础上的教育教学研究与实践，更多地在思考和回应"何为拔尖创新人才"以及"如何培养拔尖创新人才"，故而对"学术素养"进行了校本化定义，并围绕"学术素养"进一步开展大中衔接教育的研究与实践，探索拔尖创新人才的早期发现与培养机制。

在这一轮探索与实践中，复旦附中解决的核心问题在于如何形成早期发现与培养拔尖创新人才的有效机制；如何在"双新"背景下，构筑高中—大学衔接课程体系；如何形成中学生学术素养评价体系；如何对中学生进行学术生涯引领。

二、路径与办法

根据核心问题，复旦附中的研究与实践主要通过以下三个方面展开。

（一）以提升学术素养为导向

以什么标准对拔尖创新人才进行选拔和培养是一个重要的命题。尤其是在拔尖创新人才的早期发现与培养中，培养与评价导向的确立显得尤为重要。以往一些学校或教育相关组织以智商作为选拔的主要标准，但其显然难以适应当下时代对于拔尖创新人才的多元需求。更是有研究指出，当超过约 120 的智商阈值后，智商和创造力之间的相关性会显著降低。[①] 而单纯以学科知识为导向的选拔和评价，又有可能引发超前学习的过度与泛滥。

更多的学校选择以科学素养、创新素养作为评价与培养的指向，取得了丰硕成果。[②] 复旦附中在构建大中衔接培养体系过程中，为了使学生在进入高校之后更为适应地开展学术学习和研究，对有关学科核心素养的相关论述进行了系统梳理和文本研究，提出以"学术素养"作为学校拔尖创新人才早期培养的核心目标。

对学术素养的研究源于 20 世纪 90 年代英国学者对大学写作教学现状的反思，[③]其实践也更多地指向高等教育领域，鲜有涉及基础教育领域。通过文献研究与系统论证，复旦附中将高中学

① Davis, G. A., Rimm, S. B., Siegle, D. *Characteristics of gifted students* [M]//*Education of the Gifted and Talented (6th ed)*. Essex: Pearson Education Limited, 2014:31-53.

② 杨清.论普通高中拔尖创新人才早期培养[J].中国教育学刊,2023(8):64—70.

③ Lea, M. R. & Street, B. V. Student writing in higher education: An academic literacies approach. [J]. *Studies in Higher Education*, 1998,23(2):157-172.

段的学术素养定义为学生在探究或研究过程中所应具备的基本素质和道德修养。同时,将学术素养划分为学术意识、学术知识、学术能力、学术道德规范四个维度,并形成指标体系。①

表 1-3-1　高中生学术素养的指标体系(二级)

一级指标	二级指标
学术意识	问题意识
	探究/研究意识
	批判意识
学术知识	一般科学文化知识
	学科专业知识
	方法论知识
学术能力	学术创新能力
	专业选择与判断能力
	学术资源获取能力
	研究过程设计能力
	研究过程实施能力
	学术论文撰写能力
学术道德规范	学术诚信
	引用规范
	合作精神
	研究透明度
	学术伦理合规

在具体实践过程中,针对不同维度的学术素养培育,学校还进行了相应评价工具的开发。在选拔阶段,学校以跨学科"学习资料包"的形式给予学生新知,采取"现学现考"的模式(现场学习新知识后现场考核),规避了一味考查学科知识,变相鼓励超前学习的问题。"高中生研究方法入门"是每一位学生入学时的必修课程之一,学生在课程结束阶段需要提交关于一个探究/研究问题的开题报告。学校组织研究性学习导师对开题报告进行审阅,主要针对学术意识(问题意识、探究/研究意识)和学术能力(学术资源获取能力、研究过程设计能力)两个维度展开评定。学校开发了校本研究性学习平台,学生在平台上完成了研究性学习后,需要完成研究性学习报告,平

---

① 王立珍,袁金英,马秀峰.研究生学术素养的内涵及培育探析[J].软件导刊(教育技术),2012,11(5):50—52.

台对报告中的学术引用规范以及是否使用 AI 工具等情况进行智能判断与评定。这些工具的开发与使用，对学生不同学习阶段的学术素养提升进行了有效检测。

（二）以培育学术志趣为目标

学科竞赛是我国历史最悠久、教育积淀最丰厚、参与群体最广大、培养最成系统的拔尖创新人才早期培养模式，有的学校甚至将学科竞赛培养等同于拔尖创新人才早期培养。但实证研究表明，相比于"非竞赛生"，"竞赛生"在进入高校学习后，除了学业成绩上优势显著以外，在诸如学习动力、创新力等其他方面的优势并不明显。但如果将"竞赛生"按照是否具有"科学兴趣"分为"兴趣型竞赛生"和"功利型竞赛生"，可以发现"兴趣型竞赛生"无论是在学术志趣、学习动力、专业特长自信还是创新力上都显著优于"功利型竞赛生"。[1]

复旦附中在拔尖创新人才早期培养过程中，不将人才培养与竞赛训练简单地画等号，而是根据学术素养的目标维度，将学科竞赛学习与学术养成相结合，将学科知识传授与学术志趣培育相融合，为每一位潜在的拔尖创新人才制订个性化的成长道路。2009 年，复旦附中成为首批参与上海市教委"普通高中学生创新素养培育实验项目"的四所学校之一，创设"理科实验班"（后增设"创新实验班"与"人文实验班"）。早在彼时，"理科实验班"中相当一部分学生就在导师的带领下，在完成竞赛学习之余，撰写数学等学科的习作和论文。其后，学校成立"文理学院"，进一步扩大拔尖创新人才培养的辐射范围。2018 年，在"实验班"模式、"文理学院"模式等实践的基础上，学校全面实施"学院制"。学校在每一位高一学生入学伊始就将其分至四所学院：家桢学院（课程偏向物理、化学，注重探索与实验）、望道学院（课程偏向人文、社科，注重内涵与修养）、步青学院（课程偏向数学、理论物理，注重逻辑与思辨）、希德学院（课程偏向科创、工程，注重创造与展示）。课程方面，除了完成国家课程中的必修与选择性必修课程以外，每个学院的学生还需完成相应的学院课程。以家桢学院为例，在该学院就读的物理竞赛学生，还需要选修各类课程，完成学分，以达成相应的学术素养培育目标（见表 1-3-2）。

表 1-3-2　家桢学院物理学院课程（某学期）

课程名称	课程代码	任课教师	课程属性
天体和宇宙	FDWK011	徐建军	大学微课
物理学的演化	FDWK033	施郁	大学微课
无处不在的振动和波	FDWK039	石磊	大学微课
光:历史与物理	FDWK051	刘韡韬	大学微课
走近核科学技术	FDWK036	沈皓	大学微课

---

[1] 陆一,冷帝豪. 中学超前学习经历对大学拔尖学生学习状态的影响[J]. 北京大学教育评论,2020,18(4):129—150+188.

课程名称	课程代码	任课教师	课程属性
物理中的微积分	KS001	王美芳	选修课
基本天文学及其进展	KS012	杨志根（中科院）	选修课
物理学术论文写作	KS015	沈硕	选修课
物理定量实验	KS017	刘玲、张秀梅、曹正东、王铁桦	选修课

在学院内，除了课程与学程的差异以外，每位学生还配有一名学院导师。学校也会聘请大学教授与学者，为拔尖学生配备校外导师，从而形成"1＋1"双轨导师制，对拔尖学生进行学术启蒙与学术引领。

（三）以大中衔接课程为抓手

学科竞赛以外，提前领略大学课程被认为是拔尖创新人才早期培养过程中超前学习的主要形式。作为一所毗邻大学的附中，复旦附中在这一方面有着得天独厚的优势。但提前给中学生上什么形式和内容的课程，成为了复旦附中和复旦大学共同思考的问题。基于这些考量，2017年始，复旦附中与复旦大学教务处进一步加强合作，以"两个全覆盖"的方式，开设了系列微课。所谓"两个全覆盖"，指的是"学科全覆盖"和"学生全覆盖"。前者针对课程设置，意为相关课程基本覆盖了复旦大学所拥有的学科；后者针对复旦附中学生，意为所有的学生都能参与微课并选择自己感兴趣的课程。

为何要求尽可能覆盖复旦大学的全部学科门类？这是因为大学与高中在教学形态上迥然有别，大学的名师未必能在短期课程内为高中生提供全面的学科知识。因此，复旦大学教务处以"努力使微课尽可能全面地覆盖复旦各学科"为目标，将相关学科根据高中的实际情况分为不同的类别，再根据学科类别邀请合适的老师。拥有不同学术背景、教学经历的老师也根据自身特长和所在学科特点，以六次课程为限度开发若干专题，由这些专题所开拓的"点"呈现学科特质，并由"点"连成"线"，比较贯通地将该学科的思维方式作系统呈现。

为何要覆盖全体学生？开设系列微课并不是为了大学招生选拔，而是为了让这些日后会进入不同大学的高中生尽可能早地接触到严肃的学术研究，了解何为学术、为什么要有形形色色的学术领域以及如何进行学术研究。在这个意义上，向中学生展示学术的思维和过程并不只是为了吸引他们参与学术研究，更重要的是让他们对各学科有更为准确的认识，也对自己的学科兴趣有更多的开掘，从而能够更胸有成竹地规划他们的未来。

学校也陆续与上海交通大学、同济大学、上海财经大学等高校开展合作。截至2023年，已累计开设大中衔接课程近100门，累计开课次数近300次，本校参与课程的学生超过10 000人次。复旦附中的大学微课也同步向复旦基础教育联盟学校，以及复旦大学重点帮扶的广西瑶族高级中学、重庆奉节中学等学校进行同步直播或录播，已累计辐射近万名学生。

在"两个全覆盖"的基础上，学校会选拔一部分在大学微课中展现出浓厚学术志趣、表现出一定学术潜力的学生参与教育部"英才计划"、复旦大学"步青计划"、杨浦区"双进入"探究活动等学术培育计划，为学生搭建学术体验平台。在此基础上，学校启动"卓越导师计划"，延请复旦大学教授、学者作为附中优秀学生的学术导师。在导师的指导下，学生开展为期三年理论与实践结合的学术学习，导师也对学生的专业选择与学术生涯规划作出指导。

除了课程资源的直接引进，学术素养导向的教学方式与教学环境变革也是大中课程衔接的重要组成部分。学校倡导问题导向的教学方式变革，希望教育的组织者与实施者能够达成共识：以问题促进教学实施，不再停留于经验式的学习方式。在复旦附中，学生的学习发生点未必在课堂，学习发动处也未必在教材，学校倡导打造能够提供真实情境的教学环境。学习空间不应局限于教室，也不应局限于校园，实验室、公共空间、大学、研究所、企业等都可以是学习的场域，学校希望创设能够带来复合体验的学习空间。这当中，尤以实验室建设为突出亮点。

以化学实验室为例，除了传统的 4 间化学学科实验室可以满足不同年级所有学生进行验证性实验和每年的合格性操作考试以外，根据拔尖创新人才培养的需求，学校实验中心对化学实验室的内涵和形态进行了重构，创建了有具体研究方向的专业实验室，并逐步形成与之匹配的个性化学习团体和课程体系。学校现有形态各样的化学创新实验室，功能丰富。在总面积不变的情况下，"自主探究实验室""化学拓展实验室""数字化实验室""仪器分析实验室"等都是在原有实验器材室的基础上重新改建的空间，以满足师生教学的不同需求。"化学影像室"则是用于师生研究开发实验视频、丰富原创教学资源的空间。物理、生物、通用技术等学科的实验室也作了不同程度的调整与适配。学校实验中心在空间布局、学科建设、导师团队等教学必要元素方面作了一体化设计，为学生在开展项目研究、学术探究时提供支撑。

三、检验与佐证

在双新背景下，复旦附中的以学术素养培育为导向的大中衔接教育已经取得了显著成效。研究性学习成为了每位复旦附中学子高中三年中必不可少且令人难忘的学习经历。从"科技创新项目成长记录册"的使用情况看，绝大多数学生都能至少完成一个课题研究。这也使得在综合素质评价改革中，复旦附中学生可以较好地完成其中的研究性学习报告部分。这中间，部分学生的科创项目又能够较好地实现转化，这体现在我校学生在各级各类科技创新赛事中取得的丰硕成果之中。

复旦附中对于学生学术志趣的培育也已经彰显成效。2023 年，国家自然科学基金委员会首次设立青年学生项目，对来自清华大学、北京大学、复旦大学等八所试点高校的优秀本科生申请人进行考察，遴选出学生项目进行科研资助。最终，复旦大学共有 15 位本科生获得了资助，其中就有两位毕业于复旦附中。单同学（2021届）就读于复旦大学数学科学学院数学与应用数学专业，其研究课题是"Toeplitz整体最小二乘问题的随机算法"；沈同学（2020届）就读于复旦大学化学系，其研究课题是"氧化铈基非对称纳米介孔材料用于增强化学动力学治疗"。两位同学有着两个共同点：其一是两人在高中阶段都有竞赛经历，分别获得全国高中数学联赛上海赛区二等奖和中国化学奥林匹克上海赛区一等奖；其二是两人都早在高中阶段就通过大学微课、学术培养等方式受到了学术生涯的启蒙。单同学更是在上大学微课期间，就与当时的授课老师复旦大学数学科学学院教授楼红卫老师共同发表了论文《一个三角形几何不等式的推广》。两位同学的经历并非个例，越来越多的复旦附中毕业生得益于高中阶段的学术启蒙，在大学阶段更早更快地迈入学术道路。

根据复旦附中在大中衔接教育领域的探索形成的教学成果《培育高中生科技创新素养的课程体系构建与实践》获上海市教育成果奖特等奖和全国二等奖，在区域内和复旦基础教育集团、复旦教育集团内均有较强的引领示范作用。

四、反思与展望

对"双新"的研究与探索，为复旦附中的大中衔接教育提供了新的思路和动能，在进一步的实践中，复旦附中还将打通课程建设与管理制度，形成大中贯通的课程体系，形成贯通的学分绩点制度，推进大中衔接课程在大学学段的学分认定。在大学微课设置中进一步开放部分复旦大学本科生课程，丰富附中学生的课程选择。进一步形成学术人才的衔接培养，以复旦大学本科生学术研究资助计划中的相关制度为蓝本，设计复旦附中学生学术研究资助计划，打通高中科创培养与大学学术培养的通道，形成学术人才尤其是拔尖创新人才的接续培养机制。大中协力推进教师队伍建设，按照"国优计划"要求，复旦附中与各高校相关院系开展合作，做大潜在优秀教师蓄水池。在复旦大学教务处的支持下，引入大学教师和中学教师，共同形成大中衔接课程开发与实施团队。

（执笔人：卢　锐）

4 基于拔尖创新人才培育的特色课程建设

/ 上海市建平中学

核心问题

如何在高中建立指向拔尖创新人才培养的特色课程体系？

一、背景与问题

（一）背景概述

创新素养既是创新型人才的核心特征，也是人才评价的重要组成部分。比如，《中国学生发展核心素养》中提到的"理性思维""批判质疑""勇于探究""信息意识""问题解决""技术运用""健全人格"等要素都体现出了对学生创新素养的要求。上海市也从 2017 年起把学生创新精神和实践能力作为评价标准之一。

拔尖创新人才培养亟须从单纯的知识传授转变为对学生创新素养的培养。国内外对创新素养内涵的界定可以归纳为创新人格、创新思维和创新实践。创新人格是创新能力的内在动力源，是实现创新所表现出来的特定的心理特征；创新思维直接参与并决定了创新实践水平的高低；创新实践则是将创新思维的产物转化为现实成果的过程。

（二）拟解决的核心问题

高中开展拔尖创新人才培育主要面临的困境和拟解决的问题有以下几点：一是如何理解和选择拔尖创新人才群体；二是如何建立拔尖创新人才的特色课程；三是如何完善特色课程的资源保障。在这样的背景与问题下，建平中学通过长期的实践研究，期望通过建立必修课和选修课结合的课程体系，推进拔尖创新人才的培养，并形成可推广、可复制的教学成果。

二、路径与办法

（一）通过文献调研确定拔尖创新人才的内涵

经过文献调研后可知，国内外对于拔尖创新人才通常有不同的定义。教育学者坦南鲍姆从社会心理学角度对"英才"下了定义，他认为英才是由一般能力（智力因素）、特殊能力（特殊才能）、非智力因素、环境因素以及机遇这五个因素相互作用所产生的一种成就。[①] 英国教育部将"天才儿童"界定为"具有一种或多种明显超越同龄人的能力（或潜能）的青少年"，其中的"能力"既包括学术、艺术、体育方面的能力，也包括社会活动或组织领导方面的能力。[②] 新加坡认为任何在以下六个方面超出常人的儿童都可被界定为"天才儿童"：综合智能、特定的学术能力、创造性思维能力、领导能力、视觉艺术和表演艺术方面的能力、心理活动能力。[③] 尽管国内外对于拔尖创新人才的定义不同，但通过研究可以发现一些共性的特质。通过文献调研和与知名学者的访谈交流，学校总结了拔尖创新人才的特质表现——具备创新素养的同时，还应当具有其他一些优秀的综合素养（自立精神、领袖气质等）、在特定领域（数理、人文、工程领域等）具有拔尖的表现以及涵养浓厚的家国情怀。

（二）明确拔尖创新人才的培养路径

学校针对"如何培养拔尖创新人才"的问题进行了文献研究、深度访谈和学校互访，从而了解了拔尖创新人才培养的两种常规做法：一是通过教育和选拔，把少数在同年龄群体中资质比较突出的学生选拔出来，对他们给予集中培养，超前学习；另一种是给所有学生提供自由宽松、充满挑战性和支持性的学习环境，助力他们当中的一些人脱颖而出成为拔尖创新人才。两种做法的逻辑差异在于：前者是先有拔尖创新人才然后再培养；后者是先形成培养的环境，再发现拔尖创新人才。在深入研讨后，我校更倾向于后者的培养模式，期望通过建构和完善课程体系，先为学生创新素养培育提供"土壤"；在全体学生创新素养提升的基础上，明确"拔尖"的定义，再进一步为"拔尖创新人才"的培育提供方案和课程。

（三）特色课程建设的路径

1. 需求分析

通过问卷调查法和访谈法了解候选拔尖创新学生群体的知识水平、技能需求和兴趣等，根据这些需求来设计和调整课程，以满足学习者的期望和需求。

2. 课程类型设计

根据学生需求和课程目标定位，设置不同课型，从知识、能力等多方面培养学生，形成创新素

---

① 凌琳. 中国中小学超智儿童特殊精英教育培养政策制定研究［D］. 重庆：西南大学，2020：11.

② Department for Education and Skills. *Identifying gifted and talented pupils-getting started*［M］. Nottingham: DfES Publications, 2006:1-4.

③ 汪茁. 新加坡天才教育一瞥［J］. 基础教育参考，2009(6)：61.

养,提升爱国情怀。

3. 优化课程实施

将大学的创新人才培养理念和方式向中学延伸,确定实施方案,打造研究性学习和跨学科学习特色。选择多元化的学习资源,如:移动终端设备、交互多媒体设备、实践和实验设备等来支持教学活动。

4. 完善课程评价机制

通过问卷调查、学生过程性学习记录、教学反馈等方式收集课程的评价信息,分析评价结果,发现不足之处并进行改进。根据学生的反馈和实际情况对课程进行不断地调整和改进,以提供更好的教学效果。

(四)完善课程组织保障机制

通过与高校、企业合作共建,建设创新实验室,完善教师团队培训机制,从而保障课程更高效地实施和管理。

三、成果与经验

(一)明确拔尖创新人才定义

国内外对于"英才"的定义不同,通过研究我们可以发现这类人才的一些共性特质:拔尖创新人才特质首先应当具备创新素养,同时还应当具有其他方面的综合素养(自立精神、领袖气质等)、在特定领域(数理、人文、工程等方面)具有拔尖的表现,以及涵养浓厚的家国情怀。表1-4-1中列举了拔尖创新人才特质四个方面的一些表现形式,以供参考。

表1-4-1 拔尖创新人才的三个要素和内容举例

拔尖创新人才的特质	包含内容(举例)		具体表现(举例)
综合素养优秀	创新素养	创新人格	能善于发现问题、提出问题
		创新思维	能运用发散思维提出解决问题的多种方案,并运用聚合思维找到解决问题的最佳路径
		创新实践	在解决问题过程中所表现出来的学习、信息加工和动手实践能力
	自立精神		指学生在具备一定的知识结构、道德修养以及身心健康的前提下,所具有的自主、自立、自尊、自重、自信、自强等特质
	领袖气质		具有担当的意识、组织的才能、领导的艺术,具有包容性和高度的团队责任感以及自我牺牲精神
	坚毅品质		遇到问题时候勇往直前的精神

拔尖创新人才的特质	包含内容（举例）	具体表现（举例）
在特定领域具有拔尖的表现	数理	在数理、人文、工程等特定领域表现出卓越的成绩，并具有进一步发展的潜能
	人文	
	工程	
具有家国情怀	共生意识	学生在尊重不同文化、人的主体地位和个性差异的基础上，具有与他人合作共事的意识，有与自然、社会合作共生的意识，具有历史眼光、全球视野
	爱国情怀	学生在热爱、维护国家的基础上，所形成的对国家和民族的深厚情感，立志为国家的富强而学习、为民族的复兴而奋斗

（二）建立拔尖创新人才的培养路径

由于创新人才可以在许多领域具有拔尖优异的表现，学校拟对特定领域的人才进行培养，主要侧重于数理人才、人文社科人才和工程人才。学校将人才选拔和培养方案分为以下三个方向（见表1-4-2）。

表1-4-2　拔尖创新人才重点培养方向

培养对象	群体特点	未来职业方向
数理人才	对数学、物理、化学、信息学和生物学等国家发展急需人才的重点基础学科领域有兴趣和特长的学生群体	高端芯片与软件、智能科技、新材料、先进制造和国家安全等关键领域
人文社科人才	对人文社科类学科领域有兴趣和特长的学生群体	历史学、哲学、古文字学等国家人才紧缺的人文社会科学领域
工程人才	对工程领域有兴趣，综合素养优秀的学生群体	土木工程、机械工程、电子信息工程等工程领域

结合文献研究和拔尖创新人才的培养目标，学校通过学生自愿报名的形式，在高一阶段组织学生参与能力测评、综合面试、人机对话等多种形式的评估，为学生提供发展规划。

（三）建设拔尖创新人才培养的特色课程

1. 课程需求分析

课程开设前通过问卷调查法和访谈法了解学生群体的知识水平、技能需求和兴趣。90%以上的学生希望衔接高校进行系统化的研究性学习，如参与浸润式的高校实验室科研体验或工程实践。85%的学生希望获得面试技能培训，提升交流和语言表达能力。65%以上的学生希望参与学科实践和体验式的高校参访。

2. 课程整体架构

根据学生需求和课程的培养目标,学校为三大人才培养领域设定了三种课型:通识类课程、拓展类课程和实践类课程。通识类课程旨在使学生获得进入高等教育阶段所需的基本技能,提升学生综合素养。通识类课程包含四大系列课程群:科学方法论、逻辑思维训练、综合答辩、文献研讨。拓展类课程下设三大课程群:大中衔接课程群、竞赛指导课程群和思维拓展课程群。拓展类课程旨在拓展学生已有的学科知识,接触学科前沿,形成新的思考,培养创新人格和创新思维。实践类课程包含:高校学术体验、研学实践和实验室深度体验。课程整体架构如图1-4-1所示。

通识类课程中的科学方法论课程旨在使学生掌握正确进行科学研究、科学评价、科学发展的一般方法。逻辑思维训练课程旨在提升学生的创新思维能力。文献研读课程旨在通过集体性学习国内外文献的检索、阅读和研讨,帮助学生在一定的范围内提高交流与合作能力,学会在团队中协作并取得共同进步。综合答辩课程则通过高校专家与学生之间的深度交流,使学生掌握正确展示自我的能力,同时在与专家交流的过程中,形成新的认知和思维。

拓展类课程中的大中衔接课程采用学校与高校合作共建和自建两种方式,课程拓展了学生在数理、人文和工程领域认知的广度。其中,由学校自主开设大学化学、微积分、大学历史、中国古代文化、地球科学概率、普通物理学等大中衔接课程,这些自建课程主要面向人文和数理培养领域的学生。同时,为进一步丰富工程培养方向课程体系,学校与同济大学合作共建四门先修课程,包括无人机系统、环境与工程、土木工程以及海洋勘探,内容包括基础知识、操作技能、实践比赛活动等。为了进一步给学生提供接触学科和研究前沿的机会,学校积极组织学生参与复旦大学"步青计划"和上海交通大学"学森计划",由复旦和交大的教授为学生开设多门大中衔接课程,如基础医学、城市规划、芯片工艺、人工智能等。这些课程满足了学生对于国家重大战略需求领域的认知,也为学生提供了交流和学习的平台。比如,来自复旦大学的教授给学生开设了"政治:科学与操作之间的徘徊"微课程,内容围绕最基本的政治问题展开,通过问题讨论和分组实验设计的方式,讨论政治学的科学原则与政治运作的实际操作(实践)之间的贯通、融合与对立。教授带来的知识和思考方式能够对学生的学习和生活产生积极的影响。拓展类课程中的竞赛指导课程旨在拓展学生在特定领域的认知深度,而思维拓展课程则侧重于使学生加强针对各学科的逻辑推理能力,学会如何解决实际问题,提升思维水平。

实践类课程中的高校学术体验营旨在让学生了解高校历史及特色,清楚各类专业的研究内容及发展方向。大学中浓厚的学术研究氛围在学生心中埋下了一颗不断探索、追求卓越的种子,提升了学生的综合素养。学校已与北京大学、复旦大学、上海交通大学、武汉大学、西北工业大学等多所高校中的多个院所合作,开设了丰富多彩的学术体验营。不同于学术体验营,研学实践课程则旨在培养学生的家国情怀,学生通过登顶泰山、重走红军路、参访红色基地,形成共生意识和

图1-4-1 拔尖创新人才培育的特色课程架构

三大人才培育领域	通识类课程	拓展类课程				实践类课程	
		大中衔接课程	竞赛指导课程	思维拓展课程	高校学术体验营	研学实践课	实验室体验度课
		交大学森计划 / 复旦步青计划 / 同济先修课程 / 校内自建课程	高校联合辅导课程 / 校内自建竞赛课程	校内自建拓展课程			

数理
- 通识类课程：科学方法论
- 大中衔接课程：数理之美、校科学、创新实践、天然药物、计算机科学基础、编程基础、大学化学、脑科学、海洋与地球科学、微积分、物理学
- 竞赛指导课程：化学竞赛、地球科学、数学竞赛、物理竞赛、化学竞赛、生物竞赛、信息竞赛
- 思维拓展课程：数学思维拓展、物理思维拓展、化学思维拓展、自然科学融合课程
- 高校学术体验营：北京大学生命科学学院、北京大学数学学院、复旦大学物理系、复旦大学化学与材料学院、复旦大学医学院
- 实验室体验度课：北京大学植物学研究所实验室、复旦大学物理、化学、生物实验室、上海交通大学分子生物学实验室、武汉大学病毒学实验室、复旦大学电离辐射计量学实验室、声学计量学实验室

人文
- 通识类课程：逻辑思维训练、文献研读
- 大中衔接课程：金融通识课、汉字与中国语言艺术、政治：科学与操作之间的徘徊、大学历史、中国古代文化、地球科学概率
- 竞赛指导课程：作文竞赛、古诗文竞赛、地球科学竞赛
- 思维拓展课程：文科类综合研讨
- 高校学术体验营：北京大学国际关系学院、北京大学历史学院
- 研学实践课：泰山红色研学、行走祖国项目、井冈山-庐山红色研学
- 实验室体验度课：复旦大学语言学实验室

工程
- 通识类课程：综合答辩
- 大中衔接课程：芯片工艺、人工智能、动力飞行、海洋探测、环保与工程、土木工程、无人机系统、通用技术
- 竞赛指导课程：电子控制、机器人制作
- 思维拓展课程：设计与制造
- 高校学术体验营：西北工业大学航海学院民航学院、西安交通大学软件学院、华中科技大学机械科学与工程学院、天津大学化学工程学院
- 实验室体验度课：天津大学传热实验室、催化裂化化工模型室、西北工业大学翱翔重点实验室、武汉大学测绘遥感信息工程实验室、软件工程实验室

爱国情怀。实验室深度体验课则是让学生进入大学实验室，进行深度研究性学习，为学生提供展现以创新能力为特征的高度发达的智力和能力的平台。

3. 课程实施

通识类课程为校本必修课程，学生在选修课时段参与通识类课程的学习。拓展类课程中的大中衔接课程为选择性必修课程，竞赛指导课程和思维拓展课程为选修课程。实践类课程中的高校学术体验营为选择性必修课程，学员可自主选择至少一所高校进行深度体验。研学实践课为校本必修课程，实验室深度体验课为选修课程，学校根据学生个人的研究意愿为其对接相应的高校实验室，进行深度科研体验。

课程开展的过程中，学校从关注学生个性化的学习需求、聚焦学生主体地位的变化、关注课堂中的真实对话等角度出发，以"智慧课堂"理念落实学科核心素养。概括起来共五个方面：基于情境、发现问题、高效互动、高阶思维、即时评价。基于情境，是发现真实问题的基础，让学生在实际问题的解决过程中自然形成知识之间的联结。发现问题，有效促进学生对情境的理解与分析，在真实情境的研究过程中，获得理解世界、实践探索的素养与能力。高效互动，关注学习设计中复杂的社会关系，让学生能够在与他人交流、合作的过程中有所进步与提升。高阶思维，在关注学习过程中思维规范性的基础上，鼓励个体的独立性与批判性，这是创新人才必不可少的思维品质。即时评价，基于教学目标、学业质量标准的学生学习成效评价，一方面在做到"教—学—评"一致性的前提下，让评价设计先于教学设计；另一方面，通过即时评价发现教学中的新问题，从而让高效互动与高阶思维得以深入。

4. 课程评价指标的建立

经过课程培养，学员需在高中三年的时间里达成：(1)至少以个人或团队形式完成一项课题研究；(2)至少以个人或团队形式形成一份调研报告；(3)至少深入了解一所知名高校或企业；(4)至少参加一门学科竞赛或大学先修课程；(5)至少进入一个高校或企业实验室深度体验；(6)至少经历五次学术答辩和交流汇报；(7)至少阅读二十篇学术研究型论文。

（四）完善课程组织保障

1. 高校合作共建

为了更好地进行特色课程的实施，我校与国内各所顶尖大学签署了优质生源基地协议。协议旨在促进学校素质教育、教学科研的开展，加强学校师资队伍建设，引导综合素质优秀、创新能力强的优秀毕业生进入国内顶尖高校的重点基础学科进行深造，进而逐步形成人才培养链条。

2. 创新实验室建设

为了进一步提升学术创新思维和创新实践，为实践课程提供保障，近年来建平中学不断加大科技创造方面的投入力度，改建学校的实验楼，在实验室格局、实验设备配备、实验室种类设置方面有了长足的发展，并在此基础上设立了学校的"创新实验中心"，为实施全面发展、科技见长的课程建设提供了较好的条件。STEM创新实验中心建有基础生物、物理、化学、劳技实验室和创新实验室。其中,创新实验室涉及工程、自然科学、数学等多个类别,如微生物创新实验室、植物组织培养实验室、机器人实验室、图像计算器实验室、Fablab 实验室、3D 打印实验室、KPK 物理实验室、分子生物学实验室、脑机实验室、混合现实实验室等。创新实验室以接待学生个人和科研小组为主,让学生在进行了系统的课程学习后,自主开展探索性、研究型实验,针对某一方面与某个领域经典或前沿的问题,采用科学的方法,进行大胆设计、研究、探讨。学校组建科技辅导团队,团队教师在提供实验资料、解答实验问题等方面为学生提供服务,引导学生独立思考、大胆动手,充分发挥学生的积极性、主动性和创造性。

3. 完善教师培训机制

由于拔尖创新人才的培育往往涉及个性化的学习过程,教师在指导中,将面对从预设到生成的挑战。教师除了要具备一般的教学素质之外,还必须具备创新型的素质要求,如先进的教育教学理念、综合的知识技能等。学校采取"规范＋选择"培训模式,将研究性学习理念融入传统学科教学培训,作为教师的规范化培训;鼓励教师发展特长,根据个人能力进行课程指导工作。

四、检验与佐证

学校基于如何培养拔尖创新人才的问题开展了行动研究,提出了拔尖创新人才的定义,探索了拔尖创新人才的早期甄别机制。学校在构建拔尖创新人才特色课程时,进一步将培养的人才领域划分为数理、人文和工程三个方向。每一人才培养领域课程均设置通识类课程、拓展类课程和实践类课程三大课型,每种课型又建设了多个特色课程群。经过 4 年的实践,学校逐渐形成了基于拔尖创新人才培育的特色课程架构,同时完善了特色课程实施的资源保障。

本成果的实施提升了学生的综合素养,学校每年有近 50％的学生在创新大赛、明日科技之星等各类科技竞赛中获得奖项,80％以上的学生经过课程培养,表现出更好的创新人格、创新思维和创新实践能力。

近 5 年,学校先后获得"全国绿色学校""全国机器人创新实验基地""上海市科技教育特色示范学校"等十多项荣誉。教育教学成果《指向创新素养培育的学生科创活动整体设计与实践》获上海市教育教学成果奖特等奖、全国教育教学成果奖二等奖。

五、反思与展望

1. 在特色课程架构完善中,进一步体现学生个性需求

通过调查学生对于课程的需求,进一步拓展特色课程的类型,完善特色课程架构,以满足更多学生的个性化需求。

2. 在创新实验室与基地建设中,进一步规范、高效、迭代

在大科学时代背景下,学校计划进一步建设和开发跨学科背景下的学生综合探索实践场所。同时,与更多高校基地、科研单位进行合作,形成能够长期稳定地给学生提供实践的平台。

3. 在指导队伍建设中,进一步高标准规划和高质量推进

进一步形成拔尖创新人才培养的教师团队建设体系,同时推动教科研成果的转化,使指导队伍建设标准更清晰、效果更显著。

4. 进一步推进课程实施效果评价标准的制定和完善

目前,特色课程实施效果评价体系仍不够完善,学校计划进一步通过案例、量表等多种形式完善评价体系。

(执笔人:冯碧薇)

5

指向学生创新素养培育的"芯片科技教育"课程体系的建构

/ 上海市位育中学

核心问题

如何在关注学生、教师、与课程三个关键要素，强调素养指向的背景下，围绕"学生创新素养培育"开展学校特色课程建设？

一、背景与问题

随着集成电路芯片产业成为国家战略性、基础性和先导性产业，芯片人才培养的需求日益迫切，而以芯片技术为核心的中学生学习课程体系开发尚未见报道。位育中学针对传统创新素养培育中"学段设计不全，独立课程不足，教师参与不够"的弊端，结合自身优势，实现高中"芯片科技教育"零的突破。

1. 对接《国家创新驱动发展战略纲要》

在高中阶段通过芯片科创课程让理科类特长学生通过研究性学习、跨学科研究等提升单学科知识综合、跨学科综合、教育与社会综合等方面的能力。

2. 对接"双新"对课程的要求

芯片科技教育特色课程在高中的实施是规模化教育与个性化培养相结合的探索，项目制、跨学科、研究性、立体式的科创体验过程是"双新"背景下转变育人方式的探索。

3. 呼应全面育人的要求

高中芯片科技特色课程融入爱国主义教育与科学精神教育，能够引导学生加强科学思维、创新意识培养，有利于在高中阶段培育科技创新人才。

学校在本项目中旨在解决以下几个问题。

1. 如何理解创新素养？

"实践创新"是中国学生发展核心素养之一，创新素养的培育是现代教育的核心目标之一。

在"芯片科技教育"课程体系中,理解创新素养是构建与时俱进、符合社会发展需要的教育体系的基础,也有助于优化教育教学方法,转变传统教育模式。此外,芯片科技领域本身具有高度创新性和实践性。在这个领域中,创新不仅是推动技术发展的关键,也是保持竞争力的核心。因此,在"芯片科技教育"课程体系中,理解创新素养并针对性地进行培养,对于学生未来在芯片科技领域的发展至关重要。

2. 如何构建与芯片科技教育相适应的课程体系?

芯片科技教育作为一门新兴的特色课程,需要构建一套完整的课程体系,这需要深入研究芯片科技的知识体系,结合学生的认知特点,制订科学的教学方案。

3. 如何通过课程实施提升学生的创新素养?

特色课程的核心目标是培育学生的创新素养。因此,需要探索如何通过芯片科技教育课程,激发学生的创新思维,培养他们的创新素养,使他们能够运用所学知识解决实际问题。

4. 如何针对课程实施效果及学生创新素养的发展建构教学评价体系并对课程实施予以反馈?

芯片科技教育的评价关乎教育质量的提升与反馈机制的完善,评价要能准确衡量学生学习效果,促进教师教学方法的优化,确保课程内容更有针对性。

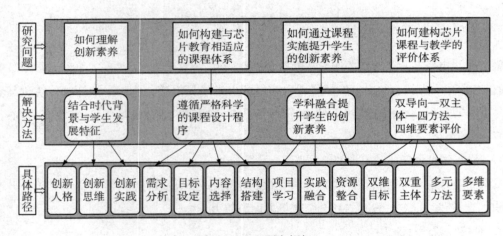

图 1-5-1 研究框架

二、路径与办法

(一)创新素养的内涵与界定

在"芯片科技教育"课程体系的建构中,创新素养的内涵应界定为以创新人格为基础,以创新思维为核心,以创新实践为归宿的综合素养。这三者相辅相成,共同构成了学生在芯片科技领域进行创新活动所必备的品质和能力。

首先,创新人格构成了创新素养的基石,它体现在学生对芯片科技领域的持续兴趣、敬业精神和坚韧不拔的意志上。这种人格特质使学生能够勇敢面对挑战,保持对新知识的渴望,并在遇到困难时保持积极的心态。在芯片科技教育中,培养学生的创新人格意味着激发他们的探索欲望,鼓励他们以开放的心态接纳新事物,敢于质疑现有理论,勇于提出自己的见解。

其次,创新思维是创新素养的灵魂,它涉及学生思考问题的方式和角度。在芯片科技领域,创新思维表现为学生能够打破常规,从多个角度审视问题,并提出独特的解决方案。这种思维方式要求学生具备丰富的想象力和联想能力,能够将看似不相关的事物联系起来,从而发现新的规律和应用。在课程体系中,应通过各种教学手段和实践活动,培养学生的创新思维能力,使他们能够灵活运用所学知识解决实际问题。

最后,创新实践是创新素养的落脚点,它强调学生在芯片科技领域的实际操作能力和问题解决能力。通过实践,学生可以将理论知识转化为实际技能,并在实践中不断发现问题、分析问题和解决问题。在"芯片科技教育"课程体系中,应提供丰富的实践机会和资源,鼓励学生积极参与各种实验、设计和制作活动,培养他们的动手能力和团队协作精神。同时,还应注重实践过程中的反思和总结,使学生能够从实践中不断学习和成长。

(二) 构建完善的课程体系

学校在芯片课程的课程体系设计中,坚持需求分析—目标设定—内容选择—结构搭建的路径,遵循全面性、针对性、关联性、发展性的课程门类选择要求,它们共同构成了"芯片科技教育"课程体系的骨架和灵魂,为培养学生的创新素养提供了有力的支撑和保障。

1. 课程目标

学校将课程目标与核心素养相结合,明确通过芯片科技教育课程发展学生的技术意识、创新设计、工程思维、工程能力、逻辑能力等核心素养,全面提高学生提出问题、综合分析问题、解决问题的能力,具体化地呈现和表达创新素养,并将之作为芯片科技教育课程建构的目标定位。

2. 课程结构与门类

在理论逻辑上,项目研究从课程体系规划和课程框架构建两方面着手破题。在课程体系规划上,又从战略层面和技术层面进行分解。战略层面上,发挥课程的育人功能,培养学生的家国情怀和科学精神;技术层面上,破解与芯片课程跨学科性、对基础学科的促进关联性和探究性等相关的难题。在课程框架结构上,将课程设计为基础课程、实践课程、应用课程、创新课程、护航课程,层层递进。

学校将芯片课程的结构大致分为以下四个板块。

基础课程。介绍芯片基础知识,让学生了解芯片概念,知晓芯片的发展历史,了解芯片产业链的完整构成,结合高中学科知识,讲述芯片中的科学,激发学生投身科技领域的热情。

实践课程。芯片虚拟制作——采用国内首创的"虚实联动"仿真实验教学,以学促练,以练带学。并且以大量的实物接触、展示,建立起学生与芯片领域的桥梁,拉近学生与芯片之间的距离。

应用课程。介绍芯片的主要类型和芯片产业广阔的应用前景：处理器研发、通信产业、图像处理、传感器等，激发学生投身芯片领域的积极性。也让学生知晓现阶段中国半导体芯片产业的现状和挑战，从而激发学生为振兴我国芯片产业而学习科学知识的积极性。

护航课程。引入 IP 教育，使青少年树立起尊重和保护创造成果的意识，同时，培养青少年的创新品质、创新思维和自主创新能力，知识产权意识也会在一定程度上变成创新意识的驱动力。同时，IP 教育的加入也使得课程整体形成"导、学、练、展、护"的完整闭环。

学校将芯片课程分为四个门类，以生为本，因材施教，打造四级课程图谱。

第一类课程是惠及全体、夯实基础的通识普及课程。一是在必修课程中，融通"芯片科技教育"，打造必修课程的校本化特色。比如将"数字逻辑芯片""电路搭建"融入通用技术学科课程；将"利用芯片架设信息系统的实验""计算机传感器"融入信息技术学科课程；将"半导体材料"融入物理学科课程。二是开发芯片系列讲座课程，包括"中国的艰'芯'路""芯片与计算"等通识课程，加强学生对课堂所学原理应用方向的感知，切身体会并理解芯片在现代科技社会中不可或缺的地位。

第二类课程是尊重兴趣、给予选择的选修课程。学生根据自己的兴趣和需要，可以选择芯片类选修课程进一步学习。比如"中学生识芯片""无线电技术与相关芯片应用""芯片与开源硬件"等，学校在保证课程多样性、选择性的基础上，尤其强调这类课程的目的、价值、质量、趣味、周期等要素。学生在相对系统的学习中，不断发现自我、认识自我，为职业生涯规划在高中的生发创造契机。

第三类课程是鼓励冒尖、支持拔尖的专项课程。面对有学科特长、学有余力的学生，学校专门开设竞赛、探究类专项课程，以满足尖端学生能力的发展。如我校陈凯老师自主开发的"FPGA集成电路（芯片）设计与仿真"这门课程，学生在为期一年的课程学习中，不仅学习了数字逻辑、电路搭建、程序语言等内容，还自主进行了科学探究，用芯片搭建具有通用计算能力的计算机。仅高一一年，学生在完成教学进度的同时开展课题研究，有部分学生撰写的论文在学科类杂志发表。

除了线下课程，学校还着手开发了第四类课程——线上慕课，建立"芯片科技教育"课程资源库。慕课课程立足于芯片产业链的通识介绍，与线下课程形成呼应和互补，为学校储备了丰富的芯片课程资源。

3. 课程实施与评价方式

"芯片科技教育"课程体系在实施过程中制订详细的课程计划，建设专业的教师队伍，优化教学方法和手段，加强实践教学环节，构建多元评价体系，为培养学生的创新素养奠定坚实基础。

课程实施过程中，学校制订详尽的课程计划，确保目标清晰、内容全面、进度合理，涵盖芯片科技基础、实验操作及项目设计。同时，强化师资队伍建设，通过专业培训、科研参与及引入行业专家，提升教师素质，拓宽学生视野。教学方法上，结合线上线下模式，充分利用网络资源，采用案例、项目驱动教学,激发学生兴趣与创新思维。同时,学校完善实验室与实训基地,开展校企合作,鼓励学生参与科研与创新竞赛。为全面评估效果,学校积极构建多元评价体系,结合过程与结果评价,引入学生自评、互评及教师评价,注重考查学生的创新思维与实践能力。通过这一系列综合措施,学校将"芯片科技教育"课程体系落到实处,有效提升学生创新素养。

4. 课程资源建设

学校在课程资源建设上进行了全面而深入的工作。芯片教育团队精心编制了课程讲义,既覆盖芯片基础知识与技术,又重视学生创新思维和实践能力的培养。为辅助教学,还开发了一系列教辅资源如教学课件、实验指导书和学习手册,以助力学生更好地掌握课程内容。同时,通过资金投入,建立了先进的芯片实验室,为学生提供优质的实践环境。此外,学校与多家企业联手打造实践教学基地,使学生有机会参与真实的工程实践,提升技能并培养创新精神。数字化教学资源的开发与应用也是重点之一,学校利用现代信息技术建设在线课程平台,实现优质教学资源的数字化共享,便于学生随时在线学习。同时积极推广多媒体教学工具和互动教学软件,提升课堂教学的互动性和效果。跨学科教学资源的整合也备受重视,学校通过邀请不同学科专家授课和举办跨学科研讨会等方式,推动学科间的交流与融合,帮助学生拓宽视野并提高综合素养。这些全方位的课程资源建设工作旨在为学生提供丰富多样的学习资源和实践机会,以培育他们的创新思维和实践能力。

(三)学科融合提升学生的创新素养

1. 设计跨学科课程

整合课程内容,将芯片科技教育的核心内容与物理、化学、数学、信息科学等相关学科的知识进行整合,形成跨学科的综合课程体系。例如,在物理课程中引入半导体物理的基础知识,为学生学习芯片制造原理打下基础;在信息课程中融入编程和算法设计的内容,帮助学生理解芯片的工作原理和应用。在设计课程时,要强调不同学科之间的内在联系和相互影响。通过案例分析、比较研究等方法,引导学生发现不同学科在解决实际问题时的协同作用,培养他们的跨学科思维。

2. 开展跨学科项目

鼓励学生参与跨学科的创新项目,让他们在解决问题的过程中,运用多学科的知识和方法,提升综合素质。鼓励学生组建跨学科的项目团队,通过团队合作,学生可以互相学习、互相启发,共同解决跨学科的问题。

(四)形成了芯片科技教育课程的"双导向—双主体—四方法—四维要素"课程评价体系

评价是教学的指挥棒,针对以往课程与教学评价中存在的评价目的偏颇、评价主体与方式单一、评价内容不全等问题,位育中学探索建构了芯片科技教育课程的"双导向—双主体—四方法—四维要素"课程评价体系(见图1-5-2)。第一,在课程评价的目标导向上,秉持"短板诊断"与"优势发掘"的双导向原则,不仅强调对课程现存不足的诊断,还关注对课程优势的挖掘与强化发扬。第二，在课程评价的主体设定上，涉及教师与学生的双评价主体。教师身兼课程开发者与实施者的双重身份，在实施过程中对于课程内容的调整、教法的修正，使得芯片课程得以不断发展完善；同时，学生作为课程的学习者，其对课程学习的体验反馈，也成为课程发展的重要依据。第三，在课程评价的方法上，综合采用课程观察、成果评估、学生反馈、教学反思等多元方式，实现多面证据的相互印证。在课程评价的评价要素上，覆盖课程目标、教学内容、教学方法及学生发展四个维度；在课程目标评价方面，着重考查课程是否有效促进了学生对芯片技术及相关学科知识的掌握、创新思维和实践能力的培养；在教学内容评价方面，主要关注课程内容的科学性、系统性和前沿性；在教学方法评价方面，注重考查教师是否采用了多样化、探究式、先进性的教学方法，以及这些方法是否有效激发了学生的学习兴趣和主动性；学生发展是课程实施的最终逻辑点，也是课程评价的最根本依据，学生发展方面的评价涉及学生的学业成绩、实践操作能力、创新成果等多个方面。

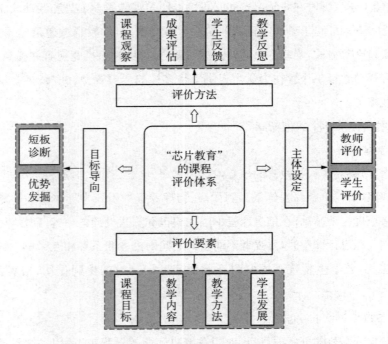

图 1-5-2 "芯片科技教育"的课程评价体系

三、成果与经验

1. 理论性成果

（1）课程设计理论框架。建立基于"双新"背景的高中芯片科技教育课程设计理论框架，包括课程目标、内容选择、教学方法、评价体系等要素的系统设计。

（2）教育创新理论。提出在教育信息化背景下，将芯片技术与高中课程深度融合的创新教育理念，探讨其对提升学生科学素养和创新能力的作用机制。

（3）跨学科整合模式。构建跨学科整合的芯片课程教学模式，探讨如何通过项目式学习、研究性学习等方式，实现信息技术、物理、工程、数学等学科的有机融合。

2. 实践性成果

（1）芯片课程图谱与教案。开发了一套适用于高中阶段的芯片四级课程图谱和教案，为一线教师提供可操作的教学资源。

（2）教学案例与课例。形成了一系列具有示范性和可推广性的教学案例和课例，展示芯片课程在实际教学中的应用效果。

（3）学生作品与成果。收集并展示学生在学习芯片课程过程中的优秀作品和成果，包括设计方案、制作作品、研究报告等。

3. 呈现形式

（1）实践模型。构建基于项目式学习或研究性学习的芯片科技教育课程实践模型，明确各环节的操作流程和关键要素，为一线教师提供可借鉴的教学范式。

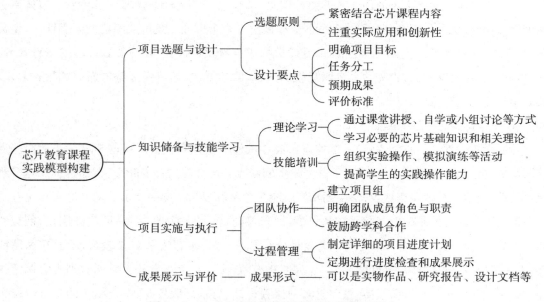

图 1-5-3 "芯片科技教育"课程实践模型构建

（2）教学工具。开发一系列辅助芯片课程教学的工具，如仿真软件、实验套件等，降低教学实施的难度和成本，提高教学效果。

（3）互动平台。搭建一个线上线下联动的互动平台，方便师生之间的交流与合作，促进教学资源的共享与更新。平台可以包括在线论坛、社交媒体群组、协作编辑工具等，支持实时讨论、文件共享、在线协作等功能。

四、检验与佐证

1. 课程目标与创新素养对接检验

芯片科技教育课程的目标与学生的创新素养培育紧密相关。芯片科技教育课程的课程大纲、教学目标和教学内容,涵盖了创新素养所需的知识、技能和态度。同时,在项目实施前和实施中,学校邀请课程专家和芯片领域专家对课程进行了评估,确保课程目标与创新素养的培育目标相一致。

2. 教学过程与创新素养培育实践佐证

在教学过程中,通过观察教师的教学方法和学生的学习活动,验证芯片科技教育课程有效促进了学生的创新素养发展。例如,教师采用项目式学习、探究式学习等创新教学方法,鼓励学生主动探索、动手实践,并注重培养学生的批判性思维和问题解决能力。同时,学生的学习成果,如课堂讨论、小组合作、研究报告等,展示了学生在创新素养方面的提升。

3. 学生创新素养评价与反馈机制

为了更具体地检验学生的创新素养提升情况,学校建立学生创新素养评价体系。该体系包括创新思维测试、创新实践能力评估和创新成果展示等多个方面。通过定期的测试和评估,量化学生的创新素养水平,并与课程实施前的基线数据进行对比,从而直观地展示课程的培育效果。同时,建立学生反馈机制,收集学生对课程教学内容、教学方法、学习资源等方面的意见和建议,及时调整与优化课程。

4. 外部验证与社会认可度

除了学校内部的检验和佐证外,学校还积极寻求外部验证和社会认可度来进一步证明课程的培育效果。学校通过"'双新'背景下基于学生创新素养培育的'芯'实践"的市级校本课程实践展示活动,展示了学校课程建设、学生创新实践能力和实践成果。参加展示活动的专家对位育中学在落实国家课程的基础上,敏锐把握时代发展趋势,抓住重点领域、关键环节,高质量、创造性地开设"芯片科技教育"校本课程给予高度评价。专家认为,通过芯片科技教育,学校在家国情怀、责任担当、科学精神等方面的"升维"是胸怀宽广的,课程专业难度从大学课堂到中学课堂的"降维"是脚踏实地的。纵向衔接、横向整合的课程设计思路,外联校企、学用结合的学科建设机制,都为创新人才的早期培养奠定了扎实的基础,也为自主创新的国家发展贡献了位育力量。

五、反思与展望

通过芯片科技教育课程的学习,学生对芯片科技有了更深入的了解,同时他们的创新思维和实践能力也得到了锻炼和提升。然而,课程实施中也存在一些问题和挑战。

1. 对"双新"要求的理解与应用不够深入

在"双新"背景下,高中教育被赋予了新的使命和要求,即培养具有创新精神和实践能力的新时代人才。然而,在当前的芯片科技教育课程开发和实践项目中,可能仍存在着对"双新"要求理解不够深入、应用不够广泛的问题,导致课程在培养学生创新素养方面的具体举措还不够丰富。

2. 创新素养培养的系统性不足

创新素养是一个包含创新思维、创新人格和创新实践等多方面的综合体系。在当前的芯片科技教育课程中,对学生创新思维、创新人格等深层次素养的系统培养还不够,囿于课程实施的时间不长,课程的系统性还不够强。

3. 缺乏针对早期创新人才培养的特别设计

高中阶段是学生创新思维和创新能力形成的关键时期。当前的芯片科技教育课程可能缺乏针对早期创新人才培养的特别设计,未能充分利用这个关键时期来有效提升学生的创新素养。

在未来的课程迭代和继续开发中,学校还将进一步探索以下问题。

1. 如何更深入地理解和应用"双新"要求

在未来的课程开发和实践中,应进一步加强对"双新"要求的学习和理解,将其更深入地融入课程内容和教学方法中,以更好地培养学生的创新素养。

2. 如何构建更系统的创新素养培养体系

针对当前创新素养培养的系统性不足问题,未来的芯片课程应更加注重对学生创新思维、创新知识、创新能力、创新人格等多方面的综合培养,构建更系统、更全面的创新素养培养体系。

3. 如何针对早期创新人才培养进行特别设计

为了更有效地提升高中生的创新素养,未来的芯片课程应针对早期创新人才培养进行特别设计。例如,可以引入更多的创新实践活动和项目,激发学生的创新兴趣和动力;还可以加强与高校、科研机构等的合作,为学生提供更多的创新实践机会和资源。

4. 如何建立科学的创新素养评价体系

评价是引导教学的重要手段。为了更准确地评价学生的创新素养水平,未来的芯片科技教育课程应建立更加科学的创新素养评价体系,包括评价指标、评价方法、评价过程等多个方面。这将有助于更全面地了解学生的创新素养状况,为教学改进提供有力依据。

(执笔人:王亦群　李　响)

6 "双新"实施背景下杨浦推进创新人才培育的实践探索

/ 上海市杨浦区教育局

核心问题

如何在"双新"实施背景下推进创新人才的培育？

一、背景与问题

为贯彻落实党的二十大精神,坚持科技是第一生产力、人才是第一资源、创新是第一动力,深入实施科教兴国战略、人才强国战略、创新驱动发展战略,响应教育部基础学科拔尖学生培养计划、上海"五个中心"建设、杨浦创新发展再出发行动,杨浦区注重利用高校集聚的区位优势,加强资源统筹协调,做好顶层设计和整体布局,建立区行政、高校、高中联动机制,推动高校与高中深度合作,努力把杨浦区建设成基础学科拔尖人才孵化器和国家一流人才培养高地,全面提升区域学生创新素养。

（一）背景概述

1. 回应教育改革根本需求

建设创新型国家,是实现中华民族伟大复兴的历史要求,也是当前对教育改革的迫切要求。高中阶段是学生个性形成、自主发展的关键时期,对提高国民素质和培养创新人才具有特殊意义。要着力提高学生的学习能力、实践能力、创新能力;要探索创新人才早期培养机制,提升学生学习素养,促进思维发展,激发创新意识;要深化高中育人方式改革,以"促进学生创新素养培育"为核心,充分整合普通高中新课程新教材国家级示范区示范校建设任务,协同联动,整体部署,持续推进创新型生态系统建设。

2. 对接"双新"实施要求

"创新人才"是指具备创新素养的人才,在高中学生群体中,主要表现为在学习和社会实践活动中具备创新人格、创新思维以及创新技能,在某个领域中具有比较卓越与突出的创新能力和潜力的学生。培育学生核心素养是"双新"实施的核心理念和价值取向,而创新素养是学生核心素养的重要组成部分,两者相辅相成,相互促进。杨浦区作为"双新"实施国家级示范区,需要在转变育人方式、培育创新人才方面进行开拓性的探索,以提供经验和教训。

3. 基于发挥区域高校资源的独特优势

杨浦是教育大区,教育资源丰富,高校、科研机构密布,院士专家云集,有着"百年工业文明、百年大学文明、百年红色工运、百年市政文明"的深厚文化教育底蕴,有得天独厚的高校资源、科技资源和人才资源的"三大"优势。区域内拥有复旦大学、同济大学、上海财经大学等 14 所全日制高校,66 个国家级重点学科,22 个国家级重点实验室,100 多家科研院所,云集了 50 多位两院院士和 5 000 多名教授、副教授,这些资源是杨浦培养创新人才的重要支撑。杨浦区通过与高校深化合作等方式,厚植创新素养培育土壤,以高水平机制、高品质课程、高质量队伍建设为创新人才培养创造条件。

4. 呼应对接杨浦转型发展的需要

杨浦区是国家创新型试点城市和首批国家双创示范基地,也是上海市基础教育创新试验区,承担着先行先试,培养创新型后备人才的重任。区域根据实情,提出大学校区、科技园区、公共社区"三区融合,联动发展"的核心理念,明了了依托高校发展杨浦的原则,为携手高校合作办学的体制机制创新营造了良好环境。

(二)拟解决问题分析

一是学校在创新人才培育中,与高校合作不深入,合作平台不多,需要区域推动和提供支持。曾经一段时间,区域内部分中小学与高校虽近在咫尺,有的甚至是一墙之隔,但互相之间缺少合作。虽然有部分高中与高校建立了合作关系,但形式多、实质少,仅限于不定期地开设专家讲座、参观大学校园、举办一些主题活动等,基础教育与高校的合作机制还不完善,合作不能触及培育学生创新素养的深层领域。

二是学校课程建设质量总体不高,学校自身的课程开发能力有限,课程特色不够明显,课程的选择性不强,与学生多元发展、个性发展的需求存在差距。

三是资源利用和拓展不充分,有利于学生开展科学探究的实践基地不多,学校实验教学设施设备陈旧,教学方法传统,学生开展研究性学习的空间比较狭窄。

四是教师培育学生创新素养的能力不强。教师教学重知识,轻方法,重结果,轻过程,关注标准答案多,聚焦学生素养培育少,引导学生自主探究、启迪学生创新思维的方法偏少、能力偏弱,骨干教师引领作用发挥得还不够明显。

五是评价机制陈旧,创新人才的甄别机制缺失,学生综合素质评价、教师多元化评价和学校办学质量发展性评价机制还不完善。

二、路径与方法

以区域的力量推动高中深化与高校的合作,搭建合作平台,通过合作机制创新、课程建设创新、资源集聚创新、教师培育创新、评价机制创新,打造贯通基础教育与高校人才成长链,形成有利于创新人才成长的环境,建设能胜任创新型教育的教师队伍,营造全区浓郁的创新氛围,为杨浦国家创新型试点城区建设作出积极贡献,为全市基础教育提供有益借鉴。

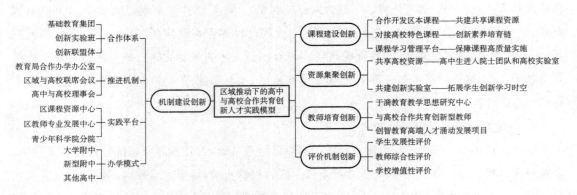

图 1-6-1　区域推动下的高中与高校合作共育创新人才实践模型

三、成果与经验

杨浦在全国普通高中"双新"实施示范区建设中,与高校合作办学不断深化,通过创新机制,融通资源,提升教育内涵发展水平,促进了创新人才培养,取得了阶段性的成果和经验。

(一) 成果

1. 机制建设创新:全面深化高中与高校合作共建

建立链接高校的创新教育体系。一是架构了复旦大学、同济大学、上海财经大学、上海理工大学等高校为龙头引领的基础教育集团,同时,上海外国语大学、上海音乐学院、上海体育大学等向杨浦高中辐射优质教育资源,形成了"四链多点"的贯通培养机制。二是形成了分层育人格局,着力推进复旦附中、交大附中两个创新实验班的创新探究,着重促进控江中学、杨浦高级中学、同济大学第一附属中学三所上海市实验性示范性高中的特色探索,在面上服务所有学生成长的需求,在点上满足部分资优学生个性化发展的需求。三是建立了创新联盟体。建设了复旦附中教育联盟、交大附中教育联盟、控江中学教育集团,同育创新素养联盟、创新实验室联盟、学生发展指导联盟、学科高地等合作平台,加强区域协同联动,有效实现了资源整合、资源共享、资源辐射。

达成三种合作办学模式。区内高中学校从自身实际出发,达成了与高校衔接的多种教育机制,形成了三种合作办学模式:复旦大学附属中学、上海交通大学附属中学、复旦大学第二附属中学等是由大学创办的传统附属学校模式,作为高校的基础教育改革基地;同济大学第一附属中学、上海理工大学附属中学、上海财经大学附属中学、上海理工大学附属杨浦少云中学、上海市体育学院附属中学等学校是地方政府与高校建立紧密合作关系后更名而来的新型附属学校模式,高校参与办学,提供专业支持;其他高中则得到区内高校一定程度上的人力资源、课程资源等方面的支持,创新学校内涵发展机制。

建立三种合作推进机制。遵照"政府推动、校际互动、组织能动"的合作思路,从基础教育内涵提升出发,着眼于凸显办学特色,形成了三种合作机制:区教育局成立高中教育科,下设依托高校合作办学办公室,为区校合作办学提供组织保障;建立高校和区分管领导参加的联席会议制度,共同制订高校与基础教育合作培养规划;建立理事会领导下的校长负责制,由高校领导担任理事长,高校委派中层领导担任中学副校长,推动合作项目的顺利实施。

共建三个合作实践平台。杨浦区政府与复旦大学、上海外国语大学等高校联手建立"杨浦区课程资源建设中心",为学生提升创新素养提供课程资源平台;与华东师范大学、上海师范大学合作共建"杨浦区教师专业发展中心",为教师提升创新能力提供专业支持平台;在市科委和市教委的支持下,成立"上海青少年科学院沪东分院",为学生施展创新才华提供实践活动平台。

2. 课程建设创新:搭建学生选择性的学习平台

杨浦区联合高校开展课程建设,整体推进以创新素养培育为核心、以培养创新意识和实践能力为重点的课程改革,外引优质资源,内驱主动发展,建设个性化学校课程体系,设置多样化的课程与有创新价值的学习内容,着重进行辩证思维、独创精神和综合运用能力的培养。

合力开发区本课程。依托区域高校优质教育资源集聚的优势,成立课程建设专家顾问团,建立"区校联动,共建共享课程资源"机制。发挥区课程资源建设中心的研发优势,开发具体课程项目,并在学校课程的实施中加以推进。区本课程建设具有"课程内容结构化、课程学习网络化、课程管理区本化"的三大特点,丰富了课程体系,让学生拥有更多的创新能量。

对接高校特色课程。区域支持学校充分利用高校的特色课程资源,建立专业衔接机制。例如,同济大学第一附属中学在学生需求调研基础上,与同济大学合作开设"人工智能""卓越汽车工程师"等特色课程,由同济大学专业教师和本校教师共同任教;上海理工大学把机器人、计算机、环境科学等优势专业课程向附中延伸,构建"工程素养"课程体系;上海财经大学附属中学利用上海财经大学资源建设金融实验室,开发"财经素养培育"特色课程群;上海市体育学院附属中学学生可选修上海体育学院的"体育新闻""体育英语""体育编舞"等强势课程。高中与大学联手精耕课改"试验田",为校本课程建设增值。

3. 资源集聚创新:激发学生创新热情与潜能

杨浦区深度挖掘科教资源和高校教育资源,共建共享创新实践基地,用实践引领学生成长成才,提升青少年科技人文素养。

共享高校设施资源。组织开展杨浦区优秀高中生进入院士团队和高校实验室开展科研探究活动(简称"双进入"活动),让一批有科技探究热情和创新潜力的高中生有机会进入高校实验室,开展近八个月的科研探究,学习科研方法、提升科学素养、培养创新能力。目前区内有相关基地20个,每年培养高中生50余名,累计培养学员600余名,辐射学生上万名。区内一部分学生可到复旦大学基因工程实验室、生命科学实验室进行实验。同时,复旦大学、同济大学等高校的图书馆对附属中学的教师与学生开放。学生走进高校实验室做实验、开展研究性学习,师生到高校图书馆借书阅览,这在杨浦区高中学校已经成为常态。

共建区域创新实验室。区域综合利用大学资源,推出一批与高校共建的实验室,进行先一步探索。复旦大学附属中学的技术创新实验室、上海交通大学附属中学的能源电子实验室、上海市杨浦高级中学的课题探究实验室、同济大学第一附属中学的低碳实验室、上海理工大学附属中学的机器人实验室和上海财经大学附属中学的金融实验室等,为学生成才提供了实践的平台。同时,区内还建设了"数学DIS实验室""数字地理交互创新实验室""生物多样性体验和研究中心"等近百间高中学科功能教室,实现创新实验室在区域高中的全覆盖,学生创新时空得以扩展。

4. 教师培育创新:建设创新人才培养的支撑体系

扎实推进创新型教师培养。杨浦区政府联合高校开展师资建设培训项目,分别与复旦大学、华东师范大学、上海师范大学等多所高校签订合作协议,尝试通过有针对性的个性化培训强化教师的创新意识,提升教师的创新能力。与高校合作举办教育硕士班、管理人才研修班,重点加强学科教师的培训,着力提升教师的人文和科学素养,并提升学生研究性学习的能力。此外,区域还建设了于漪教育教学思想研究中心和吕型伟书院,弘扬教育家精神,开发了于漪教育教学思想培训课程。实施"登峰计划"(区域创智教育高端人才涌动发展项目),组建名教师研习基地24个,首批学员有400余人;还建设了9个"智慧教师工作坊",对骨干教师开展浸润式培养,形成教师人才梯队,高中课堂教学初步形成以素养培育为导向、以深度学习为特征的新样态。

5. 评价机制创新:畅通学生成长成才的绿色通道

一是建立早期创新人才甄别机制。深入开展理论研究和实践活动,建立一套较为科学的方法来识别学生的创新潜质和兴趣,形成学校推荐、综合测试、现场面试及项目考察等多维度甄别相结合的识别体系,识别出数理、工程、人工智能及人文社科等方面具有较好资质的学生,甄别出有志于服务国家重大战略需求,愿意潜心研究的优秀学子。定期对甄别机制进行有效性评估,并及时对相关指标、材料、项目等进行调整和完善,最大可能地反映学生的真实能力和潜力。通过部门协同,系统地收集、整理和利用早期甄别对象成长信息。

二是建立和完善评价改革机制。建立对学生综合素质的过程性评价、对教师教学水平的多元化评价和对学校办学质量的发展性评价机制。首先,开展基于学生创新素质现状的调查研究,引进科学的评价手段,制定并实施了创新评价改革方案。同时,成立"杨浦区中小学学业质量监控中心",借鉴PISA测试和教育部学业质量检测经验,实施对学生学习经历、学业水平、实践能力、创新能力和身心发展状况的综合评价。其次,不单纯以分数成绩作为评价教师的唯一指标,综合考虑师德表现、工作态度、专业发展、创新能力、工作实绩等方面,科学评价教师,为教师创新教育实践创造宽松的环境。最后,实施学校绩效发展性、增值性评价,将教育教学创新纳入评价体系。

（二）经验

1. 注重思想领导和专业引领是创新人才培育的必要前提

杨浦区聚焦"创智教育"这个主题,将全国普通高中"双新"实施示范区与上海市基础教育创新试验区建设统筹推进,找准杨浦教育发展的瓶颈,认清杨浦教育发展的新方位,理清杨浦教育发展的新思路,突破单纯依靠行政手段的方法,更加注重思想领导和专业引领。思想领导,确保了创新试验的正确方向,专业引领,提升了转型发展的专业能力。在实施过程中,着力处理好"五对关系":一是顶层设计与动态实践的关系;二是机制创新与激活微观主体的关系;三是观念认同与实践创新发展的关系;四是依托高校资源与深度合作的关系;五是项目推进与动力机制的关系。

2. 注重项目拉动和课题引领是创新人才培育的基本保证

杨浦区坚持"项目拉动,分工负责,协同推进",以《依托高校合作培养创新型人才的研究与实践》课题为引领,以区域内五所市实验性示范性高中为重点,以培养创新型后备人才为目标,在资源共享、师资培养、社团互动、通识教育、特色课程设置等方面开展了积极探究。通过课题研究,初步贯通了从普通教育到高等教育的人才成长链,形成了"中学与大学纵向衔接、政府学校社会家庭横向沟通、普教与高教共享资源、实现双赢"的创新人才培养模式。

同时,杨浦区在"十四五"规划中,把"完善区域创新型教育生态系统"作为重点推进项目之一。杨浦区秉承"持续深化、融合创新"的行动思路,围绕课程与课堂的变革实践,协调统筹各方资源,构建联动体系。探索线上线下、校内校外等各类教育资源的深度融通,进一步提升师生的创新意识和创新素养,进一步凸显区域教育创新特色和创新品牌,为深化"创智教育"实践提供坚实助力。

3. 注重区域推进和上下联动是创新人才培育的基本方略

教育创新是基础教育的重要组成部分,关系到教育的大局。杨浦区始终坚持"区域推进,面向全体,点面结合,夯实基础,有序提升"的创新试验方略,注重每一所学校的参与和发展,避免试验变成"个别"行为。积极发挥试点校的引领示范作用,在制度和政策的实施层面上加强区域整体推进。

4. 注重内涵深化和机制创新是创新人才培育的根本动力

杨浦区把内涵提升作为试验区建设的生长点和落脚点,在深化内涵基础上,着力架构了五个"创新机制":一是区域高校资源共享机制;二是区域课程建设机制;三是创新基地构建机制;四是教师专业发展机制;五是学业"绿色评价"机制。

5. 注重要素汇集和资源盘活是创新人才培育的根本路径

杨浦区充分发挥大学和科研院所的集聚优势,引进科教资源,促进创新成果,构筑服务平台,建立实验基地,加大资源转化的力度,激活创新主体,加快基础教育内涵提升。坚定不移地走汇集创新要素、依靠创新驱动、内生增长之路。

四、检验与佐证

（一）高中与高校合作机制更为完善,合作更为紧密

截至 2023 年,全区 16 所普通高中之中,以大学附中命名的有 10 所,占总数的 62.5%。高中与高校主要取得了五个合作成果。一是加强管理,合作单位成立了由大学领导、教育局领导、学校领导等组成的理事会或咨询委员会,通过定期召开会议商讨决定学校发展的重大事宜,部分大学派出学校中层领导担任附中兼职副校长,常驻学校参与管理。二是延伸课程,在校本课程的建设中,将高校的特色优质课程资源移植过来,开设高中对接课程,建立专业衔接机制。三是优化师资,将高校优秀师资引入基础教育,有力地促进基础教育教师综合素质的提高。四是学生互动,通过高校与高中学生的互动,提高了高中学生在学习和社会实践等各个方面的能力。五是资源共享,高中师生有组织地共享大学的图书资料、实验设施、文化场馆等优质资源。

（二）教师的教学观念和教学行为逐渐发生转变,课改要求的好课率明显提升

教育理念的更新,带来的是教师教学方式的变化。因人施教、因时施教、因材施教,已成为全区广大教师的行为准则。无论是观摩课,还是公开课,或是家常课,我们都欣喜地看到:"轻负—优质—高效"的课堂教学得以显现,很多教师不再是从课本知识或教师的个人经验出发,而是站在学生的角度,从学生素质发展的要求出发,和学生平等对话、交流、讨论,让课堂真正成为学生探究新知的学堂,成为学生提升能力的场所,成为学生个性发展的园地。"以前上课心里装的是知识,现在上课心里装的是学生"已经成为大多数教师的常态行为。教师教学行为发生"五个转变":变"教"的课堂为"学"的课堂,变"教课文"为"教课程",变"教过"为"教会",变"先教后学"为"先学后教",变"教教材"为"用教材教"。杨浦区教育督导室对全区高中分别进行了课程教学督导调研,随机听课 473 节,其中体现课改要求的好课占 78%,一般课占 21.6%,较差课占 0.4%。三年来,涌现出一批创新型教师,区内普通高中有 140 多名教师在上海市级及以上教学评比中获等第奖,其中获一等奖的有 40 多人次。

（三）学校教育创新能力进步明显,学生在全国、全市和国际的创新大赛中屡屡获奖

学生综合素质与发展潜质显著提高。各所学校为学生的发展需求提供了多样选择,学校育人模式呈现多元化。各校通过与高校合作办学,加强学校的课程与教学改革,使学生基础更加扎实,知识结构逐步完善,创新兴趣、创新思维和创新潜能得到相应发展,竞争意识和合作意识得到相应增强,实践能力和创新能力得到相应提高。三年来,区内部分高中学校曾获评为世界顶尖科

学教育联盟实验基地校、上海市科技教育特色示范学校等,收获多项荣誉,多所高中入选上海市"双新"实施研究与实践推进项目校,多项课堂教学改革实践成果获上海市基础教育优秀教学成果奖。在教育教学质量不断提升的同时,区内高中学生的综合素养得到了显著提升,在国际科学与工程大赛、丘成桐科学奖评选、国家和上海市科创大赛中屡获佳绩,市级及以上获奖人数在上海市名列前茅。

五、反思与展望

杨浦区的创新人才培养工作,目前仍处于探索阶段,需要进一步形成一种更加成熟的模式化架构,实施的成效还需要在实践中进一步检验。经过阶段性的总结反思,我们认为,下阶段需要着重加强"创新拔尖类人才"培养,拟从以下三个方面着手。

一是贯通培养模式探索。创新拔尖类人才早期培养是一个长周期的工作,高中学校作为其中承上启下的学段,是实现人才贯通培养的关键环节。我们要对接复旦大学、同济大学、上海财经大学等区内知名高校,结合高校基础教育集团和高中紧密型集团工作,借助市级项目推进的模式,针对区域拔尖创新人才群体,探索实现以区域头部高中为基础,上通高校、下联初中的贯通培养模式,实现知名高校参与、头部高中承办、初中学校联动的模式。

二是培养平台建设。对标市级项目,我们设想建立"1+3"构架的两级工作平台(青少年科学院+试点基地),一级平台(青少年科学院)作为区域中小学创新素养培育的引领平台,结合区域教育综合改革重点项目和创新实验区建设,引入全市高校资源,整合市区相关资源,构建区域整体创新素养培养平台。二级平台(试点基地)则以三所区属市实验性示范性高中为试点平台,聚焦拔尖创新人才群体的早期甄别、贯通招生、专项培养进行实践探索,通过构建高中创新素养培养体系,实现贯通式培养的项目化、课程化和机制化。

三是师资队伍建设。依托区域拔尖创新人才培养项目,为师资队伍建设提供新的平台。拔尖创新人才培养需要优质师资的支持:一方面依托高校资源,引入高校教师作为学生发展导师,支持项目开展;另一方面需要依托区域头部学校,组建区级教师团队参与课程建设和实施,通过引进高端教师,专业机构参与等方式,为项目实施提供师资保障。依托项目实施,为优秀教师提供专业发展的支撑平台,从而实现由点及线,由线及面的辐射作用。依托"高校科学营""英才计划""强基计划"和"基础学科拔尖学生培养计划"等项目,指导实验学校利用区域知名高校云集的优势,加强与高校和科研院所的合作,把优秀高中生推荐给高校,为学生提供丰富的课程、实践和科研机会,通过相互的深度了解与合作,互利双赢,实现人才贯通培养。

(执笔人:刘　陆)

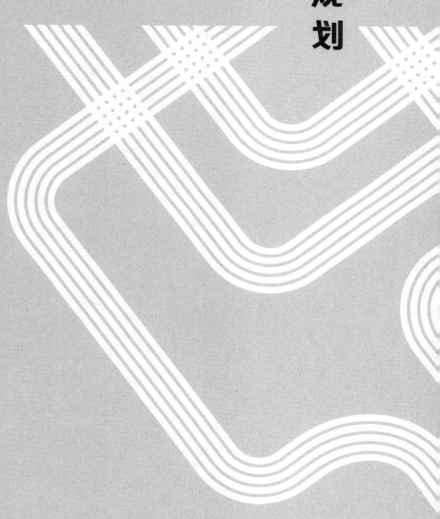

第二部分

课程规划

7

"双新"背景下学校课程规划及实施的进阶研究与实践

/ 同济大学第一附属中学

核心问题

如何完善课程规划,并基于课程规划进一步优化课程实施?

同济大学第一附属中学于 2020 年被评选为"普通高中新课程新教材实施国家级示范校"。作为国家级"双新"示范校,学校严格按照教育部课程改革要求,探索"双新"背景下课程规划设计与实施的新做法。学校以解决"双新"落实中的实际问题为导向,制订《普通高中新课程新教材实施国家级示范校建设工作三年规划》,在此基础上设计课程规划,基于课程规划实施实现"高质量地执行国家课程、有特色地实施校本课程"的目标,积极探索数字化赋能育人方式变革。

在为期三年的实践中,学校运用文献法、文本分析法、案例研究法和行动研究法不断调整与完善课程规划,在原有课程方案的基础上,逐年进阶,通过"实践—反思—再实践—再反思"的行动研究优化了课程实施,最终实现了课程规划及实施从蜕变式进阶,到行动式进阶,再到共享式进阶,为上海市乃至全国在"双新"背景下的学校课程规划与实施提供了可参考、可借鉴的样本。

一、背景与问题

(一)问题产生的现状、不足及成因分析

1. "双新"背景下学校课程规划的设计亟待解决实际问题

一是解决生源差异较大和学生个性化需求的问题。学校生源组成多样,个体间学情差异大、学习需求也不同,面临学生选课组合的多样化、新疆生与本地生混班学习、分层教学及辅导的需求多元等挑战。二是解决提高教师课程实施能力的问题。当前教师群体趋于年轻化,部分教师的教育理念、专业能力与学校发展的整体要求尚有距离,有影响力的高端教师较少。三是解决课程实施质量和课程实施评价问题。当前学校三类课程齐备,选修课程较为丰富,但课程内容尚未完全满足学生个性发展的需求,课程的系统性、结构性、实施质量以及评价方式都有待提升,信息化教学也尚未实现常态化。

2. "双新"背景下学校课程规划还需在实施中持续升级

2020年,根据教育部和上海市教委总体要求,学校邀请华东师范大学崔允漷教授团队多轮指导,精心打磨,研制完成《同济大学第一附属中学课程实施规划》。这份规划作为范本,被选入《上海市普通高中课程实施规划案例集》。

学校课程规划的设计和实施应该是一个边实践、边提炼、边反思、边完善的动态过程,一成不变的课程规划无法适应新的需求,而"进阶"是课程规划发挥成效的关键。所以我们确定了"实践—反思—再实践—再反思"的思路,认识到了基于实施的经验与反思,不断对课程规划进行持续升级的重要性。

(二)课程实施规划进阶需要解决的核心问题和子问题

高质量的校本化落实国家课程方案是普通高中教育高质量发展的关键。学校聚焦关键性的问题,进行理论与实践探索,具体包括以下内容。

1. 核心问题

课程实施规划进阶的主要问题、方向、路径是什么?

2. 子问题

(1)课程规划的指导性不强、适切性缺失,难以引领教师的课程实施质量。

(2)课程规划促进课程实施质量提升的路径不清晰,工具支架难以支撑实施质量的落地。

(3)课程实施对生源差异较大和个性化需求等问题的回应度不高,难以贯彻因材施教。

上述三个问题彼此衔接,导致国家课程方案难以落实为高质量的教学过程、难以培养高质量的人才,只有通过对课程规划进行进阶,才能解决这些问题,并让国家课程方案在学校的实践中真正落地。

二、路径与办法

(一)解决问题的整体思路

学校以进阶思维探索解决国家课程方案实施中的关键问题,提出了学校课程规划及实施的进阶路径。基于素养为本的课程规划遵循"文本—实施—反思—调整—迭代—辐射—再优化"的闭环调整机制,主要分以下三个阶段。

第一个阶段:蜕变式进阶,完成国家课程方案向校本实施规划的转化。课题组应用文献研究法和专家咨询法,从"传统"课程规划及实施过渡到"双新"课程规划及实施,将"双新"的新要求转化为学校课程规划中的具体方案和措施。

第二阶段:行动式进阶,指向课程实施、适切校情的课程实施规划建构。课题组通过实施行动研究,引导学校整体设计课程实施工具,在学科中进行实践探索,发现实践中的问题,联合外部专家进行原因剖析和工具优化,并再度应用于学科教学实践中,循环往复、不断迭代。

第三阶段:共享式进阶,指向课程实施质量问题解决的课程实施规划迭代升级。课题组应用案例分析法,引导学校在更大范围内将不同学科的实践经验进行交流,在扩大成果影响的同时,倒逼研究团队进行自我反思,不断完善。

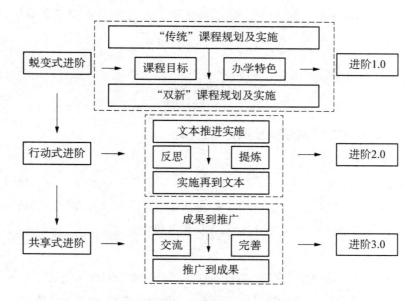

图 2-7-1 学校课程规划及实施的进阶路径

(二)解决策略

1. 课程规划与实施进阶的整体推进机制

通过"双高智融"机制、螺旋迭代机制、评价牵引机制,通过螺旋式的进阶,在保障正常教学秩序不被打乱的情况,润物无声地优化课程实施。评价牵引实践的优化,不断回应多元主体对高质量教育的期待。

2. 课程实施问题解决实践策略

(1)以"三合"原则指导学校课程规划的制订与迭代。学校以"合目的、合一致、合可行"为基本原则,在教育管理部门和高校研究专家支持下,整体规划校本化落实了新课程的"设计图"。

(2)通过学分规划为课程落实提供了路线图。学校以"学分规划"高质量实施国家课程,遵循学科的逻辑、学生发展的逻辑以及问题解决的逻辑,将学科的学分作了三年的总体安排、设计,并根据学分进行内容和课时配比,科学安排不同学科内容的课时,保障课堂教学内容的有效衔接。

(3)以文本—实践—文本的进阶路径不断优化教学。在学校课程规划指导下,由各学科教研组根据课程规划的要求,组织各学科教师研发具有本学科教学指导性、参考性的文本,例如学科课程纲要、单元教学规划、单元教学设计等,并且不断完善文本,形成了清晰的进阶路径。

（4）通过保障措施的优化提升课程实施的质量。进一步细化课程实施的流程，以课堂为主阵地，以教学革新为方向，创设以任务化、结构化、情境化和信息化为特征的课堂样态，为学生高质量学习保驾护航。

3. 课程实施优化用具

学校形成相关课程实施的流程、路径。借助信息化手段，对教学数据进行分析，进一步优化课程实施。

三、成果与经验

（一）建构了课程规划与实施进阶的整体推进机制

1. "双高智融"机制

学校联合高校教育研究专家与学科专家，将高校专家的理论智慧与一线学校的实践智慧有机融合，高校专家指方向、提思路，一线学校重实施、积经验，同时双方进行定期研讨，共同反思，通过"实践—反思—再实践—再反思"的行动研究优化课程实施。

2. 螺旋迭代机制

学校在课程实施阶段，采用逐年进阶和分科进阶的方式，当年发现问题当年解决，后一年课程实施重点监测上一年的问题。所有学科并非按照统一步调设计课程，而是充分尊重学科特点，逐年分科进阶，通过螺旋式的进阶，在保障正常教学秩序不被打乱的情况，润物无声地优化课程实施。

3. 评价牵引机制

学校以目标为起始，以多元主体的满意度、体验感为优化课程实施的重要参照，在实施过程中积极收集学校管理者、教师、学生乃至家长对学校课程实施的评价意见，同时也聘请专业团队对学校的课程质量进行评价，以评价牵引实践的优化，不断回应多元主体对高质量教育的期待。

（二）蜕变式进阶成果：课程规划与实施工具

第一阶段，学校从"传统"课程规划与实施过渡到了"双新"课程规划及实施，形成以下成果。

1. 重构了聚焦国家课程政策的"双新"课程规划

学校以"合目的、合一致、合可行"为基本原则，在教育管理部门和高校研究专家支持下，校本化落实新课程整体规划的"设计图"。

"合目的"强调的是课程规划要符合国家政策要求，充分体现学校的办学思想。通过"SWOT"分析，学校不断审视课程改革的基本经验和不足之处，不断完善具有信息化教育特色的毕业生形象。

"合一致"关注课程规划的要素完整、结构合理、内在逻辑一致，以最大程度地支撑目标的达成。不断完善、进阶学科课程方案，学期课程纲要和单元教学规划等文本。

"合可行"注重的是课程规划的操作性,让课程规划真正成为学校课程实施的"案头书"。学校课程规划表述准确具体,指向"双新"关键、重难点课程问题的解决。

2. 构建了"五育并举、特色鲜明"的"双新"课程体系

通过对课程规划的持续研究,学校形成了"立德树人、适合人人、五育并举、迭代发展"的学校课程体系,具体体现在以下几个方面。

(1)国家课程校本化建设。

对标"双新",学校严格执行国家课程标准,开足、开齐、开好国家课程,并对课程进行优化。

学科课程建设方面,加强课程实施方案的编制,推进基于课程标准、指向深度学习的学期课程纲要、单元教学设计等各级课程文本建设,形成了单元设计策略、模板与规划。

劳动课程建设方面,学校探索校内劳育课程建设,与社会实践基地联动开发劳育课程,还与同济大学、复旦大学等高校共同实施学段贯通的劳育课程。探索过程中,《智慧生活 匠心善学——学校劳动课程方案》作为上海市劳动课程建设典型案例发表,《金工实践中的工匠精神》被评为上海市劳动教育优秀课例并在"上海教研"公众号中推送,学校也获评上海市劳动教育特色学校。

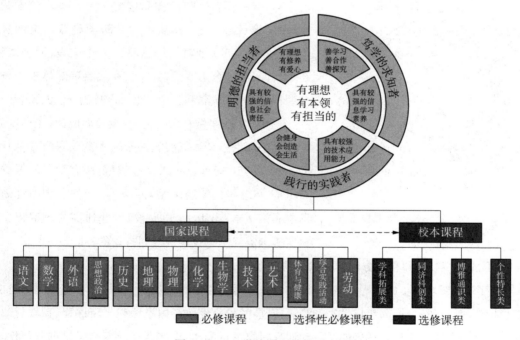

图 2-7-2 学校课程结构示意图

(2)建设了适应学生特征的选修课程。

学校基于学生个性化、多样化的学习需求,依托同济大学优势资源,有特色地开发和实施校本课程,构建跨学科课程群,促进学生特长发展。如推进"点线面"课程进阶,打造"同济元素"鲜明的特色校本课程。

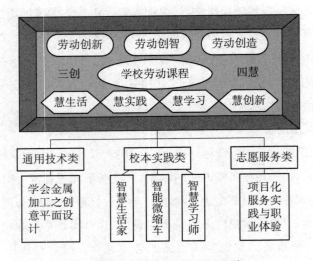

图 2-7-3　学校劳动课程图谱

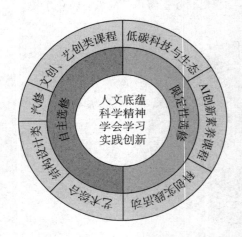

图 2-7-4　跨学科选修课程图谱

学校的"低碳科技与生态"等课程获杨浦区"聚焦核心素养·创新品牌课程"作品征集一等奖,"实验室艺术微改造"课程收录于《杨浦区中学跨学科课程案例选》。学校还形成了 40 余篇围绕思政一体化课程、劳动课程、跨学科课程、综合实践活动课程、在线课程等体现学校特色课程建设的方案和课例。2024 年,学校荟萃全校近100 篇课程实践案例和研究论文,编写而成的《正向实施:普通高中新课程新教材实施国家级示范校课堂变革行动的实践》等三本著作已进入出版流程;所有学科均形成了可示范、可参考的学期课程纲要与单元计划、课时计划等课程实施文本,出版了《逆向设计:普通高中新课程新教材实施国家级示范校落地规划行动的实践》一书。

3. 形成了"双新"课程学分和学程细化的样本

在新课程、新教材实施过程中,针对课时和作息时间需要严格控制,学科学习内容越来越多、越来越抽象,教材越来越厚,考试越来越难等问题,学校刚性执行国家课程是新课程、新教材改革的要义与破局之道。学校对学生的学分和课程内容进行配比,再将课程内容和课时进行配比,形成了"双新"课程学分和学程细化的样本。

学校以"学分规划"高质量实施国家课程,遵循学科的逻辑、学生发展的逻辑以及问题解决的逻辑,将学科的学分作了三年的总体安排、设计,并根据学分进行内容和课时配比,科学安排不同学科内容的课时,保障课堂教学内容的有效衔接。在严格落实国家课程课时要求的基础上,更好地契合学校学生的实际情况。比如,语文的"模块化教学"进行学分配比;再比如,数学建模作为一

表 2-7-1 学校课程规划的学分和学程

科目		高一			高二			高三		
		必修	选必	选修	必修	选必	选修	必修	选必	选修
语文		8				6				
数学		6			2	4			2	
外语		6				6			2	
思想政治		4			2					
历史		2			2					
地理		2			2					
物理		4			2	12			6	
化学		2			2					
生物学		2			2					
技术	信息技术	3								
	通用技术	2			1					
艺术(音乐/美术)		2			2			2		
体育与健康		4	2		4	2		4	2	
综合实践活动	研究性学习	3			3					
	军训/社会考察/党团活动	1			1					
劳动	志愿者服务	2学分,不少于40小时,高中三年课外完成,并计入高三必修课程学分。								
	其他	4学分,与通用技术、校本课程内容统筹,分别以2学分计入高一、高二必修课程学分								
合计		53	2		27	30		8	12	
同济科创类				2+			2+			
博雅通识类				1+			1+			2+
个性特长类				1+			1+			
学科拓展提高类				6+			6+			
合计				10+			10+			
学分总数		53	2	10+	27	30	10+	8	12	2+

课程类型	科目		高一 上学期	高一 下学期	高二 上学期	高二 下学期	高三 上学期	高三 下学期
国家课程	语文		4	4	0+3	0+3		
	数学		3	3	2+1	0+3	0+1	0+1
	外语		3	3	0+3	0+3	0+2	
	思想政治		3	2	6+6	6+6	0+3	0+3
	历史		1	1				
	地理		1	1				
	物理		2	2				
	化学		1	1				
	生物学		1	1				
	技术	信息技术	2	1				
		通用技术	1	1	1			
	艺术（音乐/美术）		1	1	1	1	1	1
	体育与健康		4	4	4	4	4	4
	综合实践活动	研究性学习/党团活动	2	2	1	1	1	1
		社会考察/军训/学农/党团活动	集中安排，不计入课时					
	劳动	志愿者服务	利用课外时间完成，不计入课时					
校本课程	非学科类校本课程		2	2	2	2	1	1
	学科拓展提高类		6	6	6	6		
	分层辅导/自修		1	3	2	3	25	27
	周课时合计		38	38	38	38	38	38

种非常重要的数学教学内容,但是建模活动的学分只有 0.8,难以让学生深度体验数学建模的内在规律,学校将数学建模的部分内容融入到相关内容中去,多方位地培养学生用数学思维发现、分析和解决问题的能力。

（三）行动式进阶成果:实践路径与工具的优化

第二阶段,学校基于实践不断反思、提炼,从文本到实践,再从实践到文本,形成以下成果。

1. 建立了文本—实践—文本的进阶路径

在学校课程规划指导下,由各学科教研组根据课程规划的要求,组织各学科教师研发本学科教学指导性、参考性的文本,例如学科课程纲要、单元教学规划、单元教学设计等,为具体学科教学提供样板参照。经过一段时间的教学实践,再对之前制订的各项文本进行调整与完善。从学校整体课程规划,到学科课程纲要,再到单元教学规划再到教学实践,不断从实践中反思、进一步完善文本,形成了清晰的进阶路径。

2. 形成了教材内容有机整合的实践路径

学校在迭代和进阶课程规划的过程中发现必须要对教材整体作深度的思考,尤其是要形成教材内容有机整合的实践路径。我们基本的方向是"渗透"与"融合"。如今,课程内容越来越多、教材越来越多,必须在必修课程、选择性必修课程、选修课程之间进行整合,找到有效实施课堂教学的抓手。

所以,学校在课程规划的指引下,组织各学科组以学科核心概念为主线重组教材内容,从而实现学科核心素养与教材内容的有机融合,加强课程内容的结构化特征,在内容设计上体现整体性、一致性和阶段性,让学生的学科核心素养培养有了"施工图""路线图"。比如,历史学科中分别以时空观念、家国情怀、国际视野为主线,把历史教材的内容进行打通、融合。教材整合主要依托"整合点""联结点",寻找不同教材内容中的整合点,将相关内容归拢到一起,并利用联结点将内容结构进行重组,形成新的教学内容。教师依托课程纲要设计、大单元教学设计来实施教材整合,突出了学科大概念教学,学生的学科核心素养生成效果良好。

3. 构建了课程实施的流程和工具

学校高质量实施国家课程,在有特色地实施校本课程的基础上,初步形成了相关课程实施的流程、路径。比如,在语文、英语、地理等学科教学中,形成了聚焦教学评一致性的慧学课堂教学流程。又比如,在物理学科中,形成了学科探究与交流展示相统一的教学模式。还比如,德育课程、跨学科课程、人工智能课程、低碳课程都形成了相应的课程流程。除此之外,学校还借助信息化手段,通过数据进行教学分析,进一步优化课程实施。

4. 构建了模态多样、重视过程的评价模式

为检测课程规划是否在课堂中真正落地,学校通过数字基座构建起一个数据驱动、技术协同、应用多样的智慧教育评价环境,包含晓德助手、评课助手等 30 多个轻应用,赋能课堂教学评价与学生学习评价。教师基于同行的评课反馈和学生的学习反馈,可以全面了解课堂实施的实际情况与改进意见,优化课程建设;学生根据数据反馈,可以形成个性化的动态"数字画像"和"数据档案",了解自己的优势与短板,建构"成长轨迹图谱",为选修课程的选择提供参考。

(四)共享式进阶成果:数字赋能的联合共建教研模式

第三阶段,经过长时间的"反思—实践—再反思",学校将课程规划迭代实践中的经验进行提炼总结,在交流辐射探索经验的过程中继续反思可以进一步优化的地方,让课程规划实现更加深入、全面的进阶。

在课程规划的 1.0 阶段,学校就鼓励"引进来",以学科核心素养培育为主题组织了 40 余场教研活动,通过线上与线下融合的专题报告、专家讲座等,增强了教师对课程规划制订与"双新"课堂实践要素的认识。

课程规划从 2.0 到 3.0 迭代阶段,为检测教研模式的成效,学校组织全体教师"走出去"。

一是建设校际联合教研机制。利用平台推进集中培训、网络研修与实践应用相结合,形成"骨干引领、学科联动、团队互助、整体提升"的研修共同体,与曹杨二中等多所学校围绕"课程规划与课堂教学"联合教研十余次。

二是探索建立与民族地区学校联合的研修共同体。学校以赴民族地区学校支援的骨干教师为抓手,与贵州省兴义市第一中学、云南省迪庆州香格里拉中学、新疆维吾尔自治区乌鲁木齐市第八十中学等十余所学校协同构建"校长—管理干部—班主任—学科教师"研修共同体,围绕"课程规划下的课程实施"开展数字化教研活动十余次。

四、检验与佐证

2022 年学校课程规划获评"上海市优秀课程规划"。学校在此基础不断探索和迭代,依托市级"双新"课题"'双新'背景下学校课程规划及实施的进阶研究"加强对课程规划的研究,从 1.0 到 2.0 再到如今 3.0 的版本,课程规划通过不断地更新与迭代,推动了教与学方式的变革,学校教育质量不断提升,实现跨越式发展。

(一)学生层面:通过学习状态与方式的转变提升了学习质量

1. 激发了学生学习自主性,赋能学生个性化发展

"五育并举"的课程让学生的发展更加全面。校本课程的建设更有特色、门类更加丰富,从最初的 10 余门到如今的 40 余门选修课程,支持了学生的个性化学习需求,激发了学生主动学习的动力。以校本选修课程"智能无人驾驶车"为例,通过课程修习,20 余名学生产生了对人工智能的兴趣,成立了"AI 智能＋"社团,并在上海市人工智能挑战赛中斩获一等奖的佳绩。

2. 转变了学生学习方式,赋能创新人才培养

学校打破了传统课堂的禁锢,"5G＋深度学习馆"为学生提供了开放的学习场域。来自复旦大学、同济大学等高校的 40 余名教授成为学生的创新导师。近两年来,学校在第 37 届和第 38 届上海市青少年科技创新大赛上屡创新高,共荣获 35 项奖项,其中一等奖近 10 项。

(二)教师层面:理论自觉与实践自觉程度明显提升

1. 教师更愿意革新教育理念,提炼课堂教学经验

专家主题讲座与辅导,跨学科跨学段跨校际的联合教研,名校、企业的学习考察等 50 余次活动大大促进了教师对"双新"课堂的深入认识。在学校组织的 10 余次市、区级"双新"主题研讨中,30 余名教师交流了课堂教学转型的探索经验,10 余名教师在市区级讲座中分享"双新"课堂实施

经验。所有学科均形成了可示范、可参考的课程实施文本,荟萃教师课堂实施经验的多本著作拟出版。

2.教师更乐意开展教学变革,为区域提供探索示范

教师积极将教育教学理念付诸实践,开展了"双新"课堂探索行动。教师撰写了单元教学设计54篇、课程纲要42篇、学历案82篇、课例40余篇、教学论文50余篇,开设校级以上公开课100余堂,立项市区级课题12项。在探索实践中教师的教学能力与专业水平不断提高,课程规划随之不断优化。

(三)学校层面:办学水平与社会影响不断提升

1.学校办学水平得到全面提升

学校深入推进教育综合改革与课堂创新实践,在上海市"双新"推进会上进行了课堂教学的高质量展示;优化"五育并举 特色鲜明"的课程体系,促进了学生全面而有个性地发展;加强科研兴校、人才强校,新增教育部重点课题"教育数字化赋能民族地区结对校教育高质量发展的路径与策略研究"立项,多本成果集即将出版,有力地促进了教师专业发展;学生在科创、体育、艺术、社会实践等方面成绩骄人。

2.区域辐射影响力不断增大

已开展国家级课堂教学展示活动2次、市级课堂教学展示活动7次,为贵州省兴义市第一中学、云南省迪庆州香格里拉中学、新疆维吾尔自治区乌鲁木齐市第八十中学等10余所民族地区学校提供课堂观摩、讲座交流20余次。

学校教学成果申报市、区级教育教学研究课题10余项,教师在上海教研等市、区级以上学术期刊上发表相关论文30余篇。课堂实践成果获得上海市基础教育成果奖、同济大学教学成果特等奖等殊荣。成果在市区乃至全国推广辐射,在中国教育报、人民网等主流媒体刊登相关报道多达20余篇。在国家教育行政学院、教育部中学校长培训中心、中国教育全国校长培训班等作《新课程、新教材背景下校长使命》等发言报告30余次。

五、反思与展望

"双新"背景下的课程改革,不能"旧酒换新瓶"。学校始终坚持的是:刚性执行国家课程、有特色地实施校本课程、信息化支撑新课程新教材的实施。这不仅是学校的坚持,更应内化为每个教职工、家长和学生的行为。这一年来碰到很多的困难,但是我们在不断地从以下三个方面进行总结反思。

1.关于学校规划落地细化。要把课程和育人目标对接起来,细化到每个教师行为。学校已出版编著《逆向设计:普通高中新课程新教材实施国家级示范校落地规划行动的实践》。

2.新课程新教材转变"教与学"的方式,最根本的是课堂,最关键的是教师。教师们撰写了大

量课程改革的案例,学校已出版编著《正向实施:普通高中新课程新教材实施国家级示范校课堂变革行动的实践》。

3. 学校作为首个接入市教委基座的先行示范校,将以三年来国家级"双新"示范校的实践经验为基础,以上海市(第四轮)课程领导力的实践为契机,继续深化创新性实践的新路径,为全市的信息化提供可复制、可推广的经验。

(执笔人:张哲人)

8 深化环境素养培育特色，校本化落实五育并举

/ 上海市曹杨中学

核心问题

特色普通高中如何通过优化学校课程体系，校本化落实五育并举？

一、背景与问题

（一）背景概述

普通高中学校要特色化、多样化发展，以满足学生的多元发展需求。作为上海市的一所特色普通高中，曹杨中学所开展的"环境素养培育"立足于广义的"大环境"概念，具有两方面内涵：一是整合各方教育资源打造育人"大环境"进行"三全"育人；二是培育学生与"大环境"（自然环境、社会人文环境以及自身心理环境）和谐共生、协同发展的责任担当意识与自主力行能力。学校基于"大环境"育人导向的"环境素养培育"，遵循"以人为本"的教育理念，着眼于个体生存发展的环境生态来培养学生与之共生共赢的必备素养，有利于学生的可持续发展。因而，"环境素养培育"是学校校本化落实立德树人根本任务、实现五育并举的有效载体。

在"双新"全面实施的当下，学校原本的特色课程在实施上受到一定程度的影响。在有限的时空内，学校如何在高质量高标准地实施国家新课程方案的同时，进一步发挥学校特色课程的育人价值，有效建构起指向五育并举的学校课程体系与校本化的实施路径，校本化落实学生德智体美劳全面培育，成为学校当前亟须解决的重大问题。

（二）核心问题及子问题

1. 核心问题

特色普通高中如何通过优化学校课程体系，校本化落实五育并举？

2. 子问题

作为一所特色普通高中,应如何确保学校环境素养培育特色与五育并举的育人导向具备清晰明确的一致性? 应如何特色化地架构指向五育并举的学校课程体系,并确保高质量实施学校课程,促进其五育并举育人功能的更有效发挥? 又应如何科学评估学校课程体系的育人成效,以确保校本化落实学生德智体美劳全面培育的有效性?

二、路径与办法

(一) 整体思路

学校从国家的育人目标出发,结合学校环境素养培育特色,重新审视学校课程的育人目标,以育人目标为纲,统整课程的架构,规划课程的实施,达到"纲举目张"的效果,并持续完善有效的课程体系评价方式,不断推进五育并举的学校课程体系的完善和实施。

1. 借助特色课程的设计来优化和完善指向五育并举的学校课程体系

(1) 架构指向五育并举的学校特色育人目标系统。

(2) 架构指向五育并举、彰显特色的学校课程体系。

(3) 完善指向五育并举的学校课程体系。

(4) 分层分类地设计"环境素养培育"特色课程。

2. 优化完善课程有效实施的原则

在原先的学校课程实施原则基础上,充分意识到各门课程内部蕴含着丰富的五育内涵,认识课程间的五育指向差异,充分发挥"环境素养培育"与社会生活密切相连的特点,将五育内容有机融入课程教学之中,优化和完善课程有效实施的原则。

3. 凝练课程有效实施策略

无论是国家课程还是校本特色课程,课程的名称和修习方式虽有区别,指向的五育内涵也各有侧重,但其育人理念是统一的,其中必然存在德智体美劳的教育契机。学校依据各学科课程性质、理念、目标、内容、实施方式的不同特点,结合学校环境素养培育课程的实施方式,凝练各学科课程的有效实施策略。

4. 开发课程评价工具,完善课程评价系统

学校依托"高中生环境素养评价体系的构建与实践研究"的课题研究,结合学生综合素质评价,构建体现五育融合的高中生环境素养评价体系。依据学生综合素养评价结果反馈,进一步优化和完善课程体系的设计与实施,不断推进五育并举的学校课程体系的完善。

（二）解决问题的路径图

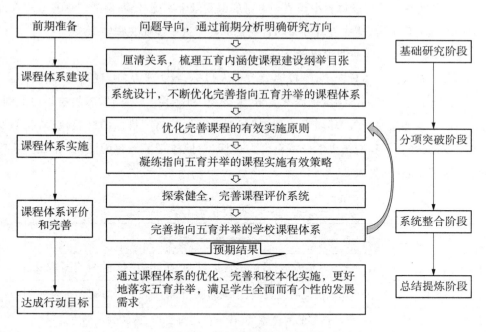

图 2-8-1　解决问题路径图

三、成果与经验

在全面推进新课程新教材实施的过程中，学校利用以往特色创建和发展过程中提炼的经验，建设并实施指向五育并举的特色普通高中课程体系，高质量校本化地落实国家课程，回应了特色普通高中深化发展的共同痛点，走出了一条指向五育并举的特色发展之路，既满足学生个性发展、特长发展和全面发展的需要，也有利于凝练指向五育并举的特色普通高中课程体系构建和实施的经验，将成果辐射更多特色普通高中学校。

1. 问题导向，通过前期分析明确研究方向

为确保学校环境素养培育特色与五育并举的育人导向具备清晰明确的一致性，使学校教育教学更具有针对性、目的性和实效性，在项目启动初期，学校对原有的特色普通高中课程体系进行了全面分析，立足五育并举的目标达成，从课程架构完备性、课程实施有效性、课程评价科学性等角度出发，梳理了学校课程体系建设过程中尚需完善的问题，从而以问题为导向，开展了后续的针对性研究。主要问题如下。

（1）学校在课程体系建设过程中虽然关注了学生发展的普适性和差异性，特色内涵建设充分，但五育整体推进关注不够，指向五育并举的课程体系仍需进一步完善架构。

（2）学校育人目标内涵与五育内涵高度契合，但在课程校本化实施的过程中，对于课程中的

五育内涵,尤其是特色课程的五育内涵尚需进一步挖掘。

（3）学校虽然在特色建设过程中积累了丰富的课程融合实施经验,但如何更有效地在课程实施中实现深度的五育融合、达成五育并举的育人目标尚需进一步在实践中探索。

2. 厘清关系,梳理内涵使课程建设纲举目张

在"大环境"育人的价值导向下,学校明确了育人目标,致力于从"大视野（知）、敢担当（情）、善思辨（意）、能力行（行）"四个维度培养学生与"大环境"和谐共生、协同发展的核心价值观、关键能力与必备品格。通过对学校"环境素养培育"育人目标与"五育"目标的对照梳理,我们发现二者是高度契合的。同时,我们结合学校特色育人目标,对照梳理了五育内涵,为课程体系后续的补充和完善厘清了思路（见表2-8-1）。

表2-8-1　学校五育内涵

育人维度	五　育　内　涵
德育	对国家忠诚热爱、对社会尽责担当、对他人诚信包容、对自身珍爱自立
智育	知识技能融会贯通、思维品质开阔严谨、学习方式知行合一
体育	良好的身体素质、优秀的心理品质、健康的生活方式
美育	感知敏锐、情趣高雅、创意表达
劳育	学会劳动、崇尚劳动、自主规划

3. 系统设计,不断优化完善指向五育并举的课程体系

在五育内涵梳理界定的基础上,我们重新审视原有的学校课程体系,明确了国家课程与学校特色课程的功能和相互关系:一方面充分发挥国家课程在落实、渗透、夯实、强化五育内涵上的育人功能;另一方面深入发掘特色课程的五育内涵,借助特色课程补全充实某些五育内涵彰显程度不足的科目内容,将特色课程中的通识性内容嵌入国家课程中,不断优化完善课程体系,体现既有效指向五育并举,又彰显学校办学特色的课程育人效果（见图2-8-2）。

4. 聚焦五育,优化课程有效实施的三项原则

（1）潜移默化,育人无痕。充分意识到各门课程内部蕴含着丰富的五育内涵,找准五育目标在具体课程中的契合点,通过教与学方式的调整,在课程的具体实施中实现潜移默化、育人无痕的教育效果。

（2）互相促进,各有侧重。充分认识课程间的五育指向差异,有侧重地选择课程实施方式,夯实课程直接指向的五育目标,同时使课程在实施过程中形成一个五育相互支撑的动态结构,发挥课程育人的总体功效。

（3）跨学科融合,知行合一。充分发挥"环境素养培育"与社会生活密切相连的特点,将五育内容有机融入课程教学之中,通过真实情境创设、真实问题解决,形成项目化的实践体验,让学生

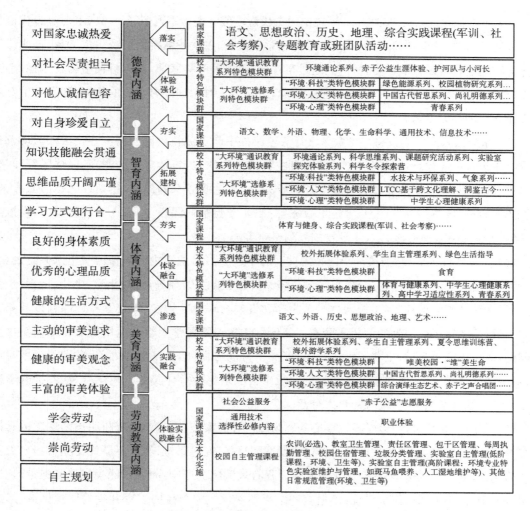

图 2-8-2　指向五育并举的课程体系

在实践体验中学以致用、知行合一。

5. 实践验证,完善指向五育并举的课程的实施策略

在不断优化和完善学校课程体系的基础上,学校通过"学科试点—评价反馈—调整优化—实践验证—经验提炼—辐射推进"的模式,在学科类课程、综合实践活动和校本特色课程中分别凝练出课程有效实施的"四式"策略:渗透融合式、拓展强化式、系列嵌入式、主题实践式,并在日常教学活动中进一步实践验证,完善指向五育并举的课程的实施策略。

(1)渗透融合式。地理学科"海洋空间资源"的课程设计中,教师通过展示海洋空间的开发实例,说明开发海洋空间资源对区域发展及我国海洋安全的重要意义,以小见大,使学生认识海洋空间的重要价值,增强关注海洋的意识。并通过了解我国应对海洋安全问题的国家战略和措施,让学生进一步增进对国家重大资源战略和新型海上安全观的理解,培养学生的家国情怀。既完成了智育中的学科教学目标,也挖掘了学科的德育渗透点。

（2）拓展强化式。语文学科中,围绕中国古代诗歌鉴赏进行系列拓展。纵向上通过古代诗歌的发展脉络、古代诗歌韵律之美、古代诗歌常用意象赏析、古代诗歌常用表现手法鉴赏、古代诗词创作等主题进行专题拓展学习;横向上通过与音乐、美术等学科联通,品味诗词中的音乐性,感受诗中有画、画中有诗的美好意境,丰富学生体验,增强学生对中华经典文化的认同,激发学生对中华传统文化的热爱之情。

（3）系列嵌入式。学校将环境素养培育特色课程中凸显劳育内涵的内容直接嵌入劳动教育课程之中进行系统设计。我们设计了校园自主管理系列课程,包括责任区管理、优化区管理、宿舍管理、教室卫生管理、垃圾分类管理等;"赤子公益"志愿服务系列课程,包括社区志愿服务、敬老院志愿服务、场馆讲解员、爱心暑托班服务等;职业体验系列课程,包括人工智能设计、模拟法庭、律师等多职业实地体验以及生涯规划系列讲座等。

（4）主题实践式。以"河流环境问题观察"实践项目为例,课程内容涵盖河流生态系统观察、水中浮游生物检测、水生植物观察、水技术与环保实验室自主管理等,关联化学、生物、地理、生命科学、科学等基础学科和"唯美校园'维'美生命""气候与环境""物候"等校本特色课程以及相关慕课内容,还链接了校内外的创新实验室。该项目化学习需要学生综合运用跨学科知识解决实际问题,锻炼了意志品质,培养了责任意识,养成了劳动习惯,感受了生活之美,激发了学生对社会、对生活的热爱之情,使他们在真实生活情境中自然地将德智体美劳有机融合,从而提升学科核心素养与综合素质,实现理想的育人目标。

纵观整个项目推进过程,学校以核心问题为导向开展实施:通过前期分析明确了课题的具体研究方向;通过厘清关系,梳理内涵使课程建设纲举目张;通过系统设计,不断优化完善指向五育并举的课程体系;通过探索总结,优化完善了课程有效实施的原则,凝练了课程有效实施策略;通过探索健全,完善了课程评价系统;依据测评结果不断优化完善指向五育并举的课程体系,形成了比较完善的以深化学校特色落实五育并举、助推学校教与学方式变革为导向的课程体系建设和优化路径。这为特色普通高中课程体系的构建和实施提供了可资借鉴的经验,有效破解了特色普通高中学校在有限时空内既要高质量高标准实施新课程方案,又要进一步发挥学校特色课程育人价值的难题。

四、检验与佐证

1. 学校"高中生环境素养评价体系"的测评结果有力印证特色育人效果

学校从"人与自然环境、人与社会环境、人与心理环境"三个视角对学生环境素养进行测评,每个视角均包括"知、情、能、行"四个维度,数据显示,学校的"环境素养培育"特色对学生环境素养具有显著的提升效果。高一年级学生的环境素养在前测与后测中的变化情况表明,来自曹杨中学的高一学生在自然环境能分数、自然环境行分数以及自然环境总分上显著地高于来自其他中学的高一学生(见图2-8-3)。高二、高三年级学生的环境素养在前测与后测中的变化情况表明,特色班学生表现优于非特色班。

学生环境素养的提升有效促进了学生学习方式的转变,对学业成绩有正向的影响。学校对学生的环境素养得分与学业考试成绩进行了回归分析,在将前一次的学业考试成绩作为控制变量后,发现高三学生环境素养总分、能分数和知分数对其学业考试成绩均有显著的正向影响(见图2-8-4)。

	前测	后测	d(后测-前测)
总分	471.04 (37.62)	480.04 (34.70)	9.00***
人与自然环境知分数	34.96 (8.24)	37.27 (7.53)	2.31***
人与社会环境知分数	33.53 (7.90)	35.09 (7.59)	1.56***
人与心理环境知分数	43.60 (8.91)	43.92 (8.72)	0.32
知分数	112.09 (18.12)	116.28 (17.61)	4.19***
人与自然环境情分数	34.44 (3.96)	34.27 (4.07)	-0.17
人与社会环境情分数	36.03 (2.72)	36.41 (2.44)	0.38*
人与心理环境情分数	36.28 (3.01)	36.78 (2.64)	0.50***
情分数	106.74 (8.50)	107.46 (7.72)	0.72
人与自然环境能分数	32.13 (3.87)	32.09 (3.49)	0.04
人与社会环境能分数	35.51 (3.86)	35.53 (3.30)	0.02
人与心理环境能分数	30.68 (4.36)	31.09 (3.84)	0.41
能分数	98.31 (9.26)	98.72 (8.20)	0.41
人与自然环境行分数	48.56 (5.16)	51.22 (4.15)	2.66***
人与社会环境行分数	52.73 (4.07)	53.37 (3.75)	0.64***
人与心理环境行分数	52.62 (4.06)	53.01 (3.88)	0.39
行分数	153.90 (12.28)	157.60 (10.86)	3.70***
人与自然环境分数	150.10 (14.44)	154.86 (13.23)	4.76***
人与社会环境分数	157.77 (12.76)	160.39 (11.82)	2.62***
人与心理环境分数	163.18 (15.91)	164.81 (14.94)	1.63*
人数			299

图2-8-3 高一学生的前后测差异性检验

高三	成绩	成绩	成绩	成绩	成绩	成绩
总分	0.15**					
	(0.02)					
行分数		0.06				-0.002
		(0.07)				(0.10)
能分数			0.16**			0.13
			(0.07)			(0.12)
情分数				0.10		-0.02
				(0.08)		(0.15)
知分数					0.15**	0.07
					(0.04)	(0.06)
控制前期成绩	√	√	√	√	√	√
R方	0.421	0.402	0.425	0.408	0.420	0.418

注:系数为标准化beta系数,括号里为标准误。***p<0.001;**p<0.01;*p<0.05。

图2-8-4 高中学生环境素养对学业考试成绩有正向的影响

2. 学生德智体美劳全面发展动力持续激发,综合素养提升受到广泛认可

德育方面,学生社会责任意识、参与意识和健康生活方式得以养成与增长。如学校学生自主成立全国首个"中学生环境素养培育联盟",宣传和践行社会主义生态文明;两次作为中学生唯一代表团与市委领导一起参加长江口珍稀水生物放流活动;学校内还涌现出一批市、区级先进班级和优秀学生干部、三好学生和"学雷"奖先进典型,学生团总支获评上海市"五四红旗团支部标兵"。

学生在学科、科技、体育、美育等各级各类比赛中也屡获殊荣。近三年来,103名学生获得国家级奖项;550名学生获得市级奖项,包括上海市青少年科技创新大赛创新成果一等奖5项、二等奖31项、三等奖58项,其中一项青创赛课题被推送至全国,成为全市25个参加全国青少年科技创新大赛的课题之一。学生在全球未来太空学者大会比赛获全国亚军3项,在体育、音乐、美术的各类团体或单项比赛中获团体或个人等第奖100多项,获得区级及以上的荣誉近700项,表现出五育全面育人的良好成果。

3. 教师学科融合育人的意识和能力增强

学校教师群体和个体越来越关注学生的核心素养培育,聚焦课堂教学方式变革,学科融合育人意识和能力逐步提升,在各级各类教学活动和征文比赛中取得可喜成绩。特别是青年教师,他们经受住了改革的考验,快速成长,涌现出一大批国家级和市级优课。近三年来,教师获得区级

及以上荣誉 153 项,如上海市中小学中青年教师教学评选活动中学地理组一等奖等;讲授区级以上公开课 77 节;开展区级及以上课题研究 32 项。

4. 学校相关研究成果获广泛推广辐射

《高质量落实国家课程,特色化助力学生发展——上海市曹杨中学课程实施规划》被区教育局评定为 A 类成果,其后被收入《上海市普通高中优秀课程实施规划汇编》;《高中生环境素养评价体系的构建与实践》被上海市教委评为 2022 年度教育评价改革优秀案例。市级课题"彰显'环境素养培育'特色的学校课程体系设计与实施研究""高中生环境素养评价体系的构建与实践研究"结题;多次受邀在外省市和市区进行相关研究成果交流分享,获得专家同行好评。相关实践成果得到上海教育电视台、第一教育、上观新闻、中国新闻网、文汇报、"学习强国"上海学习平台、新浪网、澎湃新闻、上海普陀教育等媒体的宣传报道。

五、反思与展望

1. 基于评价结果分析和实践过程中的总结反思,不断完善指向五育并举的特色普通高中课程体系,开发更多跨学科的五育融合课程或项目,探索更丰富多样的课程实施方式,通过校内校外相结合、线上线下相结合等方式,支持学生跨学科、长周期、远距离的深度学习,促进教与学方式的变革。

2. 基于不同学科、不同课型、不同年段的特征,优化课程体系实施中五育融合的方式和策略,从理念融入、知识传授、行为影响等多方面进一步开展实践研究,总结归纳出兼顾普适性和差异性的五育融合路径和经验,形成全学科、全学段校本化五育融合指南和案例集。

3. 学校原有的高中生环境素养评价体系在体育的评价上缺少相关的指标及评价工具,我们将增加体育方面的评价,将学生体质健康数据、体育锻炼情况等与现有的环境素养评价体系相结合,同时基于学校课程体系和评价结果的数据分析,有针对性地完善评价体系,让评价体系更加科学、合理、适切,更好地发挥评价的诊断、调控、激励、导向功能。

围绕指向五育并举、彰显学校特色的高中课程体系开展深入研究和实践,是学校校本化落实立德树人根本任务的重要抓手。我们将不断在"实践—调整—再实践—再设计"的过程中优化五育并举的特色普通高中课程体系,完善环境建设、资源开发和师资培训等方面的机制,保障课程体系的高质量实施,全面落实立德树人,促进每一位学生全面、和谐、可持续地发展。

(执笔人:叶 玲)

9

五育融合视野下校本特色课程体系的构建

/ 上海市行知中学

核心问题

如何在"五育融合"理念引领下结合陶行知教育思想进行校本特色课程体系建设?

一、背景与问题

(一)背景概述

"培养德智体美劳全面发展的社会主义建设者和接班人"是当前学校教育的基本目标,也是构建高质量的教育体系、实现中国教育现代化的应有之义。指向五育融合的学校课程体系建设与实践是目前学校教育发展改革的重中之重。

上海市行知中学由伟大的人民教育家陶行知先生创办,学校深入挖掘陶行知先生"真人教育""生活教育"和"创造教育"的理论内涵,提出"行知合一,卓育英才"的教育理念,完成了科技创新类、人文类、科学类、艺术类、体育类、生涯类六大类课程群的建设,对标指向五育融合的课程体系建设。但仍存在以下问题:一是课程体系的建立较依赖现有资源,强有力的顶层架构和对学生需求的关注有待加强;二是课程模式偏重于讲授,实践体验类课程较少;三是对课程和学生的评价方式和主体较为单一,难以实现以评促学、以评促教;四是课程设计大多围绕五育要素之一,缺少基于育人目标的课程整体设计来体现五育并举与融合。

(二)核心问题

"双新"背景下,作为一所以培养拔尖创新人才为目标的学术型普通高中,高质量的课程建设是走向未来的基石与起点。聚焦"五育融合视野下,如何传承与创新陶行知教育思想,构建有行知特色的校本课程体系"这一核心问题,学校立足于对国家课程的校本实施和校本课程的特色开发,围绕"课程缺乏整体设计""课程缺乏有序关联""学校特色有待彰显"三个子问题,开展指向五育融合的"行・知・真・创"课程体系建设的研究与实践。

学校研究了指向五育融合的学校课程框架、特质、建设路径、实施方式、评价方式等,结合陶行知教育思想,设计五育视域下"行・知・真・创"的校本特色课程框架(见图2-3-1)。学校通过"建立课程领导小组"→"确定课程建设机制和制度保障"→"组建课程建设小组"→"课程建设教师培训"→"进行学生学情调研"→"确定所建课程主题、目标和框架"→"完成第1个课程样张"→"课程样张的审核与修订"→"完成3个课程样张"→"3个课程样张的审核与修订"→"完成课程建设"→"第一轮行动研究"→"课程评价"→"课程修订和完善"→"第二轮行动研究"的循环方式进行"行・知・真・创"四维课程建设,并在"课程实施"过程中探索课堂教学形态、策略和路径,丰富五育融合视野下的校本特色课程体系内涵。

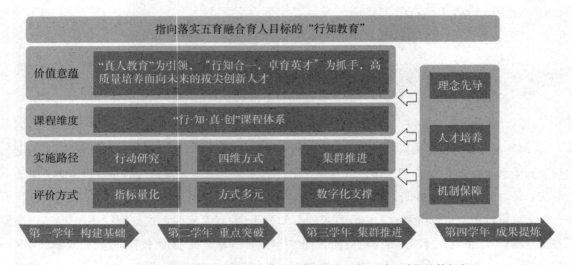

图2-9-1 指向落实五育融合育人目标的"行・知・真・创"整体框架

1. 课程内容的整体架构

基于国家"五育融合"的育人宗旨,传承陶行知先生教育思想和"行知合一,卓育英才"的学校办学理念,立足对国家课程和校本课程的内容整体设计、分类架构、融合实施,学校将德智体美劳融入课程建设过程中,培养学生的综合能力与核心素养,确定指向五育融合的课程建设的思路,依托课程开发与实践,培育"具有理想信念和社会责任感""具有科学文化素养和终身学习能力""具有自主发展能力和沟通合作能力"的时代新人。

2. 课程特色的分类创设

在课程设计和开发中,"行・知・真・创"四个课程维度均指向五育融合育人目标,但是侧重点和偏向有所区别。学校着力增加课程内容的多样性和系统性,使课程开发更好地对标学生个性化需求。课程建设的策略是：一是充分利用学校陶行知"生活教育"实践基地，因地制宜地开发五育融合项目化、跨学科课程；二是基于原有100多门拓展型和研究型课程进行改编；三是实施新一批校本课程建设；四是引入高校课程资源并本土化实施；五是与青少年科技站等校外机构合力共建课程。

3. 实施方式的融合关联

课程实施方面，学校以项目式学习为载体、探究式教学为主要方式，增加课程的综合性、互动性和开放性，注重学生对知识的建构和核心素养的培育，重视学生的实践与经历，改变原有课程模式，发挥陶行知生活教育理论的时代价值，引导学生走进生活、走进社会，在实践中获取真知。学校以行动研究为指导，设计"行·知·真·创"教育实施的螺旋循环过程，包括计划、行动、观察、反思环节；探索课堂教学高效运转模式，并将课程与陶行知"生活教育"基地对接，促进学生个性化学习。

4. 课程评价的多元指向

改变原有课程仅限于纸笔评价等较为单一评价方式的状态，形成纸笔、证书、实践等多元评价方式，同时丰富评价主体，建立"行·知·真·创"四维课程评价方案，构建评价指标体系，借助大数据和信息化平台，设计科学多元的"五育"融合评价系统。

三、成果与经验

1. 架构五育融合视野下的"行·知·真·创"特色课程体系

学校开展指向五育融合的校本课程建设，围绕学生的探究和任务解决，引导学生建构概念、应用概念，培养学生的综合能力与核心素养，融合国家课程、校本课程最终形成"行·知·真·创"的校本特色架构。"行"，将陶行知先生"生活即教育""社会即学校"等理念融入到学校课程的开发、建设与实施过程之中，侧重让学生通过具身体验获得直接经验。"知"，创新应用陶行知"教学做合一"思想，形成新课程新教材深化实践形势下的教学新范式。"真"，聚焦陶行知先生的"真人教育"理念与内涵，以培养学生"真诚的品行、真挚的情感和真实的本领"为目标，着重体现课程育人育德的价值。"创"，进一步落实陶行知"创造教育"理念，结合学校创新实验室，探索拔尖创新人才培养路径。

2. 孵化指向学生创新素养培育的跨学科项目课例

依据学校的办学理念、育人目标和学生需求，经过两轮的行动研究，学校着力打造了二十余门教师自主开发的"五育融合"校本课程以及十余门基于高校和社会场馆资源、符合学校基本学情的"引进来"定制课程，并着力孵化指向学生创新素养培育的跨学科项目课例。如"会呼吸的海绵校园"课程聚焦校园真实积水问题，以"海绵校园景观的规划与设计"这一大项目作为主线贯穿教学始终，赋予学生"景观设计专家"的职业体验，融合地理、艺术、美术、生物学、通用技术等学科内容,引导学生深度研究海绵校园建设,并对方案、模型进行数字化创意设计与升级,提升学校面对雨涝灾害的风险防控能力,为区域生态韧性的构建出一份力,在问题解决和项目推进的过程中实现思维进阶、深度学习,提升五育融合育人实效。在行动研究中,基于调研发现的"部分学生兴趣不足,课堂参与度低""跨学科知识习得较为零散""活动丰富但形式大于内容"三大问题,课程开发教师对教学内容进行了再思考,重新架构了项目式课程的教学逻辑。项目拓展延伸环节融合通用技术、艺术等学科核心概念,拓展人地耦合大概念的深度与广度,实现大概念的迁移与创造,同时满足学生个性化发展的需要,促进拔尖创新人才的早期孵化。

3. 践行"教学做合一"理念下课程实施方式的变革

课程实施教学方式是一个动态地、有计划地将课程内容转化为能被学生接受的课程实践的互动过程,是提高课程实施效率的重要举措,是指向五育融合的"行·知·真·创"四维课程建设的重要内容,践行陶行知"以做为中心,把教和学统一起来"的课程实施方式变革。

(1)构建"行·知·真·创"课程在课堂中实施的"四种方式"和"四动策略"。学校在课堂教学改革中始终传承和发展陶行知先生"教学做合一"的理念,总结出"问题驱动、教师引动、学生主动、多元互动"的"四动策略"和"新行知"高效课堂教学形态。其中,"新行知"高效课堂教学形态是基于"行·知·真·创"四维课程的行动研究成果,提炼学科中通用的,受限制比较少的,对提高课堂效率、培养"全面发展的人"有重要作用的教学形态,包括"四种方式",即"自主质疑""交流探究""建构反思""创新应用",教师在实践中根据不同教学内容选择适合的教学方式。

(2)形成"行·知·真·创"课程与陶行知生活教育实验基地"集群推进"路径。学校将"行·知·真·创"课程与陶行知"生活教育"基地对接,推进课程和物理平台"集群"发展,形成"工程类""人文类""理科类"三个实验室群。"工程类"实验室包括智能机器人科创中心、无人机创客中心、工程结构创新实验室等;"人文类"包括云书院、版画创作中心、天象馆等;"理科类"包括河口海岸实验室、基因工程实验室、大数据建模实验室等。

(3)在课堂教学改革实践方面,学校积极探索基于课程群和创新实验室的课程实践路径。一是构建学生自主管理的小先生制模式,发挥学生的主观能动性。二是每年举行科技节、艺术节、体育节、劳动节等主题活动搭建成果展示平台,积极组织学生参与市区级的各项比赛,提升学生学习的获得感。三是通过信息化技术提高课程和物理平台实施的效率,促进学生个性化学习。

4. 依托"数字画像"探索学生多元评价

教育数字化转型背景下,学校依据五育融合的目标和"行·知·真·创"的课程目标,构建学生数字画像评价体系(见图2-3-2),综合运用自我评价、教师评价和客观数据采集等方式,依托极课、摩尔、博雅网、未来宝教学助手、课堂循证等平台,自主搭建未来宝应用、德育管理小程序等平台,开展多维度数据汇聚与分析,从自我探索、思想品德、心理健康、学业发展和创新实践维度刻画学生综合素质。其中,自我探索、思想品德和心理健康维度侧重体现德育成果,学业发展维度侧重体现智育成果,创新实践侧重体现体育美育劳育的成果,注重过程性评价、表现性评价和终结性评价结合,对标课程育人目标预期达成程度以及课程育人实际结果的客观检验和价值判断,探索借助数字化技术实现定量和定性评价相统一,旨在保证和促进所有学生的全面个性化发展,落实立德树人根本任务。

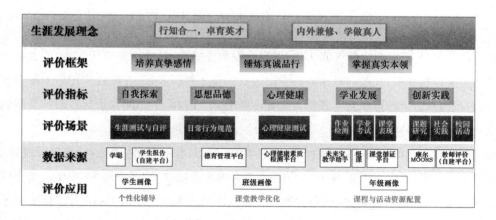

图 2-9-2　数智赋能的"五育融合"学生发展评价数字画像

此外,教师借助宝山区课堂循证技术平台采集指向素养的"问题解决能力"课堂过程性数据,通过人工智能分析技术,通过"学生学习、教师引导、师生互动、学科教学"四个维度的课堂分析框架,形成班级画像。教师通过对课堂教学模式、师生互动特征、班级学生思维发展状态等全面的了解,评估学生学科核心素养的水平和课程目标的达成情况,进行自我反思和教学研讨,不断优化课堂教学模式,检验课程育人效果。

四、检验与佐证

1. 促进学校在"双新"改革实践中的快速发展

"双新"实践中,学校教学质量、区域知名度和影响力明显提升。此外,学校的"构建基于知识图谱的生物学智适应学习系统,探索人机协同的教学新模式"研究成果获得2022年国家级教学成果二等奖、上海市级教学成果特等奖;"基于陶行知艺术教育思想的高中艺术教育跨场域、多学科融入整体育人实践"研究成果获2022年上海市优秀教学成果基础教育类二等奖。

历经三年多的循道追光、厚土深耕,学校积极发挥"双新"示范校的辐射引领作用,每年10月举行"双新"骨干教师展示活动,如2021年10月底恰逢陶行知先生诞辰130周年,学校举行了以"践行'双新'改革,提升'四维'课程育人实效"为主题的骨干教师教学展示活动,重点推出了具有鲜明特色的"创"系列课程,展现了在陶行知先生"创造教育"理念引领下的学校课程建设,探索五育融合的育人路径。活动吸引了全市近四百位教师前来观摩研讨,学校二十六位区级骨干教师进行了精彩展示,二十余位学科特级、正高级专家围绕课堂上如何落实学科核心素养展开了深度研讨,为教师们带来引领认知变革、打破思维壁垒的思想盛宴。近两年来,骨干教师结合"行·知·真·创"四维课程架构开展了教育数字化深度融合的探索与实践,十余门课程获评教育部基础教育精品课。两名教师入选"新时代中小学名师名校长培养计划",一名教师获评"全国优秀教师"。

2. 促进教师在"双新"改革中理念和专业发展

在指向五育融合的"行·知·真·创"课程发展和实施中,学校教师成长快速,两名教师入选上海市东方英才教师项目、两名教师入选宝山区三江英才教师项目、五名教师评为上海市正高级教师、两名教师获得上海市中青年教学大奖赛一等奖,学校教师于知网收录的各级各类期刊共发表论文九十余篇。

在课程开发理念的浸润下,在课程落地实践的基础上,相关专著、课题、论文等相继出版、立项与获奖。2022年7月,学校教师于"全国科学教育教师暑期学校"开设题为《中学科创实验室建设与创新人才培养》的专题讲座,在线听讲人数达三十八万人次。2022年10月,"行·知·真·创"校本课程开发团队中的两位青年教师在华东师范大学举办的首届"跨学科课程设计大赛"中荣获中小学教师组一等奖,并于跨学科主题学习学术交流会、华东师范大学地理科学学院卓越师范生培养计划等多个学术会议及论坛作了主题分享。

3. 促进学生德智体美劳全面发展

学校的课程改革着眼于学生课程学习收获。作为"行·知·真·创"校本课程实施过程中的主体参与者,学生的收获不仅体现在知识技能的积累上,更体现在思维能力的提升、情感态度的培养以及德智体美劳综合素质的全面发展上。在"行·知·真·创"课程体系引领下,行知学子产出了一系列优秀成果,四名学生成为2024年"未来科学家"培养计划的正式学员。学生在市、区级乃至国家级的各项比赛中获奖二百多项,如上海市青少年科技创新大赛、全国无人机操控大赛、人工智能比赛等。

4. 形成可推广、可辐射的指向五育融合课程开发与实施路径

在指向五育融合的"行·知·真·创"课程发展和实施中,形成了指向五育融合的学校校本课程的开发与实施模式、课程体系生成路径、评价方式等一系列可推广、可辐射的经验,这些经验可以为其他学校进行指向五育融合的学校校本课程开发与实施提供参考。

五、反思与展望

陶行知教育思想博大精深,其理念和实践方法对于现代教育具有深远的指导意义。作为陶行知先生创办的学校,上海市行知中学如何在"双新"背景下,在课程实践中充分彰显陶行知教育思想的无限生命力,为五育融合的目标培养注入新的活力,真正实现"知行合一"的教育愿景,仍有待进一步实验探索。未来,学校将深深扎根教育一线,在多轮教学实践的基础上,精炼并归纳

出具有普适价值的学校整体课程开发与实践体系,推动国家课程、地方课程、校本课程协同育人,在传承与创新中不断践行陶行知教育思想。

教育技术日新月异的快速发展,对五育融合育人提出了更高要求,同时也为其开辟了更为广阔的创新空间与无限可能性。其一,技术创新,丰富五育融合的教育形式与内容。通过虚拟现实、增强现实等技术,模拟真实场景,让学生在沉浸式的教学环境中增强学习体验。其二,数智赋能,科学评价"行·知·真·创"课程体系融合育人效果。今后学校将进一步探索人工智能、课堂循证、数字画像等技术路径,因校制宜,打造具有"行知"特色的智能化教学过程管理与实践平台,实现个性化教学和精准评估,为师生个体和群体的成长与发展保驾护航。

展望未来发展方向,学校将在指向五育融合的"行·知·真·创"课程开发与实践的过程中进一步强调学生主体地位和全面发展、加强跨学科融合与综合性课程设计、线上线下相融合拓宽教学时空场域、依托数字画像完善课程评价和反馈机制,以期实现"起点高、基础厚、要求严、重实践、求创新"的高阶目标。

(执笔人:黄家颖　廖海婷)

10 指向学生个性化发展的特色校本课程梯度框架的构建与实施

/ 上海市复兴高级中学

核心问题

　　"双新"背景下,如何构建和实施指向学生个性化发展的特色校本课程梯度框架?

一、背景与问题

　　复兴高级中学持续推进以"指向学生个性化发展的特色校本课程梯度框架的构建与实施"为主题的研究,这也是基于复兴建校以来一以贯之的探索实践。尽管研究取得的成果不俗,但以下三个方面亟待突破:一是学生多元发展过程中对拔尖创新人才的识别和为他们提供的机会不多;二是学校课程对拔尖创新人才培养的支撑度有待提高;三是教师适应和引领育人方式变革的胜任力有待增强。

　　学校在本轮"双新"教育改革中持续推进以下项目:一是聚焦国家重大战略需求,提升教育对高质量发展的支撑力、贡献力,尤其是对拔尖人才和创新人才培养的基础教育需求;二是面向每一位学生,提供公平的学习机会,让每位学生都获得适切、多元的发展机会,激发出潜力和潜能;三是聚焦区域领头学校的责任使命,致力于"奠基未来杰出人才、引领教育改革创新、自觉履行社会责任"。

　　"学生个性化发展"是指为学习者提供公平的学习机会,以学习发生为起点,关注学习者的学习过程与结果,并对其进行合理的评估,帮助其挖掘学习潜力和兴趣,激发其学习动力,结合其能力发展,开展"需求＋能力"的群体分组(如拔尖群体、创新群体等)个性化学习,满足特殊需求和发展潜力,从而促进其在特定领域实现个性化发展。

　　学校的"双新"推进项目"指向学生个性化发展的特色校本课程梯度框架的构建与实施"侧重解决两个问题:一是如何构建与实施梯度框架? 二是如何在构建实施中指向学生个性化发展?

（一）项目的总体研究路径

学校通过对"个性化发展""特色课程"的文献研究以及对本校学生、教师发放调查问卷并进行分析，结合区域内经济与文化发展的需要和学校办学特色，明确了指向学生个性化发展的特色校本课程梯度框架的研究路径（见图 2-10-1）。

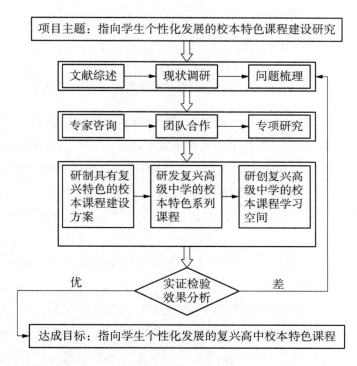

图 2-10-1　指向学生个性化发展的特色校本课程梯度框架研究路径示意图

（二）特色校本课程梯度框架的心理学依据及梯度确定

通过讨论研究，我校明确了育人目标培养规格等基本问题，初步形成了"指向学生个性化发展的特色校本课程梯度框架"。

青少年潜能的激发经历着从泛化朦胧到清晰聚焦、从感性认识到理性追求，即从"初始的、本能的、直觉的情感体验"到"深思熟虑、逻辑分析和经验积累后形成的稳定、深入和高级的认知状态"的历程。因此，我校特色校本课程主要设定了"兴趣激发、爱好深入、能力发展"三个梯度，体现了从感性到理性的学习心理发展轨迹：兴趣激发是初步的、本能的情感体验；爱好深入是情感与认知相结合的过渡阶段；能力提升是理性思维的高级阶段。这三个层次相互关联、相互促进，共同推动个体在某一领域的不断发展和进步。

"兴趣激发、爱好深入、能力发展"三个梯度与特色校本课程各板块的对应关系如图2-10-2所示。基于复兴高级中学学生特点,学校的特色校本课程大致分为四个主要板块和一个集中分享交流板块,并与三个梯度相互对应。

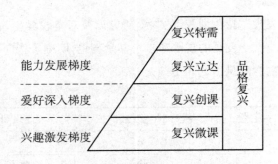

图2-10-2 三个梯度与特色校本课程各板块的对应关系

"复兴微课"板块以微课形式为主,适用高一、高二年级,让学习者自主寻找自己的兴趣点。

"复兴创课"板块以社团活动为主,让学生能够从兴趣出发,深入发展自己的爱好。

"复兴立达"板块主要以各类问题解决为基本线索,让学生在问题解决的实践中发展相关能力;另外还针对"创新人才"的培养开设了特定科目。

"复兴特需"板块,主要针对有志于"拔尖人才"培养的学生,通过学科深化,进一步提升学生的专项能力。

"品格复兴"板块集中交流展示各类特色校本课程的学习成果,并以此构成"兴趣选择—学习实践—公开分享"的学习进程闭环。

（三）指向学生个性化发展的特色校本课程的发展阶段和推进路径

从课程推进的形态上来说,自二十余年前我校拓展型研究型课程启动伊始,到本项目的开展,大致经历了"从无到有、从有到多、结构优化"三个阶段。本项目通过梳理难度梯度,重构能够更好体现"双新"理念、容纳各个学习科目的总体框架,从而落实"结构优化"。从学习内容的建设上来说,注重学校的自主建设,并在此基础上统整社会力量形成了多元建设的特点。

三、成果与经验

（一）成功建设了指向学生个性化发展的特色校本课程梯度框架及具体的特色课程

在确立特色校本课程梯度框架,厘清"兴趣激发、爱好深入、能力发展"三个梯度与特色校本课程各板块之间的相互关系后,由此确定各板块中的具体课程及其内容。学校开设了近百门特色校本课程(见表2-10-1)。

表 2-10-1　上海市复兴高级中学特色校本课程开设表

类别	名　称
品格复兴	复兴论坛、"复兴之路"研学实践、"阅动校园"读书节、"乐动校园"艺术节、"跃动校园"体育节、"悦动校园"科技节等
复兴特需	复旦大学"苏步青班"数学系列课程,同济大学"苗圃计划"系列课程,华东师范大学"数学拓展与研究"、学科竞赛辅导与提高等
复兴创课	复兴辩论社、商业实践社、模拟联合国社、化学社、书逢文学社、火狐社、心理社、影视文化社、央吉玛社、计算机社、模型社、来游剧社、FX 繁星人声合唱团、研墨轩书画社、摄影社、吉他社、复兴电视台、篮球社、足球社、艺舞社、机器人社、轻音社、汉文化社、乒乓社
复兴立达	假期系列课程:"走进红树木""'中国虹桥'非遗建造""探索车联世界""走进环境科学""洞见城市治理软实力""寻古船之趣,探古船之谜""逐梦航天研学课程""遥感卫星下的农作物估产在数学建模中的应用""海洋卫星遥感的应用与实践""'开放性物理问题探究'——暑期物理实践体验课程""'从定性感知走向定量研究,从理论学习迈入实践应用'——暑期化学实践体验课程"等 STEM 系列课程:"发明与真实物理问题探索""骨修复材料,为你的身体保驾护航""发现、感知、探究——了不起的植物世界""由基因到蛋白——探索奇妙的分子世界"等
复兴微课	"美的历程——文献与文化中国""多维视角下的东北亚历史格局演变""基于传感设备(DIS)的化学实验实践""fablab 创新课程""《红楼梦》专书导读""电视新闻与微电影制作""现场急救""篆刻艺术""地理项目化学习之生活中的地理""观世界:政史地经济学通识课""化学让生活更美好""向量的力量""我的生涯我规划""折纸几何学""HTML+CSS 从入门到实践""数学史与数学文化""IPT 人际关系支持团体课""藏文书法创作及鉴赏""生活与理财""折剪中国韵""Accapella 阿卡贝拉""话剧艺术体验——'雷雨'编演""科幻电影赏析""科幻悟理""青春与法同行——模拟法庭""非遗手工 DIY""从地理视角看世界热点""文言文选读""人工智能 AI 艺术""中草药成分跨学科分析""数学文化透视"等

(二) 明确了特色校本课程科目纲要的建设规格

校本课程建设中,科目纲要的设计是关键。每一个科目纲要应包含两个方面,分别是学习要求和学习流程。其中,"学习要求"包含学习对象、学习时长、学习基础、学习工具、学习目标、学习方式及评价方式等基本要素,"学习流程"是以简明扼要的方式明确课程活动实施的流程。以下是复兴微课"折剪中国韵"的科目纲要案例,体现了学习要求与学习流程两个方面。

复兴微课"折剪中国韵"科目纲要

1. **基本信息**

课程梯度:兴趣激发;

学习对象:高一、高二年级的学生;

学习时长:共 7 个课时。

2. 学习要求

（1）学习目标：①学生在学习正方体、长方体、圆锥及棱锥等基本的空间图形模型的基础上开展思考，并能运用公式解决相关问题；②能够利用空间与平面的相互转化，探索空间问题与平面问题互相转化的思想方法，积累处理空间表象的经验，提升直观想象核心素养；③通过折纸活动，探索"提问—分析—解决"的研究过程。

（2）学习方式及评价：通过小组合作学习，以及个人自评、小组互评等形式，形成良好的互助合作学习的氛围。

（3）评价量表：

小组成员姓名			
组员		学习周期	
评价项目	自我评价	小组评价	教师评价
思维水平（A/B/C/D）			
班级交流、合作学习的能力水平（A/B/C/D）			
特色加分			
在小组活动中遇到哪些困难，如何克服？			
在小组活动中有哪些体会和收获？			
在小组活动中有哪些需要改进的地方？			
是否愿意进入该学科的"爱好深入""能力激发"层次进行深度学习？			

3. 学习流程

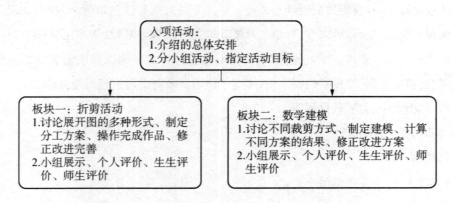

（三）探明了指向学生个性化发展特色校本课程的实践路径

1. 学校内生

依托跨学科教研机制，开发出"了不起的植物世界""探索奇妙的分子世界""骨修复材料""创新性物理实验""未来出行"等一批理工类校本课程，形成了"体验＋实践"的 STEM 系列综合活动。

扩充场景资源，强化实验探究，建设了涵盖数学、物理、化学、生物、信息等学科，集教学、实验、展示等功能于一体的十个高水平创新实验室，满足学生创新素养发展需要。2023 年，学校共创共享"姚晶走廊"，以期满足有潜质学生的多样化学习需求。

2. 大学共建

学校与多所高校加强合作，积极探索基础教育与大学"贯通式"培养拔尖创新人才的新途径，将高中阶段学科知识和大学阶段专业知识有机结合起来，促进学生综合素质提升和跨学科思维能力的发展。

复兴高级中学与复旦大学数学科学学院深度合作，联合开办"苏步青班"，与复旦大学"英才培养计划"相衔接。2019 年，复兴高级中学与华东师范大学国际数学奥林匹克研究中心、上海市核心数学与实践重点实验室签订协议，"华东师范大学数学实验班"正式设立，共建"智能数学实验室"，开发"全国高中数学联赛""美国数学竞赛"等特色校本课程。

3. 馆校合作

学校携手博物馆共同探索面向青少年的有效教育模式。2023 年 6 月，学校和上海历史博物馆签订"馆校合作协议书"，选拔部分学生赴博物馆开展特色校本课程学习，通过参与志愿讲解、展览服务、课题研究等专业活动，充分发挥博物馆等社会教育资源，提高学校特色校本课程的质量和效能。

4. 产教融合

学校立足于 AI 技术全方位、全受众、全时空赋能基础教育的能力，打造 AI 赋能的典型场景；通过产教融合，探索可行性高、可复制性强的科学合理、颇具特色的"复兴方案"。如，开创了由教育单位冠名商业卫星的先河，校企合作运营的 AS－02"虹口复兴号"光学遥感卫星，形成了以卫星发射为核心的研学活动方案及人才培养策略等。

5. 探索了指向学生个性化发展的特色校本课程的评价要素

指向学生个性化发展的特色校本课程的评价主要分为"课程建设与实施的评价"和"学生学习情况的评价"两个维度。

"课程建设与实施的评价"主要考查该课程的实施目标、内容和评估等是否与"兴趣激发、爱好深入、能力发展"三个梯度中的某一层次相匹配，评价的内容包含了课程的受欢迎度、选择度、活动替代率、能力发展转化率、学生学习成果孵化率等。

"学生学习情况的评价"主要包含学生学习行为和创造力外部认定加分两个方面。学生学习行为评价主要通过校本学分绩点制方式实施;而创造力外部加分是由学生通过能力发展特色课程的综合培养,产出一定的成果,如研究性学习论文报告等之后,通过参与国家级、市级、区级和校级等各类比赛与活动,如"上海市青少年科技创新大赛""上海市百万青少年争创'明日科技之星'评选""国际科学与工程大奖赛(ISEF)""丘成桐中学科学奖""奥林匹克学科竞赛"等,形成加分项。

需要说明的是,校本学分绩点制是指每位学生的评价将由高考科目、非高考科目、综合素质评价(包含综合实践活动评估)三个维度构成(见图2-10-3、表2-10-2),共同构成学生在整个立体坐标系中的定位。

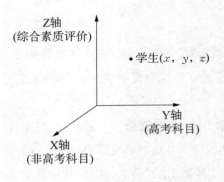

图2-10-3　学分绩点制评价三维模型示意

表2-10-2　校本学分绩点制三维立体模型细目表

细目	高考科目	非高考科目	综合素质评价
课程	语、数、英、理、化、生、史、地、政	音、体、美、信息、通用技术、样本特色课程	德育、综合实践活动、劳动教育、科创教育等
学分	按分值加权	按课时加权	德尔菲法加权
绩点	成绩、11个等级	11个等级	11个等级
核算	Y=学分×绩点	X=学分×绩点	X=学分×绩点

综合素质评价参考《上海市普通高中学生综合素质纪实报告》,结合"五育"并举的要求,最终形成综合素质评价的三个方面:品德发展与公民素养、身心健康与艺术素养、创新精神与实践能力。

四、检验与佐证

(一)学生认可特色校本课程,进一步激发了探索动机

1. 学生认为特色校本课程促进了其成长

学校围绕特色校本课程的开展进行了问卷调查,超过98%的学生认为特色校本课程对他们的成长有帮助。在调查中学生还表达了他们对特色校本课程主题的喜好(见表2-10-3)。

表2-10-3　学生喜欢的综合实践活动

序号	领域	学科	课程名称
1	自然科学	数学	数学建模、折剪中国韵
		物理	强基物理、物理STEM
		化学	DIS化学实验、骨修复
		生物	现场急救

序号	领域	学科	课程名称
2	社会科学	政治	观世界、地缘政治
		历史	东北亚历史格局演变、历史思维训练、历史案例分析
3	工程技术	劳技	Fablab

2."拔尖人才"培养初见成效

通过这几年来的特色校本课程的建设与实施,"拔尖人才"培养初见成效。复兴高级中学 2022—2023 年学科竞赛成绩显著提升(见图 2-10-4)。

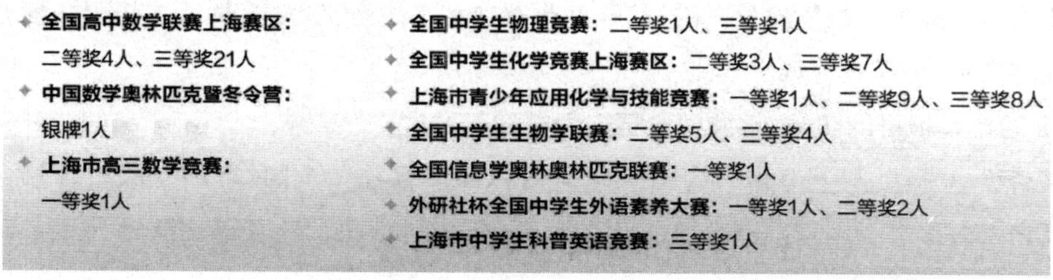

- ◆ **全国高中数学联赛上海赛区:** 二等奖4人、三等奖21人
- ◆ **中国数学奥林匹克暨冬令营:** 银牌1人
- ◆ **上海市高三数学竞赛:** 一等奖1人
- ◆ **全国中学生物理竞赛:** 二等奖1人、三等奖1人
- ◆ **全国中学生化学竞赛上海赛区:** 二等奖3人、三等奖7人
- ◆ **上海市青少年应用化学与技能竞赛:** 一等奖1人、二等奖9人、三等奖8人
- ◆ **全国中学生生物学联赛:** 二等奖5人、三等奖4人
- ◆ **全国信息学奥林匹克联赛:** 一等奖1人
- ◆ **外研社杯全国中学生外语素养大赛:** 一等奖1人、二等奖2人
- ◆ **上海市中学生科普英语竞赛:** 三等奖1人

图 2-10-4 学校 2022—2023 年学科竞赛成绩汇总

3."创新人才"培育稳步推进

参与学校特色校本课程的学生积极参加各级各类的创新活动,2024 年学校获评第 39 届上海市青少年科技创新大赛优秀组织单位,1 项研究课题获一等奖,9 项研究课题获二等奖,37 项研究课题获三等奖,课题获奖总数位列上海市参赛高中前十名,还荣获了 6 个专项奖;另有 2 人获得 2024 年明日科技之星提名奖,5 人获得科技希望之星。2021—2023 年国际科学与工程大奖赛(ISEF)、上海市青少年科技创新大赛、上海市青少年科技创意设计评选活动、上海市百万青少年争创"明日科技之星"评选、丘成桐中学科学奖、"明天小小科学家"奖励活动中,共有 207 人次课题获奖。

4.学生素养得到均衡发展

2021—2023 年,在区级及以上获奖的学生人数分别为 239 人次、239 人次和 376 人次,涵盖了本校特色校本课程的所有类别。

(二)通过本项目的实践,教师的专业能力取得了提升

本项目的探索实践为有专业追求的青年教师提供发展契机和资源,为具有名师成长特质的优秀教师提供成才成家的平台,形成完整的成长链。青年教师借助特色校本课程项目,深入课堂听课,团队教师同步参与听课、评课和教学反思,促进自身学科及跨学科教育教学能力进步;同时,教科研专家指导教师进行研究,帮助教师了解教育教学科研的基本规范与要求,深刻认识教

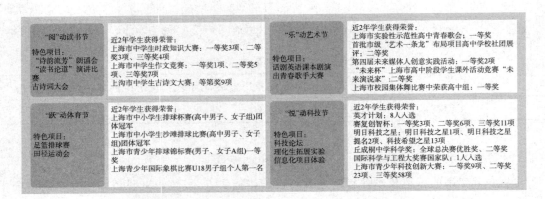

| "阅"动读书节 特色项目: "诗韵流芳"朗诵会 "读书论道"演讲比赛 古诗词大会 | 近2年学生获得荣誉: 上海市中学生时政知识大赛:一等奖3项、二等奖3项、三等奖4项 上海市中学生作文竞赛:一等奖1项、二等奖5项、三等奖7项 上海市中学生古诗文大赛:等奖9项 | "乐"动艺术节 特色项目: 话剧英语课本剧演出青春歌手大赛 | 近2年学生获得荣誉: 上海市实验性示范性高中青春歌会;一等奖 首批市级"艺术一条龙"布局项目高中学校社团展评;二等奖 第四届未来媒体人创意实践活动;一等奖2项 "未来杯"上海市高中阶段学生课外活动竞赛"未来演说家";二等奖 上海市校园集体舞比赛中荣获高中组;一等奖 |
| "跃"动体育节 特色项目: 足篮排球赛 田径运动会 | 近2年学生获得荣誉: 上海市中小学生:排球杯赛(高中男子、女子组)团体冠军 上海市中小学生:沙滩排球比赛(高中男子、女子组)团体冠军 上海市青少年排球锦标赛(男子、女子A组)一等奖 上海青少年国际象棋比赛U18男子组个人第一名 | "悦"动科技节 特色项目: 科技论坛 理化生拓展实验 信息化项目体验 | 近2年学生获得荣誉: 英才计划:8人入选 赛复创智杯:一等奖3项、二等奖6项、三等奖11项 明日科技之星:明日科技之星1项、明日科技之星提名2项、科技希望之星13项 丘成桐中学科学奖:全球总决赛优胜奖、二等奖 国际科学与工程大奖赛国家队:1人入选 上海市青少年科技创新大赛:一等奖9项、二等奖23项、三等奖58项 |

图 2-10-5　2022—2023 年学生在体育、艺术、科技、读书方面的获奖情况

育教学研究对提高教育教学质量、促进教师专业发展水平的意义,学会从人才培养角度开展教育教学研究与实践,提高教育教学效能。

（三）通过本项目的实践,学校的办学内涵得到了发展

复兴高级中学获评"上海市教育信息化应用标杆培育校"、全国"智能互联教育"领航学校。学校曾代表上海参加全国基础教育信息化展示,国务院副总理及教育部主要领导也参观了相关成果展示并听取汇报。

复兴高级中学团队曾受邀出席上海市教育信息化工作表彰大会并获奖,还曾获人工智能全国优秀指导教师奖、上海市教育系统"孺子牛奖"等奖项。所指导的学生也在上海市青少年 AI 创新大赛等赛事中获奖 30 余项。主持区、市、国家级重点课题数十项,曾荣获全国精选课题。主编或参编书籍十余本,发布国际标准、国家标准等数十项,在《人民教育》《远程教育杂志》等权威期刊发表论文数十篇。

师资培训方面,团队基于教学成果开设多门市、区级教研课程,全市有 500 余位教师参加培训。复兴高级中学代表受邀在中国计算机学会、中国人工智能学会开设讲座,在线参会人数达十万余人次。新华社、人民网、东方卫视、上海教视、虹口区政府官网、虹口报等媒体报道了团队在世界人工智能大会等活动中的突出表现。

五、反思与展望

在我们开展特色校本课程梯度框架的构建和实施历程中,以下几个问题常常困扰着我们。应对这些挑战需要通过不断地思考和探索实践,更需要社会各界合力来构建破解的方法。

（一）课程设计科学性的挑战

学科课程经历了很长的发展历程,以较为稳定的课程标准来统领学习者基础知识和基本技能的习得。但特色校本课程因其建设与实施的校本特征、育人价值的问题解决导向,课程的开放度远远高于学科课程,课程的成熟度远远不如学科课程;所以在实施历程中,需要不断地依据实践来调整课程设计,以期有效激发学生的学习兴趣、达成预期的学习成效。

（二）教师角色多样性的挑战

在特色校本课程中,教师也常常和学生一样,面临着新的学习挑战;此刻教师已不仅仅是组织者、引导者,更可能是共同学习的学习伙伴。教师是否能够适应这个变化,将影响着特色校本课程的实施效益。角色转变的方向是明确的,但彻底落实还尚需时间。

（三）社会评价单一性的挑战

目前,学校办学的社会评价正在往多元而科学的方向转变,大家开始认识到社会建设不仅仅需要在科学研究方面的顶尖人才,还需要工程技术实现方面的中坚力量;大家开始认识到社会发展不仅需要科技领域的人才,也需要精神财富的创造者和传承人;大家开始认识到人不仅仅只有职业生活,还要有益而有趣的日常生活。

在转变过程中,一方面教育需要保有内在文化建设能力,另一方面在管理上要给予基层学校更强大的组织支持和舆论支持。

（执笔人:赵　灏）

11

走向希望的田野——指向研究性学习的综合实践活动整体设计和实施

/ 上海市松江一中

核心问题

学校如何落实《普通高中课程方案(2017 年版 2020 年修订)》中规定的学生研究性学习的任务,提高综合实践活动课程的实施质量和水平,发挥其整体育人功能,提升学生的综合素质?

一、背景与问题

自 20 世纪 90 年代末开始,综合实践活动课程发展至今已二十余年,取得了丰硕的理论和实践成果。这一课程形式主张打破学科壁垒,关注知识的整体性;强调摒弃灌输式的教学模式,重视学习的实践性;提倡探索支持系统,强调活动的生成性;倡导深化立德树人的根本任务,注重学生的自主性。在当今关注学生核心素养发展的背景下,对综合实践活动课程在学校中实施现状的调研显示其对学生的问题解决、交流合作、信息收集与利用、创新思维、动手实践能力、责任感培养方面具有直接影响、重要作用和价值。但是,当前我国综合实践活动课程也面临着诸多困境:课程指导教师队伍不稳定,无法形成专业共同体;学校课程缺乏整体、系统的规划,课程实施不到位;课程目标落实不到位,未能有效促进学生核心素养发展;课程评价面临伦理困境。整体来看,综合实践活动课程设置的盲目性和随意性较大,实施水平参差不齐,在学校中有被逐步"边缘化"的危险。综合实践活动课程虽为国家课程,但没有固定的教材和内容,这成为许多学校开设综合实践活动课程的痛点。综合实践活动所要求的研究性学习对学校的课程设计及学生的综合素养提出了很高的要求,如何让每一位学生都能完成高中课程方案规定的学生研究性学习的任务、提高综合实践活动课程的实施质量和水平成为综合实践活动课程的难点。

充分挖掘地域资源、对综合实践活动课程进行系统规划和开发是提升综合实践活动课程品质的重要方法。松江一中依托区域内丰富的新农村教育资源开发综合实践活动课程,每年定期安排师生前往社会实践基地,通过访农户、做农活、开展"三农"课题研究,努力将思想政治课堂进行有益地延伸,打造特色鲜明的融合"四史"教育、劳动教育和审美教育的大课堂。在开发与实施综合实践活动课程的过程中,如何深化综合实践活动课程、提高研究性学习的品质是松江一中需要思考的核心问题。松江一中通过开发和实施以课程实施服务活动平台为核心的课程群,持续优化综合实践活动课程的结构,探寻出综合实践活动课程的一条校本化之路。

二、路径与办法

松江一中为了高品质实施综合实践活动课程,提升学生创新素养,形成了开发实践基地、依托基地开发研究性学习课题、实施指向研究性学习指导的校本研修、生成研究性学习成果、复盘迭代升级五个实施综合实践活动课程的环节,经过四年的研究和实践,取得了较好的课程实施效果,并形成了具有学校特色的"走向希望的田野"跨学科综合实践活动课程。

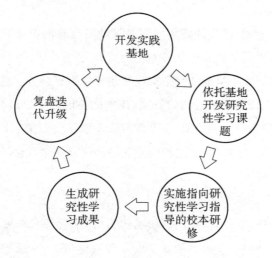

图 2-11-1　实施综合实践活动课程的五个环节

(一)开发实践基地

松江区历史文化悠久,有着"上海之根"的美誉,具有丰富的新农村课程资源。项目组通过考察选取了具有百亩荷花种植基地、千亩有机种植基地、"321"土地共享农业品牌、丝网版画等课程资源的腰泾村、南杨村、胡家埭村等六家社会实践基地,并完成签约、挂牌,使我校的综合实践活动课程实施有了稳定可靠的场域。

(二)依托基地开发研究性学习课题

在有了可靠实践基地的基础上,学校组建跨学科综合课程联合教研组,承担跨学科综合实践课程的常态化实施,探索跨学科综合实践课程的操作路径及典型样态,提升跨学科综合实践课程校本研修品质。跨学科综合课程联合教研组以课程群来推动学生研究性学习的开展,整合校内外资源开发了一系列符合实践基地实情的研究性学习课题，在教学中根据学生的研究兴趣形成研究小组，通过头脑风暴引导学生提出问题并逐步课题化，在师生和生生的互动中启发学生提出并部分解决课题研究中可能存在的问题。

（三）实施指向研究性学习指导的校本研修

跨学科综合课程联合教研组通过校本研修不断增强研究性学习的指导水平，开发研究性学习的课程群，既包含系列专题讲座，还包含独具创意的"走向希望的田野"课程实施服务活动平台。围绕研究什么、如何研究、如何创新等研究性学习的基本问题展开，采取模块化设计。在"研究内容"模块，突出田野调查方法、大学问的特性，聚焦国家乡村振兴政策、研究主题领域、研究现场、研究案例等，帮助学生了解国家的政策、乡土人情等；在"研究方法"模块，就田野调查研究方法、选题构思、选题优化、文献综述、调查方案设计、调查结果分析、调查报告等方面进行系统学习，帮助学生掌握研究性学习的一般过程和方法；在"创新研究"模块，通过创新性的前沿研究启迪学生在乡村田野中寻找到具有前瞻意义的研究方向。

（四）生成研究性学习成果

在学习中产生的研究问题，通过课程实施服务活动平台将问题进一步转化为课题。如何使课题产生有价值的研究成果是课程实施的关键一环。课题立项后，指导教师引导学生完善研究方案，设计研究工具，带领研究小组前往社会实践基地开展田野调查。在研究过程中鼓励学生从自身的兴趣出发，通过小组合作开展适切的研究，让学生在研究中发展自己的个性、施展自己的才干，从而提升对自我和团队价值的认识，获得真实的实践体验。在培养过程中，根据学生兴趣、能力、团队的差异分类组建学生社团，通过校内外双导师制开展个性化辅导，以此满足不同个性、特长的学生对研究性学习的需求。

（五）复盘迭代升级

为了不断提升课程品质，学校对"走向希望的田野"跨学科综合实践活动课程展开了复盘式研修。制订研修方案，通过问卷、座谈等形式了解课程实施情况，对课程的设计、组织、实施等关键环节进行了重点复盘，提升了课程的品质。

	三、成果与经验

（一）课程资源：建设指向研究性学习的实践基地

构建了符合本土资源实际的"走向希望的田野"跨学科综合实践活动课程，签约、挂牌胡光村等六家实践基地为课程实施提供了稳定、可靠的空间。社会实践基地为学生的研究性学习提供了鲜活的田野调查资源，在开展研究性学习前，社会实践基地会为学生提供丰富的图文、视频资料，让学生初步了解新农村；派出村干部在课程实施服务活动平台中帮助学生了解其课题在实践基地中是否有研究的客观条件；在研究性学习开展的过程中，为学生的研究性学习提供各种便利,保障学生的研究需求。

(二)课程开发:构建指向研究性学习的社会实践活动结构

1. 开设普及型课程,让每一位学生具备基本研究能力

为满足每一位学生研究性学习的需求,"走向希望的田野"跨学科综合实践活动课程面向每一位学生开设研究性学习的普及课程,以此助力学生完成课题研究或项目设计。为使学生逐步具备跨学科学习和研究的能力,跨学科联合教研组开设系列微课程让学生系统掌握课题立项、文献检索、开题报告、研究方法、结题报告等研究过程的要点。在此基础上,开设"走向希望的田野"课程实施服务活动平台以满足学生的个性化需求。随后,学生在导师和家长的带领下进入社会实践基地开展研究性学习,家庭、学校、社会三方协同推进,使每一位学生都能顺利完成各项研究性学习任务。

2. 设立课程实施服务活动平台,让每一位学生找准研究的方向

课程实施服务活动平台是为了进一步满足不同学生的研究兴趣,完善研究方案,精准匹配课题指导教师的一种新样态。课程实施服务活动平台经过多次迭代升级后固化为"生态咨询区""精品路演区""名师定制区"和"专家学术区"四大功能区。"生态咨询区"由社会实践基地村干部围绕研究场地、研究对象、乡风民风等方面开展可行性咨询;"精品路演区"由往届优秀课题组组长、上海市青少年科技创新大赛一等奖获得者、"明日科技之星"等科创达人担任主讲,分享精品课题的成功秘诀;"名师定制区"由我校跨学科联合教研组组织的高学历、具有跨学科指导能力的导师团队为学生答疑解惑,通过双向选择达成课题指导意向;"专家学术区"由高校教授、研训员、科创辅导专家为学生提供学术指引,帮助学生明确研究方向,聚焦研究重点,明晰研究方法和研究路径。

课程实施服务活动平台创设的目的是增长学生的见识,激发学生对研究的真兴趣,解决学生心中的真问题,通过与不同群体的思维碰撞,帮助学生实现从问题到课题的转变,使他们逐步体验到研究的乐趣。近三年来我校学生通过课程实施服务活动平台共立项了约300项研究课题,与92名教师达成指导意向。

3. 精准孵化课程,激发每一位学生内生的创新基因

在普及型课程的研究性学习素养培育和课程实施服务活动平台的导师匹配的基础上,为了进一步激发学生的研究性学习潜能,跨学科联合教研组以科技创新中心为基地,将学生分至理工、生物、人文社科三大类学习领域,组建科技创新社团。根据学生的兴趣和特点孵化自主研究课题,全周期、全链条地培养学生在各细分领域的创新素养。

精准孵化课程在强化研究方法的基础上,增加了人工智能、Python、C++、数据分析等素养拓展类课程,为打开学生研究性学习的视野并提供必要支持。学生在跨学科指导教师的辅导下不断聚焦有效问题、优化研究假设和研究思路。学校根据课题研究的需要为学生匹配耗材、专家、研究场所等资源,例如,后勤部门为学生采购各类所需的耗材;教研组为部分项目聘请高校专家与校内老师形成双导师;学校池塘成为生态环境研究的场地;醉白池公园为植物图鉴项目提供众多样本;区文化馆为顾绣等地域文化研究提供了诸多支持……

在以校内导师为主,高校专家为支撑的双导师培养下,学校每年孵化100多项具有较高品质的课题,为满足学生个性化学习的需求,培育创新素养起到关键作用。

（三）项目体验:生成指向研究性学习的实践体验学习项目

"走向希望的田野"跨学科综合实践活动课程包含诸多极富教育意义的实践体验学习项目:学苑师贤、泖田学耕、戏台礼赞、教授开讲、乡野欢歌、村头致敬、农舍问政、稻海踏浪等。

在"学苑师贤"中,学校有计划地开设了"土方法、大学问"田野调查系列讲座,对田野调查的内容和方法开展了系统教学,让同学们具备田野调查所需要的跨学科综合素养。

在"泖田学耕"中,同学们化身农家儿郎,走上田埂,走入农田,亲身参与田间劳作,翻地、拔草、种菜、挖番薯……体验农耕文化,享受劳动之乐,明白稼穑之艰。

在"戏台礼赞"中,同学们将以我校杰出校友的真实故事为题材的系列音乐报道剧《宋指导的乡恋》《从前有个小姑娘》等搬上了乡村戏台。与村民分享上海市驻村工作先进个人宋欢婕老师驻村指导的经历;向村民展示从农村走出来的艺术家、中国戏剧"文华表演奖""梅花奖""白玉兰奖"大满贯得主华雯的成长点滴。

在"教授开讲"中,高校教授以演讲的方式剖析了乡村振兴战略的背景和内涵,基础教育和高等教育交融的思想政治课程在田间交相辉映。

在"乡野欢歌"中,松江一中的师生、家长与实践基地的村民开展文艺联欢会,通过歌舞增进对农业农村的了解,表达对幸福生活的向往,寄托对祖国的美好祝愿。

在"村头致敬"中,全体师生于国庆节当天在乡村的沃土上举行了特别的升旗仪式,以此向祖国华诞献礼。

在"农舍问政"中,同学们以研究小组为单位带着访谈提纲、调查问卷进入实践基地的千家万户,围绕各自选题,开展田野调查。

在"稻海踏浪"中,同学们行走于田间地头,通过各种形式体验村民丰收的喜悦,体会国家设立"中国农民丰收节"的意义。

在丰富多彩的学习项目中,课程的目标"通过学生亲身开展田野调查与体验,了解社会主义新农村建设的最新成就,加深对党中央乡村振兴政策的认识"真正得到了落实。在项目学习中同学们不知不觉完成了"十个一":听一次讲座、进一次农户、问一串问题、干一次农活、走一条田埂、晒一张照片、观一场演出、搭一次帐篷、写一份报告、作一次分享,真切领略新农村建设,真实了解农民的生活,真正体验农村的劳作。

（四）内外协同:指向研究性学习的支持系统建设

1. 学校精心组织活动,研发卓越课程

"走向希望的田野"跨学科综合实践活动课程是松江一中作为上海市"双新"实施项目校重点

实施的项目,也是由校长亲自领衔,分管副校长主抓,课程教学中心、学生发展中心、后勤保障中心等多部门联动,学校倾力打造的龙头项目。为推动该课程的深入实施,学校以高学历教师群体为主体组建跨学科联合教研组,专门负责课程群的研发和实施,德育部门组织团队负责各项德育、劳动、审美活动的创意设计和组织实施,后勤部门为课程的顺利实施提供交通、饮食、野外露营等各种保障。

2. 社区合力搭建平台,挖掘乡土资源

学校通过与多家社会实践基地签约、挂牌,使课程实施有了可靠的保障。新农村这一真实的课程场域为学生提供了池塘、稻田、农舍、戏台、农村纪念馆等实践场地,让他们真切领略了农民画、草绳、竹编、田山歌等非物质传统文化,对垃圾分类、环境整治、宅基地平移、莲稻养殖技术等真实问题有了直观深入的理解。村干部积极参与课程建设,通过"走向希望的田野"课程实施服务活动平台直接与学生对话,让他们提前了解农民和农村,及时优化课题,使研究更贴近农村的实际。学生在课程实施的过程中得到了村民全方位的支持,他们热情地邀请学生进入自家农院,为他们讲解"三农"实际,帮助他们顺利完成各项学习任务。

3. 家庭积极化整为零,拓展学习时空

课程的持续深入推进离不开家庭的支持,学校的课程、社区的资源,再加上家庭的参与可有效发挥课程的协同育人功能。在复盘调研中,学生对"走向希望的田野"跨学科综合实践活动课程的喜爱溢于言表,但是两天的学习显得有些不够尽兴,尤其对于田野调查来说显然是不够的。反复多次组织大规模课程学习无论是从学习时空还是农村的承载力上来看都有着不小的压力,而大规模集体学习对解决个性化的学习需求来说效率是比较低下的。以研究小组为单位化整为零,家长、导师、村民共同参与的模式可有效化解学习时空不足的问题,灵活、多次地开展个性化学习活动,可最大程度地提高课程的实效性和达成度。

四、检验与佐证

(一)学生对研究性学习的满意度明显提升

学生在校生活质量满意度调查显示,我校学生对研究性学习的满意度逐年上升,2023年学生全样本问卷调查显示学生对学校研究性学习的满意度非常高,"非常满意"和"满意"两项之和为92.52%。其中"非常满意"高达70.27%,相比前次问卷,上升了近8个百分点。

同时,对"走向希望的田野"跨学科综合实践课程的调查显示学生对该课程的满意度高达91.73%,"不满意"仅为1人。

根据分年级的调查显示,高一年级对该课程的满意度高达95.92%,显著高于高二年级的87.43%,在项目引领下,我校跨学科综合实践活动课程的品质得到了同学们的广泛认可。

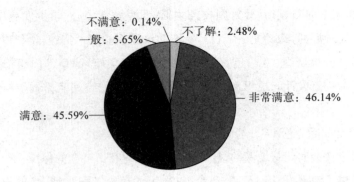

图 2-11-2 "走向希望的田野"跨学科综合实践课程整体满意度

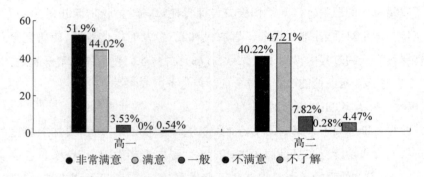

图 2-11-3 "走向希望的田野"跨学科综合实践课程分年级满意度

（二）研究性学习学生论坛社会效应集聚

为了检验研究性学习的成果，跨学科联合教研组精选了 30 项学生课题开展云端研究性学习成果报告暨答辩活动，引发师生、家长的集体围观和积极响应，在线观看量超 7 000 人次，点赞数超 15 万，堪称现象级。活动共邀请了 9 位知名教授组成豪华导师团，并形成了由大学教授、工程师、博士、科技辅导员、学生代表、家长代表组成的答辩委员会。在答辩过程中学生展现出了良好的研究素养、创新的研究方法、严谨的研究思路和卓越的研究能力。专业的答辩委员会，尤其是大学教授的参与使得本次活动学术味十足，专家们通过富有启发性的问题、专业的意见和建议启迪学生在研究的道路上继续进步。本次活动既让大学教授了解了当今高中生的研究性学习现状，也让高中生提前接触了前沿的思维方式和学术动态，对巩固其研究性学习兴趣、确立其专业志向、培养其科学精神和社会责任感都有重要的价值。

（三）研究性学习课程成果获得广泛关注

"走向希望的田野"跨学科综合实践活动课程是我校具有代表性的现象级卓越高中建设成就之一，活动广受师生欢迎，自推出起就引发了社会和媒体的高度关注。上海教育官方微信、文汇报、解放日报、上观新闻等媒体累计报道 13 次，其中"学习强国"共计 3 次以专题方式进行了深度报道。为该课程专设的课程实施服务活动平台吸引了文汇报和上海教育新闻网两家重磅媒体推出专题报道。

该课程被评为落细落小落实社会主义核心价值观典型案例,并受邀参加上海教育电视台相关节目,"走向希望的田野"劳动教育公益性资源还被上报至国家智慧教育平台。

(四)现象级成果批量化产出

通过"走向希望的田野"跨学科综合实践活动课程的推进,我校大力推进个性化教育,在创新人才培养方面取得了丰硕的成果。学校被评为"十四五"期间首批科技教育特色示范学校,科技创新社被评为首批上海市学生科技创新社团。我校学生的研究性学习的成果呈现批量化产出的良好态势,课题数量和质量得到显著提升,课程实施服务活动平台孵化的课题数量从每年70余项增加至每年150余项。课题品质的提升使我校学生在上海市青少年科技创新大赛中不断取得佳绩,在第37—39届中共获得成果类一等奖9项、二等奖27项、三等奖132项。获奖的数量和质量在区内领跑、全市领先,我校先后被评为上海市青少年科技创新大赛松江区和上海市优秀组织单位。

此外,我校学生还在上海市百万青少年争创"明日科技之星"活动、宋庆龄少年儿童发明奖、赛复创智杯、"未来杯"上海市高中学生科创大赛等科技类赛事中屡获佳绩。

五、反思与展望

"走向希望的田野"跨学科综合实践活动课程的进一步优化应关注以下三个方向。

1. 做好跨学科综合实践活动课程与学科学习之间的接轨工作,进一步打通两者之间的壁垒,增强研究性学习跨学科的含金量。

2. 通过课程的开发和实施,跨学科教师的课程设计力、指导力、评价力得到了切实提高,但是实现更高水平的提升还需要进行系统设计和专业引领。

3. 利用松江一中基础教育集团的办学优势(共8所成员校)及松江大学城的有利条件,进一步探索小学—初中—高中—高校一体化创新人才培养的机制。

(执笔人:杨　健)

12 "双新"背景下学校综合实践活动课程的实施样态——以"崇明百里行"为例

/ 上海市崇明中学

核心问题

如何利用好地域特色资源探索综合实践活动课程落地实施的规范？

<hr>

一、背景与问题

（一）背景概述

转变高中育人方式，保证"双新"落地，这些目标呼唤着学校课程领导力的校本突破。作为必修课程之一的综合实践活动课程，是培养学生学以致用、实践体验能力的重要载体与抓手，是国家课程校本化的重要形态。综合实践活动课程要让学生在真实的生活情景里获得经历体验，从生活情境中发现问题，转化为活动主题，通过探究、服务、制作、体验等方式，提升自身的综合素质。

由于每个地区的自然环境和人文氛围不同，真实的生活情境也各异，可用于课程开发与实施的课程资源亦具有地域特色。很显然，作为远郊高中的崇明中学不能完全照搬"城里"的做法，应该契合"远郊"的地域特征，顺应崇明生产、生活、生态"三生融合"的发展方向，增加学校"自主发展"的成色，既要保证学生能参与，也要确保教师能指导，更要保障课程实施有时空、能落地。为此，我们选择以学校的特色社会实践项目"崇明百里行"为抓手，探索"双新"背景下综合实践活动课程的实施样态。

"崇明百里行"起源于1993年崇明中学学生自发组织的考察实践，旨在了解家乡风土人情和发展变化。历经三十年的发展，"崇明百里行"已经成为具有我校特色的社会实践项目，成为学校丰富校园文化、提升学生综合素养的有力抓手。"双新"背景下，聚焦综合实践活动课程，重新优化实施"崇明百里行"项目，可以为"远郊高中"开展综合实践活动课程提供良好的实践样本。

（二）拟解决的核心问题

本项目解决的核心问题是"如何利用好地域特色资源探索综合实践活动课程落地实施的规范"，可分解为以下两个子问题。

1. 如何从区域环境和学生需求出发，梳理学校综合实践活动课程资源的优势与短板，进行学校综合实践活动课程的顶层设计？

2. 如何基于学校综合实践活动课程的实施、管理、评价等基本特征，根据"远郊高中"课程资源的地域特点，探索符合地域特点、具有校本特色的课程开发和实施的实践样本？

二、路径与办法

（一）主要路径

基于"双新"理念，我们对学校原有的以"生趣"为导向的综合实践活动课程进行复盘。试图基于调查访谈，聚焦真问题；立足文献研究，寻求理论支撑；创新课程开发，满足个性需求；生成课程图谱，固化课程体系；推进课程实施，积累实践经验；分析反思案例，升华整体认识；通过评价反馈，验证实施成效。由此，我们形成了从文献研究到评价反馈的解决问题的整体思路（见图2-12-1）。

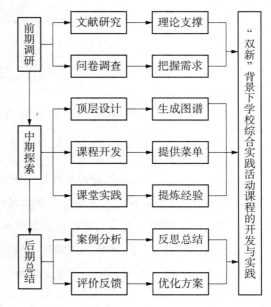

图2-12-1　"双新"背景下高中综合实践活动课程的开发与实践研究整体思路图

依据整体思路，我们分三个阶段展开实践。

前期调研：通过政策与文献研究、教师与学生调查、师生与专家访谈等方式，获取经验与发现问题，完成项目开题论证。

中期探索：组建四级项目组织与实施研究网络，展开课程资源进行"SWOT"分析，确定课程设计理念，生成课程图谱，明晰课程开发流程，并在设计与实施"崇明百里行"社会实践活动的过程中积累综合实践活动课程落地实施的典型案例和成功经验，完成中期评估。

后期总结：通过改进课程图谱、优化评价量表、生成"红色之旅"及内地新疆高中班研学活动等多种新综合实践活动课程、撰文交流研究成果等方式，完善项目研究，为结项评估做好准备。

（二）主要办法

1. 四级项目组织：突破课程开发与实施的难点

我们构建了"学校—职能部门—年级组（教研组）—教师个人"的四级项目组织与实践研究网

络(见图2-12-2),以突破课程开发与实施的难点。在该网络中,学校(校长室)负责项目的总体统筹推进;教育研究处具体负责项目的管理与实施;年级组(教研组)负责相关子项目学科的分年级实施;骨干教师负责进行实践研究,通过对案例的提炼与升华形成成果。

我们通过架构这个开发和实施的组织保障体系,将课程目标的上位理念转化为课程开发的中位原则,继而分解为包含研究性学习、校园活动和社会实践等各类大课程及其之下各类小课程的下位目标,并据此开发并实施具体课程,以突破课程开发与实施中上位理念与下位课程脱节的难题;通过运行开发和实施的组织保障体系,收集课程实施经典案例,层层提炼实践经验,生成课程开发与实施的一般路径,继而将其抽象凝练为实施范式,以突破课程开发与实施中具体案例无法上升为抽象范式的难题。

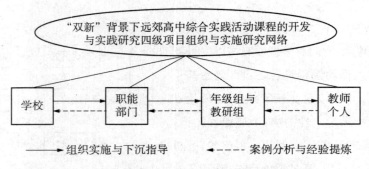

图2-12-2 四级项目组织与实施研究网络示意图

2. 善用评价工具:规范课程开发与实施全过程

研究工具能够提升课程开发与实施的规范性和科学性。我们借用市教研室研发的系列深度教研工具,提升课程开发与实施中校本教研活动设计与实施的高度、广度和参与度,实现深度教研;通过自主开发"双新"背景下远郊高中综合实践活动课程开发与实践的相关评价量表等研究工具(见表2-12-1),规范项目研究全过程,并尝试评价项目研究的有效性。

表2-12-1 崇明中学"崇明百里行"综合实践活动课程评价表

项目名称	考察团团长	考察团成员	指导教师

活动评价						
评价内容		评价指标	满分	得分		
				学生自评	指导教师评价	学校评价
过程性评价	确定主题	考察主题明确;考察项目意义深远;考察项目具有可行性、创新性、现实性	10			
	活动设计	活动方案表述规范;各阶段目标明确,内容具体,方法科学,分工合理	15			

评价内容		评价指标	满分	得分		
				学生自评	指导教师评价	学校评价
成果性评价	资料分析	资料检索、收集、归纳能力较强	10			
	活动实施	考察态度良好，团队合作积极；考察方法恰当、科学；能根据实际情况推进、修改、优化活动方案，获得一定成果；过程记录详细，有详细的文字、影像资料	20			
	整合修正	能与指导老师及时沟通；指导老师配合活动并提出建议；能根据建议整合修正获取的资料，及时调整	5			
	考察报告	字数1500字以上；结构完整；重点突出；内容充实；条理清楚；可信度强；研究问题有一定的深度和广度；预期成果达成度高；对学习、生产与生活有一定的参考价值	25			
	考察收获	反思过程；总结经验；分享情感体验	15			
合计（平均分）						

学校意见：

签名：

年　月　日

三、成果与经验

通过项目研究，学校初步形成了依托区域资源落实综合实践活动课程开发和实施的崇明中学范例。具体表现在以下六个方面。

（一）明晰了课程实施目标

综合实践活动课程与其他课程的不同在于，它能引领学生从"书本世界""校园生活"走向"现实世界"和"社会生活"，锻炼学生学以致用解决真问题的能力；同时，它具有比较显著的区域特点与生成特性，需要为学生提供多样化的学习路径与体验方式，在内容与层次上匹配学生需要，在方式与过程上激发学生兴趣。

我校"崇明百里行"综合实践活动课程的开发，秉承"传承与创新并举，校本与社会融合，目标与需求统一"的思路,在"综合"与"实践"上做文章,坚持"自主发展"的办学特色,探究课程资源开发、转化和整合的基本规律,逐步建立并丰富综合实践活动课程库,拓宽学生亲近生活、走进社会、走向自然的课程通道,鼓励并引导学生从个体生活、社会生活和自然生活中获得丰富的经历或经验,逐步形成并提升对自然、社会和自我之间的内在联系的整体认识,培育学生运用知识发现、分析和解决问题的关键能力,提升核心素养。

（二）探究了课程开发流程

在综合实践课程的整体实施上,我们探究出一套课程开发流程(见图2-12-3),重点关注课程从开发到推广的基本环节的衔接,保障了课程开发实施过程的顺畅与有效,奠定了整个综合实践活动课程群的建设基础。

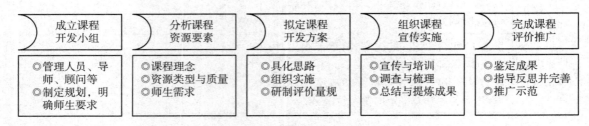

图2-12-3 崇中综合实践活动课程推进流程图

在综合实践活动课程具体项目的开发上,我们持续优化了六个基本要素。在课程目标的确定上,训练学生解决问题与沟通协调的能力,引领学生体悟个人与时代变迁、社会发展和国家命运的关系,真正让课程的学习经历成为学生成长财富。在学生需求的分析上,通过生涯规划调查与指导,分析学生的学业基础和个性潜质,打通"高中学业·大学专业·社会职业·人生事业"的融合通道,为学生的职业理想提供多样化的体验类课程支撑。在课程资源的梳理上,做到依托校本的师资、历史、文化资源,挖掘区域的生态、生产、生活资源,对接高校和专业机构的高端资源,充分保障学习资源供给。在学习进程的推进上,突出学生的自主性,从设计、调查、实验、创作,到邀请导师、提炼成果、汇报交流等,学生可以寻求援助,但必须对自己的项目全权负责。在课程学习的评估反馈上,强调"三看",即一看学习过程实不实,二看学习成果真不真,三看学习体会深不深。在课程的修订完善上,每一个流程的完成奠定新流程开始的基础,让课程呈现出螺旋式向上持续突破、不断完善的态势。

（三）完善了课程整体架构

围绕"自主发展",我们从"研究性学习""校园活动"和"社会实践"三个方面,对综合实践活动课程进行分类,明确课程原则与主要目标,系统架构并优化了学校综合实践活动的课程结构(见表2-12-2),突出综合性,强调实践性,使不同项目能共同指向学生的核心素养,形成课程育人合力。

表 2-12-2　学校综合实践活动课程结构

课程分类	研究性学习		校园活动			社会实践		
	项目设计	课题研究	主题教育	社团活动	专项活动	志愿服务	考察调研	职业体验
课程原则	尊重学生选择的自主性,强调课程活动的实践性,保证课程内容的开放性,坚持课程优化的持续性							
主要目标	训练创意能力,提升物化水平	增强"发现"意识和"解题"能力	守住生长底线,清晰生涯方向	确立远大理想,思辨真假善恶	优化自我管理,改进自主评价	培养劳动观念,增强服务能力	洞察社会万象,探究世事变迁	了解职业特点,助力生涯规划
课程枚举	产品三维设计与制造、机器人设计与制作、人工智能……	校园生活、区域生态、社会生产……	法治教育、劳模精神教育、生涯规划教育……	青年党校、"青马工程"、模拟政协、辩论赛……	"节"的活动、学法交流、国学达人、崇中大讲堂……	校园执勤、场馆服务、爱心暑托……	崇明百里行、红色之旅、社会调查、海外游学……	军训、学农、走访校友……

　　我们把综合实践活动课程分成全体学生共同参与的"普适课程"、部分学生参与的"团队课程"、个别学生需要的"个体课程"三个层级,充分匹配学生的实际水平和学习需求。以研究性学习为例,我们结合综合素质评价要求,在对全体学生开设研究性学习辅导报告和组织案例示范的基础上,指导高一学生跟着做,了解研究中的规范与过程;允许高二学生组成团队自主做,探究研究的办法与规律;要求高三学生示范做,在成果答辩审核中体现研究的档次与品质。学生既可从学校题库中选择项目进行研究,也可自选新项目开展个性化研究。对其中一些特别优秀的研究项目,学校依托高校实验室、市级创新实践工作站、专家教授与行业优秀人才等,为学生提供特需资源支撑。在此基础上,我们积累了一批植根于崇明真实生活环境的课题资源。例如,"崇明金瓜丝"的研究课题,已经从最初的"金瓜丝保鲜",生发出了"选种育苗""栽培管理""激素运用与生长控制""采摘期与耐贮性"等方面的系列性研究项目,使其逐渐变成了跨学科的综合性研究项目。这些项目不仅大大丰富了综合实践活动课程的内容,更满足了学生对课程选择性学习的需要。

　　（四）生成了课程实践样本

　　我们探索并形成了以任务或问题为导向,以学生探索、发现和创新为主要方式,以资源整合、学科贯通与团队协作等为基本路径,最终形成报告或作品等成果的课程实施样态。学校将研究性学习渗透于社会实践和社会考察之中,渗透于科学知识教学之中,使学生通过综合性、开放性的探究与实践,获得积极的、全面的发展。每年的"崇明百里行"活动,都会有一个明确的主题,在这一主题下会分解出若干个考察项目（见表 2-12-3）。每个项目形成初步方案后,负责学生通过校园宣讲等,吸引更多的志同道合者参与进来,组成考察小组,明确任务分工。学校组织活动出发仪式,为考察组同学提供知识和技能方面的援助培训。小组成员带着问题考察、收集各类材料,完成相应的学习任务;在学生修改、完善考察成果的基础上,邀请学校老师、专业人员等对成果开展指导性的评价鉴定,组织专题汇报,扩大成果影响力,为新一轮课程实施做好"造势"工作。

表 2 - 12 - 3 2017—2023 年"崇明百里行"活动主题列表

2023 年	总主题	绿色,让生活更美好
	分主题	崇明土布文化助力乡村振兴的调查研究
		先进制造业助力乡村振兴的考察研究——以衡元高分子材料股份有限公司为例
		崇明现代新农业助力乡村振兴的调查研究——以静捷农业集团和崇明农业科技创新孵化园为例
		探索制造奥秘 弘扬求实精神——江南造船厂学习考察
		科技打造现代农业——上海浦东合庆火龙果主题公园学习考察
		传承中华历史文化 弘扬自力更生精神——河南中原文化研学考察
2022 年	总主题	传承红色基因,弘扬时代精神(线上线下结合)
	分主题	日出东方 红耀瀛洲——中国共产党在崇明的发展历程
		传承红色基因,赓续红色血脉——参观海界宅事件纪念馆和施家河沿地下党斗争史纪念馆
		研习历史文化,继承优良传统——走进长兴岛博物馆
		激荡百年 继往开来——中共一大会址研学考察
2021 年	总主题	花博梦·生态情·红色印
2020 年	总主题	花开百里,追梦瀛洲
2019 年	总主题	瀛洲寻梦探风情
2018 年	总主题	行百里路,寻瀛洲梦
2017 年	总主题	梦起百里,绿染瀛洲

"崇明百里行"的实施时间从寒暑假、节假日的"短时段"向高中三年的"长时段"转型,实施方式从单个项目研究向跨学科融合的方向发展,从单纯的"看一看""走一走"到"想一想""试一试",成为学生考察家乡、认识社会的主要途径,成为培育学生"中国心""家乡情"的重要载体。近年来,学生考察的范围也出现了由崇明扩展到上海再延伸到全国的态势;课程评价的视角也从"经历活动过程"到"辐射活动效应",从关注项目实施到关注活动综合影响,逐步实现了"百里行"项目从 1.0 版到 3.0 版的迭代升级(见图 2 - 12 - 4)。

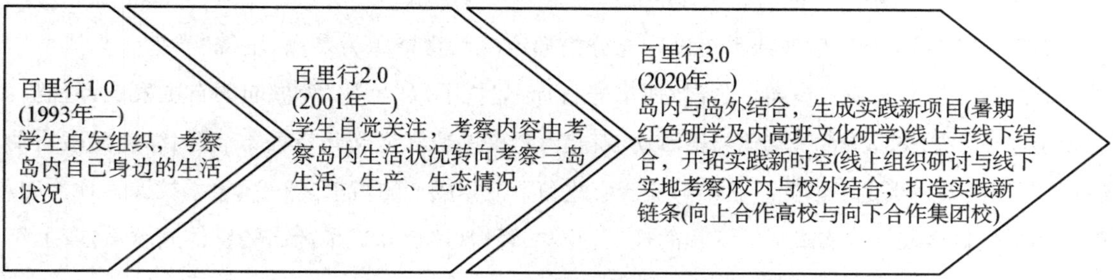

图 2-12-4 "崇明百里行"迭代升级示意图

在"崇明百里行"项目的落地实施中,学校还先后孵化出了红色之旅、校友(职业)访谈、义务讲解员(雷锋纪念馆、新河烈士陵园)、文化寻根活动(走进学宫和老校长故居;寻访学校变迁轨迹,感悟百年校史风云;研究"非遗"的传承密码)、生态课程活动(生态文化研究、生态阅读鉴赏、生态创新创意)、探究性学法交流、新疆内地高中班学生江南文化行、崇中毕业再出发等社会实践活动。这些项目既吸引了不同兴趣爱好的学生共同参与,又呈现出了迭代演进的发展趋势。

(五) 完善了课程评价量表

我们通过制定与完善课程评价量表(见表 2-12-1),对综合实践活动课程进行评价。课程评价中,我们既关注过程性评价维度的确立与完善,也关注活动成果的物化呈现及影响,坚持定量与定性、自评与他评相结合的全方位评价;通过统筹表现性评价与诊断性评价、静态评价与趋势评价、即时评价与延时评价等,多维度关注学生的成长表现。综合实践活动课程的评价量表不仅是教育评价的工具,更是促进学生全面发展的有力推手,它如同一面多棱镜,从不同角度折射出学生的成长与变化。

(六) 丰富了课程配套文本

我校教师提供的研究课题(项目)已累计超过 600 个,加上学校目前已有的 7 个学生社会实践基地和上海师范大学、上海市青少年创新实践基地和社会专业机构每年提供的 40 个左右备选课题(项目),综合实践活动课题资源丰富多样。学校通过编制《崇明中学研究性学习手册》,制订"学生综合素质评价方案""综合实践课程(百里行)实施方案""校园活动管理制度""研究性学习管理办法""研究性学习成果评价办法"等,从目标、内容、实施、评价等维度上建构起课程纲要,积累了综合实践活动课程的配套文本。据此,做到学生实践有册可依,教师指导有章可循,学校管理有案可查。

四、检验与佐证

本项目研究促进了学生全面而有个性地发展,促进了教师专业成长,提高了他们组织实施新课程新教材的能力,全面提升了学校办学质量及区域影响力。

1. 提升了学校综合实践活动课程的整体质量

基于"崇明百里行",学校课程建设以充分挖掘区域教育资源为基点,围绕"学生·生活·生态"的课程主线和"兴趣·情趣·志趣"的培养目标,建构了以"生趣"为导向的自主发展课程群,开发出红色之旅、校友走访、文化寻根活动、新疆内地高中班江南文化行等40余门综合实践活动课程项目,极大地满足了学生广泛参与社会实践和个性化成长的需求。2023年学校课程评价中,教师和学生对学校综合实践活动课程的规划、开发、管理、评价和成果产出的整体满意度,较上年度提升了近十个百分点,分别达到81.5%和88.4%。

2. 生成积累了大量的过程性成果和物化成果

项目实施以来,学校及学校教师围绕"崇明百里行"项目立项相关市级课题4项、区级课题10余项;学校还先后参加或组织包括"2022年暑期上海市中小学校(园)长培训——'课程改革实践'主题"等区级以上主题研讨展示活动5次,进行主题发言6次,学校教师还在其他区级各类研讨活动中作与本课题相关的学术讲座20余次,并在市级以上刊物公开发表与课题相关的学术论文10余篇;同时,《文汇报》、《上海教育》、《现代教学》杂志社、上观新闻等媒体先后对课题研究期间的学校进行过宣传报道,全面提升了学校办学质量及区域影响力。

3. 增强了学生的实践意识以及综合素养

课程案例"崇明百里行"项目在源源不断的新理念注入下实现迭代升级,日益成熟,产出丰硕成果,曾荣获2023年上海市中学生暑期社会实践"最佳项目奖"等近十项市级以上荣誉。不仅如此,"崇明百里行"还为学生发展提供了广阔的舞台,学生通过开展调查研究、自主研学、课题研究、社团活动,不仅挖掘了乡土文化内涵,探索了生态文明建设,培育了家国情怀,还发展了自身综合素养。近三年来,共有90个涉及崇明文化、水文环境与生物生长、生态生活方面的学生课题。其中,"自制芦苇炭发泡水泥对崇明宅沟水磷的吸附效果探究""崇明典型河道水生植物对水质及底栖动物群落的影响研究""校园野生地被植物构成及多样性分析"等研究成果获上海市青少年科技创新大赛一等奖等奖励。近五年来,学校共有52名学生成为上海市青少年科学院的小研究员,235名学生参加上海市青少年科学创新实践工作站的实验活动。同时,遵循"综合实践活动课程开发—指导学生自发组织社团或申报研究性课题与科技项目—学生进行社团活动、课题研究与项目实施—学生参加社团、研究性课题评选及科技竞赛"的课程开发与实施路径,学校自本项目实施以来,学生频繁在社团评比、研究性学习项目评选和科技竞赛中获奖,其中学生社团共获包括"世界合唱节"虚拟合唱组国际金奖、上海市第四届中学生探索国际人道法辩论赛冠军在内的20余项市级以上奖励。

五、反思与展望

在后续的学校综合实践活动课程的开发与实施中,我们将重点在三个方面发力。

一是进一步加强课程规划、开发、实施、评价等流程管理。引领师生从"学科思维"走向"跨学科思维";探索多样化的"网上行""家里做""云分享"等实施案例。

二是进一步关注生态与生活问题,打造学校综合实践活动的课程标志。重在对世界文化的学习中,培养学生的全球视野和国际胸襟;在中华文明的探寻中,培养学生的中国根与民族魂;在区域生态生活的体验过程中,加大学生肩负绿色文明宣传、实践与示范的责任意识。

三是进一步把握时代与教改趋势,丰富自主发展内涵。把对"自然的敬畏,自创的抱负,自觉的境界,自豪的情怀"等,纳入学校课程建设的范畴,稳步推进创意智慧广场、创意实验空间、创新活动社团等建设工作,增强师生成长与发展的共同体意识。

总而言之,综合实践活动课程是培养学生综合素质的重要途径,但由于地域条件、资源限制以及传统观念的束缚,这类课程的实施往往面临着诸多挑战。为了克服这些困难,我们聚焦"崇明百里行"综合实践活动课程开发,初步形成了依托区域资源落实综合实践活动课程开发和实施的成果与经验:课程开发理念关注学以致用、匹配学生需要;课程开发流程关注让课程的学习经历成为学生的成长财富;课程整体架构关注指向学生核心素养,强调综合性与实践性;课程实践样态关注以明确的任务或问题为导向;课程最终评价关注过程性评价与活动成果的物化呈现及影响。以此为标志,我们打造出一个"双新"背景下学校综合实践活动课程的远郊高中实践样本,不仅提升了学生的综合素质与实践能力,还促进了学校和社会的联系与合作,为远郊高中的发展注入了新的活力。

(执笔人:上海市崇明中学"双新"课程项目组①)

---

① 上海市崇明中学"双新"课程项目组组长:李玉刚、吴卫国;主要成员:王思毅、李建生、潘峰、杨勇、谢剑伟、吴冬辰;主笔:杨勇。

13 基于素养导向的高中学科建设实践——以上海市金山中学数学组学科建设为例

/ 上海市金山中学

核心问题

如何有效推动新课程新教材实施，推进育人方式改革？

一、背景与问题

在新课程新教材实施的相关政策落地后，许多学校原有的学科体系已经不能满足当下对育人的要求以及对学生学科素养发展的需求，加快重构学校现有学科建设是当前学校亟须解决的问题。"双新"实施的新要求对高中阶段学科教学提出了更高的标准，如何在学科教学中渗透学科育人价值、如何在学科教学中做好融合育人工作、如何在学科教学中提升学生的关键能力和必备品格，其根本都在于重构学科体系建设，使其符合时代要求。上海市金山中学数学教研组现有教师 32 人，是一支思想素质高、业务水平过硬、凝聚力强、氛围和谐的教学团队。其中，上海市名师基地成员 1 人，金山区"明天的导师"工程学科首席 1 人、导师 3 人、骨干教师 7 人。数学教研组教师有 26 人为本科学历，6 人为研究生学历，其中高级教师 14 人，中级教师 12 人，初级教师 5 人，见习教师 1 人。本文以金山中学数学组学科建设为例进行阐述。

金山中学数学组现在面临如下几个问题，亟须解决。

1. 学科建设在目标确立、队伍培养、建设机制等方面如何体现素养导向的改革要求。

2. 如何规范校本研修，加快组内教师对"双新"的理解。

二、路径与办法

（一）查阅文献，厘清研究现状

1. 关于普通高中学科建设的理论基础较为完备

现有研究以及教育类政策对于学科的定义、学科建设的理论给出了详尽的政策要求和理论路径，为普通高中强化学科建设提供了参考依据。然而，对于不同的高中而言，如何在实践中落实并完善这些理论，如何形成具有本校特色的学科建设理念，如何保证学科建设指向核心素养的育人目标等问题尚未明晰，有待讨论。

2. 关于普通高中学科建设的有效案例传播较少

由文献可知，学科建设的实践分为多个维度，包含了教学改革、团队建设、课程设计等多个方面。随着2017年高考改革、新的普通高中课程标准的颁布以及"双新"的推进，高中学科建设亟待革新，各个学校需要打破"传统"，应对"双新"，实现学科"转型"。然而，目前尚缺乏可供参考的案例和可供传播的转型经验，尽管有理论的支撑，但各学校仍然需要具体的案例参考，从而顺利地度过转型期。

3. 关于普通高中学科建设的评价指标亟待制订

很少有文献给出有具体规范、较高信度和效度，且符合学校教育哲学的评价指标。评价应指向目标，然而现有研究也并未突出核心素养的目标指向性。各门学科应建立符合学科特性、指向学科核心素养的评价指标，以此来促进学科建设。

（二）自我剖析，了解研究基础

2021年8月，依据国家和上海市出台的相关政策，学校从六个方面（学校课程情境、学校课程哲学、学校课程目标、学校课程框架、学校课程实施与评价、学校课程管理）梳理并编制了上海市金山中学三年课程规划。其中，在学校课程实施与评价方面，已经把学校学科建设写入三年课程规划，有一定的政策保障。

（三）多方论证，确定建设方向

经过多次校内讨论、专家指导，学校最终确定了学科建设方向，包括明确学科发展目标、完善学科建设机制、建设高水平教师队伍、加强学科研究和教师培养、营造良好的教研氛围等。图2-13-1是学科建设的路径与办法。

图2-13-1　学科建设路径与方法

1. 明确学科发展目标。构建与时代要求相符的学科体系，指向核心素养的育人目标。

2. 完善学科建设机制。建立符合学科特性的评价指标，制订与教师培训、课题研究、教研活动等相关的管理制度。

3. 建设高水平教师队伍。

青年教师:通过教研组带教,强化对学科知识、教学技能、教学管理、教学研究的培养。

骨干教师:依托"明天的导师"工程和金山中学青年教师教育教学研究会,进行专业发展。

专家型教师:通过金山区拔尖教师班和上海市"双名"工程,促进专业成长。

4. 加强学科研究。通过课题研究、教学理念更新、教育科研方法掌握,指导教师教育实践。

5. 完善教师培养方式。实施师徒带教、专题讲座、观摩学习、校际交流、项目培训、上课评课等培养机制。

6. 营造教研氛围。通过校本教研活动的正常化、制度化,提高教师参与教研的自觉性和积极性。

三、成果与经验

经过几年的学科建设,数学组学科建设取得如下成果。

(一) 数学学科建设集体荣誉成果

金山中学数学教研组是一个勤奋、踏实、务实的教研组,曾获得"上海市劳模集体""上海市新长征突击队""金山区优秀教研组"等荣誉称号。通过这两年的学科建设,数学教研组有多位教师在上海市中青年教学大奖赛中荣获一、二等奖,得到了市内兄弟学校的肯定,也接待了兄弟学校的来访交流。

(二) 建立教师三级培养制度体系

教育的发展离不开教师队伍素质和能力的提高,建设一支高素质的师资队伍,需要培养更多的专家型教师。而专家型教师都是从新教师开始,经过不断实践研究和培养,逐渐成长起来的。金山中学数学组教师实行三级培养制度。

1. 青年教师培养

数学组青年教师培养的主阵地在教研组,学校会安排组内资深教师对其进行带教,主要在以下方面帮助其成长。

(1) 学科知识的培养。青年教师通过学科研讨会、教学观摩等方式,拓展自己的学科知识面。

(2) 教学技能的培养。青年教师通过教学观摩、课题研究、教学评价等方式,提高课堂教学能力和教育教学水平。

(3) 教学管理的培养。青年教师通过教学管理实践和培训,提高教学管理能力和组织协调能力。

(4) 教学研究的培养。青年教师通过参加教学研究项目,掌握教学研究的方法和技能,提高教学质量和研究水平。

2. 骨干教师培养

数学组骨干教师培养的主阵地在区内和校内，主要依托金山区"明天的导师"工程和学校的青年教师教育教学研究会。

金山区"明天的导师"工程是一项旨在加强金山区教师队伍建设、打造金山区教育人才梯队的工程，每三年为一届。教研组鼓励组内成熟教师积极申报，依托区内名师进一步发展自己的学科专业，成为骨干教师。青年教师教育教学研究会是由金山中学人力资源部牵头组建的校内骨干教师成长乐园，在研究会中，有跨学科的思想碰撞，也有教育教学理论知识的研修。通过这两个不同平台的学习和培训，老师们在教育教学、教科研等方面有很好的进步，逐渐成长为真正的学科骨干教师。

3. 专家型教师培养

数学组专家型教师的培养依托学校的整体规划。学校根据教师的专业素养推荐教师参加金山区拔尖教师班，为其配备一对一的名师进行指导；选拔拔尖教师参加上海市"双名"工程，让其在市级平台进行专业发展，助其成为专家型教师。

（三）建立规范的校本研修制度

学校是承载教育教学的主阵地，教研组是实践学科教育教学的基本组织。为落实党和国家的教育教学方针，教研机制的建设和学校教研文化的营造对增强学校发展的和谐力、加快教育发展步伐、扎实推进基础教育课程改革，具有积极的促进作用。

校本教研是以人为基础的，追求的是学校、教师、学生发展的和谐统一。全体教师都是校本教研的参与者、行动者和研究者，提高教师参与校本教研的自觉性和积极性是实施校本教研、提高教研质量的前提。为了落实校本教研，鼓励教师积极投入，数学教研组首先规范校本教研管理体系，促使校本教研活动正常化、制度化。

1. 强化管理，有序进行

（1）进行校本教研的总体规划和管理工作，加强指导力度，组织教师开展理论学习和校本课题研究；从教师课堂教学的实际出发，研究解决教学过程中出现的具体问题。分工具体，责任明确，保障校本教研有序化、常规化开展。

（2）从学校教研发展的实际出发，逐步形成校本教研的一套管理制度，主要有教师培训制度、课题研究管理制度、学校教研活动制度、学校教科研评价与奖惩制度等，并把校本教研成果纳入教师的考核。这样，既有健全的制度保证，又有科学的评价激励，促使教师参与教研的态度由被动消极转为主动积极，尤其是一部分中青年教师在校本教研中迅速成长起来。

（3）对于每一次的校本教研活动，数学教研组要求做到：

① 有一个明确的主题；

② 积极探索校本教研的形式和手段；

③ 保证时间和人员到位；

④ 校本教研经验与交流到位,保证"研"出成效。

2. 深入研究,提高实效

(1) 扎实开展集体备课,提高教师教研能力。根据学校关于集体备课的要求,本着"务实、高效"的原则,数学教研组落实了集体备课制度和集体备课考核方案,创新了集体备课的模式。每个年级的备课组长先制订学期集体备课计划,带领本组成员统览教材,厘清教学目标。每次集体备课时,严格按照以下五个流程操作:

① 个人钻研,主要备课人备出完整详细的教案,提前发到备课组微信群;

② 集体研讨,主要备课人进行教材分析,阐述设计思路、教法与学法,成员对教学设计提出意见和建议;

③ 进行试课,主要备课人依据调整后的教案上课,成员边听边思;

④ 再次研讨,根据试课的情况,全组成员再次对教学设计进行研讨交流,修改教案,形成定案;

⑤ 个性复备,每位教师根据自己班级实际情况,进行必要的修改调整,备出有自己个性风格的教案。为了实现资源共享,我们建立了集体备课企业微信微盘,各组要把主备人的教案发到微盘里,便于让教师查阅。

(2) 坚持研训结合,促进教师专业成长。

① 师徒带教。导师通过指导备课、听课、上课示范、交谈等方式,与徒弟形成一种传承关系,促进青年教师快速成长,达到"老带新、新促老"共同成长的理想效果。

② 专题讲座。不定期邀请专家名师、教学骨干来校作专题讲座,以此更新教师的教育观念,丰富教育信息,提高教师的专业水平。

③ 观摩学习。经常组织教师外出观摩各种类型的公开课、研究课、示范课,学习先进的教育教学实践经验;回校后通过上汇报课,促使教师更好地内化吸收。

④ 校际交流。增进校与校之间的交往,互相交流经验,沟通教学信息,加强与兄弟学校的沟通,实现教学资源共享。

⑤ 项目培训。根据教师教育教学实践的需要,组织课程培训、新课标研讨、说课、演课等短期培训,不断提高教师的专业化水平。

⑥ 上课评课。每学期教研组举行不同形式的听评课活动,如磨课、同课异构等;同时在教师中广泛开展"我听人人课,人人听我课"活动,大家切磋交流、互相启发、促进教师教学水平的提高。

⑦ 课题研究。依托学校龙头课题,鼓励教师参与课题研究,要求教师通过学习并依据一定的教学理念,结合自己的教学,收集资料数据、分析结果、开展研讨、撰写论文,以此指导自己的教育实践,进而促使教师学习教育科学理论,掌握教育科研方法,开展专项课题研究。

(3) 加强自我反思,促进专业成长。教师只有不断反思才能将课堂教学与个人的成长、研究结合起来。在每个活动阶段结束后,都要求教师全面反思自己的课堂教学,形成书面教学反思材料,或者撰写出自己的典型课题,提供给大家,让大家一起评析研究。反思的主要内容有:教学设计是否切合实际,行之有效;教学行为是否符合新的教学理念;教学方法是否解决现实问题;教学效果是否达到预期教学目标等。反思的目的在于不断更新教学观念,改善教学行为,提升教学水平,同时养成教师对自己教学现象、教学问题的独立思考和创新性见解,真正成为教学和教研的主人,鼓励教师对自己的教学反思进行理论总结与论文撰写。这个阶段是教师教学理念和业务素质的提升阶段,真正起到促进教师专业化个性化成长的目的。

四、检验与佐证

1. 各类比赛,屡获佳绩

数学组在加强组风建设后,教师在各类比赛以及培养学生在各类参赛中获得多项大奖。

孟艳丹老师在 2022 年上海市中青年大奖赛中荣获一等奖(第 2 名),并得到市教研组方耀华老师的赏识,在首届青俊班担任班长,共录制了 11 节空中课堂,在数字化转型工作中勇挑重担,带领金山区数学数字化转型工作顺利开展。2022 年,李秋霞老师领衔的课题"基于单元整体教学的数学课堂教学情境创设案例研究"作为上海市中小学(幼儿园)青年教师(2—5 年)实践研究项目顺利结题。费逸航和鲁丹老师在 2023 年 7 月,带领学生参加了第二届上海市中学数学学术展评活动,并荣获特等奖。还有一批老师在各类市、区级比赛中获得佳绩,在职称上得到晋升。数学组自新高考改革以来,每年的高考成绩都有不错的表现,得到了市内各兄弟学校的认可,到金山中学学习数学教学成功经验的学校络绎不绝,成为了上海市低进高出的典范。

2. 特色建设,卓有成效

互联网等信息技术与教育教学的不断融合发展为知识传播提供了新的渠道和新的教学方式,线下线上的融合教学已逐渐成为师生的日常。我校是上海市教育信息化应用标杆培育校,所有教研组在教学过程中都加强大数据教学应用研究,推进精准化教学实践,形成精准教学新常态。各教研组运用科大讯飞、超星在线等学习平台,积极开展大数据下的分层分类精准化教学,实现作业"考试化"、评价"精准化"。结合我校使用的智学网平台,各教研组通过合理地使用与改进,提升了课堂教学效率。如利用智学网检测系统中的打卡任务、自由出题和题库练习三种作业形式,实现一体贯通,打通了课堂预习的堵点,发现了课堂练习的盲点,封堵了课后个性化辅导的漏点,使课前、课中、课后三部分有机串联,形成了一个更加高效有序的作业体系。

数字化转型助力各教研组日常教育教学工作的方方面面,体现在课前、课中、课后多环节中,如课前,教师可以根据预习情况的数据收集,及时了解学生的学习问题并进行针对性的课堂教学设计;课中,教师可以凭借学生活动过程中直观呈现的结果,及时发现生成性问题或重要学习素材,并在课堂中利用这些问题和素材达成教学目标,培养学生的综合学习能力;课后,教师可以获得每一个学生学习检测的数字画像,了解其个性化的学习特点,以此进行针对性的辅导,助其个性化发展。

3. 教研机制,更加完善

建立了集体备课制度,创新备课模式,提升了教师的教研能力。实施了研训结合,通过专题讲座、观摩学习等方式,促进了教师专业成长。强化了课题研究,鼓励教师参与并撰写论文,提升了教育科研水平。加强了自我反思,要求教师全面反思课堂教学,形成书面材料,促进了教学理念和业务素质的提升。

五、反思与展望

在两年多的项目研究中,我们取得了一定的成效,但各教研组在项目实践过程中发展不平衡。因此,学校将加大对项目研究卓有成效的教研组进行宣传展示,带动其他教研组共同进步,并指导其他教研组在主题教研、特色发展等方面作出探索。

学校将继续在上级各部门的指导下,对"双新"实施作出更进一步的探索和实践,为"双新"在全市、全国范围内推广有效经验贡献一份力量。

(执笔人:金 弢 鲁 丹)

14

高中实验教学提升科学探究素养的学科实践

/ 上海市奉贤中学

核心问题

如何在实验教学中通过学科实践提升学生的科学探究素养？

一、背景与问题

（一）背景概述

现状调查突出了以下一些问题。第一，教师普遍忽视实验教学，即使是课程标准规定的实验也没有开齐开足。第二，实验教学存在重结果、轻过程，重形式、轻思维等倾向。第三，教师开展实验教学的限制条件较多，如时间、空间、器材、技术等因素。第四，实验教学缺乏和真实生活情境的联系。第五，教师还表现出不善于利用技术工具开展实验等现象。因此，实验教学存在观念陈旧，实验完成数量少、质量低、技术弱，学生在实验学习中存在被动学习、浅层学习和低效学习等问题，无法体现实验的独特育人价值，迫切需要进行改革。

新课标强调实验对学科发展和核心素养培养的重要性，视实验为不可或缺的载体。新课标不仅增加了实验的数量，而且提升了实验教学要求。同时，新课标要求学科实践应融入真实情境，实验探究作为其核心部分，是提升科学素养的关键途径。

学校以科创大楼为载体，建设了物理、化学、生物、通用技术等学科的专用教室群，配置足够的器材工具，为开展实验教学改革创设了良好条件，为学科实践提供了较好的空间环境和资源。

对比实验教学现状和新课标、新教材的高要求，我校在实验课程建设上仍有改进空间，须深入研读新课标、新教材，优化实验教学环境，创新实验教学方式。从学情出发，围绕培育科学探究素养，对实验课程进行建构与实施。

（二）拟解决的主要问题

1. 如何改善目前实验教学中探究性不足的现状？

2. 如何优化学校实验资源供给？

3. 如何建立实验教学的评价考核机制，提升学生的科学探究素养？

二、路径与方法

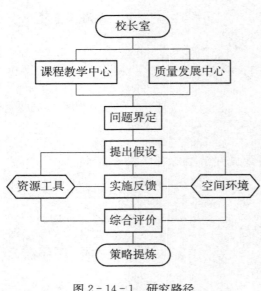

图 2 - 14 - 1 研究路径

研究路径如图 2 - 14 - 1 所示，校长室负责顶层设计，课程教学中心负责规划和实施，质量发展中心负责研究指导与效果评估，各实验学科在两中心的指导下开展行动研究。

通过文献研究、调查研究、行动研究等方法，在高中物理、化学、生物、通用技术等学科开展实验教学相关的问题界定、提出假设、资源开发、实施反馈、综合评价、策略提炼，形成聚焦科学探究的高中实验教学体系。

（一）问题界定

基于文献及调研结果，发现目前我校实验教学存在如下问题：

1. 学生在实验活动中参与率低、动手能力弱，探究性不足；

2. 实验教学与真实情境缺乏联系，活动缺乏深度；

3. 实验活动没有开齐开足，活动需求与现有资源、空间环境不够匹配；

4. 教师自身的实验意识、技能和技术比较薄弱。

（二）提出假设

针对课标的新要求，反观实验教学现状，我们提出以下假设：

1. 将实验融入科学探究，开展相应的实验教学改革，可以改善目前实验教学中探究性不足的现状，推动实验教学走出困境；

2. 改善实验条件和资源供给，可以为学生和教师提供充足的实验基础；

3. 优化实验教学设计，强化针对学生的实验教学评价，建立针对教师的评价考核机制，可以切实提升学生的科学探究素养。

（三）构建实验教学体系

为了落实高中理化生课程标准有关实验的内容要求，体现实验的基础地位，发挥实验在教学中的独特价值，有必要对原有的实验教学进行重新规划和设计，形成科学、有序、可行的实验教学体系。

如图 2-14-2 所示,整个实验教学体系立足课程标准和学生基础,在实验素养综合评价的引导下,教师对实验课程进行整体开发与实施,包括基于主题的实验教学和基于项目的实验探究,前者针对必修课程和选择性必修课程,后者适用选修课程,组织学生多视角开展以探究为取向的实验活动。其中实验素养的综合评价指向学科核心素养,体现深度学习的过程和结果。

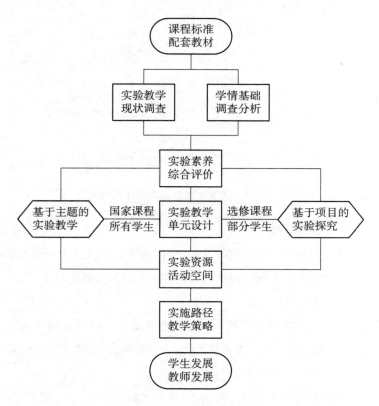

图 2-14-2　实验教学体系构建

实验教学体系包含四个相互关联的组成部分:实验资源、环境、活动和评价。其中,实验评价始终贯穿在其他三个组成部分中;实验资源是实验环境的重要组成部分,但实验环境不局限于此,它还包括空间环境、心理环境等。实验课程最终通过实验活动去实施,所以实验活动设计与实施是提升实验素养最重要的载体。

（四）实验开发和资源供给

学校要求各教研组围绕学科新教材,厘清本学科的基础性实验和自主发展性实验,进行实验性课程的设置,或实验活动清单的开设。过程中,以项目化学习为抓手,创设真实情境,将驱动问题清晰化,引出学习任务,激发自主学习的动能。

1. 物理学科:分单元开发实验

物理学科开发了单元主题实验和项目研究实验,如图 2-14-3 所示。

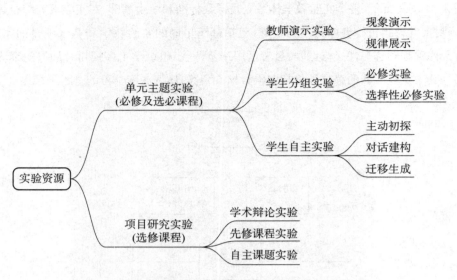

图 2-14-3　高中物理实验资源开发框架图

2. 化学学科:分模块开发实验

化学学科实验手册编写分三个模块进行开发,包括高中化学教材中的学生必做实验、依托学校特色开发的兴趣探究实验和以校内引进的高端仪器为基础的拓展实验。

3. 生物学学科:多种课型开发实验

生物学学科通过多种渠道鼓励学生进行实验。生物组鼓励教师开设微型课、拓研课和通用技术专项课等,鼓励学生利用课上及自主发展时间,走进实验室,进行课内外实验。

4. 通用技术学科:多种方式开发资源

通用技术学科组通过采用师生共同参与、校内外多方联合、现有学习资源收集引用等多种方式一起开发资源。

(五)设计探究实验教学的评价方案

学校通过对实验素养的分析界定,初步设计了实验教学的评价方案,用评价引导教师和学生重视实验,提升实验教学效益。

1. 开发学生实验素养的评价框架

本项目将实验素养定义为"核心素养在实验活动中的表现,即开展实验活动所需的关键能力和必备品格"。学生实验素养的评价指标如图 2-14-4 所示。

对实验素养的综合评价,通过过程性评价和结果性评价并重、纸笔测试和操作考试各取所长、客观性评价和表现性评价兼顾三个维度进行设计与实施。

2. 构建高中生探究实验能力测评模型

开展高中生实验能力测评研究的目的不是甄别学生实验能力的高低,而是作为学习诊断和起点,为促进学生实验能力的增长型发展、使他们获得进行深度学习所需要的实验能力作铺垫。

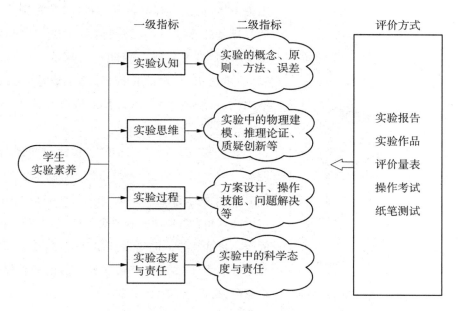

图 2-14-4　学生实验素养的评价指标

因此,学校构建了由评价目标、评价标准、评价方式和评价任务构成的高中生实验能力评测模型,图 2-14-5 为高中生化学实验能力测评模型。

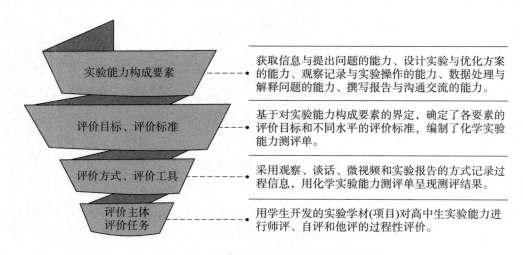

图 2-14-5　高中生化学实验能力测评模型

三、成果与经验

(一)形成"三探"实验教学主题活动框架设计

基于现状分析及实践基础,学校构建了一个围绕某一主题的"三探"活动设计框架:以学

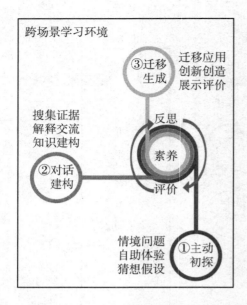

图 2 - 14 - 6　"三探"活动设计框架

生为主体,以培育核心素养为目标,在跨场景、开放性学习环境的支撑下,围绕指向单元核心内容、体现真实情境的"探究主题",伴随过程评价和反思改进,开展以"主动初探、对话建构、迁移生成"为阶段特征的结构化、持续性探究活动,其结构关系如图 2 - 14 - 6 所示。

第一是"主动初探",这是"三探活动"的启动层。它能帮助学生激活经验,获得体验,发现问题。在教师引导下,学生联系自身经验,就地取材开展自主探究,并尝试用已有知识解释现象和解决问题,提出自己的猜想和假设。此阶段的关键是设计驱动问题,激发学生提问,并通过学生自主实验,获得探究必需的基础体验,为互动建构、高阶思维做好铺垫。

第二是"对话建构",这是"三探活动"的核心层。有了"初探"的经验和猜想假设,课堂上师生、生生之间有了对话的基础。通过进一步的教师演示实验、学生分组实验及互动对话,让学生经历"问题—证据—解释—交流"的循环迭代,可实现对学习对象的深度加工,不仅使学生完成知识建构,而且提升了他们的高阶思维能力。师生实验与理论建构不断相互验证,共同分析和解决问题,从而建立概念及模型,获得知识,形成意义,同时促进科学态度与社会责任的提升。

第三是"迁移生成",这是"三探活动"的展示层。学生在对话建构中形成的概念、模型和方法,在新情境中进行迁移、应用和成果创作,并通过个性化展示和评价,进一步促进素养要素的外显。教师要给予学生充分的学习空间、资源技术支持、个性化指导和展示评价的机会,鼓励学生进行创新创造。

一个单元主题下,通常三个阶段会呈现螺旋式和迭代发展,整个过程始终伴随着对学习本身的反思和评价。

综上所述,在跨场景学习环境的支持下,从最外层基于经验的主动探究,到基于对话的实验和理论互动建构,再到展现素养的迁移生成,在反思和评价的驱动下,层层紧扣,共同拉动"素养之轮"不断前行。

(二)形成各具学科特点的实验探究活动策略

1. 物理学科:基于学术辩论开展探究实践活动

在物理学科的项目化学习的设计过程中,学校始终坚持以下四个原则,确保设计始终不偏离方向:(1)落实物理课程标准;(2)以学生为主体;(3)以高阶思维为核心;(4)以成果作品为导向。

案例1：基于学术辩论的项目学习设计，提升学生实验应用能力

图2-14-7是基于学术辩论的项目学习设计框架。物理探索实验室提供文献资源，学生自主学习相关文献。实验室对学生开放，提供实验器材、加工工具、电脑等设备。教师跟踪指导，和学生一起解决遇到的困难。教师辅导学生的同时，学生的研究也带动老师开展研究，形成教学相长的良性互动。通过研究与辩论活动，不断完善理论建模，改进实验装置。最终引导学生参加上海市中学生物理学术竞赛，充满自信地展示自己的研究历程和成果，与其他参赛者展开学术讨论。

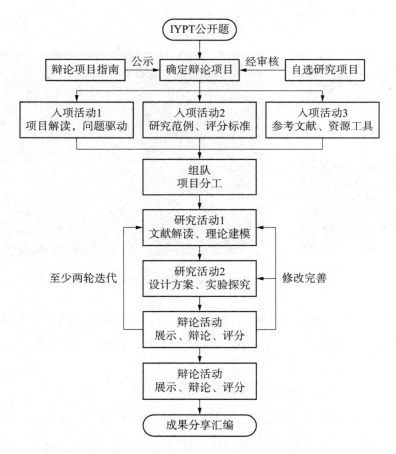

图2-14-7 高中物理"探究-辩论项目化学习范式"落实课程标准的途径

2. 化学学科：基于数字化实验项目开展探究实践活动

数字化实验是指由"传感器＋数据采集器＋实验软件包＋计算机"构成的新型实验系统。在高中化学项目化学习中，可以应用数字化实验，采用传感器来实时测量，在软件中以数字和曲线的形式显示、采集、分析实验数据，将数字化实验应用于实验原理理解、实验装置改进、实验过程探究、实验问题解决等项目化学习的研究。尝试引入压强、温度、pH值、导电率等传感器，帮助学生进行化学原理及生活情境问题的数字化专题实验研究，通过高精度、高速度的数据采集和分析，助力提高学生的"科学探究与创新意识"素养。

案例2：数字化实验创新应用，提升学生分析能力

"气体摩尔体积的概念"微项目化学习中，为了探究"在一定条件下，气体微粒间距离近似相等，那么影响气体分子间距离的因素有哪些、是如何影响的呢？"的问题，学生小组创新性地应用了温度传感器和压强传感器进行数字实验（见图2-14-8），将封闭了一定体积空气的大试管置于大烧杯的热水中控制恒温，通过针筒抽气后的自然回落，借助传感器的实时过程性记录，探究温度和压强对气体体积的影响，并对曲线图进行了深入分析和理性思考，从而得出结论，在温度不变的情况下，压强增大，气体体积变小，微粒的间距减小。

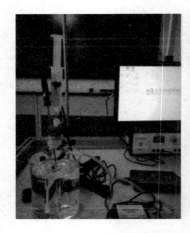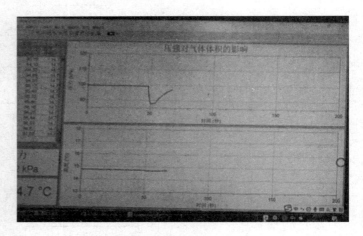

图2-14-8　压强传感器实验：探究压强对气体体积的影响

案例说明：借助压强传感器，利用数字化实验更形象、直观地理解压强对气体体积的影响，从而帮助学生理解和建构气体摩尔体积的概念，在实验体验中，提升学生的观察、分析能力，达到事半功倍的效果。

3. 生物学科：基于探究实验设计引导学生实践探究

在生物学科的项目化实验过程中，教研组总结了以下的教学策略：（1）增加实验的开放性，提高学生的参与积极性；（2）创设真实的问题情境，调动学生的探究欲望；（3）引导学生设计实验，落实学生的科学思维；（4）注重实验操作过程，培养学生的动手能力。

组织以探究为特点的主动学习是落实生物学学科核心素养的关键。现代教育理念强调若要培养学生的探究能力与创新潜能，就要打破按部就班的实验教学模式，在验证性实验教学中融入探究性实验的设计，培养学生的科学探究精神，落实学生的生物核心素养。例如，在"检测生物组织中的还原糖、脂肪和蛋白质"定性实验中，由于该实验步骤相对简单，教师在开展实验之前，可以将学生分组，以小组的形式去讨论实验材料以及实验仪器的选择，在合作学习过程中落实学生的科学探究意识。又如，在"观察外界溶液对植物细胞质壁分离和复原的影响"验证性实验中，同样以小组的形式，教师可以让学生探究不同浓度的蔗糖对质壁分离和复原的影响，学生在此探究过程中不仅可以轻松掌握知识,也培养了自身的探究意识。由此可见,在教学的过程中教师可以将验证性实验改进为探究性实验,也可以在验证性实验中增加探究的成分,将探究化的实验设计融入验证性实验的教学中,落实学生的科学探究核心素养。

4. 通用技术学科:以评价为导向的"双向五步法"探究实践活动

在通用技术学科中,借助"双向五步法"确定技术试验主题和内容,如图 2 - 14 - 9 所示。

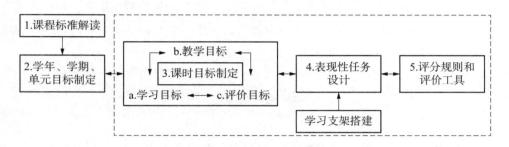

图 2 - 14 - 9 技术试验主题和活动制定的"双向五步法"

第一步,认真解读新课标,正确领会相关政策、文件、纲要的精神和要求。第二步,以新课标作为各个单元目标设计的出发点和归属点,结合校情与学情,初步拟定学年、学期、单元教学目标,具体到每个层面所对应的学科核心素养目标和课标所规定的内容要求。第三步,将单元目标分解为每课时的教学目标,并明确每课时所要实现的新课标内容要求和学科核心素养水平层级,同时将教学目标转化为在课堂上具体可实施可操作的评价目标,语言表述要使得每位学生都能够读明白和理解,知道具体要做的事以及要达到的评价要求。第四步,根据所要达成的评价目标进行相关表现性活动任务和学习支架的搭建设计,要能够通过一系列任务的达成从而实现评价目标。第五步,开发合理的评分规则和评价工具,通过评分规则和评价工具获取能够直接且精准反馈学科核心素养水平层级和学业质量水平的评价证据。在整个设计过程中,需要多次进行正、逆双向的分解与汇聚,反复修正,确保在设计阶段能够考虑学生的全面均衡发展。

四、检验与佐证

以物理学科为例,通过问卷、访谈、作品分析等方法,学校收集分析了学生在实验素养各项指标方面的变化,从中可归纳出学生的发展状况。

1. 学生对实验的兴趣增加

问卷表明,从 2021 年 9 月到 2023 年 4 月,对动手实验"很喜欢和较喜欢"的学生比例从 84% 增加到 92%;"愿意在班级中展示自主实验"的学生比例从 95% 增加到 97%;"如果老师布置一个回家自主完成的实验,很乐意尝试和愿意尝试并反馈给老师"的学生比例从 74% 增加到 82%。由此可见,系统开展实验教学,有助于增进学生对实验的兴趣。

2. 学生实验的完成率显著提升

在教学过程中,各教研组组织学生完成新课标规定的学生必做实验,让所有学生都有充分的时空和器材完成学生实验。以前学生觉得误差较大且操作不便的实验,经改进后也能组织开展,如油膜法估测油酸分子大小等。

3. 学生实验素养持续提升

近几年学生在实验相关的竞赛项目中屡获佳绩,体现了实验课程对学生实验素养的提升,效果显著。学生基于实验的项目研究成果汇编成册。从获奖学生的访谈中可知,很多学生对以实验为核心的探究过程感受深刻,受益匪浅。

五、反思与展望

尽管现阶段实践研究已取得了显著成效,但仍需要继续深入的探索。目前已开发的实验资源、三探教学设计、实验素养的多元评价等,都有待进一步推广,持续推动开展学习研究。

未来,我校将进一步深入实践研究,完善实验课程资源开发。从样张素材到一个个单元实践,循序渐进完成单元实验手册的编制与优化,给学生一个提升实验素养的通道。继续优化实验教学策略、开放实验室资源和时空管理,在实践中不断丰富探究活动设计形式,持续推动学生开展实验研究。通过评价实施与反馈,继续优化评价指标与评价方案,使评价真实有效,促进教学质量的提升。

结合当前教育技术的发展趋势,未来可以利用 AI、物联网、大数据等新技术,开发智能化实验平台,实现实验过程的自动化数据采集、实时分析与反馈,提升实验教学的精准度和效率。利用学习分析技术,根据学生的兴趣、能力、学习进度等因素,智能匹配适合他们的实验内容、学习资源和学习路径,实现个性化学习。鼓励学生参与跨学科的实验项目,如结合物理、化学、生物、信息技术等多学科知识,解决真实问题。提供丰富的实验材料和工具,鼓励学生自由探索、尝试新想法,培养他们的创新思维,促进学生知识的融会贯通,培养其综合运用知识的能力。

总之,在实验教学的学科实践活动中,提升学生的主动探究意识和能力,让学生发挥主观能动性,以实践为依托内化知识,积累经验,锻炼能力,躬行反思,才能实现学科实践的重要育人价值。

(执笔人:夏　爽)

15

德智融合：素养导向的课程文化建设

/ 上海市杨浦高级中学

核心问题

如何以核心素养为导向，建设"德智融合"的课程文化？

学校文化凝聚了学校师生共同的价值观念、行为规范和精神风貌，是学校办学理念和教育目标的重要体现，是学校发展的核心内容之一。

课程文化是学校的宗旨、使命、任务和理念等在课程建设中所体现的课程价值观、课程规范与制度、课程实施行为等，是学校课程发展的基础。

学校文化为课程文化提供基础和指导，而课程文化则是学校文化的具体体现和实践。课程文化是学校文化的重要组成部分，是学校文化的根本表现。

2023年是杨浦高级中学建校七十周年，人民教育家、杨浦高级中学名誉校长于漪在此耕耘奉献六十五载，她的"德智融合"的教育教学思想，是学校文化的价值基础。

"德智融合"教育教学思想是对课程"立德树人"如何落地生根的探索和回答——充分挖掘课程内在的育人价值，将其与知识传授相融合，立体化施教，全方位育人，真正将"立德树人"落实到课程主渠道、课堂主阵地，促进"双新"高质量落实。

教育的目标不仅仅是传授知识，更重要的是培养学生的道德品质，塑造他们的灵魂，建设他们的精神家园。学校继承、发扬、创新学校名誉校长于漪老师"德智融合"的教育教学思想，积极思考如何在学校文化的传承中实现价值传导、理念认同与实际践行，将学校文化融入学校的课程建设并转化为教师的行为表征。

一、背景与问题

（一）背景概述

学校"德智融合"的课程文化建设聚焦核心素养的培育以及学校课程改革，秉持课程文化的四个特性：一是文化的本质是人化，课程文化不能离开教师和学生；二是文化的核心是价值观，价值是理想中的事实，价值观依附于事实，让事实透出理想的光芒；三是文化的基因是民族性，要站在中华传统文化的土壤中建构课程文化；四是文化的表征是行为方式，文化是从行为入手来改变并推动现实的。基于以上认识，学校"德智融合"的课程文化建设具有以下重要意义。

1. "德智融合"与立德树人的根本任务一脉相承

如何把立德树人融入学校课程文化，这既是时代命题，也是历史使命，更是学校课程文化建设的现实意义。因此，开展"德智融合"的课程文化建设与立德树人的根本任务一脉相承。

2. "德智融合"是学校课程文化的价值基础

于漪"德智融合"的教育教学思想，是她在多年从教生涯中不断探索和实践的成果。"德智融合"，指的是深入挖掘课程内在的育人价值，将其与知识传授相融合，旨在将"立德树人"落实到课程主渠道、课堂主阵地中。"德智融合"作为杨浦高级中学课程文化的价值基础，体现了教育全面发展的理念，旨在培养既有高尚道德品质，又具备扎实学识的学生。这一理念强调德育与智育的相互融合，是学校课程文化的核心价值。

3. 德智融合是推进学校课程文化的校本表征

我校名誉校长于漪老师在教育观、教学观、学科观、学生观、教师观等方面所形成的教育教学思想，是一部具有中国特色的活的教育学，学校理应不断传承和发扬光大这一文化传统，创造性地将其转化和发展，并从中吸收有益的元素、有益的思想，把"德智融合"的教育教学思想作为推进学校课程文化的校本表征，在新时代"双新"改革的背景下再加以发展创造。

（二）解决的核心问题及子问题

我们力图解决的核心问题是：如何以核心素养为导向，建设"德智融合"的课程文化。围绕这一核心问题，具体解决如下子问题。

1. 如何凝练素养导向的"德智融合"的价值内涵

素养导向的课程文化建设是一种注重培养学生核心素养与综合能力的教育理念。学校在课程文化的研究和探索中逐步明晰"德智融合"与核心素养的关系，让"德智融合"成为核心素养杨高表达的具体呈现，以此深化学校课程文化建设的价值内涵。

2. 如何让"德智融合"成为教师的价值共识

杨浦高级中学的教师始终传承、研究、践行于漪老师"德智融合"的教育教学思想。但是在很长一段时间中，我们的教师们对"什么是德"以及"什么是德智的融合"的认识，还不够全面深刻，课堂教学中的转化路径和方法还比较简单机械。如何让于漪"德智融合"的教育教学思想被教师学习、吸收、内化与掌握并应用于实践之中，成为全体学校老师的价值共识，是全面建设学校课程文化的首要任务。

3. 如何探索学校课程文化建设的实践路径

课程文化涉及学校课程设置、教学方法、教学内容以及质量管理等多个方面，决定了学校以什么样的方式遵循学校教育目标，以及在教育教学过程中所采取的策略和方法。课程文化只有在实践中传承、验证、内化与践行，才能真正实现学校的教育使命。因此，如何在实践中建设课程文化，是需要着力解决的问题。

二、路径与办法

为建设"德智融合"的课程文化，学校以课题研究为引领凝聚价值共识，以任务驱动为载体推动课程文化的实践落地，以反思完善为路径促进课程文化的迭代升级为路径，改变教师在课程实施中重智育轻德育的现状，让"德智融合"成为课程的价值符号与教师的自觉行为。

（一）以课题研究为引领凝聚价值共识

学校重视顶层规划，以重点课题为顶层引领，在课题研究中凝聚"德智融合"的价值共识。学校开展"德智融合特色课程建设与实践""情境化试题设计在命题中的运用"两个市级"双新"课题研究，申报立项教育部重点课题——"人民教育家于漪教育思想区域转化与应用的实践研究"子课题"德智融合课例开发研究"。通过课题的研究与实践，达成课程建设的价值共识，促进学科教学与德育的深度融合，转化和提升学校全体教师的育德能力，促进学校整体"德智融合"课程文化的转型。

（二）以任务驱动推动课程文化的实践落地

1. 以课堂文化转型为抓手

课堂文化是课程文化的具体落实和呈现。学校课堂文化转型聚焦学校课堂变革的主题与理念，呈现理念文化、行动文化、制度文化和环境文化四个维度上的校本化理解与思考，在课堂教学中具体落实和呈现学校的课程文化。

2. 以课例研究为实践内容

学校将"德智融合"课例研究作为提升教师发展、促进学生成长和学校课程文化建设的重要实施路径。通过真实课例，对教学问题进行描述和再现，揭示教与学的改进过程以及背后的认识和理解，提升教师"德智融合"的教学能力，有效践行课程文化。

3. 以教师研训为重要支撑

学校将教师接受式培训转变为融入式培训，以"德智融合"为主题，从单向性培训到参与式、双向性的教师培训，研修设计重在强化优秀教师的影响力，寻找实现德智融合思想内隐转化方向，有力地推进教师对"德智融合"的学习、理解、认同、内化与行动。

4. 以校本课程纲要开发为实践载体

通过"德智融合"校本课程纲要的编制研究，制订校本特色选修课程开发与管理方案、研发选修课程纲要编制工具、设计选修课程评选标准、指导案例撰写与成果提炼等，将课程文化融于课程建设中，促进"双新"实施与立德树人根本任务落实，推进高中育人方式的变革。

（三）以反思完善为路径促进课程文化的迭代升级

学校不断反思"德智融合"课程文化建设，包括对课程目标、内容、教学方式以及评价标准等多个方面的审视，全面地了解课程文化的现状，找出存在的问题和不足。在反思的基础上，制订明确的迭代升级目标，与学校的育人理念、办学特色以及社会的需求紧密结合，在课程图谱结构、课堂文化转型、"德智融合"的课例研究、课程和教师评价等多个方面，审视实践成果，总结经验教训，不断完善课程文化的设计和实施，实现课程文化的迭代升级。

三、成果与经验

（一）完善德智融合思想内涵，凝聚价值共识

"德智融合"教育教学思想作为学校发展的深层思想依据，在转化落实的过程中，理念先行，厘清概念。学校立足"双新"实施，对"德智融合"四个字重新加以定义和理解，着重厘清其与核心素养、五育融合的关系，丰富和完善其思想内涵，进而形成全校层面的价值共识，为学校课程文化建设提供强有力的价值支撑。

1. "德智融合"与核心素养的关系

学校在"德智融合"课程文化建设的研究和探索中逐步明确"德智融合"和核心素养的关系："德智融合"是正确的价值观、必备品格、关键能力，如果说"品格"和"价值观"属于"德"的范畴，"关键能力"就属于"智"的范畴，"德智融合"正是核心素养的校本体现。这一认识丰富了"德智融合"课程建设的内涵和外延，与学校的"双新"建设同向而行。

2. "德智融合"和五育融合的关系

于漪老师曾这样解释"德智融合"："德性、智性是学生成长之魂，德性是做人的道路方向，智性是人生存发展的基础，两者相互渗透、相互融通、相互制约，是不可分割的整体，共同构成一个人的综合素质。"也就是说，"德智融合"的"智"不仅仅指智力，还指的是一个人终身学习所要具备的素养，是人生存发展的基础，学校"德智融合"的实践就是在"五育并举"教育目标下的教育实践，最终是为了培养"德才兼备、全面发展"的人。

（二）深化课程文化转型路径，推动课堂文化转型

1. 形成体现"德智融合"思想的课程规划和课程结构

学校以"德智融合"为思想引领，编制课程实施规划。同时，分析了学校课程建设基础，尤其是以于漪老师"德智融合"教育教学思想为传承的文化传统，明确了学校的教育文化，勾勒了学校的未来愿景，明确了办学使命，描画了具有杨高特色的毕业生形象，绘制了以"德智融合"为特色的课程结构示意图（见图2-15-1），并对课程的实施、评价和建设保障作了科学的规划。

2. 完善"德智融合"课堂文化转型实践框架

以于漪老师"德智融合"思想为主心骨，以教师与学生为中心，以课程与教学为核心，以组织

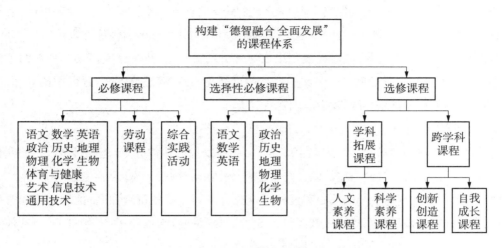

图 2-15-1　上海市杨浦高级中学课程结构示意图

与管理为重心,全面、系统地规划"杨浦高级中学'德智融合'的课堂文化转型框架"。在从理念、行动、制度、环境四个维度的框架搭建和文本描述中明晰学校课堂文化的主题内涵、校本框架制定的依据、校本框架阐释、校本框架与项目方案之间的关系。

(三)引领教师践行课程文化,提炼实践成果

1. 打造德智融合典型课例,凝练实施路径

教师们充分挖掘各学科内在的育人价值,拓展德智融合的内涵,在各个学科中创造性地发掘德智融合点,落实于漪老师"看得见""抓得准""有创意"九个字的实践原则。围绕"政治认同""国家意识""文化自信""公民人格"等育德内容,形成了一批有学校特色的"德智融合"精品课例和研究范本,同时,学校在实践的基础上,发挥教师集体智慧,凝练出了三条德智融合的课堂实践路径。

一是融情入境,发掘课程中的德智融合点,将课程内容置于社会生活情境中,利用真实或模拟的生活情境,引导学生在解决问题的过程中自然而然地接受道德教育,实现德育与智育的有机融合。

二是启智涵德,整合课程内容,在课程设计中,有意识地将德育元素融入智育内容,使学生在学习学科知识的同时,接受道德教育和价值观念的熏陶,产生涵德之效应。

三是润泽内化,各学科合力而为之,通过跨学科的教学活动,将德育与智育内容相结合,运用感化、体验、浸润、熏陶去润泽生命,在多感官并用中润泽融合,产生内化效应。

2. 开发"德智融合"选修课程,促进学生创新发展

课程开发,是推动"双新"改革、落实"德智融合"课程文化建设的最重要抓手。学校以"德智融合"为主线规划课程,积极寻找"德智融合"教育的切入点,围绕"德智融合、全面发展"的培养目标,开发了多门特色选修课程。

"荷花池为什么这么美——构建水生生态环境"跨学科校本选修课程参与 2023 年全国普通高中"双新"实验示范区交流展示,是深受学生欢迎的富有杨高特色的跨学科特色课程。

"人民政协我来描绘:模拟政协提案""用数学解决现实问题:数学建模活动""神奇的荧光碳点""Python 编程入门""学生映像——文本数据的可视化表达"等选修课程,呼应中国立场、世界视野和时代命题,拓展学生思维,发展学生创新能力。

3. 发挥群体智慧,打造"德智融合"教师群体

杨浦高级中学的各教研组和各个学习共同体,积极发挥群体性智慧,让"德智融合"的课程文化进一步内化和自觉,将"德智融合"教育教学思想转化为自己的教学行为。

学校语文组是在于漪老师的关心和爱护下成长起来的优秀教研组团队,他们深化和升华于漪"教文育人"的教育思想,三代特级教师接力成长,德智融合,师风传承,人才辈出,为其他教研组的发展摸索出前行之路。

学校把青年教师的团队培养作为教师培养的重中之重:开展项目研究,寻找职初教师培养的有效途径;成立"扬"青年教师沙龙,探讨"德智融合"成长之路。青年教师团队敢于直面问题,孜孜寻求解决之道。

4. 开展公开研讨,辐射课程文化建设成果

"德智融合"课程文化建设以来,学校主持或参与市级以上论坛和教研展示活动共 19 场,区级论坛和研讨展示活动近 40 场,开展各级各类公开教学展示和研讨活动近百场,各教研组发挥能动性,主动思索,锐意进取,在展示中凝练与推广实践成果,取得了良好的社会效应。

例如,2023 年 10 月,上海市杨浦高级中学举行"滋兰树蕙七十载 德智融合育英才"建校 70 周年暨"双新"推进展示和研讨活动。全校各教研组总结新课程新教材研究与教学实践的经验,展示学校"德智融合、全面发展"教育理念的实践成果。张田岚校长作"德智融合 全面发展——人民教育家于漪教育教学思想的转化与实践"的主题汇报,介绍了学校在"双新"推进中继承和发扬教育家思想与教育家精神、建设课程文化等方面的一系列探索和实践。

2022 年,副校长王伟在上海普教科研工作 40 年展示活动(杨浦分会场)上作题为"落实于漪德智融合思想,促进教师队伍稳步发展——上海市杨浦高级中学于漪教育教学思想科研行动"的发言,介绍了学校以科研为杠杆,落实于漪"德智融合"教育思想的系列科研行动。

如今,于漪老师的"德智融合"思想正成为上海市杨浦高级中学课程文化建设的灵魂与核心,深入到学校全员、全方位、全过程的教育教学管理中,成为全校师生追求的目标,思想言行的准绳,情感、态度、价值观判断的标尺,形成了与"德智融合"教育教学思想同频共振的生态环境。

今后,学校将在实践中进一步推进、强化基于证据的实践改进,从课程的物质和精神两个层面更全面地内化课程文化的建设。

(执笔人:张田岚)

第三部分

跨学科课程

16

基于创新实验室的跨学科课程的开发与实践

/ 上海市进才中学

核心问题

如何充分利用学校的创新实验室,合理规划学校跨学科课程,系统设置跨学科课程内容以促进学科知识深度整合和迁移应用,从而提升教师的跨学科课程开发与教学能力?

一、背景与问题

(一) 研究背景

1. 教育变革需要:课程改革对课程设置变革的必然要求

当下,教育系统面临着前所未有的挑战和机遇,传统课程重视知识传授、教学模式单一、缺乏灵活性,不利于创新人才培养。各项政策都强调要增强跨学科综合性教学,将跨领域跨学科实践创新课程开发研究作为重点项目,积极探索跨学科学习活动的开展,以学生核心素养培育为目标,注重学科知识的整合发展,强调现实问题的跨学科解决。因此,高中教育应当积极推进跨学科课程的建设,以适应时代发展需求。

2. 现实困境突破:立足于问题解决的理想选择

传统的知识本位教学以科目为边界,缺乏教学内容之间的横向联系,由此而导致知识体系碎片化、孤立化,不利于学生形成解决实际问题的能力。因此,学校需要进一步推进课程的素养本位转型,关注课程与学生生活、社会热点的联系,从而形成较为完整的认识体系,让学生在项目式学习、动手实践中获得解决问题的能力、经验与相应的意志品质锻炼。

3. 学生发展渴求:通过跨学科课程实现核心素养提升

在多元化知识时代,学生的发展不再局限于单一学科的深入,而是向着综合素质的全面提升迈进。跨学科课程通过模拟真实世界的问题情境,让学生在校期间就体验到跨领域合作的过程,学会如何将不同学科的理论和方法应用到具体问题的解决中，从而激发学生的学习兴趣，培养学生的创新思维、问题解决能力、团队协作能力和沟通协调能力，有助于提高学生的核心素养。因此，跨学科课程对于学生全面发展而言，已成为不可或缺的教育策略，它有助于学生适应未来社会的复杂性，成为具备核心素养的21世纪人才。

（二）拟解决的核心问题

1. 跨学科课程方案的校内整体规划问题

主要表现在各学科之间的教学计划与知识体系缺乏有效的衔接和协调，导致学科交叉融合困难。此外，缺乏统一的管理和评估标准，导致课程质量参差不齐，并造成教育资源的浪费和重复设置。

2. 跨学科课程内容的科学系统设置问题

主要表现在不同学科之间的内在联系和有机衔接不足。由于课程内容缺乏系统设置，学生难以将不同学科的知识和技能进行有效的整合与应用，也难以形成跨学科的视野和思维方式。

3. 跨学科教师培训的针对性问题

主要表现在教师对于跨学科课程的教学方法和知识体系缺乏足够的了解与掌握，教师难以有效地引导学生进行跨学科的学习和探究，也无法提供必要的指导和支持。

二、研究路径与方法

创新实验室跨学科课程是以推动学校科技教育的发展、广泛开展多种形式的科技教育活动、提高学生的科学素养和创新能力为主要目标的综合创新力课程。旨在通过"基于创新实验室的跨学科课程开发与实施"的探索，归纳跨学科课程设计的策略与方法，探索跨学科课程实施的挑战和应对措施，践行新课标理念，创新教学方式。

（一）解决问题的整体思路

1. 基于创新实验室，对学校跨学科课程做整体规划与设计。

2. 基于创新实验室，对学校跨学科课程进行开发研究。

3. 基于创新实验室，对学校跨学科课程进行实施研究。

4. 基于创新实验室，进行学校跨学科课程开发与实施的队伍建设。

（二）主要路径与方法

1. 硬件奠基，初探课程

在跨学科课程开发之初，学校重点关注创新实验室的硬件建设，搭建一个技术先进、功能完备的实验环境，允许学生在实践中学习和探索；并根据教师专业知识和技能，自行申报课程，设计实验室空间。同时，教师团队结合校情和学情开发一系列与实验室设施相匹配的跨学科课程。

2. 组建团队，创制课程

随着创新实验室基础设施的完善，学校鼓励教师围绕已有硬件资源组成协作团队，共同开发课

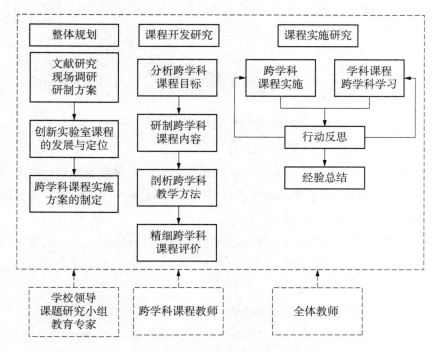

图 3-16-1　"基于创新实验室的跨学科课程的开发与实施"研究路径图

程。同时,教师发挥各自的创造力和专业特长,通过团队合作进一步拓展和丰富跨学科课程体系。团队成员之间通过知识分享与资源整合,利用实验室的设备开展一系列创新性跨学科教学探索。

3. 统筹规划,筛选精品

通过建立系统的课程评价和考核机制,对所有开发的课程进行质量评估。通过设立明确的评价标准和周期性的审查流程,筛选出表现优异、受学生欢迎的课程,逐步淘汰效果不佳或不再适应当前教学需求的课程,以此不断优化课程体系。

4. 领域拓展,综合交流

在理科跨学科课程获得稳定发展后,着手推进文科领域以及文理结合的跨学科课程,打破学科界限,激发更广泛的学术探究。同时组织课程展示和交流活动,鼓励师生分享课程成果,促进学术资源的共享和教育经验的交流,增加课程的多样性,促进校内外学术合作深化。

5. 框架研制,萃取经验

基于教师的跨学科课程开发的案例,提炼基于创新实验室的跨学科课程开发目标研制、内容体系建构、教法研制和评价研制的路径。教师基于跨学科课程开发的理论认识和实践经验,撰写跨学科课程开发案例和相关论文,提升教师对跨学科课程的理解和认知,促进已有跨学科课程优化迭代。

6. 分层分类,培训增效

针对学校缺乏专任跨学科教师,现有教师跨学科理论认知和实践层面均亟待提高的现状,采取分层分类培训的方式,既针对全体教师开展普及性培训,重在提高教师跨学科理念、教学设计与评估方法;又就个别化课程组织开展针对特定课程的个别化培训,重在提升教师基于创新实验室开发某一课程的能力。

三、研究成果与经验

(一)建构基于创新实验室的跨学科课程框架体系

1. 研制基于创新实验室的跨学科课程目标

跨学科课程目标的设计紧紧围绕核心素养培育这一主线,将素养要求转化为不同层次的具体课程教学目标,以此保证学生在跨学科实践过程中逐步形成适应个人终身发展和社会发展所需要的正确价值观、必备品格和关键能力。

学校将跨学科课程素养目标进行分解,包括综合应用知识的能力、问题解决能力、创新能力、合作能力、沟通能力、知识迁移能力等。教师在此基础上,根据课程特点,进行删减,开发设计,研制课程目标。

2. 研制基于创新实验室的跨学科课程内容

跨学科课程内容的开发是一个综合与创新的过程,根据文献梳理和教师个人经验结合,主要通过以下方式进行内容研制。

(1)需求分析。通过问卷调查、访谈、研讨会等方式了解学生、教师和家长对课程的需求与期望,确保课程内容的相关性和实用性。

(2)明确目标。根据需求分析结果,设定清晰的课程目标和预期的学习成果,包括知识技能、过程方法、情感态度价值观等多维目标。

(3)主题设置。设置学习主题,串联学科之间的内在联系,以共通的概念、原理、问题或者案例创建整合课程框架。

(4)资源整合。充分利用创新实验室提供的资源,整合不同学科的教学内容,打造富有探索性和实践性的学习环境。

(5)项目驱动。设计项目式学习方法,确定学习主题,设计真实世界的问题情境,运用跨学科知识共同解决问题。

(6)模块融合。结合几门相关学科的核心概念和方法论,设计融合性强的课程模块,推动多学科有机融合。

(7)专家指导。邀请不同领域的专家和学者参与课程设计,为教师提供专业的指导和最新领域动态。

(8)持续更新。定期收集反馈,对课程内容进行评估和修正,保持课程的适应性和前瞻性。

通过以上方法,目前形成了涉及数学建模智慧中心实验室、3D创新实验室、环境保护研究室、纳米科技实验室等11个实验室的跨学科课程(见图3-16-2)。

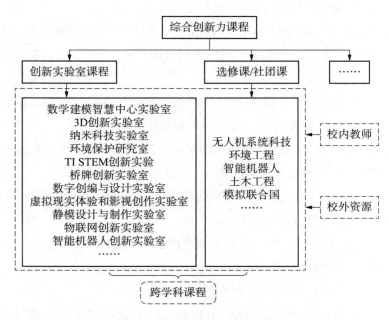

图 3 - 16 - 2　基于创新实验室的跨学科课程设置

以"环境工程"课程为例,通过以上方式整体规划,不断深化,整合化学、物理与地理等多学科知识,形成 8 个小主题(见图 3 - 16 - 3)。

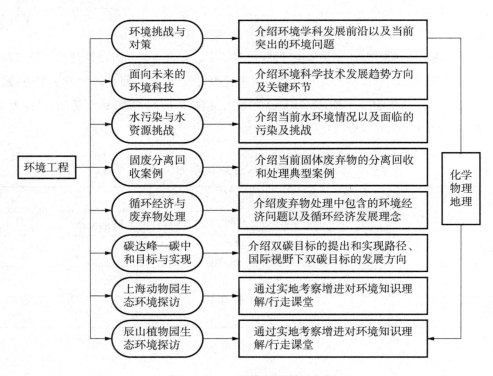

图 3 - 16 - 3　环境工程课程内容

3. 探索基于创新实验室的跨学科课程学法

跨学科课程的实施通过跨学科教学得以实现,目的是提升学生对实际问题的解决能力,尤其要重视价值引领,服务学生的终身学习。因此,跨学科课程的教学方法应不同于学科课程,凸显以下几种学习方式的综合使用。

(1)探究式学习。鼓励学生主动参与学习,提出问题和假设,并通过实验、观察和研究来解决问题。教师可以提供指导和资源,引导学生进行探索和发现。

(2)问题导向学习。通过引入真实的环境问题或案例,激发学生的学习兴趣和动力。学生可以分析问题,提出解决方案,并进行讨论和辩论。

(3)合作学习。组织学生进行小组项目或实验,鼓励他们共同合作、交流和分享知识。通过合作学习,学生可以互相促进,共同解决问题。

(4)案例研究式学习。使用真实的环境案例进行学习和分析。学生可以研究案例,分析问题的原因和解决方案,并讨论案例的影响和启示。

4. 形成基于创新实验室的跨学科课程学习成效评价

跨学科课程的评价与传统的课程评价有着较大区别,对逻辑推理、问题解决、多角度分析等高阶思维能力的评价很难通过纸笔测试达成,需要以新观点、新思路和新方法开展跨学科课程评价。因此,学校跨学科课程的评价方法需全面反映学生在课程中所获得的知识、技能和态度,评价方式要多元化,不仅要关注学术成果,还应包括学生的参与度、合作能力、创新思维等方面,需要结合定量与定性的评价工具,全面衡量学生的跨学科学习效果,帮助学生更好地认识自己的优势和不足,帮助教师及时调整教学,不断优化教学,完善跨学科课程。

以"土木工程"课程为例,课程实施中、实施后对学生的评价主要是过程性评价。通过问卷调查、师生座谈、课程跟踪、阶段调控等方式及时了解课程开设情况,以便于调整教学策略;通过建立成长档案,让学生收集学习过程中反映自己成长的资料,如问题列表、课题想法、设计方案、调查报告等;之后邀请专家对实验项目进行评估验收。

表 3 - 16 - 1 ＿＿＿组学生评价量表(优秀/良/合格/不合格)

	课题选择	课题结论	课题实施			合作能力
			文献调研	方案设计	数据分析	
自评						
互评						
师评						

（二）基于创新实验室的跨学科课程的实施策略

1. 在教学过程中充分发挥典型案例的作用

跨学科课程涉及多学科知识整合且需要实验实践，因此，在教学过程中教师可精心选取典型的项目案例，组织学生进行学习和分析。项目案例着重以重点知识模块的实践训练为主，便于学生集中精力掌握重点技术。对于一些实践操作较强的知识模块，可以以项目为主线、教师为主导、学生为主体进行教学。教师从建设好的教学内容资源库中选取合适的项目案例推送给学生，并就关键知识点和难点进行有针对性地分析与指导，学生根据自己的兴趣和学习目标选取合适项目进行分析研究。

2. 基于课程跨学科的特点引入分层教学的方法

跨学科课程具有跨学科性和综合性，需要学生能整合不同学科解决复杂问题，具有较高的理论深度和技术难度。在教学中需要考虑到学生本身的差异性（如智力因素、专业能力和基础知识）、对知识的掌握及能力素质提升的影响，通过分层教学的方法，将学生分为不同的层级，因材施教，提供相应难度的教学资源，满足不同层次学生的学习兴趣和需求。

3. 加强学生创新思维和创新能力培养

跨学科课程基于真实情境进行问题解决，涉及较多前沿领域和技术，这有利于培养学生的创新思维和创新能力。因此，针对具体学习内容，需精心设计一些重要的前沿问题进行专题研讨，让学生进行分组探索和讨论并形成完整的专题报告。学生通过对前沿知识、前沿技术和前沿应用的探讨，开阔了视野，领略了技术创新的魅力，提升了创新能力。

4. 在教学过程中有机融合人文要素

以课堂教学为切入点，将人文教育有机融入各门跨学科课程的教学之中，实现人文教育与自然科学知识教育的有机统一。在授课过程中，教师们也融入国家政策、社会意识、文化传承、美学欣赏等重要的人文教育内容，从而进一步增强学生的爱国意识和责任意识。

（三）基于创新实验室的跨学科课程教师分类培训体系

由于学校没有专任的跨学科课程教师，亟须通过专门培训提升教师跨学科课程开发与实施能力。教师培训可以分为两类：一是全体教师培训，重在让教师对跨学科课程理念、方法和要求进行一般性了解，主要包括跨学科理念、教学设计与实践、评估方法和学生引导技巧；二是个别化的课程教师培训，针对不同的课程采用适合的方式，注重特定情境问题的解决。

1. 重理念转变的全体教师培训

（1）跨学科理念的培养。教师首先需要理解跨学科教育的重要性和优势，以及它在当代教育中的地位。包括对教育趋势、学科融合的理论和案例进行分析。

（2）教学设计与实践。培训应涵盖如何根据跨学科课程目标设计教学方案、活动策划和实践操作指导，以促进理论与实践的有效结合。

（3）评估方法。介绍并训练教师使用多元化评价方法，如同行评审、项目评析、自我反思等，以全面评估学生的学习成效。

（4）学生引导技巧。提供关于如何激发学生积极性、自主学习和批判性思维的指导，以及如何管理多元化的学生团队的方式。

2. 重特定问题解决的个别化课程教师培训

（1）创新实验室资源熟悉。教师需全面了解学校创新实验室的硬件设施、软件应用及各类教学资源，包括 3D 打印机、虚拟现实（VR）设备、编程软件等。

（2）课程内容深化。围绕各门课程的具体内容，提供深入的学科知识讲解和横向链接，帮助教师理解跨学科间的联系。

（3）反馈与调整。通过观课、访谈和问卷调查等方式收集教师对培训内容的反馈，及时调整培训计划以满足实际需求。

（4）成果分享与展示。鼓励教师在实施课程后分享自己的经验和学生的学习成果，以激励整个教师团队的创新精神和教学热情。

（四）基于创新实验室的跨学科课程多部门协作机制

培养学生的跨学科能力需要学校和教师的共同努力，要通过提供综合性的教学，培养学生的综合思维能力，鼓励学生主动探索和注重跨学科项目的评价，为此，基于创新实验室的跨学科课程的开发与实施，需要学校层面多部门协作才能得以实现。

1. 跨部门顶层设计促课程体系建构

跨学科课程体系的形成经由学校领导的多次研讨、学校教师的多次讨论，并结合学生的兴趣情况，最终形成方案。在本次课程的整体规划中，学校顺应了时代发展要求，遵循了学校实际情况和师生需求，建设能满足教师专业发展的平台和学生选择性学习的资源。研发处、教学处、学生处、校务办相互配合协作，加强学校的顶层设计、统筹规划，通过精心策划和有序实施，跨学科课程开发逐步成熟，形成一套多元化、动态交互的开发模式。

2. 跨学科教研团队促课程有效落地

跨学科课程的实施依赖于跨学科教研团队。学校完成了教研室的调整，将原有的教研室合并重组，设置了人文科学教研组、综合素养教研组以及自然科学教研组，建立了跨学科教研团队。以跨学科教研活动为依托，立足学校，积极开展跨学科课程专家讲座、跨学科课程主题研讨、跨学科课程案例开发等形式多样的培训活动，多管齐下，充分激发教师自主创新能力，增强跨学科合作交流，提高教师的跨学科实践素养，实现从经验到理论的突破。

四、检验与佐证

（一）整体设计了学校的跨学科课程方案和体系，使实验室课程由分散走向统整

学校制订了《上海市进才中学跨学科课程实施方案》，从课程理念、课程目标、课程体系、课程

管理、课程实施、课程资源、课程评价和教师队伍等方面对学校跨学科课程的开发与实施作了规划,从而确保了教学资源、师资培训和财务管理到位,通过整合不同学科知识的模块化设计,实现了实验室课程的统整。

（二）卓有成效的实验室跨学科课程实施,使拔尖创新人才培育有了坚实基础

学校创新实验室涵盖了各个领域,"步青科探中心"共有静模设计与制作实验室、智慧教室、3D多功能实验室、纳米科技实验室、智能机器人创新实验室、精工创作工场等11个创新实验室。基于此,学校和北京大学等高校合作开发了"地球科学""航空飞行""环境工程""土木工程""生态安全""机器人""人文素养"等特色跨学科课程。

从教师的访谈和学生的课程反馈及行为表现来看,基于创新实验室的跨学科课程有效改善了学生的学习品质:第一,学习观念发生变化,从重视应试取向逐渐发展为关注主动参与式学习;第二,学习状态得到改善,不仅主动性显著提高,自主性和创造性也有所提高,社会性发展良好;第三,学习态度变化,学生形成了主动探索未知的积极态度倾向;第四,高阶思维能力得到有效发展,提高程度高于传统的分科课程教学。

（三）跨学科合作使教师各显所长,专业能力长足发展

跨学科课程开发与实施由学校教师自愿承担,绝大部分是学有所长的青年教师。他们从自身兴趣出发,与课程建设共同成长。从教师的访谈结果来看,课程体系不断完善、成熟,课程实施效果好,得到了正面的积极反馈。教师们坦言,经过几年的不断磨合与实践,在课程开发、教学科研与反思、学生课题与活动指导能力等方面都取得了长足进步。

创新实验室创建以来,实验室课程的校本实施教材,都是由教师根据教学需求和学生特点自主开发,反复实施,现已有《物联网创新体验课程》《数学建模》《定格动画》等9本校本读物得以使用。而很多老师更是在课程开发方面显示出了巨大进步,如张雯琦老师参与编写的《纳米科技与我们》中小学新科学新技术创新课程教材获第30届华东地区优秀科技图书评选一等奖等。

（四）跨学科课程实施奠基沃土,学生综合素养和创新实践硕果累累

通过跨学科课程学习,学生在各类科技大赛中也展现出了创新能力、问题解决能力的提升,获得了不少成绩。

近三年来,学校连续有学生在全国中学生地球科学奥林匹克竞赛全国决赛中获得金奖。在上海市青少年科技创新大赛中,共获一等奖4人次,二等奖27人次,三等奖50人次。在浦东新区青少年科技创新大赛中,共获一等奖10人次,二等奖16人次,三等奖24人次。在浦东新区青少年"明日科技之星"评选活动中,18名同学被评为明日科技之星,其中3位同学被评为科技希望之星。

五、反思与展望

1. 学校现有的跨学科课程大部分是教师自发自觉根据自身能力与特长进行开发建设的,学

校随后再对其进行整理整合形成学校跨学科课程体系,并依据学校育人目标和双新要求不断完善顶层设计,未来还需要根据学校特色发展目标定位和社会发展需求,不断与时俱进,更新完善。

2. 跨学科课程在实施过程中缺乏合适的教材、参考资料和技术资源,需要教师个人进行准备与整合并花费大量的时间和精力,课程建设难度较大,导致课程内容和学习体验受限,未来需要进一步加强相关人力资源投入和社会专业资源引入。

(执笔人:吴 威)

17

基于三大先导产业的高中跨学科课程探索与实践

/ 上海大学附属中学

核心问题

如何在高中阶段高质量落实跨学科课程教学,充分发挥跨学科课程在培育学生核心素养、促进学科学习方面的作用,为高质量前沿产业人才的培养进行早期孵化探索?

一、背景与问题

(一)地位之重——落实"双新"课改目标的迫切需要

教育部于 2020 年将跨学科课程作为落实核心素养的主要路径之一,写入普通高中课程新方案中,并于 2023 年在《基础教育课程教学改革深化行动方案》中明确了基于核心素养的跨学科探究课程是国内新一轮教学改革的重点、难点工程,这些都对高中阶段高质量落实跨学科课程教学,发挥跨学科课程在弥合分科教学弊端、培养学生综合运用所学知识、解决真实情景问题等方面的作用提出了更高的标准和要求。

(二)实际之困——高中升学压力下的跨学科课程实施困境

当下各级教育部门普遍都认识到跨学科课程的重要价值和作用,但是一方面,在严峻的升学压力下,跨学科课程的投入、重视程度不足;另一方面,学校、教师也容易忽视跨学科课程学习与学科课程学习之间的内在关联,将二者相割裂。在进行跨学科课程教学的过程中,缺乏利用跨学科课程激发、引导学生关注相关学科学习动力、兴趣的意识,同时也缺乏如何将二者相统一的路径与方法。

(三)未来之轻——对学生生涯发展的启示不足

当下教育环境越来越重视学生的生涯发展规划能力,关注引导学生探索自我兴趣与社会需求之间的联系,明确自身的未来发展要点。但受制于学制、时空的限制等因素,学生对生涯发展规划认知的深度、广度，以及与自我的契合等进行的主动的理解和思考都是较为不足的，而基于真实情景设计的跨学科课程则为其提供了另一种可能，这类课程超越了传统学科界限，鼓励学生从现实生活和社会实践中汲取知识养分，将所学应用于解决实际问题。因此，如何将课程内容与产业发展趋势、社会现实需求相联系，让课程内容紧贴时代脉搏，让学生有机会接触前沿科技、社会发展等多元领域，从而拓宽视野，增强对未来职业世界及其所需技能的理解是高中阶段开展跨学科课程亟须考虑的问题，也是当下在开展跨学科课程中需要给予关注的部分，它们直接影响到跨学科课程能否真正成为连接学生当下学习与未来职业生涯的重要桥梁。

因而，对于这些问题的回答既是本研究的重要出发点，也是本研究力图解决的要点。

二、路径与办法

（一）明确以情境为主线，以实际需求为导向的跨学科课程研发路径与方法

1. 跨学科课程研发的基础与原则

在项目实践中，项目组形成了坚持以真实情景问题为主线、课程内容贴合师生实际的基本原则。要求跨学科课程的内容一定是以学生能够真切地感知到的、真实认识到的问题为基础，在问题解决的过程中进行教学设计。

项目组从以下几个方面确保课程内容贴合师生实际。

一是问题的选择。需要让学生具有可研究性，即问题的选择既要具有一定的挑战性，需要学生付出努力，又不能脱离学生本身既有的知识水平，太过超前。这要求研发跨学科课程的教师立足于高中知识，略微向上延伸，明确授课对象的水平，搭建适宜的学习支架。

二是课程内容的选择。问题的创设虽然来源于不同方面，但是知识素养的范围主要来源于国家课程、校本课程和与学校合作的外部资源，即问题情景的来源是多样的，但知识、概念的范畴应当是学生接受范围内的，问题情景也只是促进所需学习知识的综合运用，而不是过度超前，以大学的标准来进行创设。

三是课程教学环境需要立足于学校所具有的、可用性的资源、设施。对于跨学科课程常见的课程设计如"STEAM"课程模式、"STS"课程模式等，部分的课程设计虽然在理念、需要、问题情景等方面都具有相当的价值，但从覆盖范围、可行性等角度来看，在课程研发中需要注重发挥学校固有的不同空间的作用，如本身的学科教室、实验室以及所属教育集团、合作大学等，结合实际开展课程设计与研发。

2. 以"白板法"建构跨学科课程目标与内容

本研究学习借鉴运用"白板法"进行课程目标的创设，其具体的步骤为"研读教材与课标—确定主题—锚定问题情景—二次研读课标—头脑风暴—排序教学活动"。

（1）研读教材与课标。组织成员研读本学科高中阶段课程教材与课标，熟悉整体内容，在教

材中初步产出课程主题材料。

（2）确定主题。课程的主题作为串联整个课程的线索，在结合整体理念的基础上，先是由课程研发组确定课程大的主题方向，明确主要聚焦于核心素养的哪一维度，并在这一维度的基础上，确定课程主旨。

（3）锚定问题情景。确定课程主题后，项目研究组进行集中讨论，根据来源选定问题情景。在问题情景的选择上，坚持"复杂性、吸引力和多义性"三个要求。复杂性即锚定的问题情景具有广泛的学科概念的关联性，如"南极破冰船的设计发展历程"，其内容既涉及物理学科中的压力、浮力等概念，又扩展到化学学科材料，并向上扩展到工程、技术等领域的相关概念。吸引力是指问题情景的具体描述、任务设计的吸引力，教师要根据是否是学生所关心、所感兴趣的问题以及学生是否有动力等需要对问题进行适宜性的筛选。多义性是指这一问题情景可以从多个不同的角度进行解释，不以标准性的答案作为结尾，如人工智能课程中"行人闯红灯警示系统"这一环节，在问题设计时所提的问题不是"如何设计一个行人闯红灯警示系统"，而是面对"行人闯红灯这一现象，可以如何解决"，从而为学生提供自由讨论、发挥的空间。

（4）二次研读课标。在确定好主题和锚定问题情景之后，教师再次仔细研读与之相关的课程标准和教材，掌握其中的内容和概念，为确定具体的课程标准和目标作好准备。

（5）头脑风暴。这一环节在课程的主要研发者的主持下进行，将涉及课程研发的重要概念和目标张贴在白板上，优先级较高的内容更靠近白板的中央，讨论期间可以不断地进行动态调整（距离的调整、内容的删减等），从而形成以核心大概念为统领，掺杂不同学科概念、要点的课程目标图示。

（6）排序教学活动。排序教学活动主要分成两个方面。一是从课程的整体设计出发，根据头脑风暴得出的课程目标群，对目标进行梳理，确定整体课程的设计环节，如包含几个课时、每个课时的主要任务等，人工智能课程中，就分为"初识、鸢尾花识别、行人穿红灯警示系统"等几个不同的环节，以人工智能中关于信息的识别、判读、记录相关信息学科概念为主线，融入生物、地理等学科概念，分步骤进行课程设计与实施。二是针对具体的某一课时进行教学排序，在这个过程中主要依据"从熟悉到不熟悉""从简单到复杂"和"从开始到结束"这三个经验性法则，即每一节课需要在学习者原有的知识框架内进行，进行脚手架式教学，保证学生的理解度、接受度。

3. 以未来发展为课程研发方向

在明确跨学科课程的基础、原则、路径之后，进一步需要确定的是面对丰富的教育教学资源、真实情境如何进行取舍，确定跨学科课程内容。在这一过程中，需要结合国家、社会发展需要，结合学校本身特点和地区资源进行统筹设计，如在本研究中结合学校自身工程、科创教育的传统、经验，以上海地区三大先导产业发展规划为基础，借助产业创新实验室等平台，构建基于创新实验室的三大跨学科课程体系，实现学校教育与产业实践的无缝对接。使学生通过参与跨学科课程的学习，不仅提升其核心素养和综合运用能力，更是在亲历问题发现、分析与解决的过程中，认识自身潜能,并逐渐明确个人在未来职业道路上的角色定位、发展方向,将其与国家、社会的需要相结合,以发挥跨学科课程对学生生涯规划的导向作用。

4. 以"共创"为行动指引

以"共创"为核心,贯穿于整体课程研发设计。以创新教研组作为共创主体,在主持人带领下,以"开放空间""头脑风暴"等技术形式,按照"主题+"的方式展开,形成为集体所共同认可的课程要求、研发流程、设计方式、组织实施等内容,即每次围绕一固定主题,在主持人组织下,所有成员围绕主题按照固定技术形式,进行平等讨论、交流,并结合其内容与主题的关联程度进行逐步加深,缩小讨论范围,最终形成所需结果。

(二)"人力资源库+创新教研组"的跨学科课程组织管理架构

学校组织构建以"人力资源库+创新教研组"为核心的组织架构,负责统筹课程开发与实施。其中,"人力资源库"以科学副校长领衔,负责联络、丰富课程指导专家资源,包括高校专家教授、市区教研员、各学校资深学科教师等,从专业角度对课程研发进行支持,包括对跨学科教师进行培训、课程研讨、对课程进行评价与审核等。而"创新教研组"则是由语数英等各个学科教师组成,一般每学科一位教师,负责具体的课程研发、授课,参与跨学科教研等教育教学活动(见图3-17-1)。

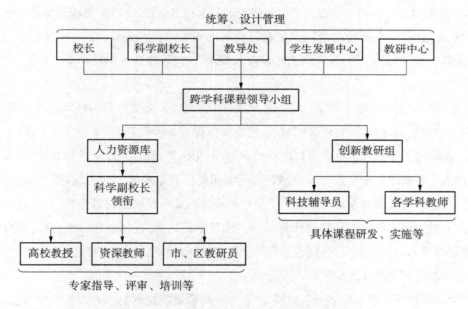

图 3-17-1 跨学科课程组织架构图

(三)构建贴合跨学科课程需要的多维课程场景

跨学科课程的显著特点是多学科知识的综合运用学习,由于其课程教学方式、学生学习考评方式等都需要贴合课程属性,因而项目组构建以成果为导向,以探究学习、项目式学习为路径,以亲身实践为标准的综合跨学科课程教学实施场景,具体设计为:在学生评价、学习过程等方面,主要以成果为标准,如"人工智能"课程中,以学生完成的"行人闯红灯示警"系统这一成果为重要评价方式;在探究式、项目式学习方面,主要强调在课程教学中教师对课程最终成果进行拆解,形成一个个小组、个人子学习任务,并通过教师讲授、提供学习资源自主学习等方式合作或独立完成。同时,根据课程实施需要,建设专用教室、线上学习社群、生成式人工智能个性指导智能体、网络相关配套课程资源、户外实践基地等,以达成课程使用需求,保障课程基础(见图3-17-2)。

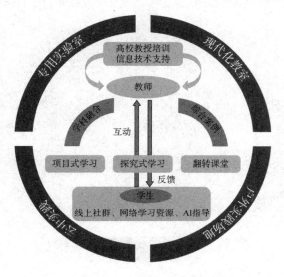

图 3-17-2 多维课程场景图示

三、成果与经验

(一) 项目主要成果

1. 形成了以上海地区"三大先导产业"为基础的"3+7"跨学科课程体系

通过对《上海先进制造业发展"十四五"规划》中对集成电路、生物医药、人工智能三大先导产业的规划进行分析、综合,拆解其中与高中阶段学习相关、存在联系的内容,结合高中生实际发展现状,以学科课程渗透、特色选修拓展、综合实践活动开展作为研究的基本路径,以实验探究和设计制作为主要形式,构建"3+7"跨学科课程。

其中"3"既是指聚焦集成电路、生物医药和人工智能三大类跨学科课程,也是指将跨学科课程分为"一二三"三个阶段。一阶课程是基于学科内容,抽取学科中与三大产业相关内容进行教学,并以此为基础,作为二阶课程前期先导课程。二阶课程则是主体跨学科学习课程,即"7"这一部分,分为无人艇课程、手写数字识别课程、卷积神经网络图像分类课程、探秘益生菌课程、探索风味课程、开源硬件项目设计课程和校园创客课程7项课程内容,借鉴了CDIO国际工程教育理念模式,以学校特有的模块化课程(每周1.5课时)在各年级开设,每个项目约9课时左右,持续半个学期。三阶课程则是建立在对创新人才特征的清晰理解、尊重学生个性基础上的，是以研究性学习为主要特征，师生共同协商的课程，鼓励学生自主选择与探究（见图3-17-3、3-17-4）。

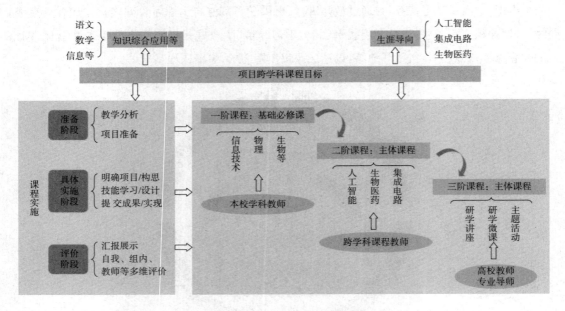

图3-17-3　跨学科课程体系结构图示

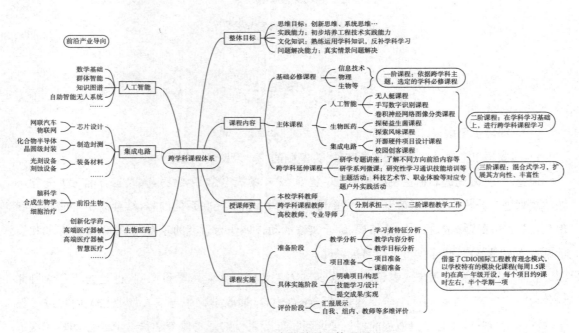

图3-17-4　跨学科课程体系图示

2. 形成了校本课程案例

以人工智能模块的"无人水面艇"课程为例，具体的课程框架、学习资源及学生成果如表3-

17-1以及图 3-17-5 所示。

表 3-17-1 课程框架表

问题情景	选择的研究方向	情景的缘起、进展	学习到的内容	问题最终指向的结果
制作一艘水面无人艇，调试完成水面路径巡航。	无人水面艇工程项目设计：三维建模、3D打印、开源硬件、智能电控、视觉感知等技术。	1. 无人水面艇结构制作涉及船体造型、动力结构设计。 2. 无人水面艇信息系统通常由输入、处理、输出三部分组成。 3. 无人水面艇装置测试涉及故障排查、算法调试优化。	1. 开源硬件项目设计（信息技术）。 2. 图样表达与三维建模（通用技术）。 3. 模拟电路与数字电路（物理）。	1. 了解工程项目整体的开发流程、管理与工作规范。 2. 多学科知识综合运用解决问题的能力、搭建动手能力。 3. 沟通交流以及团队协作能力。

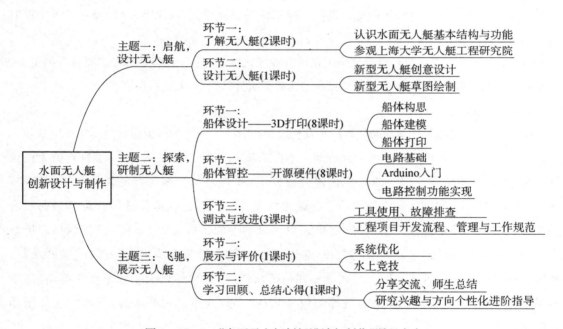

图 3-17-5 "水面无人艇创新设计与制作"课程内容

3. 确定了基于三大先导产业的跨学科课程评价方式

在学生课程评价方面，则是以任务完成情况为导向，构筑基于证据的评估范式。具体来讲，以指向问题情景过程的问题情景记录表、任务完成活动清单、最终成品结果和学生概念清单四个方面作为评估手段。

（1）问题情景记录表。问题情景记录表是由学习者根据问题情景，分别记录整个学习过程中自己的解释观点所形成的。可以通过观察这种线性变化来了解、评估学生的学习情况。

表 3-17-2 问题情景记录表

问题情景	选择的研究方向	情景的缘起、进展	学习到的内容	问题最终指向的结果
所提出的具体的问题情景。	学生所选择的研究方向,视角。	学生对这一现象的描述、解释。	学习到的概念、知识。	对问题情景的再次解释或者认识,与之相关的某一问题情景的内在联系、说明。

（2）任务完成活动清单。任务完成清单,则是指在跨学科教学过程中,学生对于教师所设计、提出的学习任务的完成情况的汇总,类似于课中题目、课后作业等内容,以其完成的情况和质量作评估。

（3）最终成品结果。包括学生在整体课程学习之后,所完成的最终的项目学习成果,如在人工智能课程中,学生的最终成果即为自主设计的"行人闯红灯警示系统"。当然,这一最终成果的类型多样,可以是论文、案例、作品等。教师根据系统的设计思路、结果有效性、美观性等方面对成果作出评级。

（4）学生概念清单。概念清单是指围绕课程教学的概念目标,对学生学习掌握情况的汇总。如要求学生在课程学习后,描述自己学习到的几条最重要的概念,并进行解释。

（二）研究经验

1. 构建起针对性的跨学科课程教研组及相应架构、路径,为跨学科课程有效实施奠定基础

作为与传统学科相区别的跨学科课程,由于其跨学科、综合性特征,单一学科教师无法独立开展,需要学校组建专门性的跨学科课程教研组,并构建与之相配套的教研和管理架构、体系,从而在组织、制度层面来统筹跨学科课程研发、实施,而这也是保证学校跨学科课程能够持续、有效、高质量完成的基础,如在研究中项目组形成了以促进"体验式""问题式"研修为特征的创新性教研组教研制度与规范,包括跨学科教研组的成员构成制度,明确其成员,并以教研组的形式进行统一的教育教学管理与研修;形成跨学科教研绩效考核制度,将跨学科教研参与情况、完成情况等作为教师绩效考核的一部分,对优秀教师进行奖励,从而调动教师积极性。

跨学科课程不能仅停留在学校所在的高中学段,从基础教育集团校初中先修课程的铺垫,到所附属高校导师团的专业生涯规划,都使得参与跨学科课程开发的教师要从跨度更长的教学周期中观察学生的需求和变化。另外,对于优秀的课程和教师,学校充分搭建教研平台,利用市实验性示范性展示、区数字化转型观摩、上海大学基础教育集团辐射等形式持续促进课程的交流与评价,从而保证课程的质量,推动其迭代优化。

2. 以贴合性任务,引导学生进行跨学科课程学习

跨学科课程的出发点基于真实情景,旨在解决真实问题,因而在跨学科课程主体教学中,

项目组将最终问题解决的方式、手段作为贯穿学生学习任务的主线。而对任务目标的选择，一是需要结合课程目标，从学生的实际情景中引入，保障其在学生能力预期之内；二是提供线上、线下多种自主学习资源与探索路径，保障学生自主学习的可能性、可行性；三是以任务驱动，既包含学习任务管理，也包括学生组织管理，即关注学生的小组分配、任务完成的进度检查等。

3. 多维联动，保障跨学科课程实施环境

跨学科课程有效实施的另一要点即是保障跨学科课程教学实施环境，这既包括针对课程内容建设配套的专用教室，如本项目中构建的多类创新实验室；也包括与之相应的师资培训、学生选课等规范，如课程门类是 7 类，但并不是所有学生都适合、都需要，教师要进行前期规划、设计。此外，跨学科专用教室亦可以在结合学校现有实验室、教室的基础上进行规划、建设，具体需要结合学校本身实际情况。而这也是本文一开始所提倡的——学校在进行跨学科课程设计时也需要立足学校本身固有的资源、条件进行针对性的设计。

四、检验与佐证

对于跨学科课程实施成效主要是从以下几个方面进行检验。

（一）跨学科课程内容质量、与学生专业发展贴合性等层面的检验

在跨学科课程内容上，课程主要依据上海三大先导产业进行课程研发。在培养学生核心素养与能力的基础上，侧重培养学生相关的工程意识与素养，通过提供多门类相关课程自主选择、进阶学习，使学生充分挖掘自身兴趣，了解自身潜力，从而为先导产业人才进行早期孵化，培育行业种子。如在后期，项目组通过追踪学生选科、专业选择等方式，进行专业、就业选择情况调研。以我校 2023 届毕业生为例，项目组对 2023 届毕业生的选录专业和在校期间的跨学科项目选修情况进行了对比。其中，进入跨学科课程二阶学习的学生有 180 人，最终在高校专业实际录取中具有较高匹配的学生比例超过 40%，且这部分学生的专业选择集中于集成电路、生物医药、人工智能三个方向。

（二）师、生、家长等涉及对象层面的检验

1. 教师专业成长方面

学校创新教研组先后荣获宝山区科技创新学科基地称号、宝山区"五一劳动奖状"、宝山区"青年五四奖章"。学校被评为上海市科技教育特色学校、上海市知识产权示范校、宝山区 STEM＋教育试点学校。同时项目组结合宝山区跨学科教师培训、宝山区 STEM 课程开发等要求，推动跨学科团队教师转变思维，寻找学科、专业乃至产业中的跨学科情境。如我校教师在参与的宝山区教师跨学科培训"自然物创意物化"项目中，提出利用集成电路观察显微镜进行自然物微距观察，相关的跨学段自然活动在市数字化转型在线教学案例中广为分享。

2. 学生、家长满意度、学科学习促进方面

一是在我校开展的问卷调研中,89％的学生都表示跨学科课程学习对自己目前成绩的取得发挥了一定的作用,并且在实际问题解决中,帮助自己进一步理解和运用学科知识(学生 B:记得在一次生物学科诊断测试中,碰到了一道生物题目,我一下子就想到自己在生物制药课上做的小课题,很快就找到解题思路);二是参与课程学习的学生,也在多项相关比赛中获得了优异的成绩,比如我校 2023 届陆同学,以"无人艇"课程学习中的研究成果,参与上海市 2023 年青少年模型锦标赛,荣获一等奖。同时,家长也对孩子参与这类课程学习获得的诸多优异表现给予了充分的肯定。

3. 学生学科学习动力及生涯发展能力培养方面

在课程评价方面,课题组以问卷调研的方式,围绕"课程学习与学科学习兴趣的关系、与学科知识的联系的感受度、对相关行业的了解与实践、对自身职业发展的启发程度"等方面,面向师生开展调研,其结果显示,81％的受访学生认为,通过跨学科课程学习,对相关学科学习的兴趣度有所上升(学生 A:自己对物理液体压强的知识有了新的认识,感觉很有趣,不仅限于考试的题目),75％的学生和82％的教师都能够明显感受到课程与当下高中学科知识之间有明显的关联,其知识要点都属于所需学习的学科知识部分。同时,也有 86％的受访学生表示课程对自己的生涯发展规划有所帮助,通过课程学习对生物、人工智能方面有了更进一步的了解,课程内容与社会职业的联系比较紧密。

五、反思与展望

(一)关于学科课程与跨学科课程之间的联系的研究探索还不够深入,跨学科课程在学生学科学习中的价值呈现还需要进一步探索

本研究的关注点之一是建立学科学习与跨学科学习之间的联系,发挥跨学科课程在学科学习上的促进作用,在实践中通过对学科内容进行抽取形成了以学科内容为基础的一阶课程,并构建递进的三阶跨学科课程。同时,也在促进学生学科学习兴趣、动力上产生了一定的效果。但是对学科课程与跨学科课程之间的联结还不够深入,对于跨学科课程在激发学生学科学习内生动力方面的有效措施、行动方法等方面的探索还存在不足,尚未有更进一步明确的路径,方式、方法也需要在进一步的思考、实践。

(二)师资队伍的建设与培养机制还需进一步加强

实践中,项目组构建了以创新教研组为核心的跨学科课程实施团队,并以此形成了一系列有关跨学科教师研训、培养的路径与机制。然而,如何从学校整体发展、学校全体教职人员的视角出发,去开展相应的跨学科教学,特别是在新课程改革背景下,强调对学生核心素养、问题解决能力的培养,也是需要全体教师共同努力与思考的。而实现这一目标的重要前提在于,教师能够跳

脱本身专业的限制,能以更为开阔的视野,更为整合性的理念去进行课程设计、教学,因此如何在学校层面,对全体教师进行跨学科教学的培养,开展相关的教研成长培训机制研究,也是后续研究关注的要点之一。

(执笔人:刘华霞　王坤玉　宁斐斐　万志超　汪玥辉　周继彦)

18

面向"真实世界"，构建"五位一体"——高中生跨学科课程实践路径的研究

/ 上海市延安中学

核心问题

如何探索"科学、法治、生命、安全及道德教育"五位一体的跨学科育人路径？

一、背景与问题

高中阶段是学生成长的拔节孕穗期。当前，尽管一些中小学教育工作者关注到法治教育、道德教育、生命教育、安全教育相关问题，但大都局限在思政、历史等文科课程与社科领域，且相关教育内容往往较为分散。同时，教学方式传统单一，偏重知识教育，尤其缺乏跨学科性和贴合性，忽视情景化设计，存在面向"真实情境"的实践能力和问题解决能力培养不足等问题。因此，学校需紧密围绕"重文本、轻过程；学生学习主体地位不足；缺乏课程依托"等问题，对症下药，提出解决问题的方案，开辟符合时代要求和学生成长需要的教育路径，以增强学生的证据意识，提高安防素养，培养法治精神。

"法庭科学"（Forensic science，也被译作"法证科学"）是一门立足于生活真实情境的综合性应用学科，它运用自然科学和社会科学的原理和方法，研究查明事件的法律性质，通过采用科学技术手段与方法，发现犯罪、揭露犯罪、证实犯罪及预防犯罪。该学科本身是一门涵盖多学科知识的新兴跨学科实践体系。如果在中小学阶段以其为载体，通过一个个真实情景案例以及一系列情景化体验进行学习，则可让学生对社会生活进行合理而有趣的诠释，学习到与真实世界密切联系的方法与能力。

因此，学校将"双新"项目作为课程教学改革的突破口，基于"法庭科学"体系，以"面向'真实世界'"为立足点，以"'科学·社会·人文'跨界融合育人"为桥梁，来培养青少年的法律法规实践能力、科学探究实践能力、生命价值感知能力、安全防护应急能力和行为道德养成能力，积极探索符合新时代青少年健康成长需求的跨学科教育范式及实践路径，以弥补当前国内在相关教育领

域的不足。

本研究聚焦将"法庭科学"与高中生法治精神、生命感知、安全防范、犯罪预防及相关法律法规实践等重要教育内容融合建构,提出并探索集"法治教育、科学教育、生命教育、安全教育、道德教育"五位一体的跨学科课程实践路径,赋予学生亲身体验、探究实践的可能性,帮助学生在思考与探究中,深入理解法庭科学家独特的思想方法,体验调查取证、分析思考、推理断案的全过程,感受法庭科学的精妙,引领学生在法治精神、证据意识、安全防范、道德行为等方面获得有益成长,为学生的健康安全成长保驾护航。为新时代上海市中小学跨学科创新教学模式提供新的理论依据和实践指导案例。

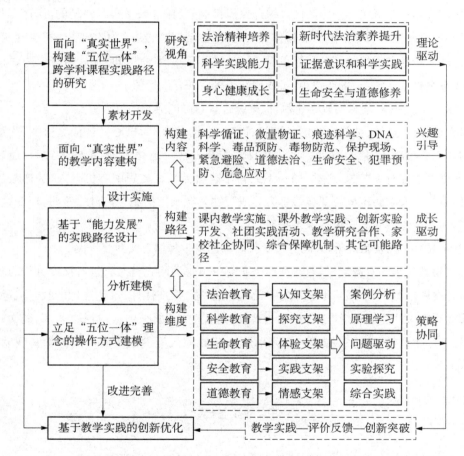

图 3-18-1 "面向'真实世界',构建'五位一体'高中生跨学科课程实践路径的研究"行动框架图

二、路径与办法

1. 构建面向"真实世界"的教学内容,架起科学、技术与社会之间的桥梁

通过分析"面向'真实世界'"的内涵与特征,梳理与学生能力素养发展密切相关的"法庭科

学"实践主题及典型案例,建立符合学生认知特点和能够满足教学实际需要的教学内容体系,依据"跨学科"育人理念设计"教学单元",创设"情境问题",组建"教学主题",帮助学生深刻认识科学、技术和社会之间的相互关系。该跨学科课程涵盖法庭科学家们经常使用的科学理论和技术,涉及化学、物理学、生物学、材料学、人类学、心理学及工程技术等领域,包括痕迹科学、微量物证、毒品预防、现场保护、现场勘查、危急应对等一系列跨学科主题。

2. 设计基于"能力发展"的实践路径,构建校内外学生成长的实践场域

由于课程的综合性与实践性,教学实践路径也可以是多样的。在上述内容构建的基础上,本课程构建与设计:(1)课堂教学实施;(2)课外教学实践;(3)创新实验室运行;(4)社团实践活动;(5)教学研究合作;(6)家校社企协同;(7)综合保障机制等,探寻教学实践路径的可行性与促进学生能力发展的有效性。引导学生面对各种现实问题,主动探索、发现、体验,获得解决现实问题的真实经验,从中培养和锻炼他们的科学鉴证力、法律践行力、生命感知力、品格养成力、安全防范力,尤其注重发挥学会学习、责任担当、实践创新等维度的育人价值。

3. 立足"五位一体"理念的教学建模,汇聚综合素养协同成长的育人智慧

本研究提出"'五位一体'法治教育实践",即以"法治教育"为核心,以"法庭科学"为载体,在"法治教育"中有机融入"科学教育""生命教育""安全教育""道德教育"主题内容,构建"五位一体"的育人维度。在有关"法庭科学"的一系列跨学科法治教育主题中有机融入"法律法规实践""生命价值感知""安全防范应急""道德行为养成"及"犯罪预防措施"等方法、策略,形成育人维度统合机制,为青少年健康安全成长保驾护航。

4. 创建教学实践联动机制,共同打造学科联动创新带和综合实践育人路

通过汇集教与学的双向素材,对实践路径研究中出现的问题及对策进行深度分析与探讨,并针对性地开展评估与优化,最终形成丰富多元、实施性强、推广性好、示范性优的教学成果。在本研究实践过程中,以"法庭科学"学科体系为载体,形成了由理化、体育、科技、艺术、语文、通用技术、社团等不同学科教师组成的跨学科教学团队,不断深入推进团队成员间的学科联动与育人实践。

三、成果与经验

(一)开发校本特色课程体系,提升学生证据意识、法治精神及安防素养

1. 课程内容

课程由一系列立足社会生活真实情境的跨学科主题构成,同时还特意为学生准备了人身安全常识、安全防范要领、犯罪预防措施及相关法律法规等事关生命安全与身心健康的重要教育内容,为学生的健康安全成长保驾护航(见表3-18-1)。

表 3-18-1　课程结构设计及相关实践主题

单元序列	探究主题	教 学 模 块
1	课程入门	当你身处犯罪现场
2	痕迹证据	指纹证据；足迹证据；工具痕迹证据
3	微量物证	洛卡德原理；物证搜集；物证鉴识
4	DNA 证据	遗传代码；DNA 证据；DNA 提取
5	血液证据	血迹双重特征；血迹的多样形态
6	毒品证据	认识毒品；从新闻中研究毒品案件
7	毒物证据	认识毒物；从新闻中研究毒物案件
8	昆虫学证据	法医昆虫学；训练有素的法医昆虫学
9	爆炸物证据	爆炸物与现场侦查分析
10	文检证据	文件材质；小笔迹大不同
11	紧急任务	现场勘查的"三味锦囊"；现场纪实

2. 课程宗旨

将"法治"带进校园、融入生活，以"问题"为引领，以"故事"为贯穿，希望能够帮助学生在思考与探究之中，深入理解法庭科学家们独特的思想方法，体验调查取证、分析思考、推理断案的全过程，感受法庭科学的精妙。同时，希望青少年朋友能够在证据意识、安全防范、法治精神、科学探究等方面获得有益成长，养成遵守法律的自觉意识和良好行为习惯。青少年阶段是人生的"拔节孕穗期"，最需要精心引导与栽培。本课程以生动鲜活的案例寓教于乐，潜移默化中加强道德意识与社会责任感，以期学生能够在今后的学习与生活之中，自觉自发地去践行与奉献。

（二）打造特色学习空间，为学生基于真实情境的问题解决提供实践平台

由上海市延安中学和华东政法大学刑事法学院联合创立的"上海青少年法庭科学教育中心"是本研究的重要实践成果之一。它以五位一体的跨学科科学与人文教育为宗旨，积极探索适合青少年身心发展的课程与教学模式，注重"学思结合""知行统一"的教育实践方法，积极呼应社会环境发展对青少年综合实践能力的时代诉求，助力青少年的科学实践能力与法治实证精神比翼齐飞。

1. 物理环境打造："实验探究·教学研讨·成长体验"联合联动的空间布局

上海青少年法庭科学教育中心面积为 $200\,\mathrm{m}^2$。基于"实验探究·教学研讨·成长体验"联合联动的整体教学理念，分为实验探究区、教学研讨区、成长体验区。

实验探究区包含基础实验探究区和现代仪器探究区。基础实验探究区主要进行随堂实验，

以满足短周期的室内探究需要,例如可以开展理化生的基础实验。现代仪器探究区主要进行现代鉴证科学实验,例如红外、紫外光谱分析,DNA 电泳及成像,电子、光学显微探查以及各类物质的鉴定与识别等。

教学研讨区包含可拼接的教学桌椅,微型讲台及现代化投影与音响设备等。

成长体验区对室内外现场进行模拟,包含侦查路线寻踪墙、展示墙、探索墙等。

2. 内涵特征实现:探秘"蛛丝马迹",闪耀"法证智慧"的育人价值追求

中心以"法庭科学"为基石,以"证据发现"为精髓,以"法治精神"为追求,让学生随时展现科学锋芒,随处闪现求证智慧的育人环境与氛围。著名华裔神探李昌钰博士专门为中心题词:探秘"蛛丝马迹",闪耀"法证智慧"。以此来大力支持中心"学习空间"的建设,激励学生学以致用、融会贯通,为他们身心健康、全面发展给予引领与关怀。

3. 功能优势构建:"法治·科学·生命·安全·道德"五位一体教学创新模式

中心提出"'五位一体'法治教育实践",即以"法治教育"为核心,以"法庭科学"为载体,在"法治教育"中有机融入"科学教育""生命教育""安全教育""道德教育"主题内容,构建"五位一体"的育人维度。在"法庭科学"一系列妙趣横生的"跨学科"法治教育主题中有机融入"法律法规实践""生命价值感知""安全防范应急""道德行为养成"及"犯罪预防措施"等方法、策略及育人维度统合机制,为青少年健康安全成长保驾护航。

(三)开发在线"跨学科学习社区",实现优质教育资源区域共建、共享

当今,教育正面临着巨大变化和变革,教育信息化浪潮势不可挡,翻转课堂、即时学习、移动学习等学习方式的出现,使信息技术与学科教学的融合达到最佳点。

长宁区是上海市首个教育数字化转型实验区。基于"一座统管"的设计目标,长宁教育数字基座力求实现全区教育人员、数据、应用、软硬件资源的智联、数联、物联,从而构建全面覆盖区域教育的数字信息网,努力打造"标准+个性"的教育生态圈,绘就长宁"活力"教育蓝图。因此,基于长宁教育数字基座,上海市延安中学特色跨学科拓展课程"法庭科学:让证据说话"开展面向"真实世界"问题解决的移动学习平台建设,推进线上线下融合式教学实践,打造区域内"互联、互通、共建、共享"的、面向"真实世界"问题解决的特色"移动教学"平台,实现高中优质教育资源的优化配置、区域共享;优质师资的区域协同,推动学生基于真实问题的跨校学习、交流与合作,助推"双新"改革背景下,高中生真实情境问题解决能力的提升,对探索新时代青少年创新人才培养发展的路径,具有创新价值与实践意义。

课程研究组与长宁教育信息中心的技术团队紧密协作,邀请技术团队参与到课题研究过程中,通过优秀案例、教学设计、信息选择、教学测试和迭代优化等流程,将"教学资源"与"移动平台"有机嵌入和对接,实现学习、问答、互动、评价与反馈功能在问题解决过程中的智慧化辅助教学。为学生在"创新"与"拓展"两个维度的学习,提供认知、探究、体验、评估与发展支架。

通过探索,课程为"长宁教育数字基座"及移动教学平台建设提供了新思路、新方法。结合实际教学案例和应用,能够提炼"移动端"在教学资源设计、教学应用中的方式、方法和研究突破,丰富线上、线下相结合的融合式教育教学方法,为其他学科的"移动端"建设与应用提供相关建议与经验。

(四)致力双新项目卓越发展,构建起体系化项目发展支撑保障工作机制

1. 纳入学校发展规划重点工作,建立跨学科迭代升级的"领导机制"

学校将双新改革纳入学校发展重点规划,成立"双新"项目推进工作领导组,以校长为组长,分管校长为副组长,不同学科骨干教师为组员共同参与,负责项目决策、经费保障和宏观管理;定期召开项目会议,收集需求,组织活动;定期聘请教育专家进行项目指导;确保规划实施有组织、有计划、有实效。

2. 打通和激活跨组教研活动,构建学科之间联动共商的"协同机制"

传统的组内教研方式,由于单一学科的教师群体交流相对频繁,较为容易开展实施;而不同学科的教师群体,会遇到时间和空间难以聚焦等问题,常常难以集中开展教研。因此,在项目实施过程中,课程研究组积极搭建并采用网络教研、午间教研、周末教研、即时教研等方式,有效打破时空瓶颈,构建起机动高效的"协同机制",为每一位教师及时破解跨学科难题提供了有力的保障机制。

3. 统筹开发数字资源,构建在线社区与课程教学深度的"融合机制"

推进长宁数字基座在线社区建设与教学深度融合,通过线上线下教学平台相互联动,探索课前、课中、课后及课外融合式教学。每一位学科教师将自身的教学课件与实践活动方案共享于基座端,来自不同的学科教师则可根据自身的教学需求,选择并参考其他学科教师的特色案例或素材,重构自己的跨学科教学方案。充分利用在线社区,可以有效形成课程教学的深度"融合机制"。

4. 搭建学科之间的联合培育指导平台,夯实因材施教的"服务机制"

课程研究组内每一位教师皆最大化地发挥自身的教学特色,作为第一指导教师不断推进并深化针对学生项目化学习、综合实践活动的指导工作,对自己负责的学生群体开展教学指导。同时,围绕不同的跨学科主题或话题,组内其他教师则可随时根据教学需要成为学生的第二或第三指导教师,对学生的实践项目进行联合指导和培养,充分地满足每一位学生的跨学科学习与成长需要。

5. 联合高校、院所、街道、社区,构建高效项目实施的"合作机制"

"双新"项目实施过程中,随着工作的不断推进与深化,学校先后邀请包括华东政法大学、华东师范大学、上海青少年阳光社区事务中心等在内的多所院校、机构联合共建,以"跨界融合育人"为桥梁,共同构建与打造"高校、院所、街道、社区"相互协作的育人大课堂,培养学生的法律法规实践能力、生命价值感知能力、安全防护应急能力和行为道德养成能力,目前已形成一套行之有效的合作机制。

四、检验与佐证

上海市延安中学是上海市首批实验性示范性高中，学生整体素质高、思想积极活跃，他们更愿意在实践中去检验理论，更愿意相信"看见的世界"。本研究立足上海市延安中学培养具有"中华传统美德"与"现代文明"相融合的高素质的"延安人"的立德树人总体育人目标，本着"知情意行相互统一、学科相互交叉融合、科学人文多元选择、挑战高阶能力水平"的教学实践思路，引领学生深度学习、创新实践、卓越发展，并取得了一系列生动的课程开发与实践成果。

1. 基于"真实情境"的问题设计，成为"教学活动的标配"

本研究引领学生立足社会、面向生活，运用所学知识，在实际情境中认识与体验客观世界，并基于多样化操作性学习过程分析与解决日常实际问题。课程构建涵盖学科链接、实践探讨、司法鉴定小百科、学习为未来生活等 10 余种颇具特色的学习专栏。例如，"为社会安全贡献力量""向先进科技领域进军""起草'国际禁毒日'标语""警示大家对'毒物'说不""从工业安全说起"及"胆敢模仿我的签名"等一系列基于社会生活真实情境的跨学科特色主题及问题创设，已成为教师促进学生深入社会生活、提升真实问题解决能力的标配。进而在每次教学活动之后，学生人人皆可衍生出关切自身生活与成长的项目议题。

2. 基于"五位一体"的育人理念，成为"教学团队的共识"

本研究倡导"科学、法治、安全、生命、道德教育"相统一的育人理念，注重融合并构建起富有自然、社会、人文特色的教育素材与资源，引领学生为"平安中国"建设贡献自己的才智。目前，课程已形成了 50 余种富有社会价值与成长意义的综合实践活动，提供了充足的实践体验素材。例如，从"女性朋友人身安全防范指南"活动、"社区安防倡议"行动，到"人身安全危机应对"体验，再到"慧眼识'毒'""现场保护"等一系列教学实践，让学生在参与面向真实情境的深度体验中，具备"避免与预防相关案件发生"的种种能力。与此同时，学生在实践中，具备了肩负社会责任、服务民生的情怀与担当。

3. 基于"跨界探究"的项目学习，成为"教学实践的支点"

本研究强调"跨界探索，综合思维"的教育理念，构建科学教育、法治教育、安全教育的"纵贯线"，引领学生开展项目学习，培养高阶思维和深度学习。课程为学生提供了 30 余种贴近生活的项目学习案例。例如，在"警示大家对'毒物'说不"中，引导学生了解社区是进行毒品预防教育的重要阵地，要通过群防群治，构建良好的社会风气，让学生带领小区居民共同参与到抵御毒品侵害、参与毒品预防的工作，帮助学生深入了解当前的戒毒工作开展情况，调查社区戒毒工作的特点、难点和突破点。此外，基于环境保护法开展的"社区湿垃圾异味探究及处理建议"、基于交通安全法的"外卖小哥电动自行车骑行安全隐患及建议"等一系列特色项目实践成为学生成长的重要支点。

4. 基于"职业体验"的学习感受，成为"教学设计的特色"

本研究凸显"职业体验，德才兼备"的教育理念，努力增进学生对多元学科的认知，以法庭科学家职业精神和工作担当为引领，助力专业选择和志趣发展。课程中专设了 10 余种与基础学科相关联的职业门类。例如，引导学生依据案情的需要，担任"现场制图员"，运用测绘学、制图学的原理和技术，在现场勘查、现场访问和现场分析的基础上，开展现场制图工作，全面、客观、准确地反映现场的方位、概貌，以及痕迹、物证的方向、尺寸、距离等现场要素，分别完成"现场方位图"和"现场局部透视图"的绘制工作。多元化的"职业深度体验"也为学生选择高校志愿提供了前瞻支撑。调研表明，参加项目实践的学生，能够较好地框定符合自身志趣成长的专业范围，对未来职业定向提供有力支持。

5. 基于"综合能力"的实践收获，成为"教学成果的亮点"

自研究启动以来，学校立足于"提升每一位学生的跨学科素养"的价值追求，跨界融合，协同创新，形成了科创教育发展新格局。一方面，教学团队积极协助学生孵化创新研究课题成果 30 项，其中摘获上海市青少年"明日科技之星"2 项、上海市青少年科技创新大赛一等奖 10 项，助力学生实现以社会发展为己任的求学担当；成立"趣探·青少年法庭科学社"，共计发展 300 余位优秀社员，并带领他们积极融入社会生活的问题解决中。与此同时，社团培养了 3 批 30 位青年领袖，在各种活动与实践任务中，锻炼了他们卓越的领导力。

同时，学校以项目研究为载体，成立了由 15 位来自不同学科的教师组成的跨学科教学团队，开展联合教研，并在长宁教育数字基座开辟线上线下教学专区与专栏，有效地带动了教师队伍跨学科教学育人能力的综合提升。

综上所述，本研究的长期实践探索进一步提升了校园文化软实力，有效提升了学生参与跨学科实践的参与度和满意度，积极构建起时代感强、氛围浓郁、教学实践功能完备的跨学科育人文化支撑体系，引领学生探索体验、创新成长。

五、反思与展望

1. 为高中学段学科间"融合创生"，提供新的理性认识和操作经验

通过研究，为高中跨学科育人实践、学科间融合创生提供了新的理性认识和教育资源建设操作经验，形成了具有一定普适性的基本观点和主要经验。

2. 为高中跨学科课程"融合开发"，提供新的设计范式和方法凝练

通过探索，结合实际教学案例和应用，提炼教学资源设计、教学应用中的方式、方法和研究突破，为其他学科的育人实践与应用提供相关建议和经验。

3. 下一步,致力线上线下"融合教学"转型升级,彰显育人合力

在未来,计划在合理利用与优化现有教学资源基础上,结合移动平台教学特点,优化配置,高效、低成本地向智慧化方向升级转型,提高教学资源的利用价值,深入研究移动平台的相关数据,展现线上线下融合育人的实践意义。

（执笔人：李法瑞）

19 指向学科核心素养培育的学科项目化学习教学实践

/ 上海市第三女子中学

核心问题

如何聚焦立足整校推进，围绕学科核心素养，依托教研组力量，推动教师做实做好学科项目化学习，提升学生学习体验，提高学科教学质量？

一、背景与问题

（一）背景概述

项目化学习以学生为中心，旨在解决真实情境中的复杂问题，让学生通过团队合作、探究学习，调动各领域积极因素，实现深度学习。在高中学段，主要类型是学科项目化学习，指向学科核心素养培育。

近年来，学校积极探索学科项目化学习，但面临教学设计撰写困难、项目化学习管理缺乏条理等问题，如将项目化学习混同于混合式学习、项目设计缺乏梯度、学习成果难以评价等。

（二）拟解决的核心问题及子问题

针对上述教师在学科项目化学习中面临的挑战，我们提出了核心问题：如何聚焦立足整校推进，围绕学科核心素养，依托教研组力量，推动教师做实做好学科项目化学习，提升学生学习体验，提高学科教学质量？

依据上述问题，我们进一步将其细化为三个子问题：一是如何帮助教师全面深刻认识学科项目化学习？二是如何依托教研组力量推动学科教师的教学实践？三是如何检验评价学科项目化学习的工作成效？

二、路径与方法

做好学科项目化学习，首先要明确三大要素：指向学科的核心素养、教学中真实问题的发现与转化,以及适合学生的学科项目活动设计。

(一) 基于 TRPA 的研究路径

对应研究的核心问题和子问题,我们提出"明理知学—团队研修—学实结合—研评一体"(Theory-Researching-Practice-Assessment,简称 TRPA)的研究路径(见图 3-19-1)。

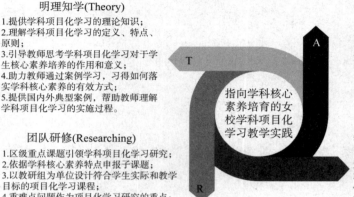

明理知学(Theory)
1.提供学科项目化学习的理论知识;
2.理解学科项目化学习的定义、特点、原则;
3.引导教师思考学科项目化学习对于学生核心素养培养的作用和意义;
4.助力教师通过案例学习,习得如何落实学科核心素养的有效方式;
5.提供国内外典型案例,帮助教师理解学科项目化学习的实施过程。

研评一体(Assessment)
1.完善评价体系;
2.组织交流活动;
3.发表研究案例;
4.创新评价方式;
5.宣传展示成果。

团队研修(Researching)
1.区级重点课题引领学科项目化学习研究;
2.依据学科核心素养特点申报子课题;
3.以教研组为单位设计符合学生实际和教学目标的项目化学习课程;
4.重难点问题作为项目化学习研究的重点;
5.培养学生核心素养,提高教学质量。

学实结合(Practice)
1.区域学科教学展示;
2.校内青年教师教学能力赛课;
3.骨干教师说课;
4.数字化手段记录学习实践过程;
5.定期开展多学科参与的专项交流活动。

指向学科核心素养培育的女校学科项目化学习教学实践

图 3-19-1 研究路径图

所谓明理知学,即为教师提供有关学科项目化学习的理论知识与国内外典型案例,帮助教师理解学科项目化学习的定义、特点、原则以及其与传统教学的区别,引导教师思考学科项目化学习对于学生核心素养培养的作用和意义,助力教师通过案例学习,习得在学科项目化学习设计中落实学科核心素养的有效方式。

所谓团队研修,即在学校区级重点课题"指向核心素养培育的高中女生项目化学习实践研究"的引领下,依据各自学科核心素养的特点,针对学科教学中发现的重难点问题,各学科以教研组为单位申报学科项目化学习研究的子课题,基于学科核心素养,设计符合学生实际和教学目标的项目化学习课程。

所谓学实结合,即通过区域学科教学展示、校内青年教师教学能力赛课、骨干教师说课等方式,支持教研组在磨课、教学、教研活动中探索学科项目化学习落实学科核心素养的方式,运用课堂智能反馈、智能听课评课等数字化手段记录学习实践过程,定期在校内开展多学科参与的专项交流活动,分享经验,总结方法。

所谓研评一体,即学校在研究过程中不断丰富完善面向组室、教师、学生的学科项目化学习评价体系,通过持续的过程性评价和总结性评价全面评估组室、教师、学生的学科项目化学习成果。定期组织教师学科项目化学习成果交流活动,鼓励组室与教师个人积极发表学科项目化学习研究案例,并纳入学校相关绩效考评。探索学生评价方式创新,在学科评价中增加项目化学习评价权重,利用校内公共空间与校内外媒体,宣传展示学生学科项目化学习成果。

（二）双模驱动的项目研究

1. 班组项目研修

各学科教研组采用班组项目研修模式,推动项目化学习教师研修。通过参与专家讲座、与海外学校交流、反馈研讨等方式,促进教师队伍成长。研修紧密结合学科素养与学生特点,设计项目化学习方案,着重培养女生各项能力。通过市区教学展示、校庆展示等活动,展示研修成效,详见表3-19-1。

表3-19-1 2022—2024项目化学习展示课案例

学科	展示课课题	设计思路	预期成果
语文	整本书阅读	探索基于"学习社区"的整本书阅读教学模式。《乡土中国》作为教材中重要的整本书阅读教学内容,是"双新"背景下语文教学中的一个重点和难点。"基于项目化学习的整本书阅读教学实践"期待为"双新"背景下的高中语文整本书阅读教学寻找到一套完整可行的教学方案,并且培养学生初步具备《乡土中国》理论知识的迁移运用能力。	1. 形成一套完整的读写结合的学案。 2. 形成一系列基于《乡土中国》理论知识的主题学习任务设计与学生活动案例。 3. 形成一批学生运用《乡土中国》理论知识写作的书评、影评、时评文章,若条件允许可以整理成学生习作集。
数学	建模省材料包装绿色化	在"双碳"战略下,如何减少快递服务业高速增长带来的大量快递废弃物。兼顾"双碳"战略和实际需求,设计一款容积确定、瓦楞纸板用量最少的正四棱柱型瓦楞纸箱。	1. 学生借助小组合作学习与教师引导,在真实问题情境中,以数学建模为载体,利用几何体体积、函数最值等数学知识,运用信息技术,完成一份使快递包装箱更"绿色"的报告。 2. 在过程中,学生将经历应用数学解决实际问题,积累数学基本活动经验。
英语	"悦读乐评"报刊阅读	依托报刊语篇,输入真实生活语料;转变课堂主体,激发学生学习意愿;同伴互促学习,提升学生合作能力;落实课标要求,促进核心素养形成。	1. 依托日常教学,课堂交流分享。 2. 独立撰写社评,提升思维品质。 3. 依托网络平台,记录阅读足迹。 4. 汇编电子期刊,呈现思维火花。
物理	科学思维轨迹探究	高中物理各个知识之间呈现出一种网络交织的现象,项目化学习的开展能够帮助学生在学习过程中发现更多的物理问题,从而将物理知识与生活实际联系在一起。通过与学习目标相联系的项目,构建教学活动,通过丰富的情境吸引学生深入参与的兴趣,从根本上促进他们物理思维的延伸与扩展。	开展以实验为导向的项目化学习,能够帮助学生将知识的问题带入到实验过程中,呈现发现问题、作出假设、科学实践、论证假设、解决问题的循环。在这一循环中,学生所运用的类比推理、模型构建以及控制变量等技巧都源自于自己的科学探究,并最终实现物理思维的有效延伸。

学科	展示课课题	设计思路	预期成果
化学	千方百剂,研变化之道	"千方百剂,研变化之道"以与生活密切相关的"配方、试剂"作为问题情境,通过对其化学原理的探究,帮助学生了解科学技术与社会的联系,让学生学会应用化学知识和方法解决实际问题,以此达到促进学生化学学习方式的转变,最终形成和发展学生的化学学科核心素养的目的。	1.形成"千方百剂,研变化之道"化学午会课系列课程。通过此课程,学生们习得科学研究的一般方法,体验小组合作学习与探究的过程,共同分享探究成果和学习经验。 2.形成以"千方百剂"项目化学习成果为先导的课堂教学系列课程,将真实情境融入化学课堂,引导学生习得解决真实问题的本领。

2. 导师团项目研修

青年教师群体在学科项目化学习中扮演重要角色,是推进实践与研究的生力军。他们热情积极,勇于变革教学方式。学校组建导师团,组织经验交流,聘请校外专家支持辅导,形成书面材料供全体教师学习。

在"真实性任务设计"研修中,校外专家授课,讲解如何设计符合学生实际、具有挑战性的任务。青年教师掌握了技巧,学会了引导学生培养自主学习能力。

在"学生自主学习活动设计分享"研修中,教师体验数字基座平台,分享教学经验,包括设计有效活动、激发学习兴趣等。

在"项目化学习评价探索"研修中,教师合作开发工具量表,边做边改,锻炼团队协作能力,深入了解实施和评估方法。

导师团主题研修活动成功提升了青年教师专业素养和教学能力,为学生项目化学习奠定基础。教师需不断学习进步,学校将继续开展高质量研修活动,支持青年教师成长。

三、成果与经验

(一)形成学科项目化学习的基本框架

对照课题计划书中提出的研究目标,我们发现不同学科进行学科项目化学习的流程有着许多共性之处,通过汇总各学科开展学科项目化学习的成果,我们借鉴夏雪梅教授在《在学科中进行项目化学习:国际理解与本土框架》一文中提出的项目化学习设计框架,针对我校女生学习特点和实践研究经验,从学科项目学习的要素、操作要点与女校学生学习特点等维度梳理形成女校实施学科项目化学习设计框架(见图3-19-2)。

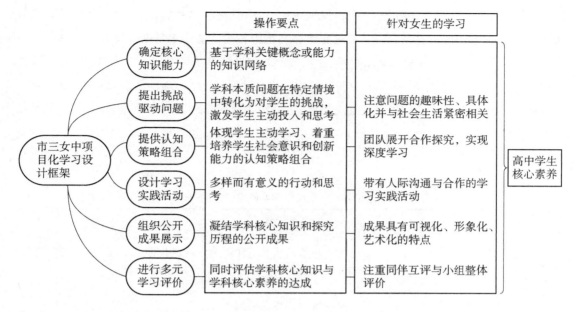

図3-19-2　市三女中项目化学习设计框架

这一学习设计框架从六大维度阐述了女校开展学科项目化学习设计的基本要素：

（1）确定核心知识能力。在项目化学习中，首先要确定学科的核心知识与能力，构建基于学科关键概念或能力的知识网络。

（2）提出挑战驱动问题。设计框架强调以学科本质问题为基础，在特定情境中将其转化为对学生的挑战，激发学生的主动投入和思考。问题应具有趣味性、具体性，并与社会生活紧密相联。

（3）学生主动学习。通过提供认知策略组合，着重培养学生的社会意识、团队合作、创新能力等，实现深度学习。

（4）学习实践活动。设计多样而有意义的行动，注重带有人际沟通与合作的学习实践活动和思考。

（5）公开成果展示。鼓励学生将学科核心知识和探究历程通过可视化、形象化、艺术化的方式进行公开展示。

（6）多元学习评价。在学习过程中，注重同伴互评与小组整体评价，同时评估学科核心知识与学科核心素养的达成情况。

对照学科核心素养，各学科教研通过对学科教学中存在的重难点进行研究，进一步将问题所对应的核心素养点进行抽象与细化。通过聚焦学科项目化学习中的师生交互行为，设计真实情境问题作为学科项目化学习的主要问题，不仅激发了学生的主动学习热情，还促进了他们学科核心素养的全面发展。

（二）明确全学科项目化学习研究子课题与攻关项目清单

在项目启动之初，我们利用"学习通"平台发布了一份调研问卷，旨在深入了解我校教师项目化学习的实施情况。经过调研分析,我们发现,在女生项目化学习的实践过程中,我校的多数教师展现出了强烈的学习与实践兴趣,并且能够熟练运用各类信息化工具来支持项目化学习的设计与管理工作。此外,我们还发现,高中女生在数字艺术设计以及短视频新媒体制作方面展现出了较高的参与热情与数字应用能力,这为我校进一步推进项目化学习提供了有力的支持。

基于上述调研成果,我们以整校推进的方式,鼓励各教研组围绕各自学科核心素养,以教研组为单位申报学科项目化学习子课题,组织骨干中坚力量,攻关学科项目化学习中的重难点(见表 3 - 19 - 2)。

表 3 - 19 - 2 市三女中学科项目化学习研究子课题与攻关项目清单

学科	对应学科核心素养	研究子课题	攻关项目
语文	语言建构 思维提升	基于女生思维特质的写作能力培养实践研究	跨媒介评论实践——"谣言辨识器""语病大搜查"
数学	数学运算 逻辑推理	基于高中女生思维品质的提升数学学科核心素养的实践研究	数学小论文写作——探究数学之问题、规范数学之语言、提升数学之思维
英语	主动学习活动观 逻辑思维意识	基于英语学习活动观的女生主动阅读能力培养的实践和研究	小说阅读工坊——"外刊阅读速览""语法达人秀"
物理	态度和社会责任探究	基于女生学习特点培养态度和社会责任的项目化学习研究	"生活中的物理大知识"——"智能门锁创意设计""PASCA 小车"
化学	证据推理与模型认知 科学探究与创新意识 变化观念与平衡思想	基于女生学习特点的情境化学习研究	"千方百剂",研变化之道——以化学之方揭秘各种生活之剂
生物	逻辑思维 生物学观念 社会责任	基于项目化学习的高中女生的社会责任素养培养的实践研究	"珍爱生命,远离毒品"——从神经系统的结构和功能认识毒品危害性
历史	时空观念 唯物史观 史料实证	基于女生学习特点培养历史核心素养的探究	"历史的呼唤"——《乡土历史》合作探究项目
地理	区域认知 综合思维 人地协调观	基于项目化学习的高中女生区域认知素养培养的实践研究	"对某店商业区位的考察与评价"
政治	科学精神 公共参与	基于女生学习特点的高中政治学科活动化教学策略研究	高中生模拟政协
信息	计算思维 数字化学习与创新	基于女生学习特点的 Python 单元教学设计的实践研究	电脑配置方案 DIY

学科	对应学科核心素养	研究子课题	攻关项目
艺术	艺术审美情趣 艺术文化理解	基于女生学习特点的艺术素养培育研究	iBand 作曲练习项目
体育	终身体育锻炼意识 自主健身的能力	基于提升高中女生体育核心素养的项目化学习探究	体能素质锻炼常态化项目

　　各教研组在研究中紧紧围绕学科核心素养，对应学科核心素养，结合真实情境设计学科项目化学习活动，促进学生的主动学习，培养他们的学科核心素养。例如，语文学科中，培养学生的"语言建构"能力至关重要，包括理解、掌握、运用和创新能力。教师设计"谣言辨识器"等情境问题，让学生在解决问题的过程中提高语言表达能力。又如，英语学科注重培养学生的"主动学习活动观"。教师创设"外刊阅读速览"等微项目，鼓励学生积极参与，通过主动学习提高英语水平。同时，设置"语法达人秀"等学习任务，让学生在完成任务中探索知识，提高英语应用能力。再如，物理学科强调培养学生的"态度和社会责任"，不仅要求学生掌握物理知识，还要求学生具备科学态度和社会责任感。教师设计"智能门锁创意设计"等跨单元项目，让学生在解决问题的过程中认识到物理学的重要性，培养科学态度和社会责任感。

　　截至 2023 年底，整校推进的学科项目化学习已经覆盖了全校所有教研组，各个教研组都较好完成了各学科项目化学习的相关研究成果，涵盖学科教学实践、子课题研究成果，具体可见表 3-19-3。

表 3-19-3　市三女中学科项目化学习主题与成果一览

学科	项目化学习主题	成果要点
语文	高中议论文写作——反思论证过程	本项目聚焦议论性文本写作教学的可视化指导，并重点探究学习支架设计。在工具表格和思维导图的设计与实施过程，教师指导学生建立一定的逻辑体系、构建一定的逻辑知识，并通过生活实际中普遍而有趣的例子，实现对一些概念的理解和辨识，使学生们避免简单的逻辑错误，奠定了思维提升的基础。项目学习中要求学生落笔，将思维的阶段性结果外显，作为可视化研究的内容，既有利于交流，也有利于学生个人认识的梳理、修改、完善和提升。
数学	数学小论文写作——探究数学之问题、规范数学之语言、提升数学之思维	"数学写作"是学生将自己对数学概念的理解、解题方法的体悟、学习方法的总结、实际问题的解决等用自己的语言形成文字进行表述的过程。在此项目化学习实践研究中，教师用"数学写作"的形式让学生用数学的眼光观察世界、用数学的思维思考世界、用数学的语言表达世界。最终，学生能将现实世界与数学紧密连接，能通过数学写作规范数学的语言，学会用抽象的数学符号和公式表达想法。学生能更好地搭建自己的数学知识框架，加深对数学知识、数学思想方法的理解。

学科	项目化学习主题	成果要点
英语	小说阅读工坊	英语报刊阅读项目引导学生以合作学习的方式促进主动阅读能力发展。教师按照学生实际英语能力，有序推进报刊项目：从教师引导下的课内报刊阅读，学习报刊阅读策略，到学生半自主的课内外报刊阅读，借鉴"阅读圈教学法（Literature circle）"的做法，通过小组分角色合作学习，完成阅读任务，再到学生自主进行课外报刊阅读，小组合作完成"任务单"，开展"悦读乐评"，构建班级英语电子书架。过程中提高了学生自主阅读能力，拓展了思维的广度和深度。
物理	"物理学家在人类历史进程中的推动作用"轨迹探究	本项目通过课前布置学生查阅资料，课堂中预留一定的时间让学生分享查阅到的物理学史等方式来进行物理学史渗透，并给学生机会交流感悟体会，加深学生对物理学史的了解。项目化学习过程中，利用物理学史创设合理问题情境，利用科学哲学提高学生的批判思维，利用科学社会学培养学生的社会责任感。
化学	"千方百剂"，研变化之道——以化学之方揭秘各种生活之剂	本项目化学习研究，以化学试剂为桥梁，连接生活与化学本体知识，为学生使用化学原理探究生活，搭建桥梁、奠定基础、提供抓手。针对诸多试剂背后的化学原理，以项目化的学习方式，将真实情境融入学习过程，引导学生掌握解决真实问题的本领。在学生进行项目化学习的过程中，教师依据化学学业质量标准，及时评价学生在不同学习阶段化学学科核心素养的达成情况，培养学生的必备品格和关键能力。
生物	基于项目化学习的结构模型建构的实践研究	本项目组织学生以小组形式建构并使用细胞模型进行展演，从生命观念、科学思维、科学探究3个维度对学生进行培育。学生通过建模构建草图绘制，从空间细节的关注、材料的选择角度等方面提高对细胞器细微结构的认知，促进了对结构和功能观这一重要生命观念准确与具体的理解，提高了生命观念内容部分的自主学习质量。
历史	"历史的呼唤"——《乡土历史》合作探究项目	历史学科项目化学习是一种通过让学生开展一段时间的调研、探究，致力于用创新的方法或方案，解决一个复杂的问题、困难或者挑战，从而在这些真实的经历和体验中习得新知识并获得新技能的教学方法。让学生亲身实践从收集史料，到根据来源鉴别不同史料的证据价值，再到使用史料构建历史的整个过程，更能给学生一种真实感，更能把学生的情感、想象和行为联系起来，更有助于理解正在学习的内容。
地理	"对某店商业区位的考察与评价"	创设问题式情境，设计开展学生喜闻乐见的地理项目学习活动，使女生能综合运用所学的地理知识，解释揭秘生活中的地理。教师指导学生构建从概念、原理到主题，从主题至单元，从单元至教材的知识图谱，培养高中女生逐渐学会进行多要素综合，并综合分析各要素之间的相互作用与关系，形成综合思维的素养。同时，借助DIS、GIS等地理信息技术工具设计开展相关地理学科项目学习活动，化抽象为具体，为女生抽象理性思维的形成提供支撑。

学科	项目化学习主题	成果要点
政治	高中生模拟政协	本项目在驱动问题的引领下，通过模拟人民政协提案形成的完整过程，结合社会实践活动，由学生扮演各界别的政协委员，通过持续性的探究活动，前期开展调研实践，提出问题、发现问题、解决问题，再模拟参与政协会议宣传提案，依托界别小组讨论、新闻发言、团体集中展示等形式展示提案，熟悉人民政协的运作方式，提升参与政治生活的能力和对我国协商民主制度的认同，着重培养并提高青少年学生公民意识、制度自信和社会实践能力。
信息	电脑配置方案DIY	围绕"编程应用助健康"单元项目，以项目为载体，聚焦项目化学习某一环节，落实计算思维能力点。为学生设计范例、图表、微视频等学习支架，提供学习资料包和项目化学习手册等学习资源与工具，指导学生撰写项目分析报告、绘制流程图、设计项目方案、编写程序代码及完成硬件组装等。引导学生思考问题，帮助学生结合生活实际在动手实践中进行自主探究，在不断解决问题的过程中达成项目学习目标，促进学生计算思维发展。
艺术	iBand作曲练习项目	本项目运用智能平板设备中的音乐软件"库乐队"指导学生进行数字音乐创作和演奏，学生们通过几台设备就可以组成一支相当规模的乐队，为班级或学校谱曲，为同学演唱伴奏，为自己的手机或博客设计音乐，甚至可以举行演奏会等等，既有个性化发展也强调团队沟通与合作。这一项目化学习打破了传统的音乐教学，摒弃了刻板的音乐技能的反复操练，使学生人人参与音乐享受音乐，让艺术学科的核心素养充分落得到体现。
体育	体能素质锻炼常态化项目	在"女生健美操专项灵敏素质锻炼"的项目学习中，教师将"运动能力、健康行为、体育品德"三大学科核心素养渗透在专项化学习项目的设计中，运用小组学习、小组对抗等方式创设学习情境，讲练赛相结合，在提升学生体能和运动技能的同时，也注重提升学生的心理承受力，增强抗挫折力，培养学生健康积极的锻炼意识和运动习惯，强健体魄，铸就勇敢顽强、积极进取、遵守规则、公平正义的人格品质。

（三）建立项目化成果定期展示交流与辐射推广机制

在教育教学过程中，我校各学科均极为注重在课堂内充分展现项目化学习的实际成效。2022年11月，我校迎来盛大的130周年校庆，为此，我们团队经过深思熟虑与精心筹备，成功组织了一场别开生面的项目化学习教学展示盛会。此次活动的主要目的在于集中凸显我校各学科组在过去三年中，对于项目化学习领域的深入探索与实践所取得的丰硕成果。项目化学习，作为一项涉及多阶段与历时较长的学习活动，其成果的呈现往往需要经过精心的设计与规划。而本次展示通过团队精心策划的单课时教学方案，高效而精准地凸显了项目化学习活动的核心要素与显著成效。

此外，英语学科开展的"小说阅读工坊"学科项目化学习子课题研究也多次进行市、区级层面的教学展示交流，其中的"外刊阅读速览""语法达人秀"等项目学习案例还进一步整合形成区域项目化学习成果典型案例,受到各方好评。这些案例不仅凸显了学科项目化学习的核心特征,更在复杂情境中充分展示了学生心智的灵活转换能力。作为一种综合性的"学习实践",学科项目化学习将知识、行动与态度融为一体,为学生提供了培养高阶思维的机会,促进了学生创造性思维和多元表达能力的发展。这些案例的成功实施,充分展现了学科组对"双新"课改精神的深入理解和积极落实。

四、检验与佐证

(一) 研伴行变革教学方式

学校坚持科研伴行教学实践,语文、政治、史地、物理、教育剧场等多个学科教研组积极探索教学方式变革。如我校语文学科团队根据语文学科核心素养,选择"跨媒介阅读与表达"任务群作为攻坚项目,引导学生辨别信息中的事实与判断不同媒体中的观点是否可信、是否存在逻辑谬误之上,并基于此开发"墨梯之声:跨媒介评论实践"学科项目化学习活动,以"跨越整合,思辨相生,学用相济"的学习指导策略来锻炼学生辨识媒体立场、多角度分析问题的能力,理解媒体信息与媒体评论之间不只是简单的因果关系,媒体信息的多元性、观点的对立性和道德的两难性会促使学生从跨媒介阅读中发现问题,经过教师引导与同伴合作掌握对跨媒体信息的分析与论证、辩驳与评估的能力,学会求取媒体观点冲突中双方的最佳关联和最大关联,最终实现项目目标——培养学生独立的媒体判断能力,使其能够运用媒体平台合理发表媒体评论观点。

团队根据教学实践撰写的《高中语文"跨媒介阅读与交流"混合学习的实践与思考——以"墨梯之声:跨媒介评论实践"学习项目为例》论文刊发在《现代教学》期刊上。同时,该项目化学习还在2022年第二届全国项目化学习案例比赛中脱颖而出,荣获三等奖。这一成绩充分展现了学校在学科项目化学习领域的成果与实力,为学校教育改革树立了新的里程碑。

(二) 多维评价创新评价标准

在学科项目化学习的教学实践中,教师们针对学生在活动中的任务情境,深入剖析项目化学习对学生必备学科能力的评价需求。在此基础上,教师团队密切合作,精心开发了一系列学科项目化学习评价工具量表。这些量表旨在全面、客观地评价学生的学习成效,如通过甘特图对项目任务进行分解,并结合执行成果来评价学生个体及小组团队的整体学习成效。同时,依据5W1H原则设计的项目报告模板,则规范了学生学科项目学习的总结报告,确保其内容完整、逻辑清晰。

这一举措体现了多维评价创新学习评价标准的理念,有效打破了传统的"唯分数论"评价方式。我们鼓励教师从多个维度综合评价学生的学科项目化学习表现,以更全面地反映学生的学科能力和综合素质。同时,这也激励学生在学科项目化学习中充分发挥自身所长,实现个性化和全面发展。

(三) 竞赛获奖展现素养提升

经过学科项目化学习的深入实践,学生的综合能力得到了显著提升,具体表现在实际问题解决能力、团队合作与沟通能力、创新思维和问题解决能力、自主学习和批判性思维等多个方面。这一实践为学生的全面发展奠定了坚实的基础,并为他们未来在生活和工作中的成功作好了充分准备。

值得一提的是,在 2023 年这一年中,我校学生在市级各类学科竞赛中取得了优异的成绩。他们凭借扎实的学科知识和出色的实践能力,荣获了上海青少年科技创新大赛一等奖、上海市"明日科技之星"称号,以及中国化学奥林匹克竞赛三等奖。此外,在上海市科普英语竞赛中,我校学生更是取得了五个一等奖的佳绩。这些荣誉的取得,充分展现了我校学科项目化学习的优异成果,也彰显了我校在培养学生全面发展与提升综合素质方面的显著成效。

五、反思与展望

(一)自我反思

为推动基于学科核心素养的项目化学习实践,教育改革强调基础教育、教师教育与学生学习价值的联动。教师素养决定核心素养落实,学生学习素养影响核心素养渗透。学科项目化学习虽具收益,但实施面临挑战。首先,教师需要提升专业素养以适应项目化学习,掌握设计实施方法并深入了解学生需求。其次,学生在项目化学习中可能遇到难题,需教师投入更多指导。此外,项目化学习可能影响学习进度,教师须合理安排确保效果。最后,实施项目化学习需保障人财物,可能会增加学校经济负担,须合理规划经费。

(二)后期展望

学科项目化学习对高中女生的成长将具有持续而深远的影响,具体表现在以下几个方面。

第一,教学内容和形式的革新。学科项目化学习以学生为中心,问题为导向,将学习过程转化为一个富有探索性的趣味过程。学生在实践中发现问题、获取知识,使教学内容和形式更为丰富多样。

第二,增强学生的学习兴趣。以问题为导向、以实践为主的学科项目化学习,通过丰富多样的学习活动,引导学生积极参与,从而激发学生的学习兴趣和热情。

第三,提升学生的综合能力。学科项目化学习鼓励学生在探索过程中深入挖掘,有效提升学生的综合能力,包括分析解决问题、组织协调、沟通协作等能力。

第四,提高学生的学习效率。学科项目化学习不仅让学生充分展现创造力,还能有效提高学生的学习效率,帮助学生在短时间内更好地掌握和理解知识。

教学不仅仅是知识的传递,更是探索知识的过程和方法。学科项目化学习强调学生的主体地位,注重培养学生的学习方法和策略,鼓励学生发挥创新和个性特长,推动育人价值的实现和核心素养的培养。创新教育的深化将为教学带来新的活力和动力。

(执笔人:张　闽　秦　岭)

第四部分

数字赋能

20 探索整体因材施教　促进优势学习发展

/　上海市市西中学

核心问题

如何通过整体因材施教来发展每一位学生的优势学习？

一、背景与问题

（一）背景概述

国家将"深化育人方式改革"作为"双新"的重要目标与任务，强调"高质量推进普通高中新课程新教材实施"，体现了国家对高中育人方式改革不同层次的要求：既要关注学生普遍接受高质量教育的机会，又要重视优秀学生特殊的培养路径和发展通道。在市西中学看来，"双新"改革的价值导向则是强调对学生个体成长需要的观照，这实际上与教育领域中一贯坚持的因材施教理念有高度的契合。由此，学校提出以探索整体因材施教构成"双新"背景下学校改革发展的关键领域和命题。

因材施教旨在根据学生的认知水平、学习能力以及个性特点等状况，适应和满足学生发展需要，有的放矢地进行差异性教学或个性化教育，使每个学生能够扬长避短，获得最佳的发展。学校整体因材施教则是针对更广泛的学生群体，通过信息技术的应用、课程与教学的重构、环境与资源的拓展、组织与管理的转型等多元化途径，为尽量多的大多数学生提供更加满足学生学习需要的、多层次的个性化教育，帮助学生发现自己的学习优势，从而达到优势学习的丰富性、深刻性和全面性。

多年来，市西中学推进因材施教方面已有一定的探索和积淀。学校展开的"思维'广场'撬动教学深度变革，实践'优势学习'的研究"的实践探索，以建设新型学习环境——思维"广场"为起点，倒逼教师再造教学流程，展开优势学习，实现教学深度变革。在实践推进过程中，通过研究提炼和实践创造，凝炼成"在优势学习环境、选优势学习时间、用优势学习方式、学优势学习内容、重优势学习评价"的优势学习理论。这项研究成效显著,成果得到肯定,荣获全国基础教育教学成果评选一等奖,在全国产生广泛影响。我们以此为基础,进一步关注教育本原和人的发展,融合人工智能等信息技术,开展学校整体因材施教的探索与实践。

（二）拟解决的核心问题及子问题

1. 核心问题

如何通过整体因材施教来发展每一位学生的优势学习?

2. 子问题

（1）如何运用"优势学习"理念,创建适应整体因材施教的教学范式?

（2）如何运用人工智能与信息技术,建构支持学校整体因材施教的环境资源?

（3）如何聚焦"优势学习"要素,建立支持学生因需而学的评价体系?

二、路径与办法

基于"优势学习"理念的实践经验,学校建构彰显整体因材施教的课程与教学系统,设计了整体因材施教结构模型(见图4-20-1)。

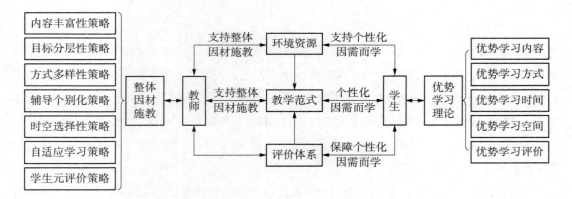

图4-20-1 整体因材施教结构模型

"优势学习"理念包括优势学习内容、优势学习方式、优势学习时间、优势学习空间以及与之相关的优势学习评价。优势学习内容是指体现学生优势智能、通过学习表现出兴趣或爱好、满足自己个体需要、更适合自己学习的内容;优势学习方式是在不同的内容学习过程中偏好的学习方式;优势学习时间是指学生针对特定的学习内容或过程中更适合自己或自己更加偏好的学习时间;优势学习空间是学生自己偏好的或学习效率更高、效果更好的学习空间和环境;优势学习评价,即通过对学生学习过程中所表现出来的个体特质、行为偏好、心理倾向等方面的定性比较和定量分析,以确定学生的优势学习内容、方式、时间和空间。

学校在运用优势学习理念过程中,逐渐建构了与之相适应的教学范式,适应学校整体因材施教的需要,促进学生优势学习与发展;研究开发具有学习资源、诊断评价和匹配推送等功能的环境资源,探索建立支持学校整体因材施教的评价体系,保障学生优势学习。

在"优势学习"理念的分析框架下,学校开展整体因材施教过程中的七个具体实施策略,即目标分层性策略、内容丰富性策略、方式多样性策略、辅导个别化策略、自适应学习策略、时空选择性策略、学生元评价策略,全面落实和支持教师因材施教、学生因需而学(见图4-20-2)。建构具有线上与线下结合、独立与合作结合、自主学习与师生互动结合、接受性与探索性结合等特征的课程和教学系统,探索突破传统教室的新型学习环境与虚拟学习空间,建立支持学校整体因材施教的学校管理制度和范式等方面,全面落实和支持教师因材施教、学生因需而学。

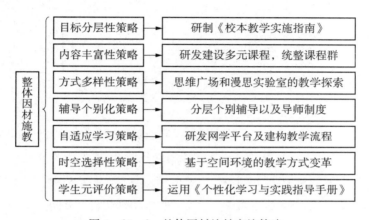

图4-20-2 整体因材施教实施策略

三、成果与经验

(一)丰富"优势学习",建构整体因材施教的教学实施范式

在 AI 与教育融合的背景下,突破以教师预设和讲授为主的传统教学方式,建构以线上与线下结合、独立与合作结合、自主学习与师生互动结合、接受性与探索性结合等特征的课程和教学范式,适应学校整体因材施教的需要,促进学生优势学习与发展。

1. 深化跨学科融合式教学

在思维广场"目标引领—自主研习—合作研讨—思辨提升"教学流程的基础上,探索语文、英语、政治、历史学科的跨学科融合式教学,建构整体因材施教的个性化教学流程,引导学生多维度思考、分析、解决真实问题,助力学生学习需求、学习过程、知识结构、思维发展与情理多元的全面融合。

(1)着力跨学科的教学设计。语文、英语、政治、历史这四门学科每周安排一次包含四个班级的四节连排课,以一门学科的某个模块内容为主导,确定教学的总目标和学科分目标,统一编制学习任务单,明确学生学习内容和任务。学生既可以自主研习,也可以参加教师安排的主题研讨

（每场 15—20 分钟，共 30 多场），还可以发起主题讨论，邀请同学一起研讨（见图 4-20-3）。

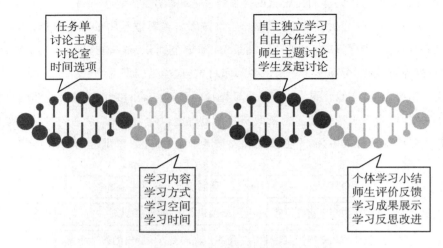

任务单
讨论主题
讨论室
时间选项

自主独立学习
自由合作学习
师生主题讨论
学生发起讨论

学习内容
学习方式
学习空间
学习时间

个体学习小结
师生评价反馈
学习成果展示
学习反思改进

图 4-20-3　思维广场教学流程

（2）提供多层次的学习资源。各学科组精心编制预学资料包，不同类型和层次的学习资料尽量满足学生不同层级的学习需求。不同教学资源的梳理整合，既考虑本学科资源的延续性与交叉性，也考虑跨学科资源的相关性与互补性。因此，借助集各学科组教师的集体智慧而设计的有序列、有体系的研学资料包，使学生的自学自研有了更加明确的研习方向。

（3）创设融合式的学习体验。跨学科的教学设计与实施中，四门学科打破学科定式，围绕同一内容模块，根据学科的不同特点与视角剖析相应问题，为学生从不同维度提供思考问题的角度及分析、解决的方式，有助于学生学习需求、学习过程、知识结构、思维发展和情理多元的全面融合，引导学生在融合式的学习体验中，实现能力培养、素养提升和思维培育。

（4）超越知识点的学习评价。跨学科融合式教学实践中，对学习的评价，要超越对知识和技能目标达成的过度关注，而要更多聚焦于学生能力、素养和思维的培育。学生通过语政史地四门学科连续四节课的学习之后，我们不能简单地评估学生习得了什么知识、掌握了什么技能，而应该重点评价在这四节课中，学生生成了哪些创新性问题、突破了哪些固化性思维、创生了什么独特性观点。

（5）立足共同体的教师研修。在项目实践中，建立了分学科教师、年级全学科教师和跨年级全体教师三个层面的研修制度，并采用"合—分—合—分—合"五步研修法，完成一次跨学科融合式的教学设计，即全体教师确定内容与主题的选择；学科教师研制总目标与分目标，并初拟"讨论主题"；年级全学科教师确定教学目标，并研讨学科"讨论主题"；学科教师修改完善"讨论主题"；全体教师统整学生学习任务单。

2. 变革空间，探索多种学习方式结合

学校运用思维广场的实践成果，创设漫思（MINDS）实验室——一个开放多元、丰富多层、自由多选的学习空间,以满足"双新"实验对高中理科教学的新要求。在漫思实验室中,学生在教师指导下,针对自己的学习兴趣、需求、能力等,自主安排学习目标与内容、时间与进程、方式与伙伴等,从而真正体现整体因材施教和学生因需而学,促进优势学习。

(1)空间重构,多种学习方式融合。学校打破传统的教室布局,建构开放的网络平台以及多元的教学空间和环境,将约1 000平方米的整个楼层,分成共享学习空间、学科学习空间、休闲学习空间和综合实验室(见图4-20-4),并将原有的物理、化学、生物等6个实验室统整在一起,学习空间有分有合,学生可以根据自己的学习偏好,或选择安静私密的空间独立学习,或选择半开放空间展开讨论,还可以去实验室动手操作。这为学生提供了一个开放的、多元的、多层次的、可自由选择的学习空间,以促进整体的因材施教和个体的个性化发展。

图4-20-4 "漫思"实验室空间布局

(2)个体选择,支持学生因需而学。2021年8月,学校开始进行漫思实验室理科教学的探索。融合物理、化学、生物、地理四门学科的漫思实验室学习,针对学生存在的学习习惯不同、学习方式不同、学习能力不同等个体学习风格差异,以及学生在完成课堂学习后对所学知识产生的个体学习需求差异(如部分同学需要巩固概念、部分学生需要拓展提升、部分同学愿意尝试实验探究),给学生提供一个有层次的、可自由选择的学习平台以满足学生个体需求。漫思实验室的学习的内容与难度、学习时间与空间、学习同伴和形式等都是可以自由选择的。

(3)因需安排,学习时间弹性自主。在漫思实验室教学中,每门学科编制学习任务单,明确不同的学习内容和水平要求,学生自主选择,并展开学习。例如:四个班级连排的四节课中,共安排20余场主题讨论(每场15—20分钟),学生根据需要,可以参加主题讨论,也可以到实验室自主探究;可以参加多场讨论,也可以利用更多时间自主学习,每位学生弹性自主地安排自己的学习,真正实现个别化学习。

(二)运用信息技术,建构支持整体因材施教的环境资源

针对传统课堂教学中教师主导、学生一致性同步学习难以满足个别化学习需要的不足。学校研发支持整体因材施教的Teach-AI学习平台,建构及时反馈、即时诊断、精准推送、补偿学习为特征的学生学习闭环与改进策略,支持整体因材施教的展开。

1. 建构结构化资源库,破解诊断评价精准性问题

根据数理化生等课程标准,将知识点尽可能细化,并系统性结构化。学校组织优秀教师围绕基础知识与方法,破解重点与难点,录制微视频,并编制具有若干标签的基础性习题。随后,将微视频和习题与若干个末端知识点建立关联,形成结构化资源库。学习平台对学生的网络学习过程进行记录并诊断,可以为学生推送匹配的学习资源,帮助学生针对性开展学习。

2. 建构新型教学流程,破解学习需求差异性问题

基于学习平台,学校逐渐建构目标引领下的"反馈评价—释疑深化—合作探究"教学流程。学生依托平台,进行课前预学,可以停顿思考或反复回看,也可以选择不同教师的微视频学习,达成部分教学目标,形成更高的认知起点。而在课堂教学中,教师针对学生预学,通过反馈评价,落实基础知识,从而有更多时间破解学生疑难问题并进行拓展深化,为合作探究等深度学习提供了更多可能。

3. 建构学习改进系统,破解学习过程即时性问题

经过课前预学、课中导学,学生可以按需进行课后巩固学习。例如:网学平台基于诊断分析,可以自动组成不同的反馈检测卷,更精准支持每一位学生的补偿学习,通过针对性练习的精准推送,落实学生的薄弱知识点内容。这样的"课前预学—课中导学—课后巩固"螺旋式学习改进系统既是一种学习过程,也是一种思维模式,可以促进学生对自己学习负责,寻找适应自身的学习方式,反思自己的学习,并加以改进。

（三）聚焦"优势学习"要素,建立支持学生因需而学的评价体系

聚焦"优势学习"要素,围绕元认知技能习得,研制保障整体因材施教的评价制度,建构支持整体因材施教学生因需而学的管理评价范式。学校在学生学习的过程中,通过《个性化学习实践与指导手册》等自评工具的研发,对学生进行整体或个别的指导,引导和帮助学生在学习中,逐渐改善自己的行为,改进自己的学习,从而改变自己的思想,促进更好地自主发展。

图 4-20-5 《手册》中学生记录内容举例

1. 精心设计,助力元认知技能习得

根据学生在学习内容、方式、时间和环境的偏好与运用存在差异性,学校从这四个要素着手进行设计《个性化学习与实践指导手册》,包含认识自己、规划与计划、学习内容、方法、空间、时间等十一项内容。

《个性化学习与实践指导手册》借鉴"手账"形式,以勾选与填写结合、图文结合、预设与留白结合、活页设置等方式呈现,满足学生随时填写、前后对照、自由组合、彰显个性,以便捷性促进学生使用,指导学生对学习行为与过程自我评价和反思,逐渐掌握元认知技能,提高自我认知和调整能力。

2. 定期推进,促进反思习惯养成

每个年级制订推进时间表,建立《个性化学习与实践指导手

册》填写提醒集体指导和个别化约谈等工作机制。同时,开展多种形式的分享交流,包括小组、班级、年级交流,口头与书面交流,线下与线上交流等,促进学生通过自评、互评、反思、调整,相互学习,理解《个性化学习与实践指导手册》的作用和价值,更加自主地使用《个性化学习与实践指导手册》。

3. 注重指导,提升学生反思改进能力

在运用《个性化学习与实践指导手册》中,学生逐渐形成"计划→行动→总结→反思→改进"的循环过程,基于自己对学习内容、方式、时间和空间的元认知评价,实现自主选择、自我反思、及时改进,从而持续改善学习行为,更好地实现个性化学习,彰显整体因材施教下的学生个别化因需而学。

四、检验与佐证

(一)促进学生自主发展,提升自我认知

每位学生充分认识自己的学习特点,在教师的专业指导下,聚焦个性化学习要素,围绕元认知技能习得,针对自己特定的学习内容、学习方式、学习时间和学习环境,进行经常性的总结和反思,逐渐比较和发现自己的优势学习内容、优势学习方式、优势学习时间、优势学习环境,学会自我评价、自我反思、自我调整,逐渐改善自己的行为,改进自己的学习,改变自己的思想,并将其更多地运用在后续学习中,增强自信心和自律意识,实现有价值的学习,最终实现优势发展,成就每一个更好的自己。

在学生问卷中,学生选择很喜欢和较喜欢思维广场选项的比例分别占 776 份有效答卷的 40.21% 和 32.09%,合计占 72.30%;学生认为思维广场对学生发展很有影响和影响较大的分别占 47.16% 和 30.67%,合计占 77.83%;对漫思实验室很喜欢和较喜欢的学生占 52.71% 和 28.87%,合计占 81.58%;认为漫思实验室对学生发展影响很大和较大的学生占 51.8% 和 30.93%. 合计占 82.73%。因此,我们认为思维广场跨学科融合式教学和漫思实验室教学可以满足学生不同层级的学习需求,实现整体"因材施教"。

(二)教师专业提升,学科拓展应用

教师关注学生的"学",充分发挥学生的能动性。新型教学流程解决了因教师教学素养差异对教学产生的负面影响:教学的整体性效率更高,效果会更好;解决了教师对概念理解差异的问题;平台诊断的数据支持,使教师对学生的评价更精准,由此传统经验被科学数据替代,从而弥补了青年教师教学经验不足的问题,为教学效果的提升提供了可能。

近五年,教师们开展多项区级、市级课题,以及国家级课题 3 项,多个研究成果获奖;在各类教育期刊发表论文 20 多篇,出版专著 1 本;在校际、区、市乃至全国层面,开展教学展示、成果交流、专题研讨等 10 多场,获各类奖项数十项。

（三）多元合作交流，经验辐射推广

2016 年，市西中学依托上海市电化教育馆、教育部中学校长培训中心以及华东师范大学等资源，分步骤地从点到面推进，对本课题的研究成果进行应用性推广。

学校依托上海市"双名工程"的平台，加强与兄弟学校的合作，组建了包含全市乃至全国范围的几十所学校自愿参加的合作研究团队，推动项目深化研究与实践，并举办了数十场全市、全国和国际研讨展示活动，反响热烈，引起广泛关注，被认为具有"高挑战、高思辨、广实践、高成果"的价值，增加了研究团队的力量，提高了研究成果普适性和可推广性，并通过一系列的展示交流活动，持续分享阶段性成果，发挥课题研究的辐射示范价值。

五、反思与展望

通过对本研究成果以及辐射推广的综合分析，我们发现仍存在一些问题值得进一步讨论和深入研究。例如，如何让学生在三年的学习中能够因需而学？尽管针对这一问题形成了一些实践成果，但是对于整体因材施教的实施技术与路径仍需要进一步研究，以满足所有学生个性化差异。学校整体因材施教对于每位学生学习状况的精准评价、发展需要的准确分析，以及在学生变化发展过程中对于目标与内容的适时调整等问题，需要在教育专业技术方面寻求突破性的研究成果。AI 技术如何智能化地服务于每位学生有价值的个别化学习与发展，也值得进行持续的探索研究。为此，学校在以教育改革谋发展的进程中，将从下列两个方面深化研究与实践。

1. 以创建学术型高中为愿景，围绕学校新一轮改革与发展的目标任务，积极推进各个项目的实践研究，满足不同学生全面而富有个性的优势学习与发展需要，实现更大规模的因材施教，促进学生学术性素养的培育。

2. 根据学校优势学习和有价值学习理念，积极推进"指向创造力培育，促进有价值学习的实践研究"，真正实现学生学习不仅更加高效，还更有价值。

（执笔人：董君武　郑　岚）

21

数字技术赋能高中生科学探究素养培育的实践探索

/ 上海市格致中学

核心问题

如何借助虚拟现实等新技术,将抽象的学科概念可视化、具象化,以改进和强化实验教学,提高学生实验探究的自主性,从而更好地培育学生的科学探究学科核心素养?

一、背景与问题

(一)背景概述

实验教学是培养学生科学探究素养的主要途径。在传统的理科教学中,学科实验的开展方式主要包括教师演示实验和学生分组实验。然而,受限于传统的理科实验教学环境和教学模式,验证性实验在教学中占据主导地位,而探究性实验相对较少,这导致学生在课堂上难以开展有针对性和差异化的实验探究。

探究是自然科学领域的重要学习方法。在高中阶段,物理、化学、生物学等学科都将"科学探究"列为学科核心素养的重要组成。在教育数字化转型的大背景下,如何运用新技术赋能科学教育和理科实验教学,成为培养学生科学探究素养的一条创新路径。

(二)核心问题

在探索与实践"双新"的过程中,我校聚焦于一个核心问题:如何借助虚拟现实等新技术,将抽象的学科概念可视化、具象化,以改进和强化实验教学,提高学生实验探究的自主性,从而更好地培育学生的科学探究学科核心素养?

这一核心问题可进一步分解为以下几个子问题。

(1)如何利用虚拟现实技术开发与普通高中新课程新教材内容相匹配的数字实验资源?

(2)如何基于数字实验资源创新教学设计,以促进学生科学探究素养的培育?

（3）如何设计与实施针对学生科学探究素养的过程性评价与表现性评价？

（4）如何总结提炼利用数字实验培育学生科学探究素养的有效教学策略？

二、路径与办法

我校采用行动研究方法，以创新实验教学设计和编制科学探究素养评价方案为切入点，在数字化教学环境建构与数字实验资源开发的基础上，开展了两轮循环迭代的教学实践。在每一轮教学实践后，通过系统的教学反思，对实验教学设计进行调整和优化。同时，根据学生的科学探究素养评价结果，提炼出了一套运用数字实验资源的有效教学策略，并梳理了各学科的典型教学案例。通过行动研究，在实践中不断完善实验教学设计，改进教学方法，促进了学生科学探究素养的提升。图4-21-1展示了我校采用行动研究方法解决问题的路径。

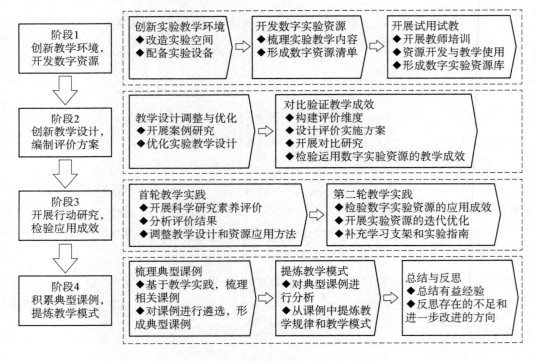

图4-21-1　行动研究法解决问题路线图

问题解决的过程主要由以下四个阶段组成。

1. 阶段一：创新教学环境，开发数字资源

其一，创新理科实验教学环境，配备MR桌面机和可穿戴设备。其二，根据《中小学实验教学基本目录（2023年版）》，梳理物理、化学、生物学三门学科新课程新教材中的实验教学内容，遴选需要开发数字实验资源的内容清单。其三，开展教师数字技术专题研修工作坊，让教师掌握

zSpace设备和3D One AI软件的基本使用方法,组建多个学科团队,承担数字实验资源的开发与教学试点,在试教过程中收集师生的反馈,不断丰富和改进数字实验资源,形成与新教材相配套的数字实验库。

2. 阶段二:创新教学设计,编制评价方案

在前期教学试点的基础上,采用案例研究法,针对各学科具体的实验教学内容,重点研究教学设计的调整与重构,鼓励和支持学生合理运用数字实验资源开展科学探究。研究如何合理设置学生自主探究的时长、如何给予适当的指导、如何评估学习成效。

同时,基于学科特点,从课程标准对科学探究学科核心素养的界定出发,构建科学探究素养的表现性评价维度。结合具体的实验内容,设计评价实施方案,开展横向对比研究,检验运用数字实验资源开展教学,是否比传统的教师演示实验更有助于提升学生的科学探究素养。

3. 阶段三:开展行动研究,检验应用成效

运用行动研究方法,先后开展两轮教学实践。

第一轮教学实践:依据"科学探究"素养表现性评价结果,明确学生在科学探究的过程中表现较弱的评价维度,并对教学设计进行反思和调整,优化数字实验资源在教学中应用方法。

第二轮教学实践:结合科学探究素养评价结果,进一步检验合理运用数字实验资源对于培育学生科学探究素养的实践成效。

4. 阶段四:积累典型课例,提炼教学模式

在两轮教学实践的基础上,分学科归纳应用数字实验资源开展实验教学的若干基本模式,提炼培育学生科学探究素养的有效策略;梳理各学科应用数字实验资源改进和强化理科实验教学的典型课例;形成运用数字技术改进和强化实验教学,培育学生科学探究素养的有益经验。

三、成果与经验

(一)建立高中理科数字实验新空间

我校以数字虚拟实验室建设为中心,建立高中理科数字实验新空间。"新空间"之"新"主要体现在以下三个方面。

1. 配备基于虚拟现实技术的新型实验装备

与传统的理科实验装备相比,我校在两个方面进行了创新:一是在传统理科实验室环境下,增配可穿戴设备(见图4-21-2),便于师生根据教学内容,灵活选用实验现象的观测方式,开展虚实结合的实验教学;二是创新了实验环境,新建理科数字实验室(见图4-21-3),配备40套学生用的MR桌面机、追踪眼镜和虚拟交互笔。这些新型实验装备可规避实验过程中出现的安全隐患(如溶液打翻),并支持学生开展自主探究。

图 4-21-2　在传统理科实验室中配备可穿戴设备

图 4-21-3　配备 MR 桌面机的数字虚拟实验室

2. 开发基于动态交互的新型实验资源

学校组织教师对普通高中物理、化学、生物学三门学科新课程新教材中的教学内容进行分析，运用混合现实技术设计并开发数字实验资源，最终形成了一个由 107 个物理实验、105 个化学实验和 44 个生物学实验构成的数字虚拟实验资源库。

3. 开发嵌入式实验操作指南

与传统的实验操作手册或纸质的实验操作指南不同，在数字实验环境下，学校将实验操作的步骤指引融入数字实验资源中。如图 4-21-4 所示，学生可以使用虚拟交互笔在 MR 桌面机上进行点触，查看实验操作指南，并根据实验要求在 MR 桌面机上进行探究和交互。

（二）凝练以问题为导向的实验教学新样态

对于如何在教学中运用数字实验资源，支持学生开展科学探究这一问题，我校经过两轮教学实践与改进，形成了以问题为导向的实验教学新样态。具体而言，提炼了以下三种教学模式。

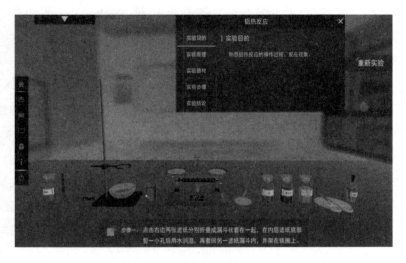

图 4-21-4 将实验操作指南融入数字实验资源

1. 数字实验资源支持下的 IEEC 教学模式

在传统的理科教学中,由于实验资源与实验条件的限制,学生无法对一些难以实际观察的科学现象或科学模型开展自主探究,只能借助静态插图建立对学科概念的理解和认知。为此,我校借助数字实验资源,发挥其三维仿真和动态交互特点,以驱动性问题为导向,组织学生与数字实验资源开展交互(Interaction),经历探究(Exploration)、迁移(Elaboration),最终推断和总结(Conclusion)的探究发现过程从而形成 IEEC 教学模式。这是一种可行的教学模式,其基本实施流程如图 4-21-5 所示。

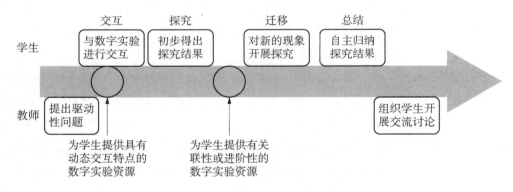

图 4-21-5 数字实验资源支持下的 IEEC 教学模式

在这一教学模式下,教师以驱动性任务为引导,组织学生在明确探究问题的前提下,运用数字实验资源开展交互。学生通过观察与分析,初步得出探究结果,教师再为学生提供有关联性或进阶性的数字实验资源,引导学生尝试将得到的学习发现迁移到新的探究活动中,自主归纳探究结果,并组织学生开展交流。

例如,高中物理"电磁感应与电磁波初步"专题教学中,涉及磁场、磁感线、电流的磁效应等抽象的学科概念。这些物质看不见、摸不着,在课堂教学中,教师大都结合教材配图或演示实验来讲授这类学科概念,难以组织学生通过实验开展探究并体验。

《普通高中物理课程标准(2017年版2020年修订)》在教学要求中明确提出"通过实验,认识磁场。了解磁感应强度,会用磁感线描述磁场。体会物理模型在探索自然规律中的作用。通过实验,了解电磁感应现象"。基于此,如何让学生通过实验认识磁场、了解磁感应现象,是实验教学改革的突破重点。

教学中教师设定的学习目标是:观察关于磁场的三维动态模型,学会用磁感线描述磁场。教师以问题为引领,组织学生运用预先开发的关于"磁场、磁感线"的数字实验资源开展探究活动。教师提出了以下问题:通过对虚拟实验的观察和交互体验,试归纳条形磁铁周围磁场强弱的分布情况。

教师首先为学生提供反映条线磁铁周围磁场情况的数字实验资源。借助数字实验资源,学生开展三维旋转和动态交互,普遍能观察到磁铁周围磁感线的疏密差异,进而认识到磁感线的疏密程度表示磁场的强弱。在细致观察下,学生能得到以下结论:在条形磁铁外部,磁感线从N极到S极,在条形磁铁内部,则由S极到N极;条形磁铁的两端磁性较强等。

在此基础上,教师再为学生提供反映U型磁盘周围磁场情况的数字实验资源。学生结合已有的学习认知,普遍能够顺利归纳出U型磁铁周围的磁场分布情况。

通过对比实验发现,借助数字实验资源开展自主探究的班级,有97.5%的学生能准确描述观察到的实验现象并归纳实验结论,而采用教师演示实验开展教学的班级,仅有45.8%的学生达到了这一要求。由此可见,以问题为引领,发挥数字实验资源的三维仿真特点,运用IEEC教学模式,组织学生通过自主探究归纳实验结论,能促进学生对学科概念的构建和认知。

2. 基于多场景数字实验资源的IEIC教学模式

在传统的理科教学中,由于缺少实验资源的支持,学生在应用科学原理,思考和解决具体问题时,难以验证自己的理解和推测是否正确。因此,可以借助数字实验资源,发挥数字实验的动态交互特点,在解决具体问题时,组织学生开展自主交互(Interaction),探究(Exploration)并验证实验结果,形成促进学生探究意识与学科理解的有效教学模式。在数字实验资源的支持下,还可进一步动态切换至具有关联性的新的实验场景,引导学生先根据已有认知,开展分析,形成对实验结果的推断(Inference),再通过交互,验证推断是否正确,总结(Conclusion)归纳研究结论,从而加深对实验内容的理解和认识。通过串联起上述过程,学校构建起IEIC教学模式。这一教学模式的基本实施流程如图4-21-6所示。

在这一教学模式下,课堂中教师先介绍探究任务,组织学生通过与数字实验资源的动态交互,初步得出探究结果。随后,切换实验场景,组织学生先推断场景变换后的实验结果,再开展实践验证。最后,总结归纳探究结论,加深对实验内容的理解与认识。

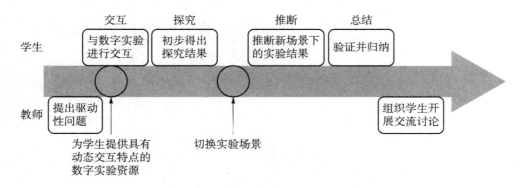

图 4-21-6　基于多场景数字实验资源的 IEIC 教学模式

例如,在学习"安培定则"时,学生往往能够理解其基本定义。但在实际应用的过程中,部分学生在初学时容易产生认识误区和学习困惑。

在数字实验资源中,可设计多种实验场景并快速切换。教学中,教师设定的学习目标是:通过对虚拟实验的观察和交互,对于直线电流、环形电流、通电螺线管三种不同情况,能根据电流方向,确定电流产生的磁场的磁感线方向。

在教学中,教师以问题为引领,组织学生运用数字实验资源,在直线电流场景下开展探究活动。教师提出了以下问题:通过对数字虚拟实验的交互体验,对观察到的多种实验现象,尝试根据电流的方向,判别磁感线的方向。

在探究过程中,学生通过与数字实验资源的动态交互,能实时验证自己的判断结果是否正确。随后,通过对数字实验资源的调控,切换到环形电流、通电螺线管等不同场景。此时,组织学生先开展问题分析,再通过与数字资源的交互对实验假设加以验证。这一学习过程,让学生从原本对学科知识的简单记忆,转变为在不同场景下对学科知识的应用与检测,生动诠释了技术赋能的学习与探究。

3. 基于数字实验资源动态调控的 IEDC 教学模式

在理科教学中,有时改变一些关键的实验条件,实验现象和实验结果可能会产生较大差异。在传统的实验条件下,部分实验若要改变实验条件,其工序相对复杂,在课堂上难以快速实现。因此,可以借助数字实验资源,在解决具体问题时,先组织学生开展自主交互(Interaction),探究(Exploration)并验证实验结果,在此基础上,对数字学习资源进行动态调控,改变其关键条件,引导学生辨析(Discrimination)条件改变后的实验结果,再通过交互,验证推断是否正确,总结(Conclusion)归纳研究结论。通过这些过程形成的 IEDC 教学模式,基于数字实验资源,对实验条件进行动态调控,可帮助学生有效认识经典实验的相关变式,其基本实施流程如图 4-21-7 所示。

在这一教学模式下,课堂中教师首先组织学生通过与数字学习资源的交互,围绕一个问题情境开展探究,在形成初步的探究发现后,调控数字实验资源,改变实验中的关键条件,组织学生辨

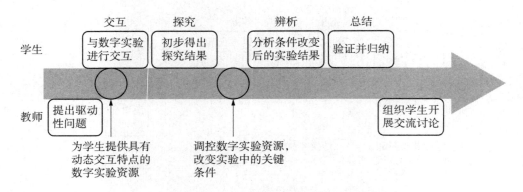

图 4-21-7　基于数字实验资源动态调控的 IEDC 教学模式

析条件改变后的实验结果,最后,通过交互验证,形成归纳结论,进一步强化对学科内容的理解和认识。

例如,在开展"奥斯特实验"时,教师以问题为引领,组织学生运用数字实验资源,开展探究活动。教师提出实验目的:通过对数字虚拟实验的交互体验,描述观察到的实验现象,说明电与磁之间的关联。

运用数字实验资源开展交互和探究后,学生普遍能描述出当电路闭合时,小磁针发生偏转。随后,教师组织学生调控数字实验资源,改变电流方向,请学生辨析小磁针会如何变化。这样一来,学生通过先辨析,再交互验证,能更深刻地认识到当电路中的电流方向改为相反方向时,小磁针也会向相反方向偏转等现象,进而自主归纳出"电流周围存在磁场,磁场方向与电流的方向有关"等结论。

（三）实施科学探究素养表现性评价

1. 开发"科学探究"学科核心素养评价工具

学校根据物理、化学、生物学三门学科的课程标准对科学探究学科核心素养的水平划分和相应描述,以提出问题、设计方案、数据处理、数据解释、交流与讨论作为科学探究学科核心素养评价的五个维度。在每个评价维度下,明确若干个评价指标,将学生在每个评价维度上的表现划分为四个水平,明确学生在不同的表现水平上应达到的行为表现,以此作为学生科学探究学科核心素养的评价工具。在"提出问题"维度,以问题的科学性与可行性、问题表述的规范性作为主要评价指标。在"设计方案"维度,主要以方案的原创性、适切性与创新性,作为学生表现水平的划分依据。在"数据处理"维度,主要以数据收集的完整性、数据处理方法的科学性,作为学生表现水平的划分依据。在"数据解释"维度,主要以数据分析结果的准确性、数据解释的规范性与合理性作为学生表现水平的划分依据。在"交流与讨论"维度,主要以实验报告的完整性、实验报告的科学性、交流后的优化与反思作为学生表现水平的划分依据。形成的科学探究学科核心素养评价框架如表 4-21-1 所示。

表 4-21-1　科学探究学科核心素养评价框架

维度	指标	水平划分	描述
提出问题	◆ 问题的科学性与可行性 ◆ 问题表述的规范性	水平 1	能观察现象并提出学科问题
		水平 2	能观察并分析现象，提出可探究的学科问题，作出初步假设
		水平 3	能观察并分析现象，提出并准确表述可探究的学科问题，作出有依据的假设
		水平 4	面对真实情境，能够从不同角度提出并准确表述可探究的学科问题
设计方案	◆ 方案的原创性 ◆ 方案的适切性与创新性	水平 1	能借鉴已有的方案开展科学探究
		水平 2	能在他人的帮助下，制订科学探究方案
		水平 3	能自主制订完整、适切的科学探究方案
		水平 4	能自主制订完整、适切且有新意的探究方案
数据处理	◆ 数据收集的完整性 ◆ 数据处理方法的科学性	水平 1	能使用基本的器材获得数据
		水平 2	能使用基本的器材获得数据，能对数据进行简单分析
		水平 3	能使用合适器材获得数据，能对数据进行分析
		水平 4	能使用合适器材获得数据，能用多种方法分析数据
数据解释	◆ 数据分析结果的准确性 ◆ 数据解释的规范性与合理性 ◆ 数据解释视角的创新性	水平 1	能对数据进行初步整理，得到初步结论
		水平 2	能分析数据，发现规律，形成结论
		水平 3	能分析数据，发现规律，形成结论，用已有的知识进行合理解释
		水平 4	能分析数据，发现规律，形成合理结论，用已有的知识进行科学解释
交流与讨论	◆ 实验报告的完整性 ◆ 实验报告的科学性 ◆ 交流后的优化与反思	水平 1	能撰写简单报告，陈述科学探究的过程与结果
		水平 2	能撰写实验报告，用术语或图表交流科学探究的过程与结果
		水平 3	能撰写完整的实验报告，对科学探究的过程与结果进行交流和反思
		水平 4	能撰写完整规范的实验报告，在交流反思的基础上，对实验报告作进一步优化

2. 评价实施、数据收集与分析比较

在评价实施环节,教师基于学校数字基座,收集和记录每一位学生在各个探究问题中科学探究学科核心素养的评价结果,监测学生科学探究素养的表现水平,运用数据可视化技术,在同一个学习专题中,呈现学生在各评价维度上的表现情况。

以高中物理"电磁学"单元的学习为例,某位学生科学探究学科核心素养的评价结果如图4-21-8所示。在这一单元中,教师先后组织学生围绕3个问题开展探究。从图4-21-8可得,该学生在开展第一项探究任务时,能观察并分析现象,提出表述相对准确的学科问题,使用实验器材获得数据,并对数据进行简单分析,但在数据解释和实验结论的归纳与总结方面表现水平相对一般。教师根据科学探究学科核心素养评价结果,分析科学探究学科核心素养表现水平较高学生的学习特点和表现特质,根据学生的表现类型和发展情况给予个别辅导,最终,该学生的科学探究素养有了较明显的提升。

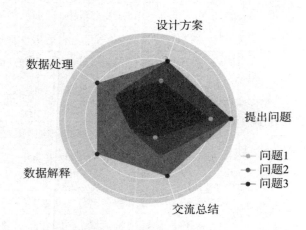

图 4-21-8 某学生科学探究学科核心素养评价结果

四、检验与佐证

运用数字技术加强和改进理科实验教学,对学生科学探究素养培育、教师专业发展、学校育人方式改革均产生了积极影响。

在促进学生科学探究素养培育方面,通过物理、化学、生物学三门学科的两轮教学实践检验,以整个学程为统计周期,学生科学探究学科核心素养评价结果均实现增值。科学探究学科核心素养表现性评价结果表明,在必修课程的学程中,学生科学探究素养的评价结果总体呈上升趋势,68.50%的学生在连续多个探究活动中,五个评价维度的表现水平均稳定在最高水平。

在促进教师专业发展方面,多学科同步开展运用数字虚拟实验的课例研究,积累了25篇实验教学典型课例,并在格致教育集团内率先开展物理、化学、生物学等学科实验资源共享和实践经验辐射。依托集团数字校园平台实现集团内数字教学资源的共用共享。我校形成"五个一"的成果推广模式,即一位学科骨干教师领衔一个研修团队,开展一项"科学探究"培育的研修项目,吸纳集团成员校的一位学科教师加入研修团队,共同开展研修,项目成果在集团校至少开展一轮成果推广应用。通过这种方式,促进了研修共同体建设,发挥了示范校的帮扶作用。

两年来,我校先后派出8位理科教师在集团和区级层面开展成果推广与蹲点帮扶,指导青年教师运用数字实验资源开展教学研讨课33节。在市、区两级中青年教师教学评比中,物理、化学、生物学三科青年教师共获等第奖12人次。

2021学年起,我校化学学科带头人张老师受聘担任集团成员校化学学科导师,结对青年教师袁老师。张老师将青年教师袁老师吸纳进课题组,共同开展化学学科数字实验资源开发和课例研究,探索混合现实技术赋能化学实验教学的有效教学策略。2022学年起,袁老师在自己学校的教学中运用数字实验资源,并结合校情学情对教学设计进行二次开发。经过近两个学年的教学实践检验,研究成果在成员校亦取得了积极的教学成效。在其他学科中,还有很多类似的案例。

在促进学校育人方式改革方面,我校参加了"北京—上海—成都—青岛"四地同步"5G+MR"全息课堂教学活动。学校的数字化转型实践案例"5G+MR+AI全息课堂"被上海市经济和信息化委员会评为生活数字化转型典型案例。我校相关实践案例在上海市普通高中"双新"推进会、黄浦区"双新"推进会和黄浦区教育数字化转型学术论坛进行了交流发言。研究成果《数字实验让科学可见、可感、可触》发表于《上海教育》2023年第34期,阶段性研究成果《"双新"背景下运用虚拟实验提升教学质量的案例研究——以高中物理"磁场与电磁感应"一课为例》发表于《现代教学》2022年第23期。

五、反思与展望

回首已开展的研究与实践,我校发现数字虚拟实验并非适合所有的教学内容。对于同样的教学内容,教师在是否选用数字虚拟实验开展教学方面,也存在一些认识和偏好上的差异。提高和促进学生科学探究素养表现水平的有效举措还有待作进一步挖掘。

因此,在后续的研究与实践中,我校将在以下三个方面进行深入探索:其一,根据教学实践反馈,持续优化数字实验资源的开发,从重资源数量转变为打造精品资源;其二,开展影响学生科学探究学科核心素养表现的相关因素研究,为提升学生科学探究素养、改进课堂教学实践提供指导依据;其三,梳理实践案例,形成数字技术赋能实验教学、提升学生科学探究素养的实践案例集。

(执笔人:吴　照　季金杰)

22

数字化环境下综合理科实验室课程的开发与实践

/ 上海市风华中学

▼

核心问题

如何构建数字化环境下的综合实验室课程,以培养学生的科学素养?

一、背景与问题

在日益重视改进科学教育、强化实验操作的背景下,我校在实验教学资源建设方面存在诸多挑战:实验种类繁多且缺乏系统性,学科间互不联通;缺少吸引学生主动探索的有趣实验设计;实验空间不足,限制了学生的全面实践;缺乏先进的实验过程管理,影响教师的教学效率。这些问题导致学生无法进行高质量的实验活动,限制了他们的实践机会和空间。

面对国家教育数字化转型的战略要求和"双新"教改的具体实施,学校迫切需要在先进教育理念的引领下,利用数字技术全面赋能实验教学的各个环节。这一转变旨在推动实验教学范式、组织架构、教学过程及评价方式的全面创新与变革,以帮助学校更好地适应现代教育的发展需求。此外,数字化转型也对学校的软硬件环境提出了更高的要求。

在这一背景下,本项目拟解决的核心问题是:如何构建数字化环境下的综合实验室课程,以培养学生的科学素养? 这一问题可以进一步分解为三个子问题。

1. 如何建设素养导向的综合理科实验室课程?

学校的物化生实验课程是培养学生科学素养和实践能力的重要途径。因此,需要设计以素养为导向的、突出学生主体地位的跨学科实验室课程,以满足学生科学素养发展的需求。

2. 如何用数字化赋能实验教学?

随着新课标中创新实验种类的增加及对实验探究要求的提高,我们亟须思考如何利用数字化技术优化实验教学,使之更好地适应现代教育的发展需求,并提升学生的综合素质与创新能力。

3. 如何创建更优质的数字化实验教学空间？

需要考虑如何在现有基础上扩展实验空间，既让学生能更充分地进行实践探索，也让教师能更有效地进行教学，从而为师生提供更广阔的数字化实验教学空间。

二、路径与办法

为更好地培养学生的科学素养，学校在传统优势数字化实验的基础上建设了理科综合实验室，并以此为基点致力于打破学科壁垒，开发相应的配套跨学科实验室课程，构建以学生为主体的实验教学新模式，具体路径和办法如图4-22-1所示。

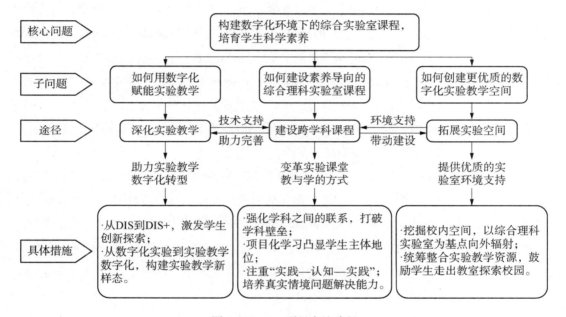

图4-22-1 项目实施路径

（一）建设跨学科实验室课程，变革教与学方式

打破学科壁垒，强化学科之间的联系。将物理、化学、生物学等学科知识进行整合，设计基于真实情境、以项目驱动的跨学科探究课题。通过素养导向的跨学科学习，转变实验教学形态，更新师生教学观念，打破学科壁垒，帮助学生构建更加完整、系统的科学知识体系，提升学生的科学探究能力和问题解决能力。

在项目驱动的学习中，突出学生主体地位。通过设计真实、有趣的任务情境，激发学生好奇心、想象力和探求欲，引导学生自主探究、合作学习，鼓励学生提出问题、分析问题、解决问题。

构建"实践—认知—实践"的模式。课程设计注重理论与实践相结合，增强课程内容与学生经验、社会生活的联系，引导学生在真实情境中综合运用相关学科知识解决问题。

（二）深化数字化实验教学探究，赋能实验教学

我校一直致力于利用现代信息技术推动实验教学的改革与发展，DIS（数字化实验系统）实验作为我校的传统优势项目，为实验教学的数字化转型奠定了坚实的基础。DIS实验室综合运用传感器、数据采集、数据处理等多种现代化技术手段，实现了信息技术与物理学科教学的深度融合，开启了实验教学的数字化时代。

为了更好地发挥数字化实验的优势，我们将传统优势项目DIS实验升级为DIS＋实验，旨在连接现有实验与真实生活情景，融合不同学科实验以解决更加复杂的问题，用数字化技术赋能实验教学的各个环节。基于学校"数字化支持的实践育人"特色创建目标，我校依据各学科的课程标准，在必修课程实验的基础上，开展了从DIS向DIS＋的深化研究设计。

这一探索涵盖了从物理实验到多学科实验教学，从单一学科到多学科，再到跨学科的实验教学探索，旨在培养学生基于实践、注重证据、观察比较、分析综合、抽象概括、判断推理的理性思维。DIS＋实验贯穿了从数据到规律、从现象到本质的归纳，充满了猜想和验证，构成了一个逐渐深入探究的学习过程，帮助学生更容易地建立起"实验数据→生活现象→学科本质"之间的基本思维模型，激发创新精神，培养实验探究能力。此外，在教学数字化转型的大背景下，我校也尝试将数字化实验的理念和方法应用于更广泛的实验教学领域，推动实验教学的全面数字化转型。

（三）整合实验教学资源，拓展实验探索空间

秉承"学校就是实验室"的理念，在综合理科实验室环境空间拓展与延伸的背景下，我校的实验教学场景已不再局限于课堂和教材中的专用实验探究。我校以综合理科实验室为基点，逐步向外辐射，梳理与统筹学校实验室、实验设备、技术和教师团队资源，对其进行整合与规范管理。

此外，我校进一步挖掘校内空间，通过数字技术让实验教学走出实验室，遍布校园每个角落。同时，也在努力开拓校外社会资源，让更多的科学实验能走近学生，以期让学生在更丰富的场景中发展自己的创新实践能力。

三、成果与经验

（一）项目驱动的跨学科实验课程建设与实施

1. 确定课程开发理念与目标

学校基于中国学生发展核心素养设计了课程体系，其中，"实现思维品质和动手能力的协同发展，培养科学理性精神"是课程目标中的重要因素，也是理科综合实验室课程建设的初衷。我校确定了以下课程开发目标：构建更完整的科学知识体系，提高问题解决能力，增加实验操作空间，提升学生综合科学素养。

为确保跨学科主题学习既符合课程政策要求，又能够落到实处，我校确定了两个基本的操作策略：一是将跨学科主题学习任务化；二是促进跨学科主题学习与学科主题学习的交融互渗。

2. 探索形成"同心圆"课程开发模式

为实现课程开发目标,我校构建了以项目核心团队为圆心,学科骨干教师为成员的"同心圆"课程开发模式(见图4-22-2),并形成了可持续可复制的运作机制。

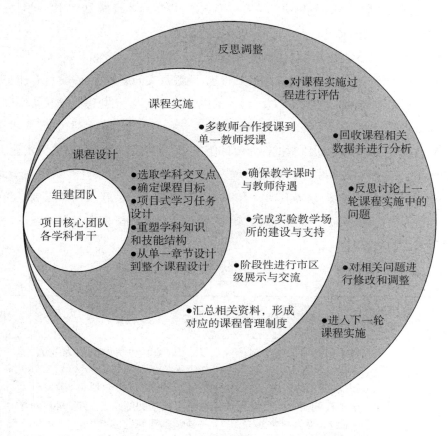

图4-22-2 实验教学课程开发"同心圆"模式

在这个模式下,项目组核心团队发挥关键作用,负责确定目标、制订计划、阶段回顾、研讨反思、给予建议、参与改进等工作,引领课程开发方向;学科骨干教师组成课程开发小组,负责具体课程设计和实施,并根据实施情况和反馈信息进行调整与优化。

"同心圆"课程开发模式促进了教师之间的协作和交流,实现了从单一章节设计到整个课程设计的突破,从较为分散的学科问题思考到整合在一起的融合型问题的转变,从多教师的合作授课到一位教师的独立完成的过渡,最终形成目标引领、齐心协力的实验教学新模式。

在课程开发过程中,我们着重进行了以下两方面的整合。

一是整合学习内容。以学习任务为内容聚合机制,突破分科教学的学科壁垒。基于问题解决的需要,结合学生年龄特点和不同学科性质,我校合并、重构跨学科知识技能的结构,整合运用多种思想方法、探究方式和价值观念等,嵌套跨学科的知识图谱,形成综合内容组织和学习活动单位,开发基于跨学科核心素养的大观念、大主题和大任务的主题学习内容,使其"少而精"。

二是整合学习方式。以学习任务为动机激发机制,转变老师讲、学生听的习惯性教学形态,探索任务型、项目化、主题式和问题解决等综合教学方式,更多地体现做中学、用中学、创中学,在学习方式层面落实育人方式改革。

3. 构建特色鲜明的跨学科实验室课程

基于上述理念和模式,我校开发了三门各具特色,强调真实问题解决、跨学科合作、实践操作的综合能力培养的跨学科课程(见表4-22-1)。其中,"探秘电池"依托综合理科实验室环境,以制作电池为项目任务,初步尝试了跨学科课程对学生综合素养的培育;"水质监测"将实验空间拓展到教室和校园之外,以完成水质监测报告为项目任务,提升学生对实际问题的分析能力与实验操作能力;"汽车改造计划"融入了生涯发展的理念,基于情境模拟,以设计并销售汽车为项目任务,让学生体验真实的职业环境,培养其团队合作能力与创新思维。这三门课程满足学生探究、体验和个性化学习的需要,推动了学习方式的转变,促进了学生科学探究与创新意识、科学态度与社会责任等素养的培育。

表4-22-1 三门跨学科实验室课程

课程名称	学科组成	项目任务	课程目标	内容描述	课程特色
探秘电池	物理化学生物学通用技术	制作电池	在模拟真实的电池制作科学探究体验中,不断完善解决问题的方法,培养科学理性精神,发展创新实践能力,提升科学素养。	以认识、了解和制作电池为线索,将高中相关学科的知识进行融合,创设情境,开展学习实验活动,激发学生对科学技术的好奇心,初步具有跨学科领域思考问题的能力。	综合理科实验室的环境支持
水质监测	物理化学生物学	完成水质监测报告	通过物理、化学、生物等指标测量水质,打破学科界限,从多学科视角对事物的形成和发展建立正确全面的认识。	以水为线索,借助DIS传感器、无人机等手段,对校内池塘及校外的彭越浦水体进行采样和分析,增强学生对水文环境领域的了解,提升学生跨学科问题分析能力,关注科学与技术、社会之间的联系,培养环保意识。	基于综合理科实验室的实验空间拓展
汽车改造	物理化学通用技术艺术	设计并销售汽车	以项目式学习的方式,用创造性的思维和多学科多领域的知识对真实问题分析、探究、设计、选择、优化,在项目分工中掌握跨运用学科知识,增强合作能力。	围绕电路设计的核心任务,创设汽车电路设计公司的真实情境,创建设计室、会议室和产品车间三个功能区域。学生在角色扮演中增加生涯体验,同时在学习和使用相关学科核心知识中逐步养成运用跨学科知识解决真实问题的工程思维方式。	基于情境模拟的职业生涯体验

（二）构建实验教学新样态

我校致力于推进实验教学的数字化转型,构建实验教学新样态。将DIS实验教学逐步融入校本课程,并在物理、化学、生物学等学科拓展实验中进行实践和提升,完成了从物理到其他学科、从单一学科到多学科的推进。在此基础上,我校进一步深化数字化系统对理科实验的支持,形成了DIS+实验教学新模式。

1. DIS+实验开发

我校主要从两个方向进行DIS+实验开发:一是基于已有DIS实验进行拓展,二是设计跨学科DIS+实验。

（1）数字化实验再开发。我们以单一学科的物理DIS实验为基础,逐步拓展到物理、化学、生物学等多学科的DIS+拓展实验(见表4-22-2)。依托综合实验室,开展学科实验拓展教学,逐步形成了学科拓展类实验选修课程体系。

表4-22-2 已有DIS实验基础上进行拓展实验

学科	已有DIS实验主题	DIS+拓展实验主题	学科拓展选修课
物理	利用压强传感器验证波意耳定律	测量不规则物体体积	模型制作
	验证机械能守恒实验	探究小车在斜面下滑过程中的机械能守恒	小车改造
	利用力传感器验证冲量定理	小车防撞安全测试	
	利用力传感器测物体拉力	超重与失重	
化学	利用pH值的变化了解离子反应的具体进程/滴定实验	探究食品膨松剂的本质	大科学实验
	利用pH值和二氧化碳含量的变化了解离子反应的具体进程/温度变化验证反应的热效应	探究水草缸中需要加入二氧化碳缓释片的原因	探秘泡腾片
	利用电导率探究溶液中离子浓度变化	探究二氧化硫与硫化氢水溶液反应的微型实验	
	利用溶解氧探究还原剂氧化原理	探究铁的氢氧化物	
生物	利用压强传感器测密闭容器内的压强	利用DIS探究酶催化作用的高效性	用DIS探索生命的奥秘
	验证膝跳反射实验	利用DIS验证神经纤维上兴奋的传导方式	生活·生态·生命

（2）跨学科DIS+实验设计。我校在物理、化学、生物等学科中设计跨学科DIS实验,以期解决单一学科实验无法完成生活实际问题解决的难题。目前开发的跨学科DIS实验(见表4-22-

3)贯穿了从数据到规律、从现象到本质的归纳,充满了猜想和验证,也构成了一个逐渐深入探究的学习过程,使得学生可以非常容易地建立起"实验数据→生活现象→学科本质"之间的基本思维模型,激发了学生的创新精神,培养了学生的实验探究能力。这些实验的开发和使用对于学生学科素养的培育大有裨益,也有助于开阔学生思路,促进其在各个领域的发散思维。

表 4-22-3　跨学科 DIS+实验主题

所跨学科	实验主题	传感器
物、化、生	不同吸附剂对污水处理效果的比较	浊度传感器
物、化	自制伏打电池并点亮灯珠	电压传感器、电流传感器
物、地	探究影响光伏电池使用受环境影响的因素	电压传感器
物、地	验证二氧化碳是温室气体	温度传感器、二氧化碳传感器
物、通用技术	探究车辆的转向灯延迟效果	方块电路

2. 实验教学数字化

实验教学数字化即实现实验教学各个环节的数字化,包括常规实验室装备、实验教学资源、实验教学评价和实验教学管理的数字化升级。我校在原有的 DIS 实验数据采集和处理分析数字化的基础上,引入"三个助手"平台(备课助手、教学助手以及作业辅导助手),探索实验教学资源、教学评价和教学管理的数字化转型。

备课助手包含"数字资源、教案设计、课件编辑、任务设置"等功能模块。帮助教师更好地理解与把握教学内容、要求和方法。教学助手包含"教学课件、互动工具、信息传输、数据分析、结果呈现"等功能模块,帮助优化教师演示讲解,丰富学生探究体验。作业辅导助手包括"课后作业、数据统计、错因分析、智能推送、人机对话"等功能模块,促进线上线下作业方式的有效融合。"三个助手"能够帮助教师减轻备课压力,帮助学生构建认知场景,助力精准教学,实现因材施教。它还能实现资源精准配置,以数字化支持构建多维学习体验模式,以定制资源实现课后精准辅导,实现高效的文字、图像、视频数据的记录与分享。

学校于 2022 年成为上海市高中化学数字化转型项目的实验校,在"三个助手"支撑下,开展了以项目化学习活动设计为核心的常态化教学。目前,学校已基本实现化学实验教学的常态化实施,包括常规课的优化设计和"三个助手"支撑下的项目化学习活动设计。依托学校的技术与环境资源,我校已摸索出一条基于数字化技术的常规课优化设计的实施路径,基本能够覆盖所有的必修课程内容学习。2023 年,学校开展了基于基础型课程的项目化学习的研究与实践,将一些已开发的项目化学习案例与"三个助手"平台进行融合设计尝试,目前已经完成并实施了三个项目化学习实践案例——"探秘泡腾片""印染废水处理""胶体美食",确立了多任务驱动模式下的技术与项目化学习融合尝试思路。

（三）从实验室到实践育人场

进一步推进实验教学品质需要有更广阔的实验室环境支持。因此,我校在教学楼二楼楼道打造了 DIS 实验挑战空间供学生自主学习;在花园打造了气象站,学生利用 DIS 无人值守气象观测系统采集气温、空气湿度、气压、土温等 10 多种气象数据,培养了学生在气象领域的兴趣以及综合学科知识应用的能力;在学校食堂、教室和会议室打造了室内环境监测系统,重点监测可挥发有机物、二氧化碳、PM2.5、PM10、甲醛、温湿度、噪声和光照度等与健康相关的环境数据,培养学生社会责任意识;在学校旁的彭越浦河边打造了基于无人船的 DIS"水上实验室",收集河道水质和氧饱和度等数据,为地理、生物和化学等课堂提供实验的硬件保障。

理科综合实验室的拓展与延伸空间让学生体验数字与学科的融合,提高跨学科的学习兴趣,激发学习动力。学生利用 DIS 实验进行探究性学习的机会,实现学生学习时间和空间的自主分配,从而使探究性学习教与学的方式得以优化。

四、检验与佐证

学校以综合理科实验室建设为依托,以 DIS 和 DIS＋实验教学为抓手,积极探索新时代实验教学新模式,取得了显著成效,主要体现在以下三个方面。

（一）学生科学学习兴趣与能力双提升

学校致力于激发学生科学学习的热情,提升学生科学探究的能力。近年来,学生对学科类课程的热情和满意度持续提升,参加"科技创新"类选修课程的人数逐渐增加,2022—2024 年分别为45％、48％和 50％,呈现稳步上升趋势。学校开发的跨学科课程也获得了学生的高度认可,95％的学生对跨学科课程整体感到满意和非常满意。其中,"教学内容和新意"的满意度为 9.4(满分10 分),"教学方法和教学资源的使用"的满意度为 9.9,"课程活动和互动性"的满意度为 9.6。几乎所有学生都认为这些课程提高了他们运用科学技术解决现实问题的思路和能力。

学生兴趣的提高也带动了他们在科技类竞赛中出色的表现。2021 年至今,我校学生共在"机器人知识""算法擂台""无人飞机"等科技竞赛中获奖共计 167 项,其中区级 43 项、市级 113 项、国家级 11 项,充分体现了学校实验教学改革的成果。

（二）教师专业发展与课程建设相互促进

在综合理科实验室课程建设的辐射下,学校三年来科学技术类的选修课开设增速明显,教师参与课程建设的积极性显著提高,教学观念也发生了转变。课程建设也为教师专业发展提供了平台,团队教师在思考和实践中开阔了教学眼界,进一步理解了"双新"理念,磨练了教学技能。2021 年至今,我校教师在相关科学教育领域获奖共计 62 项,其中区级 35 项,市级 25 项,国家级3 项。

学校也为教师提供了充分的展示平台,2021 年至今,教师在综合实验室进行了市区级以上展示共 12 次,学校"回应式课堂"物理、化学、生物的公开课在综合实验室开展 15 次。课程开发团队中的核心成员多次在各市区级重大场合进行专业的学术报告,为自己的名师之路添砖加瓦。

（三）学校办学特色更加鲜明

学校以实验教学为突破口,形成了鲜明的办学特色。2022 年,我校成为上海市高中化学数字化转型项目的试验校,力争促进育人方式转变,探索教育数字化转型教学新样态,推动教育高质量发展。长期以来的积累使得学校于 2024 年成功申报国家教育部首批全国中小学科学教育实验校。数年如一日的坚持让学校的实验教学名声在外,自综合实验室建成以来,平均每学期接待外校参观、学习人员 20 批次。学校 6 位理科教师参与上海市"空中课堂"的录制工作,为城市的线上教学尽心尽力。

五、反思与展望

在未来的教学实践中,我校将继续深化实验教学数字化转型探索,进一步激活实验教学的创新。加强课程与学生科学素养培育的契合度,摆脱应试的惯性,丰富实验教学的评价方式。在实验室课程大纲中将课程目标与学生素养进行配对,通过"互动笔记"平台进行过程性评价,真正做到评价的数字化和多元化。此外,还要加强实验室建设和校外合作。学校拟对现有的地理、通用技术等实验室进行系统化改建升级,并持续与相关校外机构合作,打造丰富的校外教学实践站点,为师生提供优质课程资源。

（执笔人:桑生华）

23 基于学生数字画像提升教学有效性

/ 上海市大同中学

核心问题

如何运用学生学习相关数据,促进有效教学,落实学科核心素养的培育?

一、背景与问题

(一)背景概述

数字技术与教育教学的深度融合,蕴藏着催生新型教育形态、重塑教与学关系、推动治理方式变革的巨大潜力。近年来,上海市大同中学积极开展"基于数字画像提升教学有效性"信息化项目研究,探索"大规模数据支持下的因材施教",致力于提升教育教学质量与效率。

为落实立德树人根本任务,新课程、新教材改革追求的是着力发展学生核心素养,通过推进育人方式转变,真实地指向学生学习方式以及教师教学方式的转变,由此带来学生学业质量的真实提升、教师专业水平的真实成长,进一步推动学校真实发展。

为落实立德树人根本任务,大同中学积极推进新课程、新教材改革,探索"数字画像"赋能教育教学的有效路径。学校以"数字画像"项目为抓手,转变学生学习方式和教师教学方式,致力于提升学生学业质量、促进教师专业发展,最终实现学校的高质量发展。

(二)核心问题

本研究的核心问题是:如何运用学生学习相关数据,促进有效教学,落实学科核心素养的培育。这就涉及到以下几个方面:确定影响学生学业质量的关键因素,在学生学习过程中采集相关数据,高效准确地获取反映学生学业质量提升的数据,并应用这些数据推进有效教学。

为此,学校以学业质量关键影响因素为主体,构建了学生数字画像框架,并在此基础上构建了基于数字平台的学生数字画像数据采集流程,提炼了基于学生数字画像提升教学有效性的实施策略。

学校采用行动研究法,以学生数字画像框架建设和关键数据采集流程为切入点,探索数字画像在教育教学中的应用。学校开展了多轮循环迭代的教学实践,并在每一轮实践后,通过系统的教学反思,以及对学生和教师的评价调研,不断调整和优化数字画像框架、数据采集流程以及应用于教学的有效性策略。最终,提炼出了一系列提升教学有效性的实施策略,并梳理了各学科的典型教学案例。图4-23-1展示了学校采用行动研究方法解决问题的路径。

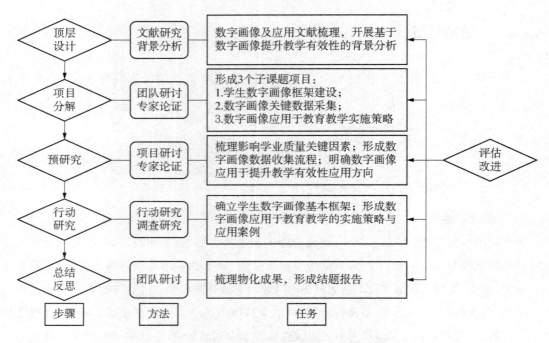

图4-23-1 行动研究法解决问题路线图

问题的解决过程采用行动研究方法,共分为五个阶段。

1. 阶段一:顶层设计阶段

本阶段主要通过文献研究和背景分析,明确有效教学的内涵,即有效教学应与国家课程标准相适切、与学生核心素养发展目标相契合、与学生身心发展规律相匹配、与学生全面而有个性的发展相适应。

2. 阶段二:项目分解阶段

本阶段对照核心素养发展目标,分析需要采集的学生数据,并以此为依据,形成了三个子课题项目。

(1)学生数字画像框架建设:重点关注学生个体和群体的特征数据,分析其对教学目标有效性的影响。

（2）数字画像关键数据采集：关注学生学习态度、动机、策略、方法、认知风格等数据，为教学情境设置、小组活动组织、思维能力培养提供参考。

（3）数字画像应用于教育教学实施策略：重点关注学生学习轨迹、学业水平数据，为教学反馈和组织管理提供依据。

3. 阶段三：项目预研阶段

本阶段围绕"如何运用数字画像有效推进教学开展，提升整体学业质量"这一核心问题，从数据采集的内容、方式和应用三个维度进行深入研讨和专家论证，明确了项目研究方向：梳理影响学业质量的关键因素，确定数据采集范围；开展数字画像数据收集流程研究，保障数据采集的效率和质量；明确数字画像应用于提升教学有效性的方向和策略。最终目标是实现信息技术与教学的深度融合，转变教与学的方式，打造智慧校园，整体提升学业质量。

4. 阶段四：行动研究阶段

本阶段主要完成了以下两方面工作。

（1）确立学生数字画像基本框架，涵盖以下数据维度：

① 学生性格类型数据：采用 MBTI 职业性格测试，并进行校内纵向对比分析，为教学调整提供依据；

② 学生个性化能力优势数据：采用多元智能测评进行分析；

③ 学生职业兴趣倾向数据：采用霍兰德职业兴趣测评进行分析；

④ 学生学习动机、学习方法、认知风格等数据：通过每学期定期的全体学生调研和各年级部分学生访谈进行采集；

⑤ 学生课程参与、活动完成、作业完成等情况数据：通过信息化平台进行采集和分析；

⑥ 学生学业水平数据：通过信息化平台进行采集和分析，并针对班级、年级集体和学生个人分别进行画像，满足不同层次的教学需求。

（2）形成数字画像应用于教育教学的实施策略与应用案例。

5. 阶段五：研究总结阶段

本阶段由研究团队和参与实践研究的教师团队共同梳理过程性资料，凝练研究成果，形成结题报告。

三、成果与经验

（一）构建以学业质量为中心的学生数字画像基本框架

对照教学有效性从学生特征、学习态度、学习策略、学习轨迹、学业水平五个维度梳理学生学业质量的影响因素（见图 4-23-2）。

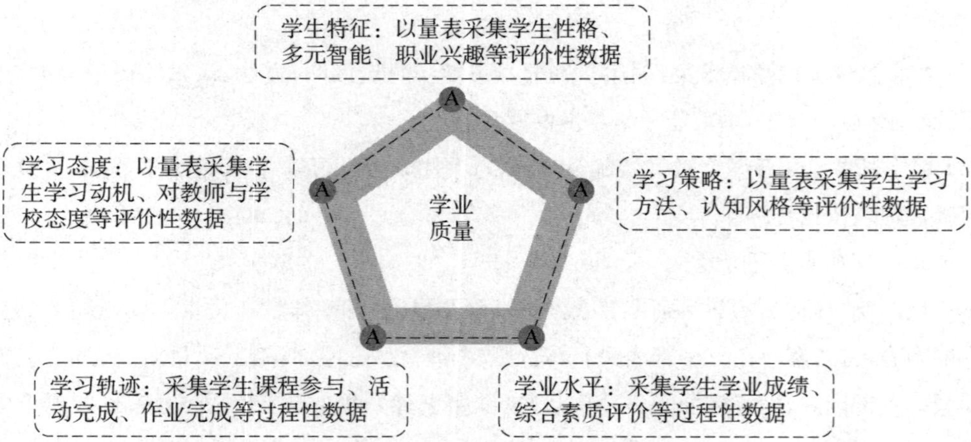

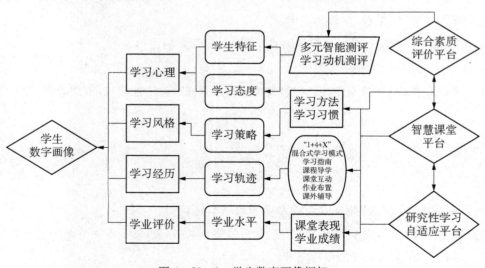

学生特征：以量表采集学生性格、多元智能、职业兴趣等评价性数据

学习态度：以量表采集学生学习动机、对教师与学校态度等评价性数据

学业质量

学习策略：以量表采集学生学习方法、认知风格等评价性数据

学习轨迹：采集学生课程参与、活动完成、作业完成等过程性数据

学业水平：采集学生学业成绩、综合素质评价等过程性数据

图 4-23-2　学生数字画像的五个维度

学校基于三条原则明确了以学业质量为中心的学生数字画像的主要数据指标。三条原则包括：是否促进学生的学习和发展；是否激发和调动学生学习的主动性、积极性和自觉性；是否提供和创设适宜的条件促使学生形成有效学习。

学校围绕学生特征、学习态度、学习策略、学习轨迹、学业水平五个维度开展了学生数字画像的建设。学生特征重在梳理学生的多元智能倾向，了解学生的学习优势；学习态度则从动机维度出发，了解学生的学习动力来源；学习策略重点从学习方法、学习习惯两个维度呈现学生的学习风格；学习轨迹与学校"1+4+X"混合式学习模式相融合，从教学的各环节对学生的学习动态、学习过程进行整体呈现；学业水平聚焦学生的课堂表现与学业成绩，整体反映学生学业质量。通过对这五个维度的分解与统整，学校构建了以"学习心理、学习风格、学习经历、学业评价"为要素的学生数字画像基本框架（见图 4-23-3）。

图 4-23-3　学生数字画像框架

（二）构建学生数字画像采集运作流程

学校学生数字画像相关数据的采集运行形成一个闭环，由课程教务中心依托智慧课堂平台、自适应平台开展学习心理的测评、学习风格的调研、学习经历的记录、学业评价的反馈，由学生发展中心重点开展综合素质评价平台的记录和上传。历经数据收集、数据处理、数据分析三大步骤，生成学生个人或群体成长画像，以此指导教与学工作的开展，为学校学业质量管理提供重要参考。在数字画像的支持下，课程教务中心与学生发展中心完善教学环节、加强教学落实、增进学生引导，在循环运作中稳步推进教学的有效性。我校学生数字画像采集运作流程图如图4-23-4所示。

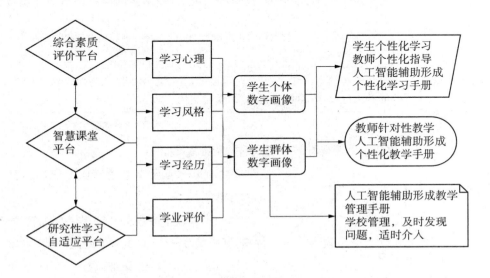

图4-23-4　学生数字画像采集运作流程示意图

（三）构建教师教学有效性的评价标准

有效教学应体现在与国家课程标准相适切、与学生身心发展规律相匹配、与学生全面而有个性的发展相适应，教学有效性的提升表现可以分为五个方面：教学目标、教学活动、教学能力、教学反馈、教学组织与管理，具体的提升表现见表4-23-1。

表4-23-1　教师教学有效性评价表现框架

标准框架	提升的表现
教学目标	考虑到学生个体和学生群体的不同需要，层次分明，学生的情况对制定目标起到明显作用。 对提升核心素养有价值，帮助学生促进学习的自主性。
教学活动	设置教学情境，小组活动、师生互动等考虑到学生（群体与个体）具体情况，使活动目标明确，与群体和个人学习目标相匹配。 学生主动投入到学习活动与作业中，在探索的过程中自发组织活动或研究。

标准框架	提升的表现
教学能力	教学方法多样，能根据学生和内容的需要选择合适的方法，学生积极参与学习的兴趣浓厚。 有计划地根据学生特点和需求，培养训练学生的学习方法和思维能力，并使其学业水平有明显提升。 创造性地使用各种教学资源，学生作出不同的选择，适合不同层次学生的需求。
教学反馈	为学生提供经常性的、及时的、高质量的反馈，使学生能够将反馈用于改进学习方式。 作业、测验、考试评价标准清晰，及时明确地反馈给学生，教师将评价结果用于计划小组活动或个别学生的教学。
教学组织与管理	有效记录与评价学生的课堂表现，及时反馈，并促进学生提升课堂表现。 有明确的课堂纪律，创建健康、有益的学习文化。

（四）提炼基于学生数字画像提升教学有效性的实施策略

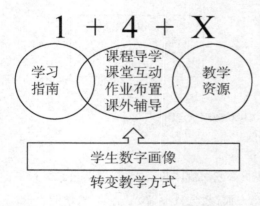

图 4-23-5 "1＋4＋X"教学模式示意图

1. 策略一：基于学生数字画像应用的"1＋4＋X"教学模式

学校围绕教学五环节开展了混合式教学的实践探索，形成了"1＋4＋X"的教学模式（见图 4-23-5）。

"1"指向学习指南，教师制订一单元和一周学习指南为学生自主学习进行指引。指南包括在哪些时段完成哪些学习任务的建议，以及哪些时段提供哪些资源的预告。

"4"指向以学生为中心的四大学习环节，包括课程导学、课堂互动、作业布置、课外辅导。课程导学涉及自主学习、自主测试反馈、学习情况统计等；课堂互动涉及课堂中的问题发现、思考质疑、问题生成、讨论交流、创新实践等；作业布置涉及作业发布、批改、反馈、错题统计，个性化学习数据应用等；课外辅导是在学生完成自主学习、课堂互动、作业辅导后，教师针对学生个性化需求给予的个性化反馈与辅导。

"X"为相关各种类型的教学资源。

学校以数字画像呈现学生经历"1＋4＋X"模式的全流程学业动态，以教研组为单位，从各教学环节入手，以数字画像指导并完善这一混合式教学模式的各个环节，提升教与学的有效性，积累数字画像的应用分析案例。

例如，在作业布置环节，为了加强数字画像对教与学的指导反馈，教师通过网络平台的作业辅导栏目，录制与作业习题一一对应的讲解视频，学生可通过观看讲解视频答疑解惑。学校采集学生作业完成情况、作业质量情况、学习习惯、学习方法等数据信息，生成学生数字画像，并反馈给任课教师，帮助教师对个别学生或班级整体进行针对性指导，改进教学环节。这种方式有效保障了教师和学生在教学各个环节获得的及时反馈，提升了教与学的有效性。

调研结果显示，基于数字画像生成的个性化学习指导信息对学生帮助很大。例如，关于"你能否按照老师发布的学习指南，完成课前预习任务？"这个问题，选择"可以完成"和"可以部分完成"的学生比例从原来的 72.10% 提升到了 96.16%；关于课堂学习的专注程度调研中，选择"非常专注"和"大部分时间专注"的学生比例从 89.29% 提升到了 98.67%。

2. 策略二：基于学生数字画像的个性化学习指导

学校深入探索和实践数字画像在学生学业诊断与分析指导、教师精准教学与因材施教方面的应用（见图 4-23-6）。通过教与学过程数据的积累和反馈，教师在学科集体画像和学生个体画像的辅助下，构建标准化试题画像、勾画班级整体学情画像、依据学生个人学情画像制订个性化学习手册。数字画像的应用有效提升了教与学的效率和质量，具体体现在：学生可以更好地定位自我，进行针对性的练习，提升学习效率；教师的教学更加具有针对性，提高教学效率；教师的教研方向更准确，促进课堂深耕；家长更了解孩子的学习情况，提升家校互动的品质。

图 4-23-6 标准化试题画像示例

班级集体画像反映班群体的素养水平与知识掌握情况（指向教学、教研有效性），如图 4-23-7 所示。

个体画像反映学生个性化问题，核心素养维度图反映学生学科核心素养的强项和薄弱环节；学科思想和方法技巧图可以反映出学生在哪些具体的思想方法上比较薄弱或比较优秀；知识点和考点维度图可以根据多次测试的小题数据，定位出该生薄弱的知识点和考点，并由此生成个性

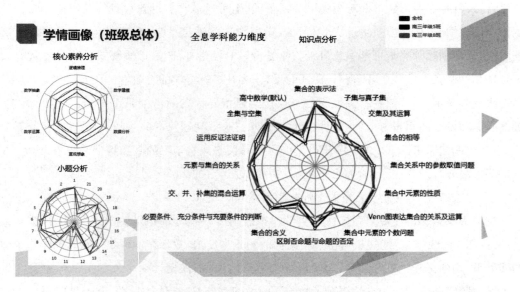

图 4 - 23 - 7　班级集体画像示例

化学习手册中的推送巩固练习题。以某同学的数学学科数字画像为例,从个人全系学科能力维度表可以看出该生在素养、思维、方法、知识、考点维度的薄弱环节所在,如图 4 - 23 - 8、图 4 - 23 - 9 所示。

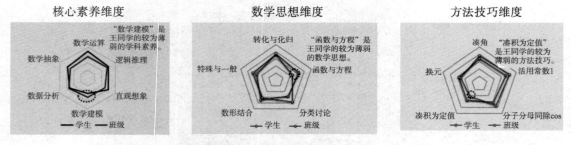

图 4 - 23 - 8　个人全息学科能力维度图表

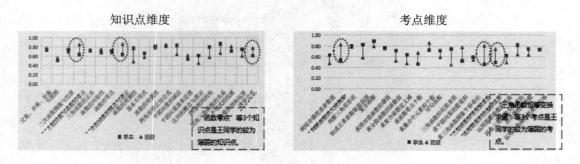

图 4 - 23 - 9　个人全息错因定位

个性化学习手册(学生版)是根据学生个人数字画像生成的学习辅助手册,除了记录学生的学业水平成长过程,还根据画像数据生成了适用于该生的错题集、推送练习等,每人一册,针对个人的薄弱环节加以提升巩固,让学生的学习时间与精力都用在刀刃上,"解放"学生,如图4-23-10所示。

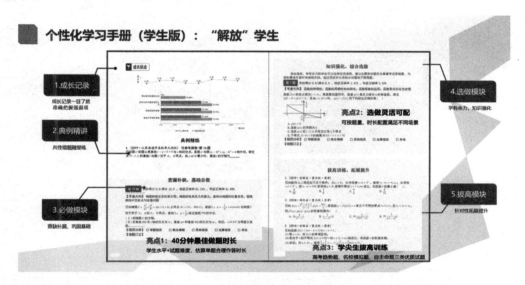

图4-23-10　个性化学习手册(学生版)示例

个性化学习手册(教师版)是根据班级或年级集体数字画像生成的学习辅助手册,除了记录学生群体的学业水平成长过程,还根据画像数据生成了适用于解决集体共性问题的错题集、推送练习等,针对集体共同的薄弱环节加以提升巩固,让教师的教学时间与精力都用在刀刃上,"解放"教师,如图4-23-11所示。

图4-23-11　个性化学习手册(教师版)示例

3. 策略三：基于学生数字画像的生涯导师制度

大同中学建立了"全员导师、全程护导、全面导航"的生涯导师制（见图4-23-12），通过双向选择为每一位学生落实生涯导师，并基于学生数字画像，以学科教学、生涯课程、咨询指导等方式，为学生实施一对一的个性化生涯发展指导，助力数千名学子逐梦生涯之旅。

图4-23-12　成长导师制度示意图

生涯导师制实施贯穿高中三年，不同阶段侧重点各有不同：高一侧重生涯体验与实践指导；高二侧重生涯测评、专业方向选课指导；高三侧重生涯主题活动开展。具体实施过程中，重点关注以下三个方面。

（1）面向个体，提供个性化指导。针对学生个体差异，通过信息采集平台为每位学生建立电子成长档案，并以数字画像及时记录、反馈个体成长情况，为学生提供个性化指导。

（2）全过程育人，提供全程化指导。导师关注学生从入学至毕业的整个教育过程，以及学生在学习、生活、心理、生涯发展等各个方面的表现，并给予及时、有针对性的指导，帮助学生进行动态评估、持续激励和及时调整。

（3）全员育人，提供未来学科方向指导。各学科教师作为生涯教育实践教学的导师，加强学科学习与生涯发展的全面渗透和融通，并基于平台反馈的数字画像信息，充分发挥学生的特长和优势，帮助学生找到感兴趣的领域和持续努力的方向。

实践证明，生涯导师制的构建和有效实施，为学生提供了更系统、更专业、更切合实际的生涯辅导，有助于引导学生获得深入的自我认知、丰富的外部信息资源，形成积极的生涯态度，并鼓励学生尝试各种生涯探索和计划，最终有效地进行生涯决策。

4. 策略四：基于数字画像的教学质量管理

学校探索将数字画像应用于学校教学质量管理，从全方位质量管理的视角探索数字画像的实践应用策略。学校的教学管理关注重点，从原来的以学业成绩为主，转变为以数字画像为基础的全面关注。

新举措一:编制命题多向细目统计表对接智慧教学平台标签,如图4-23-13所示。

评价目标＼题号题型	1选择	2选择	3选择	4选择	5选择	6选择	7选择	8选择	9选择	10选判	11选判	12选判	13填空	14填空	15填空	16填空	17填空	18实验	19计算简答	20计算简答
1	B1																			
2																			D1	
3				B1																
4							C1									C2		C3		
5			A1																	
6							B1													
7													C2							
8	A1																			
9								B1							B2					
10		A1																		
11									B1											
12			A1																	
13					A1															
14									B2											
15										B2										
16											B2									B2
17																	B2		B2	
18												D1								
预估难度系数 0.9以上 简单 0.7~0.9 较简单 0.5~0.7 中等 0.5以下 较难	0.9	0.9	0.8	0.9	0.9	0.8	0.9	0.9	0.8	0.8	0.8	0.7	0.9	0.9	0.9	0.8	0.7	0.6	0.8	0.7
实测难度系数	0.81	0.92	0.85	0.85	0.85	0.85	0.85	0.85	0.85	0.85	0.85	0.51	0.73	0.92	0.89	0.78	0.49	0.76	0.65	0.35

图4-23-13 命题多向细目统计表示例

学校从"命题结构、知识内容、核心素养、评价水平"四个维度指导命题和作业设计,并升级学业成绩管理、阅卷统计平台功能,增加核心素养和学业质量水平分类标签,为数字画像提供数据支持。以物理学科某次命题为例,每个习题在属性统计表中,都已梳理对应核心素养评价目标(以字母ABCD表示)和学业水平评价要求(以数字1234表示)。在试题录入平台时,教师或工程师可根据多向细目表,为每个习题打上核心素养和学业水平的标签。学生在本题的表现水平就会以核心素养与学业质量水平的呈现形式作为数据被采集,如图4-23-14所示。

新举措二:学校结合每学期定期的期中调研与访谈工作,分析基于三大平台的数字画像,针对其中呈现出的薄弱环节,制订学期教学管理的工作重点。例如,某学期的学生画像反映出学生在学习方法、学习习惯方面较为薄弱。经过进一步调研,发现学生的课堂学习习惯有待改善,尤其是与课堂笔记相关的学习方法需要进一步指导。为此,课程教务中心向教研组布置了"如何指导学生做好课堂笔记"的专项教研工作。学科教研组通过研讨、实践,为学生提供了符合自身学科特征的课堂笔记指导,大大提升了教师指导的针对性和有效性。这一举措不仅在下个学期的

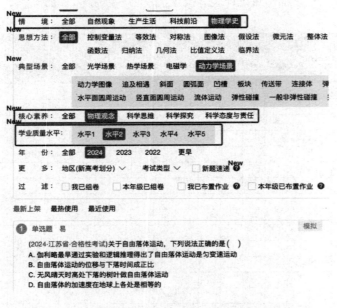

图 4 - 23 - 14　增加核心素养和学业质量水平分类标签

画像数据中体现出提升效果,也使得我校学生对教师的满意度评价平均得分全面提升。

四、检验与佐证

通过基于学生数字画像提升教学有效性的研究与实践,学校在教学方式、管理方式以及师生教与学等方面均发生了积极转变,教学的针对性和有效性切实得到了提升。

（一）教学方式发生转变,更加关注数据驱动

在学生数字画像的支持下,教师教学更倾向于根据数据反映的学情进行调整,根据数据跟踪学生学习情况。教师会根据不同班级、个体的需求调整教学方式,使教学效果最大化。

（二）学生学习兴趣和效率提升,获得感增强

学生表示:"老师会根据我们学习中的薄弱环节开展靶向指导,智慧学习平台会根据个人学习数据推送变式练习资源,解决了盲目做题、复习无针对性的问题。了解自己对各个知识点的掌握情况以及班级总体情况后,学习效率和效果都得到了极大提升,非常有获得感。"

（三）形成自建自管题库,丰富了校本教学资源

数字画像项目的实施过程中,学校梳理了数据采集的流程,为教学资源的分类整理打通了"任督二脉",形成了自建自管的学科资源库。学习资源按照我校学生学情进行了精准分类,极大地丰富了校本教学资源,提高了资源的利用效率。

（四）教师信息化水平提升,数据分析能力显著增强

在参与学科核心素养标签认定、建立学科知识目录树、日常运用数字化工具扫描录入数据以

及借助 AI 工具和数字画像分析学业数据等一系列工作中,相关教研组教师基本都已成为可以独当一面的能手,信息化水平明显提升。

（五）管理方式发生转变,过程管理得到强化

基于大规模个性化学习数据形成的个人、班级、年级等学生数字画像,学校教学管理向根据过程数据精准跟踪教学质量转变,强化了过程管理。各级管理部门得以及时发现问题,适时介入,有效提升教学质量。例如,命题"双向细目表"转变为"多向细目统计表",成为过程数据采集的核心管理工具;考前命题阶段的试题资源分析成为教研组备课组研讨的重点;考后的质量分析则自然围绕数据展开,促进教师教学调整。

五、反思与展望

学校本轮研究实践主要聚焦于构建学生数字画像框架和数据采集流程。但在实践过程中,我们也发现当前的数字画像框架和应用方式仍存在一些不足。

首先,数字画像框架的五个维度特征数据还不够全面。例如,在学习态度和学习策略方面,目前主要还是从学习动机方面进行调研和采集,对于学习情绪、学习情感、师生关系等其他相关的非智力因素的评价和采集尚不够全面。此外,学习环境作为影响学生学习的重要因素,也应该纳入数字画像框架,包括直接情境、间接情境、资料、资源、教师等方面。

其次,目前的研究和实践主要针对学生个体、班级、年级群体画像,并以学科分类,服务对象仍以传统教与学方式为主。传统的教学和评价观念还没有被彻底转变。

在后续的实践过程中,学校将从以下两个方面进行改进。

一方面,不断完善数字画像框架的细节,使其更加科学、全面。具体来说,将逐步纳入对学生学习情绪、学习情感、师生关系等非智力因素的评价和采集,并将学习环境纳入考量范围。

另一方面,将数字画像的研究成果与转变教与学方式相关的改革项目融合,进一步推动教与学方式的变革。将探索数字画像在个性化学习、精准教学、学生发展性评价等方面的应用,为学生提供更加个性化、多样化的学习支持。

（执笔人:李　樑）

24

基于核心素养的双线混融教学实践探索

/ 上海市育才中学

核心问题

如何通过实施双线混融教学促进核心素养的落实？

一、背景与问题

（一）背景概述

教育部相关政策提出要研究各学段学生发展核心素养体系,将核心素养和学业质量要求落实到各学科教学中。基于核心素养的教育改革强调人自身发展过程中适应终身发展和社会发展所需要的必备品格与关键能力的培养,要求教育教学从关注知识能力的获得转变为素养的提升。本研究提到的核心素养包括学生发展核心素养与学科核心素养。

与传统教学模式相比,双线混融教学提供了更加灵活的学习方式,有助于培养学生的自主学习能力和终身学习的习惯;提供了个性化的学习资源和路径,满足了不同学生的个性化发展需求;鼓励学生在线上、线下环境进行互动与合作,有助于提升学生的社交技能、团队合作与沟通能力;引导学生使用各种教育技术工具,有助于增强学生的信息素养;刺激了学生对更广泛的信息来源和不同观点的梳理与思考,有助于培养学生的批判性思维和解决问题的能力等。简言之,双线混融教学在培养学生核心素养方面提供了更为丰富、多元的学习体验。

（二）核心问题及子问题

核心问题:如何通过实施双线混融教学促进核心素养的落实？

子问题:

（1）如何设计和实现线上与线下教学的有效结合,形成互补共生的教学新生态？

（2）如何优化学生的学习体验,确保他们充分参与双线混融教学的全过程？

（3）如何开展以核心素养为导向的双线混融教学评价,以验证研究的有效性？

本研究的整体思路可以概括为以下几个步骤(见图4-24-1)。

1. 识别研究需求,构建研究框架。

2. 展开现状调研,梳理研究逻辑。从教学实践维度,搜集双线混融教学实施中的关键需求和存在问题;从研究逻辑维度,借助DOK模型,指向高阶思维与核心素养的教学设计,以实现促进学生全面发展、终身发展的目标。

3. 设计与实施教学基本样态。实施双线混融教学五环节,评估教学对培养学生核心素养的价值,进而开展教学实施策略优化。

4. 典型案例研究。验证双线混融教学实施策略的有效性,总结经验,形成可复制、可推广的实践指南。

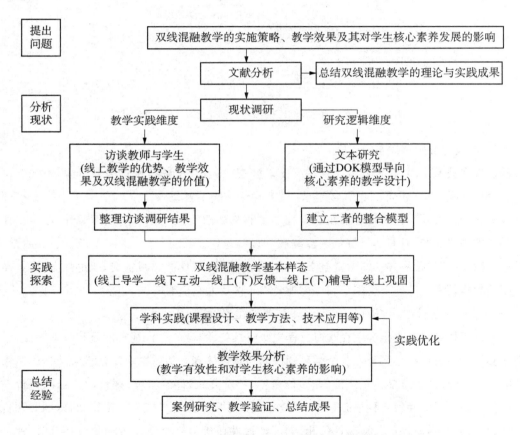

图4-24-1 "基于核心素养的双线混融教学实践探索"研究路径图

(一)通过DOK模型导向核心素养的教学设计

知识深度(Depth of Knowledge,简称DOK)模型,由美国学者韦伯提出并完成系统建设,被认为是推动学生深度学习、培养学生高阶思维与核心素养的教学设计工具。该模型将知识深度水平分为四个层级,依据学习活动认知的复杂程度进行划分,其中,DOK3、4指向高阶思维。基于此模型的教学设计通过系列学习任务驱动学习全程,学生积累经验,建构知识,发展与转变原有的认知方式,将所学知识运用到真实世界的情境中去,在知识、技能、情感态度和价值观等多方面达到一定水平,以适应快速变化的社会环境。整个过程以培养学生的核心素养为根本追求,由知识意义化向知识功能化、知识素养化转变(见图4-24-2)。

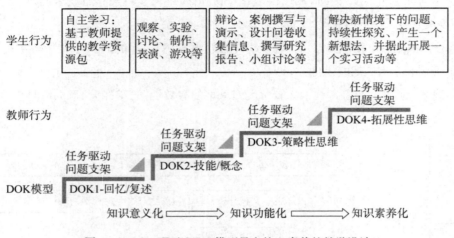

图4-24-2 通过DOK模型导向核心素养的教学设计

(二)双线混融教学样态的实施

基于现有技术手段,我校尝试了两种样态。样态一:将线上的技术优势与资源,与线下课堂的学习讨论互融,具体包括五个教学环节:线上导学—线下互动—线上(下)反馈—线上(下)辅导—线上巩固。校园手机管理举措在一定程度上影响了双线混融教学的全面展开,但也促使了各学科探索多样化的、具有学科特色的双线教学设计。样态二:凸显线上线下教学的共时性,即依托直播教室,实时记录并反馈课堂教学过程中学生个体、群体的学习状况,通过数据分析,高效完成相关教学任务。此样态受限于硬件设施要求未得到大面积推广。

(三)明确学生核心素养的评价指标,丰富多元化评价

学生发展核心素养是指学生在学习过程中所应具备的基本能力、基本素质和基本态度,学科核心素养是学生发展核心素养在各个学科领域内的具体体现。依据国家基础教育课程改革指导纲要的精神,我校推进了多元化评价,即评价目标、评价方式、评价主体、评价内容以及评价策略的多元化。评价目标涵盖六种核心素养;评价方式关注具体评价与模糊评价相结合,即时评价与延时评价相结合,纵向评价与横向评价相结合,形成性评价与终结性评价相结合,测试性评价与非测试性评价相结合;评价主体关注自我、同伴、教师甚至是家长的评价;评价内容关注学生基本知识技能以及其他方面能力的全面评价;评价策略关注标准化测试和能够反映学生学习过程与结果的个性化评价相结合。

（一）双线混融教学的基本样态

基本样态包括五个教学环节：线上导学—线下互动—线上（下）反馈—线上（下）辅导—线上巩固（见图 4 - 24 - 3）。

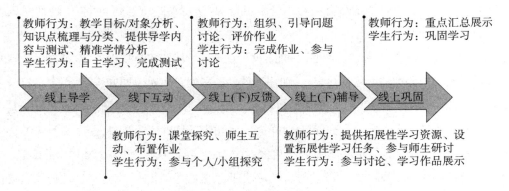

图 4 - 24 - 3　双线混融教学的教学环节

线上导学的目的是为学生提供学习材料，帮助他们理解课程目标和学习内容，引导学生自主进行先行学习，并完成测试任务。教师可通过了解学生的先行学习状态，形成对学生常见问题与学习难点的梳理与提炼，通过精准学情分析，制订更适切的教学目标。

线下互动的目的是通过面对面的师生、生生活动，增强学生的理解和应用能力。教师的主要任务是组织学生开展各类课堂探究活动，以任务为主线，以问题为驱动，帮助学生达成高层次认知目标和核心素养的提升。

线上（下）反馈的目的是及时了解学生的学习进度和理解程度，提供及时、具体、建设性与个性化的反馈。除即时反馈外，所有教师可利用课程管理平台实现对学生全程、全方位的反馈与评价，让学生能收获学习成长历程中的多元内容反馈，从而促进核心素养全面发展。

线上（下）辅导的目的是针对学生的不同需求提供个性化辅导，帮助他们克服学习难点。除了针对学生在基础知识上的不足进行辅导，确保他们能够跟上课程进度外，我校鼓励教师通过提问、讨论、案例分析等方式，培养学生的批判性思维能力；通过实际问题解决的练习，提高学生应用知识解决实际问题的能力；利用各种教育软件和平台，提供互动式学习体验，鼓励学生深度学习，培养终身学习的习惯等。

线上巩固的目的是通过重复练习和复习，帮助学生巩固和深化所学。通过自动评分的测验和练习，学生可以随时复习与整理易错知识点，进一步识别、纠正、巩固所学，同时培养自我评估与反思的能力；对于部分需要实践操作的学科，线上模拟软件可以让学生进行实验和操作模拟，加深对理论知识的理解；对于线上视频与音频材料，学生可选择在自己的节奏下反复观看、学习，巩固知识。

（二）重点学科的特色教学设计

生物学科利用"知识图谱—自适应学习系统"推送智能讲义，每个知识点均对应文字、图片、微视频三种资源形式。学生完成测试任务，教师可获得知识点掌握程度等可视化数据，并据此调整适切的教学目标与方法；线下互动时，引导学生开展实际问题的解决，促进学生将知识内化为自己的经验，并锻炼其解决实际问题的能力；AI在线测验与作业提交系统可根据每位同学完成相同作业的答题情况，针对错误试题提供相关的学习资源，学生再进行自适应学习，随后完成系统推送的同类型新试题。

地理学科"预习后精练，精讲后再练"的教学设计在预习阶段牢牢抓住课本，教师对电子课本进行标注，将重点知识分类进行可视化显示，如用不同的高亮颜色表示不同知识点，用数字符号表示知识内容的从属关系等，让学生对于教材的逻辑和思路清晰明了。线下辅导阶段通过电子共享文档，对学生的共性问题进行统一讲解与回复，并提出"学以致用"挑战性学习任务，供等级考选考地理的同学展开思考与讨论，由此展开师生、生生大讨论，师生学习共同体的有力载体由此形成。

语文学科积极探索了各种应用软件的功能，并根据教学实施的需求，有选择性地选用以提升教学效率。如利用打卡网站，组织学生进行整本书阅读的打卡学习；利用问卷星与共享文档进行试卷讲评、练习巩固；基于Word软件的"修订"功能进行作文批阅；利用共享文档进行练习巩固等。

心理学科开展的指向学生合作品质的"@一起走"线上、线下心理活动设计，在线下活动后安排同主题的线上活动，通过调动学生多重感觉通道（阅读、绘画、运动、记录），以丰富参与的形式，让学生挑战更为复杂的任务，将课堂讨论收获迁移到日常生活实践中，创造更为便捷的人际链接，让沟通表达形式变得更为细腻丰富。

（三）基于核心素养的教学设计策略

1. 创设真实或模拟的教学情境，让学生在解决问题的过程中发展核心素养

教师通过创设真实的、具体的、与生活密切相关的情境，设置系列学习任务驱动学生的深度学习，进而达成对其高阶思维与核心素养的培养。如政治学科采用议题式教学，对必修一《中国特色社会主义》和必修二《经济与社会》两册教材共设计了8课总议题，23课时分议题。以"人民代表大会：我国的国家权力机关"一课为例，教师以真实情境中的议题"人大代表如何推动预制菜高质量发展"引入，通过分议题1：人大代表的议案如何把人民群众的愿望、呼声转化为国家法律、政策举措？分议题2：人民代表大会制度是如何促成预制菜国家标准出台的？引导学生理解、认同我国人民代表大会制度的优势，增强政治认同这一学科核心素养。生物学科也引导学生利用所学知识进行科学探究，如新型抗肿瘤药物的设计策略、用于新鲜蔬菜水果保鲜的冰箱设计、为特定的人群设计科学的营养食谱等。

2. 搭建在线协作与交流平台，促进学生之间的合作与交流，培养团队协作能力

教师通过在线讨论和论坛，鼓励学生就特定主题进行深入探讨，提升批判性思维和表达能

力。如语文学科尝试了利用打卡软件推进《红楼梦》整本书阅读，学生可在社区看到当天所有成员的打卡，被设置为"精选"的打卡会置顶呈现。为鼓励学生将阅读的心得体会相互交流，平台允许像"微信朋友圈"一样点赞、评论，营造了学生多维度的交流氛围。此外，利用"共享文档"进行阅读前后的讨论和交流拓展了师生、生生交流的时空限制，丰富的交流文字也呈现了语言表达和思维训练的意义与成效。地理学科创设了依托"微信群"的"线上茶馆交流平台"，每周开展一次线上茶馆交流活动，每一位同学轮流当馆长，自选主题，组织线上交流并进行观点汇总，并在课前三分钟进行汇报与展示。

3. 提供个性化学习路径和指导，满足学生个性化、多样化发展需求

利用人工智能和大数据分析，为学生提供个性化的学习资源和建议，支持自主学习。通过智能教育平台，学生可以根据自己的兴趣和需求选择学习内容，从而提高学习动机和效率。如生物学科利用 AI 习题推送平台，先推送相同的 10 道试题，根据答题情况的不同，系统会为每位学生提供相关的学习资源，引导其进行自适应学习；再推送 4 道不同的试题，教师可通过系统看到学生的学习历程，进而让反馈与辅导做到个别化和针对性。语文学科根据学生的阅读兴趣和水平，推荐不同难度和主题的文学作品，通过线上讨论平台开展个性化阅读。数学学科根据学生的学力，提供不同层次的线上学习材料和练习题，允许学生根据自己的节奏学习。物、化等学科通过线上模拟实验让学生增强学习体验，同时利用线上平台推进科学探究进度，鼓励学生开展研究性学习。

4. 引导学生进行学习反思，培养自我调节和自我评估的能力

教师的反馈能帮助学生了解自己的学习进展和存在的问题。教师可提供反思模板或问题引导，帮助学生系统反思学习过程，如体育学科发放的篮球自评问卷中的题目"挡人后，是否等队友突破拉开空间后再进行后转身顺下？""防守人在持球人突破后，能否选择合适的脚步后撤？"等，能激发学生对于"侧掩护配合"这一课堂内容、学习内容的反思；引导学生使用有效的学习策略，如通过思维导图，激发学生高效学习；鼓励自我提问，如通过自问"我学到了什么""我如何改进"等问题促进自我反思；指导学生阶段性整理并回顾自己的作业和表现，包括使用评分标准反思学习目标的达成情况；展示优秀的自我评估与反思的示例，为学生提供参考，如心理学科使用了在线日程管理工具和进度跟踪工具如"鹅打卡"，帮助学生管理自己的学习、生活进度和实践，培养自我管理能力，丰富其对幸福生活的深刻体验，并邀请深入参与者进行阶段分享，展示积极心理的力量。

四、检验与佐证

（一）学生核心素养的提升

可视化学习数据反映了学生自主学习与探索的状态，体现了学生自我管理和独立展开深入学习与解决问题的能力；线上（下）的交流促使师生、生生展开深入交流与合作，提升了学生的团队协作能力和沟通能力；从线上讨论和互动活动的话题与内容看，学生的批判性思维得到有效锻炼，

对于信息的分析、评估与反思能力也有所加强。比照中国学生发展核心素养的框架（六大素养：人文底蕴、科学精神、学会学习、健康生活、责任担当、实践创新），我校的教学实践有效地提升了学生素养。

语文学科利用打卡软件推进《红楼梦》的整本书阅读，有效提升了学生的阅读兴趣，学生也表示："因为打卡中的问题关注到了很多书中的细节，用这样的方式来阅读，我的动力提升了很多！""打卡用带有一点'强迫'意味的规则给予接触陌生'抵触'领域的机会。因为设置了涉及书中具体细节的题目，所以我还去查找了很多资料。查阅是细致的事，当粗中有细地去深入一些文字时，真的令我收获了很多。"

政治学科为了更好地了解议题式教学在双线混融教学策略中的价值，进行了教学反思调查。结果显示，学生在公共参与、科学精神、政治认同和法治思维等方面均有所提升。

心理学科通过设计线上、线下联动的心理课活动方案促进学生合作品质的提升，数据显示，教学班在合作意识、合作意愿、合作技能得分均高于对照班，且合作意愿、合作技能上得分显著较高。

（二）教育技术的深度融合

教学资源的优化与分享：除了选择丰富的线上资源外，教师将课堂生成性的线下教学资源，通过希沃白板录制成微课"胶囊"，分享给同学；多个学科利用共享文档的在线编辑功能，整合学生的讨论交流内容，梳理知识要点，其成品也是一份有价值的共享资源。

教学软件的使用与优化：各个学科在导学、授课、答疑、交流、分享、练习、测试、巩固等教学环节中，选择合适的教学软件，包括社交软件、直播平台、问卷软件、共享文档、资源平台等大类，或进行作业的发布、提交和分享，或承载分组讨论，或提供数据分析清晰呈现学习现状，或支持问题收集。教学软件的使用令教学实效得到有效提升，师生的信息素养也得到了锻炼。

教学评价的过程化与数据化：线上学习活动能保留学习全程的清晰痕迹，通过数据的后台整理，教师对学生的学习状态有了更为清晰的了解，从而能够展开更具针对性、个性化的教学。

五、反思与展望

研究探索了双线混融教学的基本样态与丰富变型，并在一定程度上证明了其对于促进学生核心素养提升的价值，但系统的、量化数据尚显不足，同时，双线混融教学发生在交互媒体的环境中，如何发挥交互媒体的互动性与生成性特点，让学生在获得丰富学习体验的同时，实现知识的主动建构，并通过技术手段，让知识产生过程可视化，由此促进学生元认知的发展，进而对其高水平思维品质、核心素养提升发挥作用还有待进一步挖掘与研究。

（执笔人：刘　军）

第五部分

教学

25 为学而教:"课堂"向"学堂"转型的实践探索

/ 上海市闵行第三中学

核心问题

如何推进"课堂"向"学堂"转型,实现为学而教?

一、背景与问题

"双新"建设以核心素养为纲,明确育人主线,加强正确价值观引导,重视必备品格和关键能力培养。其中,正确价值观念指向学生会做正确的事情,必备品格指向学生能够坚持做事情,关键能力指向学生能够把事情做成功。由此可见,核心素养的发展均指向学生完成任务。换言之,学生核心素养的发展需要学生通过自主学习来实现。

"双新"实施以培育核心素养为要。学生核心素养发展需要通过学科核心素养培育来实现。学科核心素养需要在和谐而灵动的教学文化环境中,尊重学科特点,通过学科实践来达成。

以"双新"实施理念反观闵行三中课堂教学,"教师中心"和"内容中心"的问题仍然比较突出:课堂主体上,教师"一言堂""满堂灌"的现象比较普遍,学生的主体地位和主体作用没有得到彰显;课堂教学策略上,教师"满堂问""散点状"是基本常态,学生的学科实践机会较少;课堂教学形式上,不同学科、不同课型模式趋同,几无差别,学科特点被淡化;教学资源利用上,航空航天素材偏少,看不出特色学校的课堂文化特质。

究其原因,在于教师专业理论学习不够,认知固化;固守已有经验,因袭他人做法;知识储备有限,不敢放手学生;整合资源能力欠缺,对课堂文化培育认识不足、追求不高。

有鉴于此,"如何推进'课堂'向'学堂'转型,实现为学而教?"就成了核心问题,如何站稳学生立场、调动主体作用、凸显学科特点、彰显学堂文化就成了研究实践的课题。

具体要解决的子问题如下。

1. 如何开发有效的工具,使"尊重学堂"的理念落地?

2. 如何在形成基本课堂形态的同时,遵循学科学习规律并凸显其特质?

3. 如何基于教师行动与迭代改进,实现策略优化、检验实践成效?

为此,学校通过课堂观察工具开发应用、课堂教学改进实践的"双线并进",引导教师开展指向学科核心素养的"尊重学堂"实践探索,帮助教师理念内化、策略优化、模式活化、特色亮化,从而落实"为学而教"。

二、路径与方法

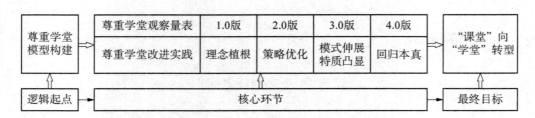

图 5-25-1 "尊重学堂"建设研究路径

(一)研究路径

其一,建构"尊重学堂"的理论模型,为课堂教学观察量表的开发和"尊重学堂"教学方式的改进提供理论基础、找准逻辑起点。

其二,双线并进,根据新课程新教材对新教学提出的新要求,开发课堂观察量表;运用课堂观察量表观察课堂,持续改进课堂教学方式。

其三,累积、分析课堂观察数据和课堂教学案例,描绘出"尊重学堂"的典型特征,全面评估课堂教学改进的有效做法和宝贵经验,为新课程新教材的实施创设良好的教学生态。

(二)研究方法

本项目采用教育科研新范式——设计研究法。设计研究法是一种为了解决现实教育问题,研究者和实践者等共同努力,在真实自然的情境下,通过形成性研究过程和综合运用多种研究方法,根据来自实践的反馈,不断改进直至排除所有缺陷,形成可靠而有效的设计的研究方法。其核心是通过设计开发优化教学和促进学习的环境、课程、工具、模式等人造物系统来实现教育干预。

1. 工具设计。以课堂教学问题为导向,以学堂建设目标为任务,根据新课程实施评价建议,借鉴课堂教学观察理论实践成果,设计开发、迭代更新"尊重学堂"观察量表。

2. 数据收集分析。在常态教学和专题调研中,大量使用观察量表,借助现代统计学方法,对观察数据进行分析。

3. 循证研究。用课堂教学观察量表的评价指标引导、诊断教学,用诊断评价数据调整、改进观察量表,加强研究者与实践者的密切合作,通过重复的设计与评价的循环,促进量表迭代、学堂改进。

(一)立基"尊重教育",建构"尊重学堂"

学校探究中华优秀传统文化和马克思主义的主体思想,汲取 40 余年主体教育理论和实践探索的营养,超越认识世界的主体和思维能力的培养,立足创造世界的主体和生命能力的培养,发展学生核心素养,立基于闵行三中"尊重教育"理念,建构"尊重学堂"。

"尊重学堂"的基本理念:倡导尊重个体、尊重同伴、尊重知识、尊重规律。基本策略:引导学习始于自我、融于团队、基于问题、重于差异,从而实现自主学习、合作学习、探究学习、适性学习(见图 5 - 25 - 2)。

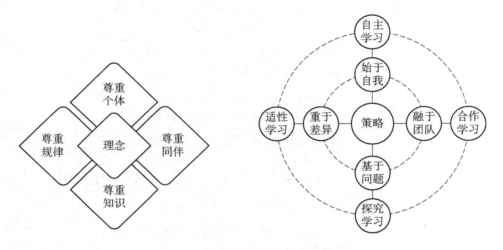

图 5 - 25 - 2　尊重学堂的基本理念和策略

(二)迭代观察量表,提质"尊重学堂"

"课堂观察在尊重学堂教学方式构建中的应用研究"项目,采取的是课堂观察量表研制和课堂教学改进实践"双线并进"的策略。课堂观察量表作为工具,与课堂教学改进相辅相成,相互促进,课堂观察量表和教学方式转型同为本项目的成果。

1. 课堂观察量表 1.0 版(见表 5 - 25 - 1),让"尊重教育"理念植根

表 5 - 25 - 1　闵行三中"尊重学堂"观察量表 1.0 版

观察点/程度(0→5)(0:未见;1→5:程度由低到高)		得分	举例/说明
观察指标	具体观察点		
1　尊重学生的主体地位	教师关注到每一个学生并及时回应。 学生主动积极参与课堂教学活动。		

观察点/程度(0→5)(0：未见；1→5：程度由低到高)		得分	举例/说明
观察指标	具体观察点		
2	尊重学生的独立人格	教师倾听学生表达，给予建设性反馈。 教师有礼貌地候答和理答。		
3	尊重学生的主体作用	教师不满堂灌，把学习主动权交给学生。 学生精力集中，积极答问，主动质疑。		
4	尊重学生的知识基础	教师能准确了解学生的知识储备。 学生能理解并运用所学的概念和技能。		
5	尊重学生的认知规律	教师能创设贴近学生经历的问题情境。 教师将抽象的教学内容转换为有助于理解概念、解决问题的学习活动。		
6	尊重知识的内在逻辑	教师将新旧知识相联系，有系统、有条理、由易到难地呈现教学内容。		
7	尊重学生的个性差异	问题设计有层次，习题设计有梯度。 运用多种方式及时获取目标达成信息。		
8	尊重学生的学习体验	教师音量适中，板书清晰，全班学生都能看清、听到。 学生能感受学习内容和学习活动的价值。		
9	体现学校特色	能恰切地选用航空航天素材融入教学。		
10	体现时代特征	教师能选用合适的媒体资源，熟练运用新教育技术。		

尊重学生的主体地位、主体作用，尊重学生的独立人格、个性差异，尊重学习个体、学习伙伴，尊重学生的知识基础、认知特点，尊重知识的内在逻辑和学生能力发展规律，这些关键内容成为《闵行三中"尊重学堂"观察量表(1.0 版)》的核心指标，我校运用这些指标指导教师备课、上课、反思、研讨，将"学生立场""问题意识""情境创设""学科素养"这些理念植入教师教育教学观，通过一堂堂课的"短兵相接"、一次次研讨的"红脸出汗"，让教师从被动接受转为自觉践行。

2. 课堂观察量表 2.0 版(见表 5－25－2)，让"尊重学堂"策略优化

第一，优化"尊重个体"的策略。引导教师始终关注学生课堂精力是否集中，学生是否能积极答问、主动质疑，大多数学生是否参与学习活动并伴有成功的体验，是否给予有特殊需要的学生以及时帮助，学生是否理解并运用所学的概念和技能，学生能否感受学习内容和学习活动的价值。

表 5 - 25 - 2　闵行三中"尊重学堂"观察量表 2.0 版（以"尊重个体"为例）

观察点/程度(0→5)(0：未见；1→5：程度由低到高)		得分	举例/说明
尊重个体	1. 学生课堂精力集中，积极答问，主动质疑。		
	2. 大多数学生参与学习活动并伴有成功的体验。		
	3. 给予有特殊需要的学生及时帮助。		
	4. 学生能理解并运用所学的概念和技能。		
	5. 学生能感受学习内容和学习活动的价值。		

第二，优化"尊重同伴"的策略。我校主张课堂上的师生是平等的学习伙伴，教师是平等中的"首席"。教师导课不拖沓，下课不拖堂；音量足够，板书清晰，无论以何种方式呈现教学内容，全班学生都能看清、听到；倾听学生表达，有候答和理答，给予建设性反馈；有效组织和促进学生的互动与合作。这些既是对学习伙伴的尊重，也是形成课堂民主的重要因素。

第三，优化"尊重知识"的策略。将新旧知识相联系，有系统、有条理、由简到繁地呈现教学内容；准确解释、表达学科基本概念和核心内容；围绕核心内容，提供实例和证据；将抽象的教学内容转换为有助于理解概念、解决问题的学习活动。

第四，优化"尊重规律"的策略。课时教学目标基于单元教学目标，基于课程标准和学科教学基本要求，符合学生认知基础和水平；创设贴近生活、贴近学生经历的问题情境；运用除讲授以外的多种教学方法，教学节奏流畅；选用合适的媒体资源，熟练运用新教育技术；依据目标设计有意义的课堂反馈检测或练习；适时概括学习要点，并能简明扼要、突出重点；运用多种方式获取教学目标达成状况的信息，并用以指导学生联系与巩固知识。

3. 课堂观察量表 3.0 版（见表 5 - 25 - 3），让"尊重学堂"模式伸展、特质凸显

表 5 - 25 - 3　闵行三中"尊重学堂"观察量表 3.0 版

Ⅰ常规课堂教学(70 分)【指标同表 5 - 25 - 2，略】	
Ⅰ的计分方法：100 分(每项 5 分)×0.7	实际得分： 折后得分：
Ⅱ学科课堂教学模式(15 分)	
Ⅱ—Ⅰ.学科课堂教学模式的成熟度(5 分)	实际得分：
Ⅱ—Ⅱ.教学过程与学科课堂教学模式的吻合度(10 分)	实际得分：
Ⅲ航空航天题材融入(15 分)	
Ⅱ—Ⅲ.航空航天题材融入学科教学的契合度(15 分)	实际得分：
总得分：Ⅰ中的折后得分＋Ⅱ中的实际得分之和＋Ⅲ中的实际得分	总得分：

过去我们常常用"不言语的方法"学语言,用"不着地的方法"学地理,用"不艺术的方法"学艺术,用"不科学的方法"学科学。学科教学进入"学科核心素养"培育时代,必须用学科的方法培育学科素养。闵行三中高中教研组构建了自己的学科教学模式,来实现学科素养落地生根。

闵行三中致力于培养德智体美劳全面发展、航空航天素养突出、能适应未来需要、创造美好生活的时代新人。课堂是主渠道,自然承载着培养这样的时代新人的重任。"航空航天素养突出"是所有学科共同的使命和任务,这也成了闵行三中"尊重学堂"的文化特质。教师用航空航天题材导入新课、编制例题、设计习题、总结升华,开辟学科素养培育的新天地,从而实现航空航天素养与学生核心素养一体培养,一体达成。

4. 课堂观察量表4.0版(见表5-25-4),让尊重学堂回归本真

我校以落实新课程理念为旨归,通过观察"学生立场""学习表现""学科实践""学校特色",突出一个"学"字。"尊重学堂"观察量表4.0(见表5-25-4)版抹掉过去教育理念、教学策略、学科模式、学校特色分块观察的痕迹,让课堂成为一个完整的学习单元,让课堂回归学堂的本真和本质。

表5-25-4 闵行三中"尊重学堂"观察量表4.0版

一、学生立场			
观察点/程度(0→5)(0:未见;1→5:程度由低到高)		得分	举例/说明
1	导课不拖沓,下课不拖堂。		
2	音量适中,板书清晰,全班学生都能看清、听到。		
3	关注到每一个学生并给予及时回应。		
4	倾听学生表达,有候答和理答,给予建设性反馈。		
5	尊重学生人格,适时给予学生表扬与鼓励。		
6	有效组织和促进学生的互动与合作,不满堂灌。		
二、学习表现			
7	教师讲解时,学生认真听讲,积极答问,主动质疑。		
8	小组活动中,学生积极参与,并伴有成功的角色体验。		
9	自主学习时,学生能专注于阅读、思考、做题。		
10	学生能理解并运用所学知识解释现象、解决问题。		
11	学生始终保持学习热情、注意力集中。		
三、学科实践			
12	课时教学目标基于单元目标,落实学科核心素养。		
13	问题情境贴近生活,问题设计有层次性。		

观察点/程度（0→5）（0：未见；1→5：程度由低到高）	得分	举例/说明
14　课堂活动设计合理，针对性强，学生参与度高。		
15　课堂教学结构与本学科教学模式契合度高。		
16　教学资源选用注重思想性、科学性，有时代感。		
17　能熟练运用新教育技术。		
18　检测或作业有助于及时获取教学目标达成信息。		
四、学校特色		
19　航空航天题材自然融入课堂教学。		
20　课后有分层作业和分类指导。		

四、检验与佐证

（一）教师站稳了学生立场

导课冗长，下课拖堂；板书小，声音轻；不下讲台，背对学生；忘记了让站着的学生坐下，忽视了角落里举手的同学；让学生思考，却不给时间；让学生表达，自己却喋喋不休……这些问题过去很长一段时间或多或少地存在于不同教师身上，甚至在少部分教师那里成了"顽疾"。我校坚持将这些看似不经意的细节列入课堂观察量表，为教师立一面镜子，每堂课照一照，多年坚持下来，98％以上的教师矫正了不良的教学行为，课堂上能够关注到每一个学生并给予及时回应，眼中有人；能够倾听学生表达，礼貌候答，给予建设性反馈，心中有人。

（二）学生确立了主体意识

加强课堂观察的初衷就是改变课堂上师生、生生之间缺少互动，教师"满堂灌"或者"满堂问"，学生的主体意识被弱化、主体作用得不到发挥的问题。课堂观察量表将学生课堂"学习表现"作为观察点，引导上课者和听课者将观察重点从教师的"教"转向学生的"学"，经过一段时间的实施后，师生发生了如下改变：教师讲解时，学生认真听讲，积极答问，主动质疑；小组活动中，学生以不同身份角色，积极参与；自主学习时，学生专注于阅读、思考、实践；交流分享时，学生能理解并运用所学知识解释现象、解决问题。学生始终保持学习热情不减，注意力集中。

（三）教学模式凸显学科特点

曾几何时，闵行三中以"三步六环节"教学流程指导学科教学，随着"尊重学堂"理念的深入，人们认识到尊重不同学科教学的特点也是"尊重学堂"的应有之义。在观察量表开发中，设计者被"不可能用数学的方法教出体育与健康素养"的想法点醒，将学科教学特点作为一个观察视角，发动教研组、备课组融集体智慧建构符合本学科教学特点的教学模式,如:语文"开放·主动"模式、数学"问题串"模式、英语"合作·活动"模式、政治"情境探究"模式等,为学科核心素养落地打开了通路。

(四) 特色资源彰显课堂文化

航空航天教育是闵行三中特色学校的表征。航空航天题材有极强的教育张力,与所有学科有着天然的密切联系。航空航天题材丰富,只要放开眼光,尽可拿来为教学所用。闵行三中通过制订《国家课程融合航空航天教育的指导意见》,强化教师链接特色资源的意识和能力,如:在《江城子·乙卯正月二十日夜记梦》课堂总结环节,教师让学生拓展阅读海空卫士王伟铁骨柔情的"绝情信",升华情感,激荡爱国热情;"对数函数图像与性质"一课将火箭速度的计算公式(齐奥尔科夫斯基公式)用作典型例题,帮助学生理解学习对数函数的价值和意义;"氧化还原反应"一课通过火箭发射视频导入新课,引发学生思考航天活动与氧化还原反应的关系……必修、选择性必修课程中,几乎所有学科都自觉融入航空航天教育题材,富有航空航天教育意味的特色课堂文化逐步彰显。

五、反思与展望

(一) 深化"尊重学堂"的理解

立基于闵行三中"尊重教育"的"尊重学堂",尚需从道法术合一的角度加以深刻阐释,使其能为广大教师所理解和接受。自主、合作、探究和适性学习作为"尊重学堂"的基本的学习方式,内在逻辑须自洽,环形图示须重构。"尊重学堂"如何与"双新"实施要求更契合,还需要深入思考,精准定位。

(二) 优化"观察视角"的调整

对学生课堂表现的评价,既要观察学生的积极性行为,更要观察学生出现动力不足、情绪低落等消极表现时,教师是如何支持的。未来学校将通过资源供给、工具支撑、支架提供和动机维系等教师支持性行为要素,来调整优化"尊重学堂"课堂观察量表。

(三) 强化"课堂事件"的应用

观察到的课堂事件要充分运用到教学反思与研讨中,通过复盘,产生深层次的教学资源。指向观察量表的课堂事件,用来帮助改进观察工具;指向教师课堂教学的课堂事件,用来帮助改进教学。这样,不仅迭代了观察量表,而且助力"尊重学堂"从"课堂"走向"学堂"。

(执笔人:王全忠)

26

以"新结构化"教学创生"悦动课堂"的实践研究

/ 华东师范大学第一附属中学

核心问题

如何实施"新结构化"教学,打造悦动课堂生态,促进深度学习?

一、背景与问题

深化课程教学改革是聚焦核心素养、优化育人方式的关键,为此,要提高课堂教学效率,培养学生学习能力,促进学生系统掌握各学科基础知识、基本技能、基本方法……积极探索基于情境、问题导向的互动式、启发式、探究式、体验式等课堂教学。

在此背景下,学校需要以高质量课堂推进普通高中新课程新教材实施。然而,通过对学校目前课堂教学的观察诊断,学校现有教学常态与"双新"课改的理想目标之间仍然存在较大落差,表现为以下几点。

1. 重视知识点,忽视逻辑结构。

2. 缺乏问题中心思维,缺少真实情境。

3. 缺乏"教、学、评"一体化的观念和实施习惯。

4. 缺乏将观念落实为行动的具体操作策略和机制保障。

学校预设的解决路径是:通过创设学习境脉,实施"新结构化"教学,整合教、学、评环节,更合理建构"教师—教材—学习者"关系。

综上,学校面临的核心问题是:如何通过"新结构化"教学的研究和实践,推动教与学走向深度和活化,打造"悦动课堂"。包括以下3个子问题。

1. "新结构化"教学的内涵与核心理念是什么?

2. "新结构化"教学的基本操作框架是什么?

3. "新结构化"教学是如何促进"悦动课堂"形成的?

（一）核心概念界定

1. "新结构化"教学的内涵

"新结构化"教学，指的是在传统结构化教学重视学科知识内在联系的基础上，创设以"情境场""问题链""反馈环"为主要构成的学习境脉，结合承构、解构、重构的教学进阶策略，链接教材文本与生活经验，贯通学科逻辑与事实逻辑，增进基于真实情境和问题的知识活化迁移能力，打造以"学生为中心"的课堂，培养学生的关键能力、必备品格和价值观念。

"新结构化"教学在实践操作层面具有三层意涵：

（1）从课程教学设计角度，探索大概念、大观念统领下的单元"教学评"一体化设计与实施对开展深度学习的保障作用；

（2）从课堂教学实施角度，探索真实情境、真实问题、课堂互动等境脉对学生全面发展的环境作用；

（3）从"承构、解构、重构"的教学策略角度，以"整体观"聚合"零散"，以"情境场"催生"浸润"，以"问题链"导引"思维"，以"反馈环"促成"互动"，以"自主性"强化"动机"，优化课堂教育教学生态，促进学生的认知跃迁，统整学习的认知和非认知因素，落实立德树人根本要求。

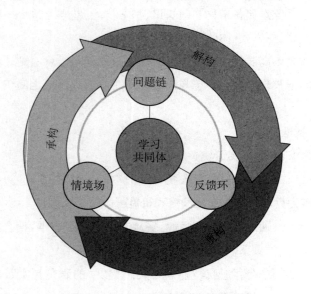

图 5 - 26 - 1   "新结构化"教学思路

2. "悦动课堂"的内涵界定

"新结构化"教学的最终目标是推进课堂育人方式的变革，我们把这一结果形象地比喻为"悦动课堂"。

"悦动课堂"的"悦",可以是悦学、悦教、悦思、悦品……而"动"涵盖动手、动脑、动情、动心。"悦动课堂"旨在明晰课堂应呈现的价值生态,明确"新结构化"教学实验的实质是将课堂教学由原先以"知识"为中心的单向、静止、孤立的视角,转变为追求建构"知识内容""情感动机""环境互动"三者有机共振的境脉学习视角,更好地打造导向核心素养的优质课堂。

3."新结构化"教学如何创生"悦动课堂"的路径

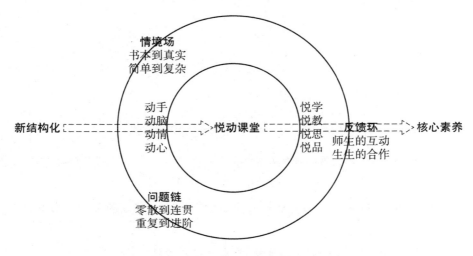

图 5-26-2 "悦动课堂"创生路径

（1）情境场是创生"悦动课堂"的资源环境。这些情境可以是真实的、模拟的或想象的,并具有一定的复杂性和挑战性,能够引导学生主动思考、探索和解决问题,激发学生悦学、悦思、悦品。

（2）问题链是创生"悦动课堂"的任务进阶。教师通过设计一系列具有层次性和连贯性的问题链,引导学生逐步深入思考和探究,培养分析问题和解决问题的能力,让学生能够动脑、动情、动心。

（3）反馈环是创生"悦动课堂"的转化关键。教师需要及时了解学生的学习情况,给予针对性的指导和建议;积极开展师生、生生的有效互动,形成"学习共同体"氛围和机制。在反馈互动的循环中,悦思、悦品、悦学和动情、动脑、动心得到交互发展。

（二）研究路径

"新结构化"教学的研究假设是,以课堂教学改革为切入点,扎根一线教学实践以验证假设、丰富案例、完善方案。其中,教学实践主要包括以下过程:确定教学研究课题—开展多学科研究研讨—形成结构化框架—开展系列教学实践—多学科研讨验证教学研究假设—形成"新结构化"教学案例。最后,通过问卷调研评估研究成效,通过归纳演绎形成研究成果。具体研究路径如图5-26-3所示。

（三）研究方法

1.通过文献研究法,收集、了解认知理论与结构化教学的相关理论基础和研究现状。

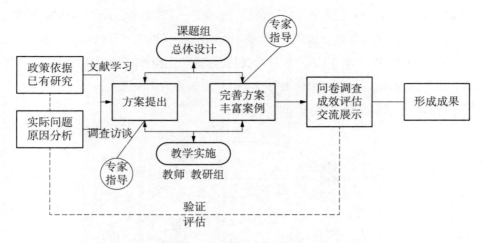

图 5-26-3 "新结构化"教学研究路径

2. 通过问卷调查法，了解和掌握师生对于"新结构化"教学、"悦动课堂"实践应用的现状和成效的评价。

3. 采用行动研究法，探索基于研究假设开展"新结构化"教学实践前后的成功经验与失败经验。

4. 采用经验总结法，反思项目的经验和教训，形成项目成果。

三、成果与经验

（一）"新结构化"教学的基本操作框架

"新结构化"教学的核心问题是如何将理念转化为课堂教学的具体实施能力。

"新结构化"教学在原有的结构主义和建构主义教学观的基础上，融入了"境脉学习"的新学习观。既要形成"图式"，又要追求"变式"；既要建构知识体系，又要解构和重构，这是"新结构化"教学的内在特征。"新结构化"教学是由两个维度构成的统一体。一个维度是由"情境场""问题链""反馈环"构成的学习境脉。"情境场"的创设，要求明确情境主线，串联情境支线，渗透情境意义，重视人际交互在学习情境创设中的作用。"问题链"的创设，不仅仅要围绕主题、明确任务、相互关联、指向素养，还需要在学科核心逻辑基础上呈现与情境之间的相互衍进，使之融合于情境，发展于情境，衍生于情境。"反馈环"指向生生之间、师生之间有效的互动和合作。通过互动反馈，引导教学从"知识的理解"走向"人的理解"，为"教学评"画上一体的"圆环"。

另一个维度则是由"承构""解构""重构"组成的进阶学习策略。"承构"是指创设贴近学生生活的情境和问题，链接以往知识与经验，引发学习和探究的兴趣。"解构"是指在"情境场""问题链""反馈环"所构成的学习境脉中，探究学科知识与真实生活之间的"非一致性""偶然性"和"条件性",实现"同化"和"顺应"。"重构"是指引导学生在复杂任务中,通过合作学习形成共识、产生新问、活化结构、持续探究,实现认知"转换"。

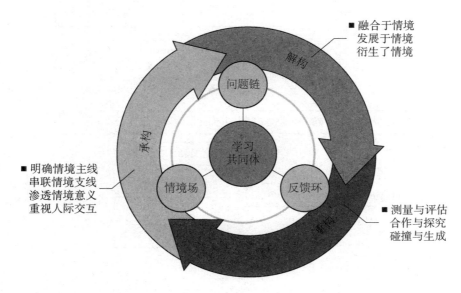

图 5 - 26 - 4 "新结构化"教学的基本操作

(二) 以大概念视角统整单元知识创设"学习境脉"为底层逻辑

"新结构化"教学,要使得"情境场""问题链""反馈环"真正体现学习境脉的功用,其底层逻辑必须建立在单元大概念的扎实"地基"上,这样才能以更高的站位、更广的视野,展现"场""链""环"背后的一致性、结构性和统整性,避免情境、问题、互动过程中的碎片化学习和无目的学习。精研课标,把握学情,明确单元大概念,梳理核心知识结构。从操作来说,以大概念视角创设"学习境脉"具体分为以下步骤(见图 5 - 26 - 5)。

1. 从大概念出发,创设大情境和大问题,形成整体设计图。

2. 创设学习境脉,将大情境、大问题转化为符合学生认知发展规律的情境线索(场)和问题组合(链)。

3. 通过有效互动和反馈,生成在真实情境和真实问题条件下对大概念的真体验、真认识。

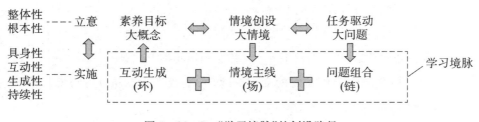

图 5 - 26 - 5 "学习境脉"的创设路径

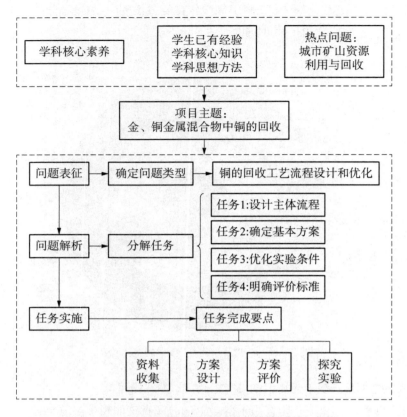

图 5 - 26 - 6　大概念引领下的"学习境脉"案例（化学）

（三）以"学习境脉"建构突出"新结构化"教学的育人价值

从被动识记教材知识结构向主动建构认知结构的跃迁，要求学生的学习必须在境脉中展开，这种境脉必须体现一种"真实性"。换言之，学习境脉既要基于学科知识逻辑，同时又要通过真实情境和问题，打通教材与生活的隔断，提供真实世界的具身性体验，让学生体验真实而有意义的学习，催生学习的动机。

从理论抽象走向基于学科逻辑的生活体验，教师在"情境场""问题链""反馈环"的创设实践中，必然会遇到一系列的问题，如：

1. 知识点多、逻辑线不清晰，如何梳理？

2. 可选用的情境很多，如何选择？

3. 让学生掌握知识点的同时，如何带领学生体验知识建构的过程？

面对上述问题，物理教研组就"位置的变化快慢——速度"一课，从真实情境入手，建立符合学科逻辑和生活逻辑的问题链，开展实践研究。

关于情境的创设。备课团队舍去了原有教材中的很多小情境，选择了一个大情境——苏炳添的短跑比赛，串起了整堂课教学。首先，开始的情境引入，教师比较了某同学和苏炳添跑步的

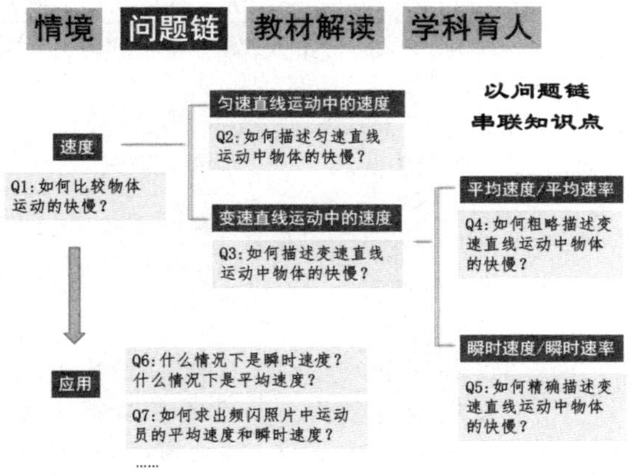

图 5-26-7　问题链的统整创设

过程,让学生形成速度概念;接着,在理解平均速度后,让学生尝试求苏炳添的平均速度,通过研究苏炳添的冲刺速度引出瞬时速度的概念;最后,以苏炳添的获胜秘诀让学生体会物理在竞技体育的应用。整节课以大情境为主线,引出各部分内容,再辅以小情境,让学生经历在具体真实情境中发现问题、研究问题、解决问题的过程(见图 5-26-7)。

关于问题链的设计。本节课以问题作为"线",将知识点有逻辑地串成"珠玉"。首先引入速度的概念,提出问题 1(如何比较物体运动的快慢?)。接下来通过问题 2(如何描述匀速直线运动中物体的快慢?)和问题 3(如何描述变速直线运动中物体的快慢?)分别阐述匀速直线运动和变速直线运动中的速度。通过问题 4(如何粗略描述变速直线运动中物体的快慢?)引出平均速度/平均速率的概念,通过问题 5(如何精确描述变速直线运动中物体的快慢?)引出瞬时速度的概念。最后通过"什么情况下是瞬时速度/平均速度?"等问题,带领学生体验物理知识在生活实际中的应用。问题链的设计先整体后细化,逐步将知识铺开,层层递进;先特殊后一般,由匀速直线运动中的速度,借助物理方法(无限逼近思想)引申至如何描述变速直线运动的速度;先概念后应用,重视物理在生活中的运用,增加学生学习兴趣和自我效能感。

(四) 通过整合"教材、教师、学生"教学关系实施反馈与评价

在探究真实情境和问题的同时,项目组还对构成学习境脉的重要环节——反馈和评价,开展了相应的研究。项目组认为,真实的评价是过程与结果、主观(态度)与客观(效果)、主体与客体多维视角构建的产物。所有评价的目的不在于获得"定论",而在于让学习者反复审视自身学习状态、行为和效果,明确问题和成就,获得改进的思路和方向。这是"新结构化"教学中"反馈环"的"环状"循环上升的内在意涵,而这一意涵又必须通过"教学评"一体化来实现。以理科学习为例,实验探究中的实验报告评价量表如表 5-26-1 所示,对小组学习过程的评价量表如表5-26-2 所示。

表 5-26-1 理科"实验报告"评价量表

评价项目	评价标准			
	优	良	一般	差
实验步骤	步骤清晰、表述简洁	步骤较为清楚	步骤有缺失	未填写实验步骤
现象记录	记录完整、真实、无涂改	记录较为完整,有少量涂改	记录有缺失、描述不清,或有较多涂改痕迹	未记录实验现象
整体情况	目的、结论均填写完整,报告书写工整规范,用语简洁明确	目的、结论均填写完整,报告较为工整规范,用语较简洁	目的、结论均有部分遗漏,报告整体完成度一般,语言组织较为凌乱	目的、结论均未填写,报告基本未完成或存在明显的抄袭现象

表 5-26-2 化学学科"小组学习"评价量表

评价项目	评价标准			
	优	良	一般	差
资料收集	运用两种以上手段收集铜的回收相关资料,资料全面、丰富	资料获取手段不超过两种,资料较为全面、丰富	资料获取手段单一,资料较少	被动应付,参考其他组资料
小组合作	分工合理,成员积极参与,合作顺利开展	小组存在分工,多数成员积极参与,合作较为顺利	小组基本无分工,成员参与度较低	小组成员基本不参加活动,仅有个别成员完成任务
资料展示	能综合应用两种以上方式展示成果,如PPT、视频等,表达精炼、准确	能运用不超过两种方式展示成果,表达比较精炼、准确	能运用某一种方式展示成果,表达不够精练、准确	无法完成展示活动

四、检验与佐证

项目聚焦"双新"课改核心问题,在理论和实践两个层面开展"新结构化"教学的探索。

在理论层面,基于认知科学理论,深化对境脉学习和结构化学习的认识,在实践中丰富和完善"新结构化"教学策略,形成了基本的操作框架。

在实践层面,围绕"新结构化"教学开展了丰富多样的实践反思活动,各学科形成了一批典型案例和实施策略。学校成立若干子课题小组和攻关实践小组,通过深度教研、子课题研究、教学周展示,进行多轮次的备课、说课、上课、评课等实践改进,各类教学展示和主题发言80余次,在学校学报刊登发表相关研究成果 30 余篇,总文字量 10 万字左右。"教有章法,学有思考,情景交融,师生共悦"的课堂生态初现端倪。并形成悦动课堂评价的初步方案。

表 5-26-3　华东师大一附中"新结构化创生悦动课堂"的教学课堂观察评价表

环节	序号	观察视角	关键行为特征	非常符合	基本符合	部分符合	基本不符	完全不符
总体指标	1	目标与途径	每节课有明确的学习目标					
	2	预计与生成	在师生互动中能够在知识、能力、情感、动机等方面有生成					
导入（承构）	3	已知与未知	能够学生已学知识和生活经验,具有单元意识					
	4	悦品与动心	有引导性的情境和问题,能够引发学生探究的兴趣					
过程（解构）	5	逻辑与认知	老师的提问环环相扣,能帮助学生深入思考					
	6	悦学与动脑	课堂活动设计能引发学生主动思考、讨论和探究					
	7	反馈与互动	能够给予学生表现性行为、专注力、坚韧性以及情绪情感及时提供反馈、评价和指导					
	8	分工与合作	对于复杂任务,能够有效组织学生开展分工明确的团队协作,进行探究、讨论、互评和总结					
结束（重构）	9	归纳与阐述	教师重视总结提炼核心知识结构,学生能够在课后较准确地表述对于核心知识的理解					
	10	悦思与动情	学生能够在互动中对学科产生感情,乐于思考新的探究性问题					

从调查数据可见,学生在课堂教学中的获得感和幸福感有较大提升;教师课堂的"新结构化"和"悦动"的特征日益显现。

（一）情境、问题、反馈的教学组合实施使学生产生愉悦感、获得感

真实化生活化的情境拉近了学生与知识的距离,产生了具身性的积极体验。学生关注比较多的是教学语言的风趣幽默、有吸引力和教师环环相扣、层层递进的问题链设计,这启示着教学中应当关注教学艺术与科学思维的有效结合。同时,学生认为和教师的深入对话增加了,意味着学生能够感受到有深度的互动的价值,这能激发学生"悦学""悦思""悦品"。

（二）立足单元视角、重视新旧联结的教学让学生意识到知识"结构"的价值

令人惊喜的是，学生还感受到了教师比以前更重视每节课之间的联系以及单元整体设计。这种感受是学生逐渐接受"新结构化"教学的开端。持续、广泛的实验推进，使得教师的教学能够不断赋能学生深化对大概念的理解，让他们尝试整体性学习，体验结构化迁移，这种高阶思维锻炼也有助于发展学生的元认知能力。

（三）课堂设计的优化让学生增加了持续探究的兴趣和动力

在调查中，学生选择"教师的课堂设计能让我有继续探究的兴趣"这一选项的比例占到了76.36％，这体现了优质教学从课内向课外的延展属性。学生不仅能在课堂上感到有收获、有兴趣，还愿意继续深入探究和挑战，这是"新结构化"教学所期待的结果之一——对学生"动脑""动情""动心"的长期关注转化为了"悦动课堂"的雏形。

（四）教师通过新结构化教学实践研究提升了教学意识与能力

1. 大单元、大观念意识有显著提升

推动单元整体设计以及"教学评"一体化的思维和习惯的关键是以上位概念统整教学的观念和行动。在这些相关项目上，教师的后测都显著或极其显著高于前测。

2. 赋能教师课堂改进的作用明显

在"在教学实施中注重教学真实情境的创设""关注教学中的问题设计，形成'问题链'"以及"关注学生的学习状态，及时对教学进行调整"这三个项目中，后测分数都显著高于前测分数，说明实验正在潜移默化改变教师对于课堂的固有认知。

五、反思与展望

"新结构化"教学创生"悦动课堂"是华东师范大学第一附属中学面对"双新"课改的"考卷"，聚焦课堂教学所开展的一次实验性改革。项目实施以来，既取得了相应的成果，也不断揭示和暴露出了更深层次的问题。

1. "新结构化"教学融合了"结构教学"和"境脉学习"的主要观点，但是对于中学一线教师而言，抽象的理论需要转化为更为实际具体的可执行、可检验的步骤。就此而言，本研究面临着理论如何转化为实践的巨大挑战。

2. 教师的学习观念和学习组织机制有待进一步完善。无论是"大概念"的提取、单元知识体系的整合，抑或是"情境场""问题链""反馈环"的创设，以及"承构""解构""重构"的进阶实施，都缺乏现成的、可以照搬照抄的答案。因此，教师既要不断地更新自身理念和理论储备，并在积极投入教学实践基础上开展连续的行动反思，又要形成不同规模的学习共同体，以分工合作的方式共同参与课堂建构。

3. 学生的既有学习观念及惯性成为影响"新结构化"教学纵深发展的"变量"。学生更期待教

师带领自己解决问题,而非发现问题和生成挑战性任务。这既揭示了"新结构化"教学在重塑课堂学习情境方面的巨大需求,也折射了将"新结构化"教学推向"深度学习"过程中可能遇到的阻力。

4. 在实施中发现,"新结构化"教学尽管聚焦于课堂教学,但其实质的成效取决于学校的全局性系列化改革。任何"单兵突进"的做法,最后会遇到巨大的"阻力墙"。围绕"新结构化"教学打造"深度教研"机制,依托学校文化建设扭转学生对于学习的既有观念"定式",依托"大多数"教师的实践智慧开展理念理论向实践操作的普遍性转化,是项目未来需要思考和改进的方向。

(执笔人:袁　芳　陈　耸　沈闻佳　邹园园)

27 深度学习的新路径：基于学历案的项目化学习

/ 上海南汇中学

核心问题

"双新"背景下，如何通过基于学历案的项目化学习促进学生深度学习？

一、背景与问题

（一）背景概述

1. 深度学习是"双新"课改的必然要求

深度学习是走向核心素养的必要条件。一方面，调研显示本校七成学生期望在课堂学习中能够获得对学科内容更深的理解。另一方面，约七成老师认为通过设计合适的学习活动将学生引向深度学习有难度。这就说明将课堂教学引向深度学习，是在本校"双新"课改中必须要突破的方向。

2. 项目化学习是深度学习的有效路径

目前，国际上普遍采用项目化学习（Project-Based Learning）的方式来实现深度学习。洛恩斯等人在项目化学习环境下，对学生的学习方法与学术成果展开实证研究，结果表明：项目化学习组的学生能够使用更深入的学习方法，项目化学习模式能够有效促进学生的深度学习。因此，项目化学习是通向新时代所要求的深度学习的有效路径。

3. 学历案是项目化学习的认知地图

项目化学习非常强调持续探究，这意味着学生需要投入大量时间。为了保证探究的实效，就需要一份专业化的、面向学生的预设方案来指导探究过程。学历案对学生学习进行专业化预设，提供学习支架，指导学生开展项目化学习、掌握重点知识和关键能力。学历案相当于一份认知地图，是课堂内外师生互动的载体，可以导航学生探究过程。

（二）拟解决的核心问题

1. 要解决的主要问题

"双新"背景下，如何促进学生深度学习？学校将学历案和项目化学习整合，提出了"基于学历案的项目化学习"，以教师编制的学历案指导学生项目化学习，创建了深度学习的新路径。我校将"基于学历案的项目化学习"内涵界定为：学生在一段时期内研究一个真实的、有吸引力的、复杂的、有挑战性的问题或课题，通过真实的经历和体验，在教师及教师专业化预设的方案指导下，自主建构经验，掌握核心知识、提升关键能力、培育核心素养。

2. 要解决的子问题

第一，怎样融合学历案与项目化学习的要素？

第二，如何设计学历案和项目？

第三，如何构建学生深度学习的评价体系，以验证和优化路径？

二、路径与办法

项目化学习包含四个要素：驱动性问题、持续性探究、表现性评价、展示性成果。学历案包含六个要素：学习主题、学习目标、评价任务、学法建议、学习过程（课前预习、课中学习、课后检测）、学后反思。我校从以下四个方面融合学历案和项目化学习的要素，为开展基于学历案的项目化学习实践研究指明方向，优化深度学习设计。

（一）学术性目标

学术型项目化学习的目标是帮助学生构建核心知识，因此，在设计驱动性问题的时候就需要考虑解决该问题会用到的知识领域和关键概念，这可以通过学历案的"学习主题/学习目标"要素来进行规范，保证目标达成。也就是说，通过"学习主题/学习目标"的精准预设，使得驱动性问题的解决指向学术性目标，让学生专注于核心知识、关键能力，防止在探究过程中偏离学习目标。

（二）过程性任务

学生对驱动性问题的持续探究应该是阶段性的，通过将其分解为前后关联的任务活动，步步推进，层层深入。而学历案的"评价任务"介于学习目标和学习过程之间，就是要将学习目标转化为可检测学生行为表现的任务。学历案的"评价任务"要素同样可以将项目的驱动性问题转化为一个个"过程性任务"，促进学生的持续探究。

（三）关键性支架

项目化学习注重表现性评价，这种评价的目标是通过评估来提升学生的表现。学生在解决复杂问题时往往是很困惑的，通常只有在教师的支持和指导下，才会有良好的表现。而学历案的"学法建议/学习过程"可以提供关键性支架，促进学生思考，探究和解决问题，达到良好的表现。

（四）反思性小结

项目化学习最终要形成有质量的成果，并且学生的作品需要公开，进行展示交流，接受反馈、评判。作品展示会让学生加深对自己成果的理解，并有机会观察学习其他同学的成果，这会促进学生对项目历程进行反思，而学历案的"学后反思"可以帮助学生回顾过程中的失误、经验或教训，进行反思性小结。

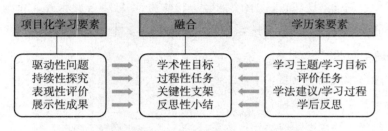

图 5 - 27 - 1　基于学历案的项目化学习结构要素

三、成果与经验

（一）成果内容

1. 厘清实施标准，促进深度学习的实施

（1）基于学历案的项目化学习实施流程如下：

① 设计驱动性问题。项目化学习强调在一个问题的驱动下，学生完成一项源自真实世界的任务。其中，驱动性问题是一个项目的原动力，它是在项目实施过程中，需要学生探究解决的问题。它兼具知识性与真实性，是学习兴趣和抽象知识之间的桥梁，它赋予项目实际的意义，对学生的学习活动起到推进作用。因而，设计一个好的驱动性问题至关重要。这一阶段的工作主要是任课教师在教学实践及学情调研基础上提出或完善驱动性问题，随后，备课组教师对驱动性问题进行评议并反馈意见，任课教师再围绕该驱动性问题搜集必要的学习资料。

② 设计并实施学历案。学历案是给学生使用的，起到引导学生解决驱动性问题的作用。这一阶段的主要工作是围绕驱动性问题进行任务分析，完成相应的学历案设计。重点在于阐述清楚如何分解驱动性问题，并将其转化为过程性任务，再针对一个个阶段任务，为学生预设足够的学习支架，帮助学生解决驱动性问题，形成作品。同时，完成项目设计初稿。

③ 完善项目设计。在前几个阶段的基础上，完成项目化学习，搜集学生学历案及作品，进行汇总、分析与评价，从教师的角度回顾整个项目的设计与实施，并通过同行交流、专家组评价、学生反馈等方式进一步修订项目实施过程、完善学历案。

（2）基于学历案的项目化学习设计标准如下：

① 学历案设计标准。设计学历案是项目实施过程中教师必须经历的一关。规划学历案的过

程就是绘制一幅项目地图,即项目的计划要反映出项目的可拓展性以及对项目的结构化设计。一个设计良好的项目计划不仅仅是一组活动的序列说明,更重要的是可以支持和引导学生解决问题、创造出项目作品。学历案作为一种有效的项目地图,可以帮助学生确定学习目标、评价任务,确定项目进度,支持学生完成项目中关键的探究活动。

表 5-27-1　学历案六要素及设计要求

序号	学历案要素	设 计 要 求
1	学习主题	即项目化学习的主题(本质问题与驱动性问题),依据教材、课标、学情确定
2	学习目标	解决这个驱动性问题过程中,可以使学生掌握哪些课程标准中的核心知识,掌握到什么程度,落实哪些方面的学科核心素养培育
3	评价任务	根据驱动性问题把项目过程分解为几个有梯度的阶段性任务,与学习目标对应但无须一一对应
4	学法建议	分析解决驱动性问题涉及的核心知识(知识结构);可采用什么样的组织形式、什么样的探究方法;提供学生达成目标的学习资源、路径等
5	学习过程	针对学生可能遇到的困难,教师给予学生突破困难的关键指导或设计;课前应该做好哪些准备,课中提供什么支架解决重点、突破难点,课后如何检测巩固等
6	学后反思	引导学生思考梳理学习过程、策略和结果,指导学生总结反思以下几个方面:学科知识的掌握运用、学习过程的投入表现、小组合作的协调沟通、思维方法的科学有效,促进学生构建成长性思维模式,形成持续提升机制

② 项目化学习设计标准。第一是问题的设计标准。项目化学习的第一要素就是要有一个驱动性问题,好的驱动性问题是项目化学习成功的一半。

驱动性问题的设计标准有六个方面(见表 5-27-2)。首先,这个问题要有真实性、有吸引力,能够激发学生兴趣(标准 1),同时要兼顾课程标准(标准 2),不能为了兴趣而脱离课标。其次,问题探究的结论是开放的(标准 3),这样有助于学生个性的发展,但项目涉及的主要知识应是反映学科本质的、构成学科框架的核心大概念(标准 4)。最后,这个驱动性问题的解决需要有一定的挑战性(标准 5),以达到深度学习的要求,同时考虑可行性(标准 6),即让学生保持在一定的学习区内进行学习。

表 5-27-2　驱动性问题设计标准与细则

序号	标准	细 则
1	激发兴趣	通过真实的情境激发学生探究兴趣,引发讨论
2	课标一致	与课程标准上的学习内容、学业要求保持一致

序号	标准	细　则
3	结论开放	通常不会有一个单一的、最终的和确定的答案
4	关注内核	指向知识体系内核、负载价值精神的知识概念
5	心智挑战	需要高层次的思考，比如分析、推论、综合等
6	项目可行	学生可在教师指导下逐步解决问题，推进项目

第二是项目的设计标准。学历案是为学生学习服务的，学生在学历案指引下研究、解决驱动性问题。除了学历案之外，教师需要准备一份项目设计（见表5-27-3），这份项目设计主要用于项目的迭代优化，也是便于同行交流学习，为教学服务。

表5-27-3　项目化学习设计规范

序号	主要环节	设　计　要　求
1	核心知识	确定与该项目相关的学科或跨学科关键概念和能力
2	本质问题	将关键概念和能力转化为相关学科领域的本质问题
3	驱动性问题	创设情境，将本质问题转为真实有趣的驱动性问题
4	实践过程	设计项目引入、探索问题、反思迁移等方面的过程
5	学习成果	包含学生探究成果的公开展示及分析、评论、修正
6	全程评价	开展对学生过程性表现以及学习成果的多维度评价

2. 推动教学实践，构建深度学习的课程

学校十门学科结合本学科特点及学生实际情况，通过学历案来开展项目化学习，积极开展课堂教学实践，促进学生深度学习，落实学生核心素养培育。各教研组先开展单个项目化学习，形成案例，积累经验，比如数学组围绕"阶梯电价"、地理组围绕"八大菜系"、历史组围绕"词史互证"展开的项目化学习都很受学生欢迎，并用于经验交流。在此基础上，围绕大概念、大单元逐步推进课程建设，转变课堂教学方式，推动课堂教学变革，形成了项目化学习课程群（见表5-27-4）。随着我校大单元系列项目化课程建设的逐步完善，更好地推动了项目化学习全学科、全过程落地。这种兼顾知识系统化、任务结构化、思维进阶化、问题真实性、评价持续性的学习模式有助于调动学生参与统整性更高的高阶认知过程，促成学生深度学习。

表 5 - 27 - 4　基于学历案的项目化学习课程群

序号	学科	项目化课程名称
1	语文	阅读和写作
2	数学	设计与建模
3	英语	文化与交流
4	物理	传感器原理和应用
5	化学	化学反应与生活
6	思想政治	经济体系与高质量发展
7	历史	史学术语和评析
8	地理	大气组成和运动
9	生物学	技术实践与应用
10	信息技术	计算思维和算法

3. 围绕三个维度,构建深度学习的评价

基于学历案的项目化学习是以促进学生深度学习为目标的学习路径,我们需要构建深度学习评价体系,通过标准的比对和数据的变化趋势来验证路径的有效性,并在具体评价反馈中不断优化路径。目前国际主流的深度学习理论框架(见表5-27-5)将深度学习分为三个领域:认知领域、人际领域、个人领域。每个领域又包含两个维度:掌握核心学术内容、批判性思维和问题解决、有效沟通、协作能力、学习如何学习、学术心志,一共有六个维度。

表 5 - 27 - 5　深度学习理论框架

	领域	能力维度
深度学习	认知领域	掌握核心学术内容
		批判性思维与问题解决
	人际领域	有效沟通
		协作能力
	个人领域	学习如何学习
		学术心志

根据深度学习的定义,深度学习是一种高认知的学习活动,这种高认知体现在学生要掌握学术内容和运用批判性思维解决问题,这些要求可归入认知模块。同时,深度学习要促进学生发

展,特别是与深度学习密切相关的个性发展,这种发展主要体现在有效沟通、团队协作、学会学习和学术心志四个维度,可以分别将其归入合作模块与自我模块。我校结合马扎诺的教育目标新分类法对深度学习的六个能力维度做了细化,形成对学生深度学习能力的评价标准(见表 5-27-6)。这一标准采用千分制赋分,将评价维度和内容转化为评价工具,形成量表,用于评价学生的深度学习能力。

表 5-27-6　对学生深度学习的评价标准

模块	能力维度	能力概述	评价指标
认知模块	掌握核心学术内容	能够理解学科核心知识,并将其迁移到其他情境	信息提取:再认、回忆相关领域基本概念、原理
			整合表征:提炼知识结构及特征,建立符号表征
			识别拓展:在情境中辨认知识并构建新的规则
			知识应用:能将知识应用到新情境中并解决问题
	批判性思维与问题解决	运用批判性思维技能及学科核心知识解决问题	计划设定:建立起明确的长短期学习计划
			过程监控:判断问题解决过程是否与计划一致
			信息评估:评估各种信息、知识是否了解清晰
			知识掌控:判断解决问题的知识方法是否准确
合作模块	有效沟通	能够清晰地组织和交流数据、发现或者想法等	信息组织:能够有效组织信息和数据,形成观点
			有效表达:通过语言文字有效表达复杂概念
			倾听想法:能够听取其他学生的反馈和想法
			有效反馈:能够给团队伙伴提供建设性反馈
	团队协作	能够通过协作面对共同的挑战,完成和解决共同的任务	目标认定:能够从团队目标出发思考和解决问题
			步骤协调:能够共同规划解决问题的步骤
			资源配置:合理配置完成团队目标所需的资源
			观点整合:能够为完成团队目标接受不同观点
自我模块	学会学习	能够监控自己的学习,掌握学习策略,跟踪学习进程	掌握策略:知道和使用各种学习策略来完成任务
			反思学习:习惯性反思自己的学习并做出改进
			关注反馈:关心学习质量,关注学习得到的反馈
			优化学习:寻找更好的学习方式来应对挑战
	学术心志	能够形成积极的学习态度、坚定的学习信念,有进取心	学习认同:认识到掌握知识与技能的重要性
			自我效能:对自己实现一定的目标有信心
			学习毅力:能够为实现学习目标而持续努力
			学习动机:自我实现,希望达成自己的学术追求

（二）主要经验

1. 低结构探索与高结构指导的紧密结合

学历案的教学评一致性、六要素规范性形成了一种高度结构化的指导，而项目化学习是一种相对开放的低结构探究活动，学生自主应对一个复杂问题时，通常会在探索过程中表现出一定程度的无序性、随机性。将学历案用于指导学生项目化学习，通过学历案的六大基本要素为项目化学习提供学术性目标、过程性任务、关键型支架、反思性小结，这种有序的结构化指导可以促进学生的知识迁移，使得学习更有成效。基于学历案的项目化学习使得低结构的探索与高结构的指导紧密结合，有力促进深度学习的发生。

2. 学习责任从教师向学生的有效转移

学习责任转移包含四个阶段：聚焦性指导、向导性指导、协同学习、自主学习。其中，最为关键的阶段就是从向导性指导向协同学习的过渡（见图 5-27-2）。在基于学历案的项目化学习中，学历案就是一种向导性指导，而项目化学习为协同学习创设了良好的学习情境，通过高结构指导与低结构探索的紧密结合，跨越向导性指导与协同学习，为学习责任转移提供了一个很有效的教学实践路径。这种重要的阶段性责任转移，就在项目化学习为期数周或数月的时间内发生，使得学生真正成为学习的主体和主角。基于学历案的项目化学习，是深度教学走向深度学习的有力保障，实现了学习责任从教师向学生的有序平稳转移。

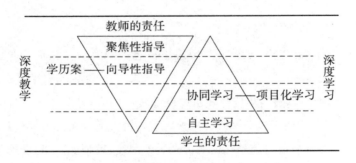

图 5-27-2　学习责任转移

四、检验与佐证

（一）深度学习认知模块的提升

在认知模块方面，通过前测与后测的对比，学生整体提升幅度达到了 12.83％。学生在信息提取、整合表征、识别拓展以及知识应用等方面都有了积极的变化。尤其是通过深度学习实践，学生的问题解决能力得到了加强，能够更有效地评估信息、整合信息，将知识应用于解决实际问题。参加上海市 32 个学科工作站的学生人数三年来增加了 165％，学生在院校教授专家指导下开展对学术问题的探究。自 2021 年到 2023 年，学校的特殊类型招生控制线上线率稳步提升，

2023年首次突破50%，这一增长也反映出学生在深度学习的认知领域方面得到了有效的培养和提升。

（二）深度学习合作模块的增强

在合作模块方面，学生通过项目化学习的团队合作，共同应对复杂的学习任务，沟通协作能力有了明显提升，这一模块整体提升幅度达到了16.25%。学生在信息组织、有效表达、倾听想法以及有效反馈等方面都有了不同程度的进步。通过团队合作完成复杂学习任务的过程中，学生学会了如何更好地沟通和表达自己的想法，如何倾听并整合团队成员的观点，以及如何提供和接受建设性的反馈。每年有超过两百个学生小课题通过团队协作完成，课题质量不断提升，学生在深度学习合作模块方面得到了加强。

（三）深度学习自我模块的发展

在自我模块方面，学生在学习认同、自我效能等方面都有了较为明显的发展，这一模块整体提升幅度为15.79%。通过深度学习实践，学生掌握了有效的学习策略，能够进行深入的反思学习，关注并利用反馈来优化自己的学习过程。学生的学术追求得到了发展，他们积极参与各类学科工作站、学术计划和"青少年科学诠释者"项目的学习，开展对学术问题的探究。近三年学生的课题研究成果在各类科技竞赛中获奖五百多人次，部分学生在天文学、人工智能、分子生物学等领域获得市级、国家级甚至国际比赛奖项，这反映出学生在自我模块的学术心志等方面有了较大幅度的提升。

五、反思与展望

（一）搭建信息管理平台，进一步优化项目过程管理

基于学历案的项目化学习实施对学校的教学管理是很大的挑战。项目的规划、组织、实施等都涉及大量的状态数据，需要一个信息化的平台来帮助学校、教师、学生精准地管理项目、及时跟踪项目进展，进行评价反馈。为此，很有必要建立一个专用的项目化学习管理平台，优化项目管理和评价，依托教育数字化技术进一步提升项目化学习的实效。

（二）加强教学循证实践，进一步提升深度学习能力

循证实践强调基于数据和研究结果进行教学决策，这有助于教师在教学过程中不断优化和调整教学策略，以满足学生的多样化需求。我校将采用对照试验、数据分析、观察研究、文献综述等循证实践方式，设计出更加专业和有效的学历案，为学生提供更有针对性的学习资源和方法。通过这种方式，教师可以更好地规划和实施项目化学习，深化课堂教学改革，进一步提升学生深度学习能力。

（执笔人：康潇津　赵一斌）

28 立足三个"一致性"深化"留白式"课堂的实践探索

/ 上海市复旦中学

核心问题

如何通过"教学评一体化"实现"留白式"课堂的有效实施?

一、背景与问题

(一)背景概述

1. 从可行性的角度而言:"留白式"课堂是对复旦中学持续10多年的课堂转型实践的总结、归纳和提炼,即围绕教学目标的达成,为学生的自主学习、合作学习、探究学习有意留出一定的时间与空间,引导他们在更广阔的时空中实践与操作、想象与联想、思考与探索,能够促进师生生命智慧提升的课堂。"留白式"课堂将源自艺术的"留白"表现手法运用于教学,在课堂中给予学生自主建构知识体系、思维生长、情感生成的时空,使他们意识到自己不是被动接受教学的对象,而是课堂的共建者,是自身学习的主人。"留白式"课堂体现了中华优秀传统文化和教育哲学智慧,与"双新"所强调的以学生为中心、素养指向、让学习真正发生等价值取向、核心理念契合。因此,在"双新"背景下开展"留白式"课堂的实践探索具有可行性,而且已有的探索与成果为进一步深化课堂教学改革也打下了扎实的基础。

2. 从必要性的角度而言:培育学生核心素养是新课程新教材的目标导向和价值追求,课堂是培育学生核心素养的主阵地。在新课程新教材的实施过程中,一线教师反映最多的困难,就是新教材容量大但课时有限,在课堂上"赶课时"成为最重要的教学任务,留给学生探究问题、涵育学科核心素养的时空很少甚至没有,这显然给"留白式"课堂提出了新的命题。另外,随着评价改革的推进,如何完善"评",以评促教促学,最终落实学科核心素养等问题,这也为丰富"留白式"课堂的内涵提供了新的视角。"双新"实施过程中对课堂教学提出的新命题、新视角,说明了"留白式"课堂的深化研究与实践有其必要性,这既是其自身可持续发展的内在要求,也是"双新"背景下教学方式改革的积极而有意义的探索。

（二）拟解决的核心问题及子问题

基于以上思考与认识,学校把"如何通过'教学评一体化'实现'留白式'课堂的有效实施?"作为项目研究的核心问题,这个问题又包含三个小问题:

1. 如何确保"留白式"课堂指向核心素养培育?

2. 如何创新指向核心素养培育的"留白式"课堂的教学实践?

3. 如何评估"留白式"课堂落实学科核心素养的有效性?

二、路径与办法

（一）研究路径:基于教学评一体化的三个一致性

为破解以上核心问题及其子问题,基于问题和需求导向,我校在进行文献梳理、问卷调研的基础上,开展理论学习经验总结,明确将教学评一体化作为提升"留白式"课堂落实核心素养有效性的突破口,并针对三个子问题,将教学评一体化分解为环环相扣、相互影响的三个一致性,即目标与内容的一致性(前提)、过程与方法的一致性(核心)、教学与评价的一致性(关键),最终实现教学评一体化,将学科核心素养落地(见图5-28-1)。

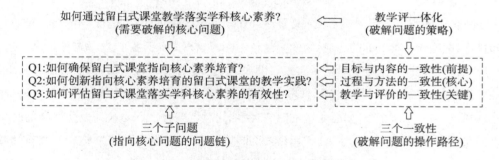

图5-28-1　指向项目核心问题解决的研究路径

（二）推进路径:基于"采风计划"的教—研—训—体化

在"现状调研、发现问题""理论学习、经验总结"的基础上进行"学理构建、顶层设计",明确项目研究路径后,以"采风计划"为主要抓手和载体推进学科实践。

"采风计划"的核心与实质是"教—研—训"一体化(见图5-28-2)。教师自主申报,对课堂教学进行随堂拍摄;随后以采风中形成的过程性资料(导学案、教学设计、教学视频、作业设计等)为素材,开展自我剖析、教研组评议、专家诊断,将发现和需要改进的教学实践中的问题转化为课题,以备课组或教研组为主体,开展课题研究,在课题研究的引领下开展主题式、序列化的教研活动,教研与科研同步推进(表5-28-1为实践推进中形成的以"双新"项目为核心的课题群);进而

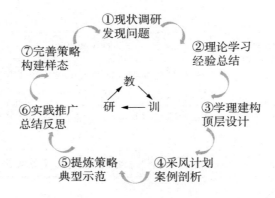

①现状调研
发现问题

②理论学习
经验总结

⑦完善策略
构建样态

教
研 ← 训

③学理建构
顶层设计

⑥实践推广
总结反思

⑤提炼策略
典型示范

④采风计划
案例剖析

图 5-28-2 "采购计划"的"教—研—训"一体化路径

把实践探索中的做法和方法、课题研究中的举措和成果,作为校本培训的案例,开展"大"(集中研修)"小"(分主题研修)相结合的实践性校本研修。

表 5-28-1 聚焦核心项目的课题群(近三年已立项部分)

序号	教研组	子课题级别	子课题名称	聚焦问题
1	化学组	区级重点	基于学生创新思维培育的化学校本实验课程的开发	Q1
2	艺术组	区级重点	"五育"并举视野下,高中学校"模块化"艺术课程的实验研究	Q1
3	史地组	区级重点	育人方式变革背景下中学哲学教育基地建设的实践研究	Q1/Q2
4	英语组	市级一般/区级重点	语料库在高中英语写作教学中的应用研究	Q2
5	英语组	区级重点	基于单元整体教学的高中英语项目式学习实践研究	Q2
6	物理组	区级一般	指向深度学习的高中物理过程教学策略与实践研究	Q2
7	生物组	区级重点	基于教材对比分析的高中生物单元主线化情境教学实践研究	Q2
8	政治组	区级重点	哲学视域下习近平新时代中国特色社会主义思想进高中思政课堂的路径研究	Q2
9	信息组	区级重点	基于项目驱动的高中信息技术单元学习活动的设计与应用	Q2/Q3
10	语文组	区级一般	高中语文"留白式"作业开展实践与研究	Q3
11	英语组	区级一般	基于语料库的高中英语写作教学评价研究	Q3

序号	教研组	子课题级别	子课题名称	聚焦问题
12	史地组	区级一般	以"思辨力"培养为载体落实高中历史学科核心素养的行动研究	Q1/Q2/Q3
13	数学组	区级一般	以单元整体导学案为依托的"留白式"课堂教学实践研究	Q1/Q2/Q3
14	体育组	区级一般	高中体育专项化背景下结构化教学的实践研究	Q1/Q2/Q3

三、成果与经验

（一）核心素养视域下"留白式"课堂理论体系进一步深化

1. "留白式"课堂的内涵

"留白式"课堂，即围绕教学目标的达成，为学生的自主学习、合作学习、探究学习有意留出一定的时间与空间，引导他们在更广阔的时空中实践与操作、想象与联想、思考与探索，能够促进师生生命智慧提升的课堂。

（1）"三个生命体对话"的课堂观，即课堂教学的本质是"课程、学生、教师三个生命体的对话"，课堂教学活动是提升教师与学生生命智慧的过程。

（2）"高阶思维"的培养观，即课堂教学的核心是高阶思维。留出学生思维发展的时空是"留白式"课堂的生命力之所在。

（3）"三个体现"的教学观，即课堂教学要体现学生的思维思辨过程，体现学生的合作探究过程，体现教师的引领导学过程。

2. "留白式"课堂的基本特征

（1）宽松的氛围。"留白式"课堂要为学生自主学习提供更多的时空，教师民主平等对待学生，宽松的氛围是"留白式"课堂实施的前提条件。

（2）环节灵活。"留白式"课堂要求突破模式化的条条框框的束缚，不同的教学内容与教学对象有不同的教学环节，要根据课堂动态对教学环节作出动态调整。

（3）深度的参与。留白的意义在于让学生最大程度地参与学习的全过程，学生参与主要包括认知参与、行为参与、情感参与。

（4）多维的对话。"留白式"课堂是学生、教师、课程三个生命体交互对话的课堂，对话不仅是信息的传递，更是观点的交流、思维与情感的碰撞。

（5）强烈的审美。"留白式"课堂的理论根基之一是美学理论，讲求"留白"的创意设计与处理艺术，"留白式"课堂应可以引起审美愉悦，让师生感受美的熏陶。

（6）想象的激发。"留白式"课堂重在激发想象，放飞思维，强化学生的求知欲与探究心理。

3. "留白式"课堂的核心策略

"留白式"课堂最重要的策略就是"留白"。"留白"不是避而不谈或避重就轻，而是引而不发，铺垫蓄势。不仅需要留出时空，让学生能够开展自主的、合作的、探究的学习；更需要让留出的时空产生效益，让学生的学习是真实发生的、有效的。因此，"留白"策略的有效实施，需要加强"留白"与"诸白"的结合。

"诸白"包括：念白、对白、补白、旁白。念白，即学生说（陈述）、做（解题）、演（演示/表演）；对白，即师生之间、生生之间的平等对话；补白，即教师或者学生的追问、提示、启发等补充性插话；旁白，即教师的解释性、总结性话语。教师在恰当的留白中倾听、观察孩子们的"念白"，把握学生的思维过程；在恰当的留白中进行师生之间、生生之间的"对白"，实现思维的碰撞；在恰当的留白中进行画龙点睛式地旁白和补白，更好地发挥和体现教师的引领导学，不断完善学生的思维方式。因此，"留白"策略是一个系统，只有灵活兼顾"诸白"手法，才能使留白不白留。

（二）三个"一致性"引领下"留白式"课堂实践样态进一步完善

1. 聚焦目标与内容一致性，初步构建起"留白式"课堂教学目标体系

目标体系的构建，建立在对学科本质、课程标准、三维目标、留白理念的充分理解之上。在这个目标体系中，第一层是学科核心素养，第二层是学科课程总目标，第三层是学科学期教学目标，第四层是学科单元教学目标，第五层是学科单课教学目标。

这一目标体系的建立，有利于教师依据不同层级的教学目标，对不同层级的教学内容进行统整架构，从而进一步优化教学内容，选取适切的教学资源。以"体育与健康学科"为例，在建构教学目标与内容体系的探索实践中，逐步形成了"素养引领目标设计与调整、目标引领内容筛选与整合、内容体现关联与进阶"的建构原则，并形成了图 5-28-3 所示的教学目标与内容体系建构路径。

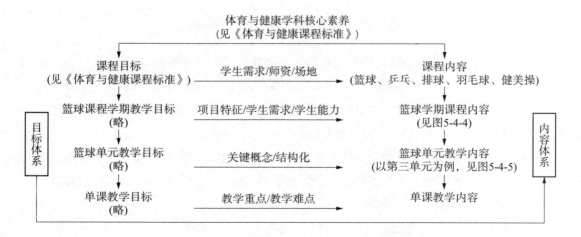

图 5-28-3　体育与健康学科教学目标体系与内容体系建构路径示意图

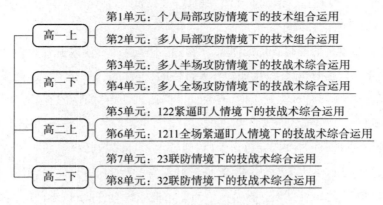

图 5-28-4　篮球学期课程内容

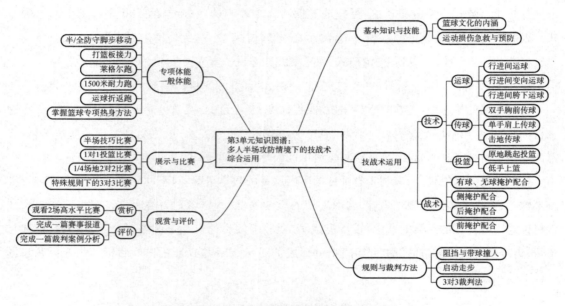

图 5-28-5　篮球第三单元教学内容图谱

目标体系引领下建构的内容体系,从教师层面出发是任务活动的起点,指向"教什么";从学生层面出发是学习结果的起点,指向"学什么"。结构化、针对性强的教学内容有利于解决"新教材容量大,但课时是有限的"这一矛盾,为"留白式"课堂中的"留白"留下时空,从而有利于学生自主地、整体地建构知识,提升能力,发展素养。

目标体系的建构不仅引领着内容体系的建构,解决"教什么""学什么"的问题;同样也引领着评价体系的建构,解决"评什么"的问题。教师要用目标体系来导教、导学、导评,促进教育目的、学科目标、教学目标的统一,促进教、学、评的统一。

2. 聚焦过程与方法一致性,进一步优化"留白式"课堂教学程序

就程序而言,任何教学程序图只是一种大概的示意,不可能精确与穷尽。图 5-28-6 是"留

白式"课堂教学程序示意图。

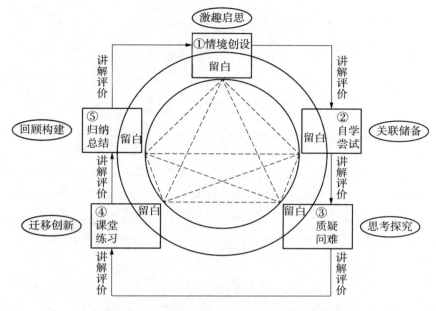

图 5-28-6 "留白式"课堂教学程序示意图

（1）关于程序环节。矩形图框表示的是 5 个主要教学环节,椭圆图框表示的是与之对应的 5 个学生学习环节。一般情况下,课堂从"情境创设"起始,到"归纳总结"结束。但教学程序就像万花筒一样有很多组合方式,图中的所有虚线代表着各个环节点之间的连线,它们之间是双向交互的,即所有的环节均是可以相通的,这也就意味着"留白式"课堂的教学模式可以走无数条路径。

（2）关于讲解评价。"留白式"课堂中,讲解与评价须贯穿于教学全过程之中,融合在 5 个主要环节中,因此图中没有把"讲解"与"评价"作为一个环节列入其中。

（3）关于留白。留白不是一个阶段,留白根据需要可以出现在任一环节中。程序图中的环节框中都有留白的空间,只是提醒教师去做留白可能性的思考,但并不意味着每个阶段都必须要留白。

基于"留白式"课堂教学程序,各学科结合本学科特征及自身特点,开展"留白式"课堂教学的实践,逐步形成了具有学科特征的"留白式"课堂教学方法。比如,数学学科形成了知识型、活动型、迁移型、评价型等类型的留白课堂;政治学科形成了议题设白、情境描白、活动探白、素养思白、作业补白的"五白"课堂;历史学科开展指向思辨力培养的"留白式"课堂教学,形成了"知—悟—论"三步教学法等。这些方法不断丰富和发展着"留白式"课堂的实践样态。

3. 聚焦教学与评价一致性,初步形成"留白式"课堂评价流程

（1）课前评价预设:凸显教学目标引领。目标是课堂教学的灵魂,实现教学与评价一致性的

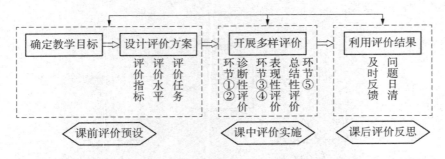

图 5-28-7 "留白式"课堂评价流程示意图

关键是建立教学目标、教学活动(学习活动)和教学评价(学习评价)之间的紧密联系,确保它们之间的一致性和相互支持。"留白式"课堂评价以教学目标(见上文所述"五层教学目标体系")为依据设计评价指标、评价水平、评价任务与评价量表,形成评价方案(见图 5-28-7)。表 5-28-2 为历史学科学生学习评价方案。表 5-28-3 至表 5-28-5 为不同的评价量表。

表 5-28-2　历史学科学生学习评价方案

学科核心素养	评价维度	评价任务(内容)		评价量表
唯物史观 时空观念 史料实证 历史解释 家国情怀	思辨力 辨析鉴别能力 推演解释能力 评价创新能力 问题解决能力	课前	导学案(预习检测、预习提问)	
		课中	问题回答	表 5-28-3
			学子讲堂	表 5-28-4
		课后	练习册习题	
			读书笔记/小论文	表 5-28-5
			纸笔测试	

表 5-28-3　问题回答评价量表

评价要素	水平与等第		
	4—5 分	2—3 分	0—1 分
观点	观点正确,能辩证认识问题	论点基本正确,认识不够全面	论点不准确,认识模糊
论证	史实准确,史论结合密切,逻辑严密	史实基本正确,史论结合不够密切,逻辑不够严密	未能结合史实,仅列举部分史实,无逻辑
表述	思路清晰,表达确切	有基本思路,表达不够确切	缺乏条理性,表达欠通顺

表5-28-4 学子讲堂评价量表

评价要素	具体内容	得分
真实性	研究过程是否亲自参与;主要观点和论据是否通过观察、考察、实验等实践方式获得	(3分)
合作性	研究过程与研究报告是否体现分工合作	(3分)
科学性	选题是否合理;分析问题是否符合认识规律;所得结论是否严谨	(2分)
先进性	选题是否有创意;研究结论是否有借鉴价值	(2分)

表5-28-5 读书笔记/小论文评价量表

评价要素	水平与等第			
	4分	3分	2分	1分
知道获得事实的主要来源、事实与事实之间的关联与意义,支撑事实及事实关联的理论	清晰认知	认知	基本认知	没有认知
分析历史结论的推理过程是否逻辑	有严密的符合历史逻辑的推理	基本符合历史逻辑的推理	欠符合历史逻辑的推理	没有符合历史逻辑的推理
对作者提出的证据的效度和信度进行判断	判断合理,论证符合逻辑	判断合理,论证比较符合逻辑	判断基本合理,论证欠逻辑	判断不合理,论证没有逻辑
罗列其他文本中被省略了的重要信息	罗列5项以上	罗列3项以上	罗列1项以上	没有罗列
根据作者的论据和论证,判断作者的合理或者不合理结论	判断合理,论证符合逻辑	判断合理,论证符合逻辑	判断合理,论证符合逻辑	判断合理,论证符合逻辑
对文本的概括性评价	观点清晰,表述准确	观点清晰,表述较为准确	观点模糊,表述欠准确	没有观点,表述含糊不清

（2）课中评价实施:评价嵌入教学过程。"留白式"课堂教学包括5个基本环节,每个环节的实施以留白为前提,讲解评价贯穿其中。在留白的时空中,教师倾听学生表达,观察学生行为,把握学生思维发展状态,通过对白、补白、旁白来评估和引导学生进行知识的自主建构、思维方式的自我完善以及情感态度价值观的自觉升华,将评价内嵌于教与学的过程中,达成教学与评价的一致性。表5-28-6为"留白式"课堂观察量表。

表 5-28-6 "留白式"课堂观察量表

一级指标	二级指标	具体内容(具体分值)	得分
教师的引领导学(50分)	预设(25分)	1. 教学目标与教学内容基于课程标准和学情(10)	
		2. 教学流程、教学环节清晰,过渡顺畅(5)	
		3. 作业设计与布置基于教学目标(10)	
	导引(25分)	4. 语言清晰、简练、准确,没有知识性错误与疏漏(5)	
		5. 根据学生学习状态,及时调整教学策略(10)	
		6. 对学生表现及时点评,引导学生自我评价与自我反思(10)	
学生的思维思辨(20分)	等待(10分)	7. 给予学生自主阅读、自主思考的时间(5)	
		8. 给予学生语言组织、语言表达的时间(5)	
	倾听(10分)	9. 耐心倾听学生的回答与见解,把握学生思维的状态(5)	
		10. 耐心倾听学生的质疑与争论,发现学生思维的亮点(5)	
学生的合作探究(30分)	组织(20分)	11. 问题(任务)设计聚焦教学重难点,具有延展性和层次性(10)	
		12. 合理分组,激发学生学习兴趣,促进每位学生主动探索交流(10)	
	协助(10分)	13. 为学生提供完成任务的多种资源(材料、工具、技术等)(5)	
		14. 为学生提供完成任务的多种方法(比较、推理等)(5)	
总分			

(3) 课后评价反馈:加强评价结果运用。发展性是"留白式"课堂评价的基本原则,评价的发展性价值最终通过反馈来实现。从反馈时机上看,"留白式"课堂主张及时的、持续的反馈;从反馈主体上看,"留白式"课堂不仅注重教师反馈,更注重学生自我反馈。"问题日清"是基于及时的、学生自我反馈的一种评价结果运用策略,即在课堂教学结束后留出一个相对固定的时空,学生自主将自我评价中发现的问题及时反馈给教师,教师给予及时的、个性化的指导。"问题日清"是留白在课堂外的延伸,能够促进学生更好地产生学习动机,主动地开展自我指导,实现自主发展。

四、检验与佐证

(一) 学习方式的改变促进学生学科核心素养的提升

在"留白式"课堂持续深入的实践中,教师教学行为的改变促进了学生学习方式的改变,学生学科核心素养以及综合素养得到有效提升。就学科核心素养而言,以历史学科为例,通过对 2023 届 302 名合格考学生和 130 名等级考学生前后两年的历史思辨力(学科核心素养的关键体现,见表 5-28-2)测试可见,无论是合格考还是等级考学生,其历史思辨能力都呈上升趋势,证实了学科核心素养的培育成效。

学生学科核心素养的提升也进一步促进了学生综合素养尤其是思维品质的整体提升。近两年,400多位学生在学科、科创、人工智能、影视创作等市区各级各类思维类比赛中获奖,获奖人数较往年有显著提升。2023年我校4名学生作为上海市"新思维"创意季比赛一等奖代表赴日内瓦联合国研究所进行学习和交流。

(二)教学行为的改变促进教师专业素养的提升

在持续推进"留白式"课堂的探索中,教师认同度逐步提升,越来越多的教师参与到实践中来。最近一次(2023年12月)聚焦"留白式"课堂实施、面向全校师生的调研数据显示:学生对"留白式"课堂的知晓度达到了95.35%,94.19%的教师在课堂中能自觉或基本运用留白理念开展教学。2023学年,长宁区教育学院组建的专家组在第一和第二学期分两次对学校课堂教学进行了为期一周的学科及教师全覆盖的专题调研,调研报告显示,依据"留白式"课堂观察量表(见表5-5-3),教师课堂教学的平均分从82.5分上升到接近90分。

在"留白式"课堂的实践中,教师专业素养与科研素养得到提升。2021—2022学年,8位教师参与空中课堂录制;5位教师的课堂教学案例入选2023年教育部"基础教育精品课";3名教师在上海市中青年教学大赛中获一、二等奖;由我校青年教师领衔的长宁区思想政治、历史、地理三门学科团队包揽上海市2023年单元作业设计一等奖;82名教师在市、区级教学比赛以及辅导学生参与的各级各类活动中获奖。2021—2023年,教师立项市级课题2项,区级课题15项,论文发表和获奖47篇,出版教学专著2本,7位教师获得市区科研成果奖一、二等奖。

(三)课堂教学的改变促进学校办学影响力的提升

在"留白式"课堂持续深入的实践中,"留白式"课堂的价值与意义得到领导、专家和同行的认可,学校办学影响力逐步提升。2022年,学校基础教育教学成果获上海市特等奖、国家二等奖,《人民教育》在2023年10月撰文对"留白式"课堂进行介绍。与此同时,在课堂教学改革中逐步形成的教研、教师、学生、教材"四维互动"的教研机制,以其内驱力、凝聚力、教学力"三力"合一反哺教学,使具有复旦特色的教研文化内涵不断深化。学校多个教研组在市区层面开展相关教研展示活动,教研案例获得市一、二等奖。2023年底,通过举办以"实践'双新'理念 深耕民族教育"为主题的市级教学研讨活动,进一步扩大了"留白式"课堂的社会知晓度和辐射面。2024年3—4月,我校教师作为代表在上海市优秀单元作业设计成果交流研讨活动、上海市单元作业设计专题会上进行发言,展现了学校课改成效,彰显了学校的办学活力和良好的育人生态。

五、反思与展望

(一)持续探索教学评价改革,深化评价驱动。

在教学评一致性中,评价是教与学之间的桥梁,是深化课程教学改革的关键所在。在后续

"留白式"课堂的深化实践中,我校将进一步开展指向核心素养培育的评价设计研究,加强表现性评价的研究与运用,为实现以评促教、以评促学创造空间。

（二）加强信息技术与课堂教学的深度融合,优化数字赋能

进一步充分发挥和利用长宁区域教育数字基座平台,鼓励教师进行低代码开发,探索信息技术在"留白式"课堂教学与评价中的应用场景,推动数字化在拓展教学时空、丰富优质资源、优化学习方式、精准开展教学评价等方面的广泛应用。

（三）进一步完善研修机制,强化队伍支撑

进一步优化教师队伍建设,形成更具活力的教研文化。整体构架基于教师教育科研能力提升的校本课程和培养培训体系,探寻培训策略,强化课题引领、任务驱动,从实践中来到实践中去,将教学改革与教育科研相融合,提升教师课程胜任力和发展的内驱力,为"双新"实施提供专业支持,有效破解教研难题,解决教育中的真实问题。

（执笔人：王长芬　余　芬）

29

基于核心素养培育的思想政治学科整体性教学设计与实施

/ 华东师范大学第二附属中学

核心问题

如何通过整体性教学设计与实施,促进思想政治学科核心素养培育?

一、背景与问题

如何有效培育学生的核心素养,是"双新"提出来的关键问题。"双新"之后,广大思想政治学科教师从议题式教学、深度学习、大概念教学、主题情境创设等多个领域开展了教学实践与研究,取得了丰硕成果。到目前为止,研究成果主要集中于单一教学要素上,从全局进行系统性、整体性研究的成果较少。然而,核心素养培育是一个系统工程,如果没有全局观念、缺乏整体性教学设计与实施,而仅仅是从某一局部进行改进,难以产生良好效果。

整体性教学是面向复杂学习任务的一种教学设计理念,它面向问题解决,聚焦整体学习任务,倡导整体学习支持,注重复杂学习任务环境的创建。因此,我校以整体性教学理念为指导开展了本项目研究。

本项目围绕前述核心问题,探索解决的主要问题包括:

(1)根据整体性教学理念,如何实现思想政治学科教学系统的整体性设计,探究这一系统的关键构成要素及各个要素之间的相互关系,以及这一系统在核心素养培育中的作用机制?

(2)在学科内容要素方面,如何围绕学科大概念进行单元重整与规划,从而为印证与考查学科核心素养发展水平提供依托?

(3)在学科任务要素方面,如何围绕行为动词设计合适的学科任务,提升学生学习思维品质,充分发挥学科任务将内在的学科核心素养外显为可观测行为表现的媒介功能?

(4)在学习情境要素方面,如何创设具有适当复杂程度的典型情境,为学生完成学科任务、提升学科核心素养提供具有整体性的载体和空间?

（5）如何提炼、总结出思想政治学科整体性教学设计和实施的路径、模式，并形成具有迁移性、可辐射的经验和做法？

二、路径与办法

首先，本项目依据问题导向、需求导向和价值导向的原则，旨在厘清思想政治学科整体性教学设计与实施的思路、实施原则和评价方式，从立德树人、铸魂育人的高度出发，形成整体性教学设计与实施的方案和原则，进而编制出研究计划。

其次，本项目是行动研究，旨在通过课堂教学和社会实践活动等实践方面的探索与变革，提炼归纳出思想政治学科整体性教学设计与实施的特点和方法，并在实践中进行验证。通过一段时间的教育教学实践，不断改进、完善，初步提出思想政治学科整体性教学设计与实施的路径、模式。

再次，通过更广范围、更大规模的教育教学实践，深化对思想政治学科整体性教学设计与实施的路径和模式的认识，将形成的经验和做法以试点的方式推广到集团学校与其他兄弟学校，从而进一步验证和完善整体性教学设计与实施方案。

最后，在理论研究和行动实践的基础上，形成一套经过检验、行之有效的整体性教学设计与实施方案，并总结出具有迁移性、可辐射的经验和做法，形成一系列项目成果。

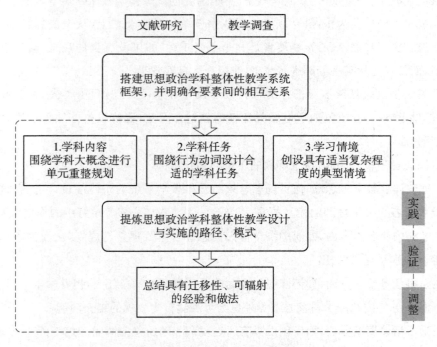

图 5 - 29 - 1　项目研究路径图

（一）基于核心素养的整体性教学系统框架及其关键要素

考试评价具有引导教学的核心功能。在教考一致、以终为始理念的指导下，"学科任务导向型的学业水平考试命题框架"对我校确定基于核心素养的整体性教学系统框架具有科学的导向作用。"学科任务导向型的学业水平考试命题框架"是以学科任务导向为标志，由关键行为表现、学科任务、教学情境和学科内容四个维度构成。其中，学科任务是将内在的学科核心素养外显为可观测行为表现的媒介，教学情境是运用学科内容、执行学科任务、展现学科核心素养发展水平的平台，学科内容是印证与考查学科核心素养发展水平的依托。

参考这一命题框架，我校认为：（1）核心素养的意义来自于情境；（2）问题产生于情境；（3）问题的指向由所要完成的学科任务来确定；（4）在执行或完成学科任务的过程中需要运用相应的学科内容；（5）学生在执行或完成学科任务过程中表现出可观测的学习行为；（6）核心素养水平见之于学生执行学科任务时的关键行为表现。

由此我校认为，基于核心素养的整体性教学系统框架是指：通过设置相关教学情境，针对该情境提出问题或问题链，引导学生运用相关学科内容（包括关键能力、必备知识、学科思想和方法等），完成某（几）项学科任务，从而引发教育者期望的行为表现，由此培育学生的学科核心素养。这一系统框架及其要素之间的关系如图5-29-2所示。

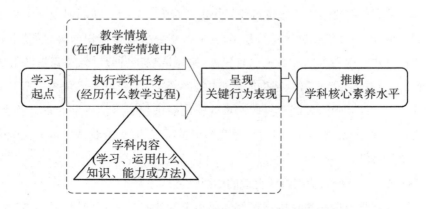

图5-29-2　基于核心素养的整体性教学系统框架

在这一系统框架中，学科核心素养是核心，是教学的出发点和归宿。学科任务是关键，执行学科任务是根据学生已有学习起点，将各种外在教学影响内化为学科核心素养，并外显为可观测的关键学习行为表现的媒介。教学情境为运用学科内容、执行学科任务、呈现关键行为表现提供背景和平台。学科内容为执行学科任务提供支撑，是教学过程的学科性特征。

（二）学科内容：围绕学科大概念进行单元重整规划

学科内容是印证与考察学科核心素养发展水平的依托。"双新"背景下，思想政治学科的学科内容从教学和评价两个方面都呈现出一些新特点，面临一些新问题。第一，学习内容显著增加。2021届以前，上海学生使用的上海教育出版社思想政治学科教材一共有四本书（包括经济、政治、哲学常识三个模块）。从2022届开始，学生使用的人民教育出版社的全国统编思想政治学科教材则包括七本书——必修四册，包括《中国特色社会主义》《经济与社会》《政治与法治》《哲学与文化》；选择性必修三册，包括《当代国际政治与经济》《法律与生活》《逻辑与思维》。第二，高考试卷能够直接考查的学科内容占比较低。从2022届开始的新高考，思想政治学科全卷一共18道题左右，相较于七册教材的学科内容来说，直接考查的内容较少。

面对这样的挑战，以大概念引领学科内容学习，可以做到两点论和重点论相统一：一方面，提纲挈领，抓住重点，以学科大概念理解学习重点；另一方面，兼顾局部和细节，以学科大概念统整单元学习内容，提升知识系统性和结构化水平。

1. 把握与提炼学科大概念的方法

经过项目研究，我校探索总结了把握与提炼学科大概念的方法：（1）围绕新课标中的议题把握学科大概念，整理成了表格资料《新课标必修模块议题及对应章节和重点学科内容（大概念）》；（2）围绕《习近平新时代中国特色社会主义思想学生读本》（以下简称《读本》）把握学科大概念；（3）以教材知识单元内在逻辑为基础提炼学科大概念。

2. 围绕学科大概念进行单元知识整合的方法

我校探索总结了围绕学科大概念进行单元知识整合的方法：（1）进行教材单元章节内局部学科内容的知识建构，即不打破教材的体系和结构，侧重于寻找具体知识内容之间"真正的联系"。常见的知识建构方式有采用表格等方式比较异同，采用流程图、循环图、关系图等方式建立知识间的相互关系，采用思维导图等方式建构知识结构层次等。（2）跨教材模块单元章节的学科内容整合。我校曾经以《读本》中的大概念为线索对教材内容进行了跨模块单元章节整合，形成了表格资料《以〈读本〉大概念为线索的教材内容整合》，形成了以"矛盾分析法""以人民为中心""高质量发展""开放"等为大概念的专题学案。

（三）学科任务：围绕行为动词设计合适的学科任务

执行学科任务是将内在的学科核心素养外显为可观测行为表现的媒介。一般来说，如果学生在执行学科任务时展现出了某种预期的关键行为，就可以认为学生达成了相应的教学目标，学科核心素养达到了应有的水平。

在学科任务方面，我校主要取得了如下研究成果。

1. 思想政治学科任务类型的研究

通过对新课标列举出的四种学科任务和《上海市普通高中思想政治学科学业水平等级性考试评价指南》提出的两类六种学科任务进行了深入研究，将其重整为"联结现象与本质"和"阐述原因与结果"两大类学科任务（见表5－29－1）。

表5－29－1　思想政治学科任务类型

两大类	六种	主要学习行为
1. 联结现象与本质	1.1 描述现象	概括情境信息、图文信息转换等
	1.2 辨析概念原理	比较辨别概念原理、解释概念原理等
	1.3 透过现象看本质	列举、推断结论、归纳实质、分析说明、评析社会现象、提出问题、说明理由、阐述对情境信息的理解等
2. 阐述原因与结果	2.1 知其果，问其因	阐述原因、分析充分条件或必要条件等
	2.2 知其因，问其果	预测趋势、阐述结果、分析意义或目的等
	2.3 建构因果链条	阐述因果关系、提出解决问题的思路、建议、方案并加以论证等

2. 思想政治学科典型学习行为的研究

在问卷调查、访谈的基础上，我校归纳出几十种典型学习行为，然后又根据新课标规定的学科任务类型对这些典型学习行为进行梳理、归类、筛选，最终形成了四类十六项典型学习行为（见图5－29－3）。随后，采用理论联系实际的做法，既从理论角度对这些典型学习行为进行阐述，更从实践角度运用教学案例进行分析，并将重点放在学习行为和教学行为的重建和改进上。通过研究学习行为，让教师的教学有了依归。当教师清楚了什么样的学习行为是有价值的，教师才可能反观自己的教学行为，提高教学的科学性和有效性，实现"改变教学行为→完善学习行为→完成学科任务→达成教育教学目标→培育学科核心素养"的作用。研究成果以著作《中学思想政治课学习行为的研究与实践》的形式由华东师范大学出版社出版。

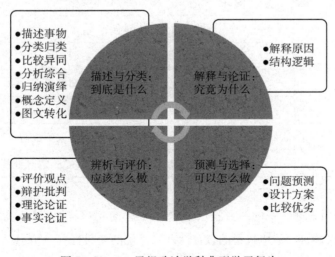

图5－29－3　思想政治学科典型学习行为

(四)学习情境:创设具有适当复杂程度的典型情境

学习情境是运用学科内容、执行任务、展现学科核心素养发展水平的平台。思想政治学科核心素养就是看学生能否运用学科内容应对各种复杂社会生活情境的问题和挑战,培育学科核心素养需要以具体的真实情境作为执行特定学科任务和运用学科内容的背景与载体。

1. 主题情境教学案例的开发

学习情境有简单情境和复杂情境之分。影响学习情境复杂程度的因素很多。一般说来,情境涉及的主体越多,主体之间的相互作用越强烈;决策要实现的相互竞争的目标越多,影响决策及其结果的因素越多,情境的不确定性越大;立场观点或价值观、利益越多样且相互冲突越大,情境所蕴含的价值、功能、作用越丰富多样,情境的复杂程度越高。

我校将不同复杂程度的学习情境与不同时长的教学单位相匹配,根据课时教学和单元教学的特点,结合高中思想政治学科四个必修模块的内容,开发出了贯穿单一教学环节、贯穿单一课时、贯穿单元等不同类型的情境案例。目前已经撰写好书稿,即将以《高中思想政治学科情境案例的研发——促进有深度的真实性学习》为书名公开出版。

2. 情境化命题的研究

高质量的试题,要能够通过创设结构化的评价情境,使学生的应答表现出真实的学科核心素养水平。经过项目研究,我校认为情境化试题就是以情境为基础编制的试题。情境化试题要同时具备如下基本特征:一是情境是试题必不可少的要素,二是试题以情境为基础提出设问,三是情境为试题解答提供了线索,四是答案书写一般用到情境信息。

思想政治学科常见的教学和命题情境类型如表5-29-2所示。

表5-29-2 思想政治学科常见教学和命题情境

类型	示例
1. 真实事件	进博会、北京冬奥会等
2. 社会问题	物价、就业、民生等
3. 观点论述	马恩论述、名人名言、政策文件等
4. 虚构场景	办海报、开班会、辩论赛等
5. 故事案例	合同纠纷、消费维权、劳动争议解决等
6. 模型	囚徒困境、比较优势、微笑曲线、需求曲线等

同时,还提出设置试题情境的需要重点考虑的因素,包括(1)学生对情境的熟悉程度;(2)情境对不同学生的公平性;(3)情境材料的教育性;(4)情境的学科性;(5)情境材料的时效性;(6)情境文本表述的通俗性;(7)专业词汇、陌生词汇的处理;(8)情境中的无关或干扰信息等。

（五）基于核心素养的整体性教学设计和实施的路径和模式

通过研究，我校将整体性教学设计和实施的路径和模式概括为"知识问题化→问题情境化→情境活动化→活动任务化"（见图5-29-4）。

单元教学设计"知识问题化—问题情境化—情境活动化—活动任务化"的程序中，四个要素的关系具体表现为：首先要将以陈述方式表达的学科知识转化为以疑问方式表达的问题，这些问题既包括核心问题，也包括围绕核心问题形成的问题链，可以表现为议题等形式；其次要创设典型情境，将问题与情境相结合，使问题变为具体情境中的真实问题；再次要围绕情境和问题开展相应的学习活动，每课时、每单元可以由若干个不同类型的学习活动组合而成，实现情境活动化；最后在情境活动化的过程中，特别强调"活动任务化"，即明确学习活动的目标，将学习活动转化为相应的学科任务，使学习活动变为学科任务的完成过程，指向学科核心素养的培育，最终指向立德树人。

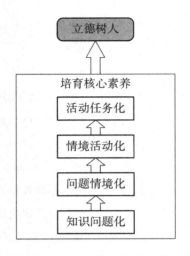

图5-29-4　整体性教学设计和实施的路径与模式

四、检验与佐证

当教学具有整体性观念时，"双新"的推进呈现出了新的样貌，教师的教学和学生的学习都发生了明显变化。首先，当对情境、内容、任务进行整体性设计以及组织学习活动时，教师会更加关注学生在学习情境中运用学科内容执行学科任务的行为表现，从而让过程性评价得以落实，学习过程就成了促进学生成长的持续性过程。其次，整体性教学设计和实施促进了学生不同维度的思维能力发展，将高阶思维培养和深度学习落到实处，提升了学生的思维品质。最后，当教师进行整体性教学设计和实施时，学科核心素养的培育就有了学习行为这一抓手，学业质量水平也有了评价依据。因此，通过本项目的研究与实践，促进了学生思想政治学科素养普遍提升，推动了立德树人目标的实现。

1. 教师的教学设计能力

要想知道教师的教学水平是否提升，不妨从学生的视角进行审视。学校评教评学的主要方式有：每周一次的"好课"学生推荐、期中考试后教务部门组织的经过抽样产生的学生代表的现场评价意见、期末所有学生都参与的线上打分等。经过本项目的实践，学生对学校思想政治课及思政课教师都给予了很高评价。比如，每周一次的"好课"评价中，思政教研组每位老师几乎周周上榜，经常出现有些老师在同一周中被多个班级同时推荐为"好课"的情况。学生代表的现场评价意见中提到学校的思政课"回应了很多社会热点问题""能引导学生们正确认识社会问题""提供了很多学生参与的机会""开展的学科活动受到了欢迎",学生们认为思政课教师"学识渊博""有人格魅力""风趣幽默""是很好的人生导师"。期末学生的线上教评中,思政课教师的分数都超过平均分,有些老师名列前茅。

2. 学生的学科素养提升

学生的学科素养表现在多个方面,以下主要从学生在学业检测中的表现以及学生在学科学习上的创造性两方面进行说明。一方面,学生围绕学科大概念开展学习,能够更好完成学科内容的建构。学生通过对学科任务的熟悉和变式的把握,能够"以不变应万变"和"主动识变求变",更好处理规范性与灵活性的关系。尤其是学生情境化试题的解题能力明显提高,得分率显著提升。另一方面,学生在学习上表现出更强的主动性和创造力。比如,2025届政治等级考班的学生主动创办了一份《"爱与奇迹"理论特刊》,学生自发写了不少很有深度的文章,如《当曹雪芹遇上马克思》《站在理论十字路口的马克思》《从国产动漫出发谈文化自信》等。

五、反思与展望

项目推进到现在,已经基本完成了当初设定的研究任务。后续将从两个方面继续推进。一方面,将继续开展思想政治学科的整体性教学设计与实施,根据教育教学改革的新要求,加强实践,通过实践不断完善细化本项目的研究成果,并且将重点放在形成新的实践案例上。在立足校本实践的基础上,将继续面向集团校和更多兄弟学校进行经验分享,希望在更大范围发挥本项目研究成果的辐射带动作用。另一方面,将尝试将本项目的研究成果迁移到其他学科,为其他学科的教育教学改革提供借鉴。学校在开展项目校教学展示活动时已经明确将整体性教学作为引领所有学科落实"双新"的共同主题,使其成为所有学科的共识。后续将逐步推进各个学科的整体性教学设计与实施,形成校本化、学科化的经验成果。

(执笔人:苏百泉)

第六部分

评价

30

培养主动学习者：基于工约的过程性评价设计与实施研究

/ 上海市吴淞中学

核心问题

如何基于工约设计，实施过程性评价，提升学生主动学习意识与能力？

一、背景与问题

（一）背景概述

随着全球化、信息化的进程加速，传统的一次性教育已无法满足国家发展和个体成长的需求，如何让学生在高中阶段切实地提升能适应职业发展与社会生活的综合素养成为摆在每一个教育者面前的重要课题之一。

1. 落实"学会学习"的"双新"理念

从1972年联合国教科文组织发布的《学会生存：教育世界的今天和明天》，到1996年发布的《教育：财富蕴藏其中》，再到2015年发布的《反思教育：向"全球共同利益"的理念转变?》，都强调了"终身学习""改变学习方式"的教育趋势，这需要学习者的主体性得到充分的发展，即能主动学习才能真正"学会学习"。

依据国家相关政策精神，培育学生的核心素养成为教育改革的核心，如果要更好地落实素养的培育，那么提升学生主动学习的意识和能力是必要的，只有这样才能实现学生的自主发展，为学生适应社会生活、接受高等教育和未来职业发展打好基础。

2. 落实"自主发展"的学校目标

学校课程方案的顶层设计中明确要培养具有"自主合作"能力的毕业生，以过程性评价为主要依据，进行学生学分的赋予，从制度上明确学校评价体系构建的方向和目标。为此，学校依托在"道尔顿制"实验中逐渐形成的"工约"——一份集教学流程与学习经历于一体的教学实施方案——

开展课堂教学改革,为了更好地促进学生主动学习,工约有进一步完善评价设计的需求。

基于此,本项目研究开展设计嵌套于工约各学习活动过程中的过程性评价研究,来丰富完善工约的整体设计,以期实现学校培养主动学习者的育人目标。

（二）拟解决的核心问题和子问题

1. 核心问题

如何基于工约设计,实施过程性评价,提升学生主动学习的意识和能力?

2. 子问题

（1）目前学生在主动学习中存在哪些问题,其原因是什么?

（2）如何依托工约设计,提升学生主动学习的意识和能力?

（3）如何基于工约设计,实施促进学生主动学习的过程性评价?

二、路径与方法

1. 研究思路

首先,通过文献研究对过程性评价的概念、价值开展研究,厘清评价对国家、学校育人目标的达成,以及对培养学生主动学习意识和能力的作用和价值。其次,通过对照分析,对照学校现有评价方案,设计构建基于"工约"的、指向学生主动学习的过程性评价体系。再次,通过课堂实践,探索过程性评价实施的路径和策略,形成典型案例和经验。最后,通过案例分析和行动研究,对评价体系的作用和价值进行分析研究,为进一步完善评价体系提供实践依据(见图 6-30-1)。

2. 解决问题的过程和方法

（1）理论研究阶段。主要采用文献研究法,通过查阅文献开展有关主动学习与过程性评价的理论研究。一方面,从主动学习的内涵、价值、类型和促进学生主动学习的因素等方面进行了理论研究;另一方面,整理过程性评价及其对培养学生学习主动性的价值研究,归纳目前研究中对过程性评价体系构建的基本方法,为评价指标的确立和体系的建立提供理论依据和借鉴。

（2）困境调查阶段。主要采取调查研究法,进行问卷调查访谈现状,了解目前学生主动学习的现状和困境。

本研究对学生主动学习的现状进行了问卷设计和调查,并对该问卷各维度和总量表进行了信度检验,结果表明有毅力、有能力、有意识的 Cronbach α 系数分别为 0.893、0.900、0.832,总量的 Cronbach α 系数为 0.892,说明总体抽样信度非常好,一致性很高。同时,研究者应用 SPSS 软件对此问卷进行因子分析,结果显示问卷信效度良好。随后研究者以有毅力、有能力、有意识为变量,对样本学生进行聚类分析。

研究者基于前测聚类分析对学生的主动学习类型进行了划分,并归纳出四种类型:沉浸型主动学习、情意型主动学习、认知型主动学习和异化型主动学习。沉浸型主动学习者主动学习的意识、

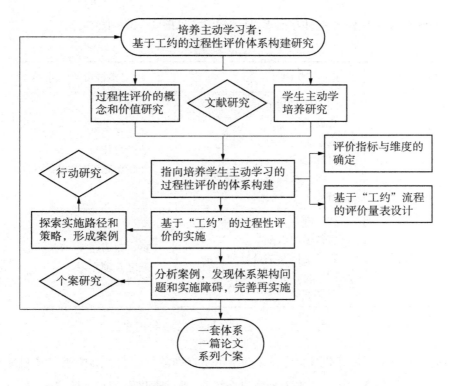

图 6-30-1　本项目研究思路

能力和毅力水平较为突出且均衡,情意型主动学习者的意识和毅力一般而能力薄弱,认知型主动学习者的意识和毅力低下但有一定的能力,而异化型主动学习者则显示出意识、能力和毅力皆不足。据此总结出学生主动学习存在的三大核心问题:意识薄弱、能力欠缺和毅力不足(见图 6-30-2)。

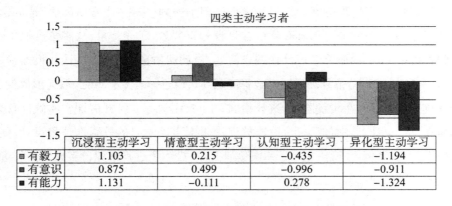

	沉浸型主动学习	情意型主动学习	认知型主动学习	异化型主动学习
有毅力	1.103	0.215	-0.435	-1.194
有意识	0.875	0.499	-0.996	-0.911
有能力	1.131	-0.111	0.278	-1.324

图 6-30-2　聚类分析划分主动学习者的四大类型

不同学科教师通过对学生的深度访谈,了解学生在本学科中主动学习的情况和影响因素。对访谈结果进行了梳理,对原因进行了维度的划分,发现影响学生主动学习的因素包括积极因素和消极因素,也包括内在因素和外在因素,通过以上分析,可以看到影响高中生主动学习的因素是多元化的,既有内在因素,也有外在因素,具体的因素见图6-30-3。

原因维度	积极因素	消极因素
内部因素	强烈的兴趣爱好 成就感 内驱力与自尊心 目标意识 学习正反馈的成就感 自尊水平	缺乏正反馈 缺乏自律 外在诱惑(电子设备)
外部因素	传统观念/权威的期待 班级学习氛围 教师与同学的鼓励和帮助 同伴良性竞争 考试成绩	班级学习氛围 家庭氛围不好

图6-30-3 影响主动学习的多种因素

基于调查结果所反映的问题,学生在主动学习上存在的问题及其影响因素是复杂的,且"意识问题""能力问题"和"毅力问题"作为个体内在特质,难以直接测量和迅速培养,需要通过长期的观察和实践才能实现,过程性评价作为一种在学习过程中进行评价的方式,具有及时反馈、及时调节、全面关注的特点,这与培养目标呈现出了高度的契合性。

(3) 设计实践阶段:在设计阶段,将学习过程依据学习一般历程和学校的工约框架分解为前置学习阶段、课中学习阶段和单元学后阶段,基于理论研究和问卷调查确定了评价原则、维度、主体、方法。采用"德尔菲法"对专家的知识经验进行归纳整理,采用"头脑风暴法"选取学科教师、教育管理者、学生为调研对象。调研对象结合自身知识背景、职业背景,从多角度提出促进学生主动学习的评价指标,并由研究者设计成调查问卷,对调研对象发放问卷,让其根据指标的符合程度进行赋值(1—5分),分数越高说明符合程度越高。通过梳理专家意见,最终形成促进学生主动学习的评价指标体系。在实践阶段,选择语文、生物、化学等学科开展课堂实践。首先完成了各学科的单元工约设计,其中包括三个阶段的促进学生主动学习的过程性评价设计;随后,在课堂中开展研究,形成案例,该阶段主要采用案例研究法,提炼了过程性评价实施的路径和策略,从而进一步完善评价设计。

三、成果与经验

(一) 理论成果

基于文献研究,明确了本研究中的关键核心概念。过程性评价(Process evaluation)是指以注重评价对象发展过程中的变化为主要特征的价值判断,是在过程中进行的、对学习状态的评价,是一种重要的教育评价方式。

"工约"是"道尔顿制"四大核心要素之一,是一份集教学流程与学习经历于一体的单元教学设计,旨在实现教师指导下的学生自主学习。

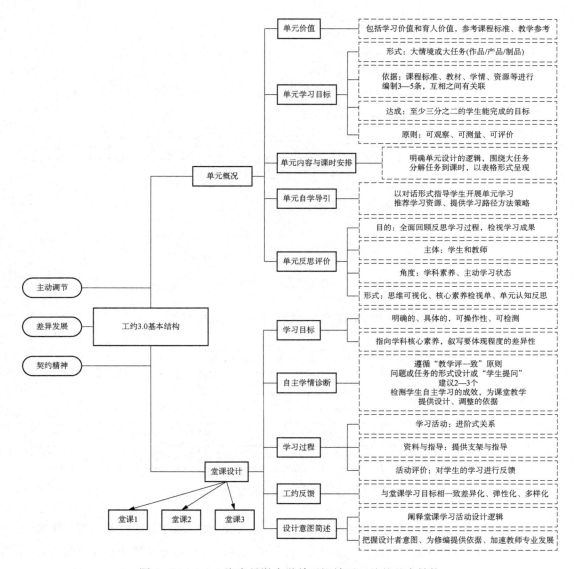

图 6-30-4　上海市吴淞中学单元视域下工约的基本结构

单元视域下的工约主结构可分为:单元概况和堂课设计。其中单元概况包括单元价值、单元学习目标、单元内容和课时安排、单元自学导引和单元评价;堂课设计包括:学习目标、学情诊断、学习活动和工约反馈。其主要特性是倡导主动调节、实现差异发展和培育契约精神(见图 6-30-4)。

主动学习主要是学生有意识、有能力和有意志地主动实施高质量的学习,涉及学生的意识、策略和毅力三个维度,在学习意识上学生"能主动学",在学习策略上学生"有策略学",在学习毅力上学生"可坚持学"。

(二)构建了基于工约的"1+3"过程性评价设计模型

促进学生主动学习的过程性评价设计以一个原则为指导,将主动学习目标分解在前置学习、课堂学习、单元学后三个评价模块中(见图6-30-5)。

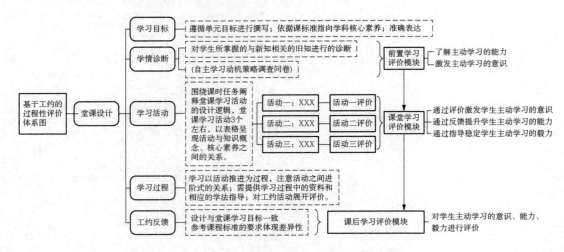

图6-30-5　基于工约的过程性评价体系图

1. 明确了过程性评价原则:坚持"评价—反馈—指导"一体化原则

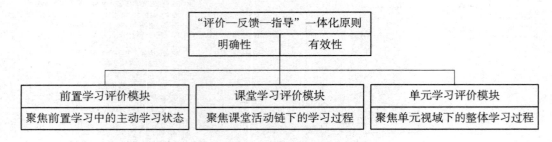

图6-30-6　基于工约的过程性评价"1+3"模型

为了实现过程性评价的高效,让评价结果的价值最大化,更好地指导学生调整学习策略,在设计过程性评价时,通过设计明确的主动学习目标,使得评价结果具有反馈和指导价值,提升了评价的明确性和有效性。评价即反馈,在评价的同时实现对学生和教师的反馈。通过准确的评价撰写技术(即主体+表现+条件+程度),让学生清晰地了解须达成的学习目标、方式途径和个体水平。反馈即指导,让学生通过反馈即可获得指导,明确与学习目标的差异,了解改进的方法和途径,从而指导学生调整学习策略;让教师明确学生主动学习状态,指导教师调整教学策略。

以下英语选择性必修第三册第三单元评价设计为例。依据学习目标设计评价"在学习过程中,你是否主动总结习得的知识和技能,并与同学探讨和分享学习经验?请你举例说明"。其中主体为"你"(指学生),表现为"总结""探讨"和"分享"这些关键动词,条件是"在学习过程中""与同学",对主动学习的实施时间、范围和对象等条件进行限定,程度则需要学生"举例说明"进行描述,能举例则表述达到这一评价的目标程度。对于学生来说,举例越多,得到的正向反馈、经验就越多,就能更好地指导其运用主动学习的策略。在这样的评价设计中,学生可以准确把握提升自身主动能力的方法是"总结""探讨"和"分享"这些策略,评价能及时基于反馈让学生了解自身主动学习水平,也能依据反馈让他们对自己的主动学习策略进行调整。

表 6 - 30 - 1　英语学科单元学习检视单

评价	能做到	基本做到	无法做到
你是否主动查找与学习相关的资料?请你举例说明。			
在学习过程中,你是否主动总结习得的知识和技能,并与同学探讨和分享学习经验?请你举例说明。			
除上述二者之外,请你再具体描述一个在学习过程中能够体现你的学习主动性的表现或行为。			

2. 形成了镶嵌于工约中的三个过程性评价模块

前置学习评价模块:主要用以对学生在工约的前置学习中主动学习的表现进行评价。在教学活动中,前置评价是一项准备性评价,是教师在教学活动开始之前对学习者主动学习的意识、能力和毅力等学习准备状态以及影响学习的因素进行的评价。教师通过前置评价可以了解学生对学习活动的准备情况,为调整教学活动提供依据。前置评价具有如下特点:确定学生主动学习水平;明确学生主动学习的困境;多元化评价促进主动学习能力。

> 1. 体现新知与旧知关联的设计
> 　同学们在《归园田居》《登高》《声声慢》等诗词学习中已经初步掌握了古诗词鉴赏的基本方法。请从《红楼梦》中选择一首诗词,从意象、语言、手法等角度鉴赏该诗词。
> 2. 前置学习中我主动检索的相关资料是＿＿＿＿＿＿＿＿＿

图 6 - 30 - 7　语文学科单元自主学情诊断设计

课堂学习评价模块:主要用以对学生在课堂学习过程中主动学习的表现进行评价。课堂评价是指在课堂教育活动实施过程中,观察了解学生动态学习过程的效果,以便能更好地促进学生主动学习而进行的评价。该评价模块的特点包括关注主动学习过程;重视非预期结果;评价多元化;指导教师教学。

工约评价任务描述	不能完成	基本完成	全部完成
我能够将《好了歌》《枉凝眉》《咏白海棠》还原到原文进行细读,并完成曲词作用分析表			
活动中我能积极参与小组讨论,并发表了自己的见解			

图 6-30-8　语文学科工约活动评价

单元学习评价模块:用以在大单元学习后对学生在单元学习过程中的主动学习进行评价。学后评价包含课时评价和单元评价。其特点包括监控学习过程和成果,定期反馈促改进,提供指导依据。

表 6-30-2　生物学学科单元学习检视单

经过本单元的学习,你的核心素养和主动学习状态有没有变化呢? 我们一起来自我评价一下,也去看看教师对你的评价吧。自我评价分为 1~4 级水平,分别代表几乎未达成、达成小部分、达成大部分、完全达成。

评价维度		具体目标	自我评价				教师评价			
			1	2	3	4	1	2	3	4
核心素养	生命观念	我能解释遗传学一些基本概念的含义								
		我能阐述有性生殖中基因的分离和自由组合使得子代的基因型和表现型有多种可能								
	科学思维	我能运用"假说—演绎法"对孟德尔豌豆杂交实验重新演绎								
		我能理解分离和自由组合定律的实质								
	科学探究	我认同敢于质疑、勇于创新、勇于实践的科学精神和严谨、求实的科学态度								
		我能和同伴一起模拟性状分离比实验,并设计一个杂交育种方案								
		我认同观察、假说、实验验证等在建立科学理论过程中所起的重要作用								
	社会责任	我能运用遗传学原理,解释或预测一些生活中的遗传现象,尝试解决在实践中遇到的遗传学问题,提升人类健康生活的水平								

评价维度		具体目标	自我评价				教师评价			
			1	2	3	4	1	2	3	4
主动学习	意识	我对本单元的学习内容很感兴趣，能够认真投入学习								
	能力	我能积极参与到小组合作学习，遇到困难的时候能勇于尝试新的方法来解决问题								
	毅力	我能在学习受阻时会偶尔停下来复习相关知识								

（三）确立了基于工约的过程评价指标体系

通过理论研究、问卷访谈对主动学习的内涵进行了确定，明确了三大维度和三级指标。将主动学习素养分解为：学习意识维度上"能主动学"，即具备主动学习意识；学习策略维度上"有策略学"，即具备主动学习策略；学习毅力维度上"可坚持学"，即具备主动学习毅力。评价指标体系中的目标层为"基于工约的促进学生主动学习的过程性评价指标体系"，一、二、三级指标运用文献法和德尔菲法建立，一级指标共3项、二级指标共6项、三级指标共18项，逐步形成层次化结构，进一步梳理了促进学生主动学习生成的能力要点。

表6-30-3 基于工约的促进学生主动学习的过程性评价指标体系

一级指标	二级指标	三级指标	指标观测点
有意识	学习意义	学习知识本身意义	能将所学的知识用于解决真实的问题
		学习对个人的意义	能够丰富知识和体验
		学习对社会的价值	能认识到学习和创新可以推动社会的进步和发展
	学习动机	努力程度	能在课堂中讨论有趣的话题，能用课余时间深入了解
		内部动机	能意识到学习过程中学到的是有用的知识
		外部动机	能感受课堂氛围/老师同学鼓励能促进学习
	学习兴趣	对学习本身的兴趣	学习环境/未知的知识/学习活动/老师风格/同学关系能激发学习兴趣 对学习很感兴趣，能够认真投入学习
		对所学知识的兴趣	学习新的知识能够感到愉快
有能力	学习策略	精细加工策略	能把新学的知识与旧知识结合起来
		组织策略	能在学习一个知识时试图整合所有相关知识
		动作系列学习策略	能抄写笔记帮助记忆

一级指标	二级指标	三级指标	指标观测点
		资源利用	能充分利用老师提供的学习资源学习,掌握并巩固知识
		合作、批判	能积极参与到小组合作学习,遇到困难的时候能勇于尝试新的方法来解决问题 能在课堂中会提出一些有见解的问题,与老师或同学一起讨论
		探究、反思	能发现问题,并通过资料查阅以及所学知识方法等探究该问题的本质
有毅力	自我管理	自我反思	能在学习成绩不理想时,常常反思自己的过程和方法 能问自己相关问题以确认掌握了所学内容
		自我完善	能做练习解决章节末的问题即使老师没有要求
	自我调节	自我监控	能在学习受阻时会偶尔停下来复习相关知识
		策略计划	能及时调整自己的学习策略和方法,以适应不同的学习任务和学习环境

（四）形成了基于工约的过程性评价实施路径

不同学科分模块设计了培养学生主动学习力的过程性评价体系,提炼了基于工约的过程性评价设计的基本路径(见图 6-30-9)。

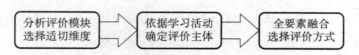

图 6-30-9　基于工约的过程性评价实施的基本路径

1. 分析课型模块,选择适切维度

各模块在学习过程中的作用不同,其培养学生主动学习的价值和作用也会因为其特性与学习目标产生差异,因此需要分步骤选择适切维度。首先,依据课型,分析评价模块在不同课型中的特点和价值。其次,依据各学科课程标准,结合教材内容和教师经验明确合理的主动学习目标。最后,依据本单元/课需要达成的主动学习目标在指标体系中选择适切的评价维度,并对相关的指标观测点进行修改与调整(见图 6-30-10)。

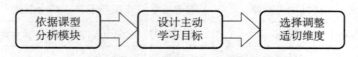

图 6-30-10　分析课型模块,选择适切维度

以生物"生物工程应用"的前置学习评价模块为例。首先,"生物工程应用"是一节新授课,也是该单元学习的起点。前置学习发生在学生课堂学习之前,对学生主动学习的要求较高;依据新课标和教材要求,本堂课中学生需要完成小组式、探究型学习活动,所以在主动学习目标中学生需要主动参与课堂合作。其次,在分析了本节课的课型特点、该模块的特性后,教师梳理了本堂课的主动学习目标,包括能对新知识产生浓厚的兴趣、能主动参与探究新知的小组活动等。最后,依据学习目标,在指标体系中选择了有意识、有能力两个评价的维度,并修改调整了相应的观测点,完成了前置学习的评价量表设计(见表6-30-4)。

表6-30-4 "生物工程应用"前置学习评价模块中学生主动学习力的评价量表

一级指标	二级指标	三级指标	评 价 题 目
有意识	动机取向	探究兴趣	我喜欢有挑战性的探究活动,这样我可以发挥我的创造力
		内在价值	我发现解决生物学问题使我感到高兴和快乐
		外在价值	努力学习能够使我成绩提高让我感觉开心
		努力程度	如果在课堂中讨论有趣的生物学话题,我还会花很多课余时间深入了解
有能力	学习能力	探究能力	我擅长发现问题,我能通过资料查阅以及所学知识方法等探究该问题的本质
		合作能力	我不仅能在合作中做好自己的工作,还可以指导其他同学完成工作
		迁移能力	我可以用所学生物学知识解决真实的问题
		理解能力	我学习生物学新知识时会试图联系之前学过的知识
	学习策略	合作学习	在学习过程中能够与同学分享学习资源,积极参与小组合作学习
		问题解决	在完成学习任务过程中,能够清晰问题解决的思路与步骤
		资源利用	我会利用网上学习资源,主动搜索为自己答疑解惑
		学习反思	我会经常反思学习的内容和方法,并与同学或老师交流

2. 依据学习活动,确定评价主体

评价主体一般可以是学生自己、同伴和教师,不同评价主体的价值和其评价产生的效果是不同的。确定评价主体可以遵循以下思路:第一,依据评测点类型,即明确评价的主动学习力的评测点,一些评测点是主观的、内隐的,无法由同伴或教师完成,必须经由自评完成;第二,依据学习活动类型,由于评价嵌套于工约设计的各个环节,每个学习阶段有与之相对应的学习活动,需要依据学习活动的类型和特点确定评价主体,才能发挥评价主体的最大效用(见图6-30-11)。

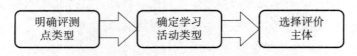

图 6-30-11 依据学习活动,确定评价主体

以语文"小小说写作"的课堂评价模块为例。"小小说写作"一课中,学习活动的类型呈现多样化特点,包括学生自主探究、小组合作讨论等,因此对学生主动学习的培养目标分别设定为:积极进行深度思考、主动参与小组合作等。所以在确定评价主体时,在明确本节课需要达成的学生主动学习目标的基础上,结合学习活动的特点来设计评价主体。教师对这节课的小组合作活动的评价主体进行了立体化设计:主观的意识评价采取个人自评;能力策略等外显行为可以通过构建"教师—学生—同伴"三位一体的评价共同体进行评价,以更好地激发学生的学习动机。立体化的评价能实现社会情境与人的有机交融,在人与人、人与环境的交互中培养学生主动学习的意识、毅力和能力,灵活运用教师榜样、同侪榜样、同侪竞争等不同激励方式能达成更好的评价效果(见表 6-30-5)。

表 6-30-5 "小小说写作"课中学习评价模块的小组活动中学生主动学习力的评价量表

评价项目	评价内容	个人自评	小组认定	教师综合评价
意识	你对相关知识和问题是否有了更深的理解和思考、取得了哪些进步、获得了何种肯定和赞扬?			
能力策略	你的学习方法在哪些方面有明显进步而使你感到高兴或自豪?你在哪些方面或哪件事上做得不好使你感到失望?			
	你与同学是否进行了良好的合作、是否积极参与小组活动且配合组员完成任务、对小组学习活动是否作了贡献?			

说明:请你根据上述要求列举出具体的项目,每个项目可根据其性质进行加分和减分,即具有积极意义的项目每项加 1—3 分,具有消极意义的每项减 1—3 分。

3. 融合全要素,确定评价方法

依据目前的评价研究,评价方式是多样的。因此,在选择评价方式时,应该综合考虑影响评价效果的全要素,包括学习目标、学习任务、评价主体、活动形式、评价时机等。例如,当根据学习目标和学习任务确定评价方式时,在需要客观衡量学生学习成果的情况下,采用定量评价方式;在需要充分考虑学生个性差异和情感体验的情况下,则应该采用定性评价方式。当根据评价时机确定评价方法时,常见的评价时机包括小组合作后、学生答错后、学生答对后等,不同时机应选择不同的评价方式,如学生答错后可采用随机式评价迅速给予评价,从而及时反馈学生的学习情况,激发学生的学习兴趣和动力,提高学生的学习效果。

评价方式多元化,由于任何一种评价方法与评价工具都不能完全评价出一个学生的全部素质与能力,各种评价方式对学生的评价视角又各不相同,所以对于学生课堂学习的过程性评价,应当尽可能地将各种方法结合起来使用,根据实际情况灵活机动。评价方式互补化,以课堂评价为例,程序式评价与随机式评价应互为补充,程序式评价通常指旨在反思与评定学生的学习过程的评价,会有相应的记录;而随机式评价则没有完整的评价程序,通常不作评价记录,教师或同伴在课堂中对学生表现的一句表扬或批评、一种肯定或否定,甚至一个眼神、一个动作,都引导着学生的学习与思考,引领着学生的学习行为与学习方式。任何一种评价方式都有其优势和劣势,实施评价时需要充分考虑不同评价方式的优缺点和适用范围,以选择最合适的评价方式来达到最佳的评价效果。

四、检验与佐证

（一）学生主动学习力在不同层面得到落实提升

1. 学习兴趣、主动性明显提升

实施过程性评价后,对学校某年级 347 位学生开展问卷前后测数据的聚类分析显示,主动学习类型学生占比的变化明显。沉浸型主动学习学生从 23% 提升为 35%,异化型主动学习学生从 21% 下降为 6%。在访谈中,90% 教师认为学生前置学习质量、课堂参与积极性、记笔记认真度都有不同程度的提升。

2. 学科竞赛获奖明显提升

近年来,学生在全国高中生数学联赛、全国中学生物理竞赛、中国化学奥林匹克、全国中学生生物联赛、全国信息学奥林匹克联赛、中国中学生作文大赛、全国奥林匹克英语作文大赛等学科竞赛中获得市级以上奖项 138 项。科技艺术体育各项赛事中,吴淞学子获得市级及以上奖项 900 余项。近三届上海市"明日科技之星"和"青少年科创大赛",本校学生获奖数占全区获奖总量的 30% 左右。

3. "五育"尖端生稳定成长

学校连续三年向清华大学输送"强基计划"人才;发现并联合培养优秀游泳运动员、骨干合唱学员、科技创新人才近 500 人次;学生在全国青运会、上海市运会、上海市市级艺术团员培养、上海市青少年科创大赛等赛事和活动中参与度高、获奖率高,凸显了学校对学生主动性培养的初步成果。

（二）教师的专业素养得到长足发展

1. 促进"以学为中心"理念的落地

各学科教师依托工约设计了过程性评价,定期开展主题教研,开设研讨课,形成案例,提升了教师对国家育人理念的领悟力和实践力,立项多级相关研究课题,促进教师专业发展。教师发表核心期刊论文约 30 篇。

2. 提升教师评价的设计与实施能力

2021 年至 2023 年,学校多人获评正高级教师、特级教师;1 人入选教育部"双名计划";28 名教师获市"双名工程"名师、区首席教师、青年尖子、学科带头人、教学能手、教坛新秀等称号,占全体教师的 25%;校内有校级骨干教师 30 名,占全体教师的 27%。吴淞中学教师队伍在教育教学实践中,培养学生在各级创新大赛中获奖近千人次,教师个人承担国家和市级教育科研 10 多项,区级课题约 50 项。

(三)工约范式在集团、区域、全国得到推广辐射

学校提高了办学品质,作为吴淞教育集团的主席校,将"工约"范式在集团内进行推广,形成以学生核心素养培育、研究性学习能力培养为核心的集团化办学特色。充分利用特色课程优势,对集团内各学校教师进行联合培养,为区域教育实施"双新"课改作出了积极贡献。近三年来,开展促进学生核心素养落实的工约实践研讨课约 30 场次,参与研讨教师共计 1 800 多人次,涉及九大学科,形成了常态化教学研讨;接待多个省市的校长、骨干教师超过 500 人次,共同参与工约课堂实践研讨学习。

五、反思与展望

1. 进一步优化评价指标

对于评价指标中的各维度和各指标所占权重进行深入研究,通过细化权重更好地在不同学科中运用评价促进学生提升主动学习的能力。对过程性评价的设计进行完善、迭代,使基于工约的过程性评价体系更为科学、理与有效。

2. 进一步深化评价实施

在进一步优化评价指标的基础上,需对评价实施进行深化研究,在课堂实践中实施优化后的评价指标,并将数字化作为实施评价的途径,提升评价的实施效果和效率。

(执笔人:施忠明)

31

基于学业质量标准的校本命题探索与实践

/ 上海市宜川中学

核心问题

如何基于学业质量标准，开展指向学科核心素养的校本命题研究？

一、背景与问题

普通高中课程方案和各学科课程标准（2017年版2020年修订）较之前的课程方案和课程标准有两大关键突破：凝练了学科核心素养，凸显育人价值；研制了学业质量标准，明确育人要求。其中"学科核心素养"是本轮新课程改革各学科的课程目标，其内涵是指学生在面对和解决真实情境问题时所表现出来的价值观念、必备品格和关键能力，它比以往的知识和技能目标更具有综合性与抽象性，不可直接检测。"学业质量标准"是对学科核心素养和学科课程内容结构化整合的描述与界定，是学生在完成本学科课程学习后的学业成就表现，它把抽象的学科核心素养内容化、模块化、具体化，也就具有了可测性。所以学业质量标准就成为学科核心素养检测、学校考试评价的重要依据和内容指南。

在"双新"实施中，学校教师虽然对新课程理念、新课程标准的认识和理解不断深入，但对于教学评价，尤其是考试命题这一重要环节，存在着普遍的困惑与问题：一是如何精准精细地解读学业质量标准，将其转化为对学生学习程度的量化评价指标？二是如何创设能承载素养落实的真实复杂情境，设计指向素养落实的问题任务，避免"假情境""为了情境而情境"？三是如何针对本校学生群体中不同性格志趣的学生以及不同学力水平的学生，开展凸显过程性评价的校本命题实践，以满足不同类型学生发展的需要？总之，通过开展基于学业质量标准的校本考试命题研究，既希望能帮助教师解决上述瓶颈问题，通过考试评价落实学科核心素养，实现本校学生全面而又个性的发展，又希望通过研究能促进教师从考试命题视角反思改进日常教学，以终为始，逆向思考，驱动教学方式变革，为培育学生综合核心素养找到切实可行的实施路径与策略。

围绕问题,学校从研究命题依据、命题评价框架、命题设计与分析、命题实践应用与改进等方面进行思考,通过三个阶段推进研究,具体思路如图6-31-1所示。

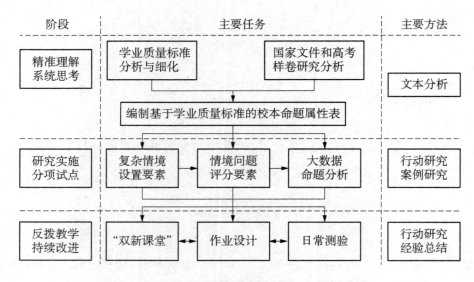

图6-31-1 基于学业质量标准的校本命题研究思路

(一)第一阶段:精准理解,系统思考

1. 理解学业质量标准内涵、功能及与核心素养、考试命题的关系

首先,从学习理解学业质量标准内涵出发,明确学业质量标准的功能有两点:第一,帮助教师根据学生的学业成就水平及发展阶段,选择课程资源,设计教学方法和策略;第二,作为考试指导评价与考试命题的基本依据。其次,理解学业质量标准与学科核心素养、学科课程内容三者之间的关系,明确核心素养水平和学业质量标准是源与流的关系,学业质量标准是整合了课程内容的学科素养的表现。学业质量标准与考试命题是依据和工具的关系,学业质量标准是指导考试命题的依据,以实现核心素养的可评可测。

2. 分析细化各学科学业质量标准,研究不同层级表现的关键特征

解读、细化不同水平学业成就表现的关键特征,明确学业质量划分的不同水平的表达方式与学业要求,描述不同水平学习结果的具体表现,为进行基于学业质量标准的命题研究与实践明确要求与标准。如表6-31-1所示,以历史学科核心素养"历史解释"为例。

表 6-31-1 历史学科核心素养"历史解释"的表现与学业质量描述

水平	素养表现	学业质量描述
水平 1	能够辨别教科书和教学中的历史解释,能够发现这些历史解释与以往所知历史解释的异同。	能够有条理的讲述历史上的事情,概述历史发展的基本进程;能够说出重要历史事件的经过及结果、重要历史人物的事略。
水平 2	……能够在历史叙述中将史实描述与历史解释结合起来;……	能够在叙述历史时把握历史发展的各种联系,如古今联系、中外联系等,并将历史知识与其他相关学科如地理、语文、艺术等知识加以联系。能够选择组织运用相关材料并使用相关历史术语对具体史事作出解释。
水平 3	……能够分辨不同的历史解释……	……能够分辨不同的历史解释,尝试从来源、性质和目的等多方面说明出现这些不同解释的原因并加以评析……
水平 4	在独立探究历史问题时,能够在尽可能占有史料的基础上,尝试验证以往的说法或提出新的解释。	能够在独立探究历史问题时,在尽可能占有史料的基础上,尝试验证以往的说法或提出新的解释。能够在正确的历史观和方法论的指导下,全面、客观地论述历史和现实问题。

上述"历史解释"素养的学业质量标准描述包含了核心素养、课程内容与对学生学业层级的要求,从水平1的"讲述、概述、说出",到水平2的"叙述、运用",再到水平3的"评析",最后到水平4的"验证、论述",不同的表述词语对应了不同的学业要求,为考试命题明确了层级表现和具体表述,成为考试命题的关键依据。

3. 研读国家文件分析高考样卷,思考基于标准的命题原则与命题要求

学习国家新课程方案、各学科课程标准、《中国高考评价体系》及其说明等文件,分析全国及上海近几年在"双新"实施背景下的高考试卷,归纳出基于标准的命题应遵循的"三无"原则:无标准不入题——紧扣课程标准与学业质量标准;无情境不成题——检测素养落实的载体;无价值不入题——体现考试评价的引领功能。

通过分析,明确了"双新"实施下命题的基本趋势与要求:注重在真实情境中学生理解与运用能力的考核,减少死记硬背;增加开放性试题的比重,呈现结果的多样性、开放性和不确定性,考查学生在开放情境下的判断和决策能力;增加对学科综合实践活动、跨学科主题学习的测试方式和测试内容,重视对实践经历、实践能力的考核;创新命题形式,不断探索体现素养导向的测试方法,以实现素养检测与落实方式的多样化。

(二)第二阶段:研究实施,分项试点

1. 课程教学部:研制命题设计评价框架

命题设计的过程中须以某种正式的方式对试题的内容和结构等要素加以明确的界定或限定,并给出具体的表述或要求。学校课程教学部思考与研制新的指向核心素养考核的命题设计评价框

架,以学业质量标准为评价依据,以学科综合性知识为解决工具,以真实情境为评价载体,以实际问题为评价任务,体现我校学生能力水平层级,形成多维度对命题进行界定与要求的设计思路。

2. 学科教研组:梳理积累复杂真实情境

真实情境的创设是检测学科素养落实的基本载体。学校学科教研组从梳理情境类型着手,在梳理的基础上积累并尝试在校本命题中创设命题真实情境。

各教研组通过学习各学科课程标准,梳理了各门学科课程专家提供的情境类型(见表6-31-2)。

表6-31-2　9门学科情境类型

学科	情 境 分 类
语文	个人体验情境、学科认知情境、社会生活情境
数学	课程学习情境、探索创新情境、生活实践情境
英语	人与自我、人与社会、人与自然
物理	生活实践问题情境、学习探索问题情境
化学	日常生活情境、生产环保情境、学术探索情境、实验探索情境、化学史料情境
生物	生活学习和实践情境、科学实验、探究情境、生命科学史情境
思想政治	简单情境、一般情境、复杂情境
历史	学习情境、生活情境、社会情境、学术情境
地理	生活实践情境、学习探索情境

分析"双新"实施以来全国高考与等级性考试的试卷,对国家级考试试题中反映的情境类型进行了梳理(见表6-31-3)。

表6-31-3　国家级考试试题情境分类

试题类型	情 境 类 型
基础性	以学科问题情境为载体,主要考查学科基本概念、原理、思想方法
综合性	注重选择生产生活中的真实情境,结合学生的实际认知水平,进行合理的简化或处理来设置较为复杂的问题情境,考查学生综合调用学科知识的能力
应用性	创设探究情境,结论开放,解题方法多样,考查学生独立、多元思考和判断解决实际问题的能力
创新性	结合社会前沿与热点问题,创设新颖陌生的环境,考查学生发散思维、逆向思维和批判性思维

3. 命题教师：创设情境，研究问题设置与等级性赋分

命题教师结合梳理的学科情境类型，尝试通过原创或改编的方式创设相应的考试命题情境，围绕情境和考核内容，依据学业质量标准，构建指向不同素养水平的问题，针对素养问题开发相应的评分标准。命题教师学习参考杨向东教授提出的评分标准的三个要素——评价框架、表现水平和表现样例，进行命题评分标准的研制。其中，表现水平与表现样例结合所考查年段学生的实际学习水平进行设定与阐述，以反映与考核不同学力学生真实的学业水平，并进一步思考等级性赋分的实施方式。

4. 涉考人员：分析考试命题数据，反拨教学

学校把过程性考试的试题按命题设计评价框架的各个维度，包括内容、情境、水平层级、学科素养等，导入智能平台，教师完成线上阅卷之后上述数据便随之生成，教学环节中不同身份者可根据不同需求调取不同的数据，开展基于学业质量标准的数据分析，了解命题、教、学各环节的不足。

（三）第三阶段：反拨教学，持续改进

在研究实施、分项试点的基础上，推进命题研究成果的校本化转化功能，以评价牵引，反拨教学。首先，基于新命题评价设计表调整考试命题质量分析表，通过分析发现问题，改进教学。其次，探索以终为始的情境式课堂教学新方式，以教学评一致性为切入口，让课堂成为学生素养落实的主阵地。最后，结合学情开发满足不同学力水平学生发展需要的课程和与之配套的分层练习。

三、成果与经验

我校通过精准理解系统思考、研究实施分项试点、反拨教学持续改进等分项实施研究，对如何进行基于学业质量标准的校本化命题、如何反拨日常教学等问题进行总结反思，提炼改进，初步形成以下成果。

（一）研制了基于学业质量标准的命题设计表

通过实践研究，开发设计了对标学科核心素养、勾连考试课程内容、体现任务真实情境、反映学生水平层级的新命题评价框架即命题设计表，对试题的内容范围、情境领域、层级表现、核心素养等要素加以明确界定（见图 6-31-2）。

此命题设计表相比以往的双向细目表，主要实现四个方面的突破：(1)在考核内容上，强调运用单元、跨单元、跨学科的综合性知识解决真实情境下的问题，改变以往双向细目标以考核学科零碎知识点为主的特点；(2)在真实情境的设计上，结合之前的梳理，提炼出最基本的四类情境：学科情境、社会情境、生活情境和学术情境，引导教师寻找和收集与这四个类型相关的情境资料，改变教师命题时无从着手的状况；(3)在水平层级上，综合了学业质量标准的层级要求和《中国高

_____命题设计表(修订稿)

考试年级_____ 考试科目_____ 考试类型_____ 命题老师_____ 审核人_____

试题				内容				情境				指标					
												认知能力/水平层级				核心素养	
题块	题号	题型	分值	独立知识	单元综合	跨单元综合	跨学科综合	学科	生活	社会	学术	识记/1级	理解/2级	应用/3级	创新/4级		
总分合计: 预估均分:								分值小计									
								占比									

填表须知:
1、内容:此栏目三项内容根据所命题目进行勾选,可以单选或多选;
2、指标:"认知能力/水平层级"是指按照学科质量水平要求所分的层级,一般有4个层级,可以根据学科要求进行调整。"素养"即填写本学科的核心素养。

图 6 - 31 - 2 基于学业质量标准的命题设计表

考评价体系》中"一核""四层""四翼"的要求,设置基础性、综合性、应用性、创新性四个层级,引导教师对标学业质量标准、国家考试要求进行命题;(4)在素养落实上,引导命题教师紧扣核心素养,同时,关注各个素养考核的覆盖面及相关的分值与占比,以保证对学生综合素养的考查与培育。

(二)提炼了基于真实情境的综合性试题研制的基本方法

对于基于真实情境的综合性试题研制的各个环节,如:真实情境从哪里来、如何创设情境、如何确定恰当的呈现方式、如何设置合理问题或任务,以及研制等级性赋分的方式等,提炼出了一些基本的方法。

1. 真实情境从哪里来?

在前期梳理分析各学科基本情境的基础上,我校参考《中国高考评价体系》提出的生活实践类和学习探索类两大类考试命题情境,结合教师和学生的实际生活与学习情况,对两类情境进行分析与解读。将生活实践类情境细化为"联系现实生活,链接社会热点",将学习探索类情境细化为"关联学科学习,关注学术前沿",并进一步将其拆解为设计表中的"学科、生活、社会、学术"四类情境,引导教师关注日常生活,关心身边事务,注重观察与积累,对日常生活、社会热点保有较高的敏锐度,并能站在一定的高度关联情境与学科课程内容之间的联系,不断积累考试命题真实情境。

以高一地理学科某次期中考试的一道试题为例,其主题为"青海旅游",考核的课程内容是高一地理必修课程"大气环境"，课标要求"运用图表等资料，说明大气的组成和垂直分层，及其与生产与生活的联系"。命题教师结合个人暑期旅游经历及学生学科学习情况，创设如下试题情境。

小申暑期到青海省旅行。阅读图文材料，回答相关问题。

材料一：大气垂直分层示意图（见图6-31-3）。

材料二：出发当天，上海小雨。飞机起飞后，迅速爬升，经历了一段颠簸后，进入平稳状态。中午时分到达青海省西宁市，小申感觉到阳光强烈，出现了头痛、头晕、气短、胸闷的现象。小申在飞机场正好遇到国家游泳队队员完成青海多巴国家高原体育训练基地的集训，踏上为国争光的征程。

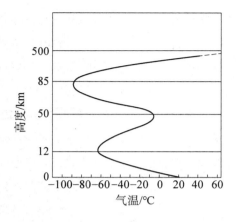

图6-31-3　大气垂直分层示意图

以上试题情境中，材料一关联了学生的地理学习情况，属学科情境；材料二结合了教师的日常生活，属生活情境。此类组合式情境，既考虑学生认知规律，也考虑学生生活常识，使情境的来源具有真实性、有效性，情境的创设具有必要性、预设性。

2. 如何呈现试题情境？

不同的评价任务，不同的层级要求，情境呈现的方式是不一样的。我校梳理出两种不同的真实情境的呈现方式，一种为信息不全的呈现方式，以考核学生推理、假设、调用已学知识的能力。如上述"青海旅游"的题目中，假如缺失"大气垂直分层示意图"这一学科情境，对学生的考核要求会更高一些，需要学生在答题时能自主调用大气分层的相关知识进行解题。另一种为信息冗余或指向不明的呈现方式，以考核学生辨析、整合、提取信息进行解题的能力。如生物学科例题：

W是一位52岁的男性，患有X连锁无丙种球蛋白缺乏症（X-linked agammaglobulinemia，简称XLA），这是一种B淋巴细胞缺失所造成的免疫缺陷性疾病。据调查，W的前辈正常，从W这一代起出现患者，且均为男性，W这一代的配偶均不携带致病基因，W的兄弟在41岁时因该病去世。W的姐姐生育了4子1女，儿子中3个患有该病，其中2个儿子在幼年时因该病夭折。判断W女儿是什么基因型，并说明理由。

该题为了保持情境的真实性，题干描述较为复杂、详细，甚至冗余，学生需对材料信息进行辨析与整合来解题。若按照以往试题的呈现方式，只需提供"在XLA遗传病某家族系谱中，患者W的前辈正常，从W这一代起出现患者，且均为男性，W这一代的配偶均不携带致病基因，W姐姐生育了患病的儿子和正常的女儿"，考生即可通过简单的已有训练模式进行推理，得出W女儿的基因型是X^BX^b。但信息冗余或指向不明的呈现方式更能考核学生的核心素养。

可见，情境的呈现方式直接影响素养表现、考核层级，可以根据考核评价要求，站在素养立意命题的角度，通过情境呈现的不同方式，考核学生真实情境下解决问题的不同能力。这要求命题教师熟谙学科核心素养,以学科专家的眼光审视情境与素养,挖掘情境表达与不同素养水平考核之间的关系。当然,在实际命题中,情境的呈现方式是多样性的,以上两种方式仅为命题教师提供思考的路径,在实践中还需以实际考核要求为前提思考有效和科学地呈现情境的方式。

3. 如何设置合理问题和任务?

指向学科核心素养导向的命题,需要充分考虑设问的指向,要依据学业质量水平的考核要求,构建合理的、能落实素养的、具有一定层级梯度的问题。主要设置方式有两种:大情境下的题组设计与分情境下的题组设计。还是以"青海旅游"的地理题为例,设问如下:

① 飞机起飞时,处于大气垂直分层中的_____层,该层气温变化的特点是_____,大气_____运动显著,天气现象多变,易造成飞机颠簸,进入平稳状态时说明飞机已经进入_____层,海拔高度越过_____千米,大气_____运动为主。(6分)

② 说明西宁市中午光照较强的主要原因,并分析小申为什么会出现不适的症状。(8分)

③ 为什么运动员在高海拔训练能取得更好的训练效果?为什么有些运动员在多巴训练效果不佳?(10分)

其中第一问属基础性问题,为水平层级1,考核学生地理学科的"区域认知"和"综合思维"素养。第二问属简单应用型问题,为水平层级2,考核学生地理学科"综合思维"素养。第三问属跨学科综合应用型问题,为水平层级3,考核学生"人地协调观"核心素养。三个问题层层递进,尊重学生认知规律,符合高一学生学情,第三问相对开放,考核学生解决真实生活情境问题时呈现出来的不同能力水平。

这道题属于典型的大情境下的题组设计,设置时需要教师围绕课程、紧扣情境、设置梯度、指向素养。既要符合学生认知规律、生活经验,又要考核不同层次学生的素养表现水平,这是试卷命题成功与否的关键。分情境下的题组设计也是同样的要求,但还需考虑各分情境之间的关系以及问题设置内容与梯度的衔接。

(三)评价牵引,反拨日常教学的变革

1. 制订素养立意的考试命题质量分析表,检验教学得失

校本命题作为一种过程性评价,具有诊断功能,既诊断教师教的质量,也检测学生的学业成就表现。随着新命题设计表的使用,从素养考核与落实角度出发,我校重新制订新的考试命题质量分析表,结合智能平台上命题考试结果的数据进行分析与诊断,以结果调整过程,发挥以评促教、以评促学的功能。图6-31-4为语文阶段测验的分析情况。

该表中从"综合性知识的运用、水平层级的表现、素养达标的情况"等角度对考试结果进行分析,改变以往质量分析表以知识点落实与基本能力考核为重点的分析,引导教师通过质量分析,发现素养考核中存在的问题,以此反拨与改进日常教学。

2. 形成以单元活动课为载体的课堂教学实施范式,变革教学方式

学校首先以单元活动课为实施载体,把命题的思路迁移到课堂教学设计与实施中。活动课

宜川中学学科考试质量分析表

2023 学年度第二学期 **3月阶段测试** 语文 学科 高二 年级 _____班

1. 试卷来源: _____ 高二命题3月阶段测试卷 _____

2. 分数频数分布表和情况综合

最高分: __123__ 分　　　最低分: __70__ 分　　　优秀率: ___0.4___ %

及格率: __90.1___ %　　　平均分: __103.4__ 分　　　标准差: _____

班级/分段	[120,130)		[110,120)		[100,110)		[90,100)		[80,90)		[70,80)	
	人数	占比%	人数	占比%	人数	占比%	人数	占比%	人数	占比%	人数	占比%
全部班级	2	0.5	38	9.55	169	42.46	147	36.94	40	10.05	2	0.5

3. 试卷分析及改进措施

分析角度	具体内容	满分	得分	得分率	主要失分原因及改进措施
综合性知识运用	单元	130	87.1	67%	1. 长题干审读及采点答题的规范意识不强, 需要加强审题训练。 2.《逻辑的力量》单元中的推理方式印象模式, 与论证思路、行文思路、段意概括等题目混淆, 需要不断复现相关知识, 在下阶段的论说类现代文单元进行随文训练。
	跨单元	15	9.28	62%	
	跨年段	5	3.62	7.24%	
	跨学科	0	0	0	
水平层级	识记	9	7	78%	1. 文言词汇手册第一轮复习成效还不够踏实, 实词重要义项无法基于语境灵活调取, 需要反复复习加深印象。 2. 能比较准确地翻译长句, 但不能结合上下文的重要提示理解人物行为, 需要加强对语言形式的关注和相关阅读训练。
	理解	51	32.7	64%	
	应用	23	13.8	60%	
	创新	70	48.2	69%	
素养达标	语言	95	66.1	70%	作文存在伪思辨、以例代证、思路推进不清晰顺畅的问题, 需要结合课内论说文阅读学习, 以读促写, 多练多修改。
	思维	104	69.7	67%	
	审美	10	7.6	76%	
	文化	75	50.7	68%	

图 6-31-4　语文学科考试质量分析表

的任务来源:基于单元内容,链接现实生活、学科前沿、社会热点;活动课的建构策略:基于真实情境,链接学科内容,解决复杂问题;活动课的实施方式:凸显自主性、实践性、探究性,着眼方式转型;活动课的基本要素:真实情境、综合性知识、解决问题的活动。活动课的基本要素与流程如图 6-31-5 所示。

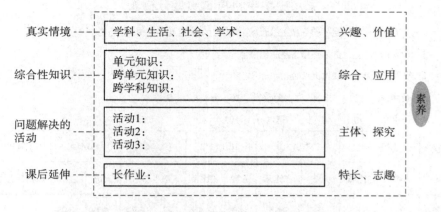

图 6-31-5　单元活动课基本要素与流程

这种以命题评价牵引课堂教学方式变革的探索与实践,为素养的落实找到了比较可行的实施路径。目前,该模式在新授课课堂上也逐步推进,希望在不久的将来,能切实改变课堂教学的生态,让素养落地行之有效。

3. 开发适合不同层级水平学生的课程,实现因材施教

依据标准的命题,考核了不同层级学生的素养水平。基于此,我校因材施教,建设满足不同学生需求的课程。如针对基础较弱,水平较低学生的"强基课程",针对学有余力、水平较高学生的"素养课程"等。同时,制订相应的课程目标,架构相应的课程内容,在校本练习册中设计相应的分层练习,促进每一位学生的发展。

四、检验与佐证

"基于学业质量标准的校本命题研究"课题自实践探索以来,通过理论学习、实践探索、反思提炼,经历了"理论—实践—反思理论—再次实践"的研究过程,使学生的综合素养水平不断提高,教师的"双新"胜任力不断提升,学校教育教学质量不断得到发展。

1. 学生综合素养水平不断提高

新课程实施以来,学校学生在学业成绩、综合素质评价、各级各类比赛获奖、国际视野等方面获得了较大的进步,表现出了较好的综合素养水平。在课程内容增加、课时不变的情况下,学生各学科学业成绩稳步提升。学生在高校的综合素质评价录取面试环节表现优异,通过国家"强基计划"和高校综合评价录取的学生每年稳定在 30 位左右,位列全市重点中学前茅,受到高校和家长的肯定。学生参加的数学、化学、生物学、信息技术等联赛活动也频频获奖。

2. 教师"双新"胜任力不断提升

学校教师在教学理念、课程理解、教学设计、跨学科整合、研究反思等方面有了明显的提高。"立德树人""五育融合"的理念已融入日常教学实践中。教师对自身学科核心素养的理解与落实

由最初的迷茫、困惑甚至抵触转变为现在的游刃有余。教师在教科研方面也取得了较好的成绩，发表论文近 50 篇，出版多本专著，对"双新"实施有了更深切的体会与理解。学校近年来也新增正高级教师 2 人，高级教师 11 人。这些教师个人专业能力的提升，反映了教师对于国家教育教学改革的适应能力和对提高教学质量的承诺，有助于更好的实施新课程新教材，促进学生的全面发展。

3. 学校办学质量不断攀升

近几年，学校除在学生学业成绩、综合素质评价、教师专业发展、科研能力提升等方面表现突出之外，学校的课程体系也不断完善、管理水平不断提高、社会声誉不断提升。学校参加第二、第三、第四轮课程领导力项目，在结项的第三轮课程领导力项目中获优秀等第。学校的"人心化行——《中华书院》课程建设与实施的十年探索"课程案例获 2022 年上海市教学成果特等奖、国家基础教学成果二等奖。

五、反思与展望

回顾反思整个研究过程，我校未来将在以下几方面开展进一步的研究。

1. 进一步加强对命题设计表的实践研究，使命题更科学更规范

一是实现命题设计表"1＋N"种功能：在引领教师研制凸显"双新"特征的试题的基础上，让设计表为学校教学管理部门所用，服务于对命题质量的检视与反馈；也为涉考人员包括学生、任课教师、命题教师本人所用，服务于对教学评成效的评估与改进。

二是实现命题设计表"1＋N"种变式：鼓励各学科组教师在命题设计时拓宽综合性知识的应用场景，丰富情境来源，优化情境呈现方式，精准精细把握水平层级，切实落实素养培育。

2. 积累更多的真实情境资料与题库，让问题设计更合理更有效

一是筛选去除仅仅只是情境形式，与素养落实和学业质量水平脱钩的伪情境。

二是加强情境命题技术优化，积累的命题要真正实现由"背景式"情境到"嵌入式"情境的转变，进一步凸显情境形式、构成要素与测试任务的内在关联。

3. 对日常教学反拨的研究与实践还需更深入、更切实

一是开阔校本化命题的思路和视野。尤其对于不同个性志趣的学生、相同志趣不同学力层次的学生，要尝试开发更多课堂学习模式和作业设计。

二是加强"数据分析、数据应用"的意识，精准利用数据推进和完善学校命题管理，将学业质量标准意识、数据应用意识体现在日常教研活动中，以此不断促进教师的专业发展，实现"教—学—评"良好生态循环，让数据为教学决策、为学习优化、为教育高质量发展服务。

（执笔人：高　洁　施海燕）

32 "双新"背景下基于标准的校内考试监控实践

/ 上海市松江二中

核心问题

针对校内组织的笔试考试,如何建立起一套服务于教与学改进的考试监控系统?

一、背景与问题

当前教育评价的范式已经从"对学习的评价"转变为"为了学习的评价"或"评价即学习"。"双新"顶层设计中教—学—评一体化的方向就是对这一转型的回应。在这样的背景下,校内评价的重要性便日益凸显,这是因为校内评价是在学校层面实施的评价,实施主体是学校教师而非外部的权威考试机构,分析对象是学生个体而非总体,评价方式可融合终结性评价与过程性评价、定量分析与定性分析,具有外部考试不可取代的作用,承担着促进学生发展的作用,从学校层面保障校内评价质量也成为亟待思考的重要问题。

相关研究指出,在教学—评价的循环中,能否明确以"课程标准"为依据设定目标是决定到底会得到什么教学结果的关键,而教师作为校内评价的设计者与执行者,是运用校内评价促进教学的关键。[1] 在新评价理念落地的过程中,我们发现,校内评价的"高"要求与高中教师评价能力的"低"现状之间存在着巨大的张力——大部分教师依然奉行以低效的题海战术考查知识点的陈旧评价方式。究其原因,一方面是因为教师在观念上仍然把校内考试视为外部考试的附庸,认为考试的目的是对学生进行排序、对知识点进行地毯式扫描;另一方面,教师即使意识到校内考试应以新课标为依据,考查更具综合性的核心素养,考试结果可用于过程中的教学改进,却缺乏将其转化为实践的能力。目前,教师团队建设还存在以下难点有待攻克:一是对课标理解存在困难,

---

① 贾林芝."教—评一体化"视域下教师校内学业评价素养现状调研[J].教育发展研究,2020(20):54.

特别是其中"学科核心素养""学业质量水平""情境"等关键概念;二是缺乏导向核心素养的测评框架和方案,只能因循守旧;三是未能找到利用考试结果反馈教学的有效路径。要改善这一状况,除了在国家和地方层面进行外部的学业质量监测之外,也需要在高中学校内部实施以校为本的学业质量监测,实现国家课标与教师教学的有效衔接,"顶层设计"与"基层实践"的双向融合。

校内考试监控是以校为本的学业质量监测实践中最重要的一个环节,因为发生在校内的评价实践很大一部分还是来自教师组织的纸笔测试。据此我们便思考:针对校内组织的纸笔考试,如何建立起一套校内考试监控系统,以使校内考试服务于教与学的改进,而不仅是对学习结果的简单甄别。围绕以上核心问题,我们尝试探索解决如下几个方面的子问题:

1. 在校内考试监控的模式构建方面,如何在吸收国内外已有经验的基础上,对其加以改造、利用,构建起适合"双新"背景和本校实际情况的监控模式?

2. 如何在国家课程标准的基础上,构建起更符合校情、学情的校本化学业质量标准,作为校内考试监控的标准和基石?

3. 在校内考试监控的质量保障方面,如何通过一系列组织上、技术上的保障措施保障校内考试监控得以有效运转?

二、路径与办法

首先,通过文献研究梳理现有的校内考试监控模式,对其加以比较、取舍和分析。梳理出两种主流模式:一种以新西兰、澳大利亚为代表,通过设立督学、利用外部考试结果校准内部考试成绩等手段实施对校内考试质量的监控;另一种以美国内布拉斯加州的 STARS(School-based Teacher-lead Assessment and Reporting System)项目为代表,事先制订监控质量标准,突出教师在评价设计中的作用,对评价全过程实施监控,强调对评估结果的反思。前者侧重评价的甄别功能,后者注重评价对促进学习的作用。显然第二种模式更适用于"双新"背景下教—学—评一体化发展的需求。该模式的原则是,既要在学校管理的层面"逆向设计"本校的监控标准,又要在实践的过程中使全体教师"卷入"评价实践全过程。

其次,通过问卷调查了解校内教师评价能力现状,确定校本化处理的重点。编制问卷,了解全校教师对校内考试功能的认识、对课程标准的理解以及在日常校内考试命题中遇到的主要困难。结果显示,大部分教师对校内考试的功能局限于"督促学生复习和巩固知识",对评价的诊断、反馈功能认识不足。教师对课程标准的理解局限于知识点本身,对知识点相应的认知水平、整体学业质量水平刻画不甚了了,在编制测试时将试题与其考查的学业质量水平相对应的意识淡薄。据此,我们便确定了项目所要攻克的重点:实现教师对国家课程标准的细化、内化和操作化,并在此过程中构建起校本化的学业质量标准。

最后,通过多轮行动研究,探索构建校内考试监控系统的框架、行动路径和保障措施。从标准、机制等多方面搭建监控系统的框架,学校职能部门与学科组教师组成的"评价共同体"协同推进从标准制订到评价反思的完整评价实践环节。推进过程中采取"学校顶层设计—学科分步推进—框架迭代更新"的行动路径,并通过创新学科组和学校层面的在评价领域的研修机制进行保障(见图6-32-1)。

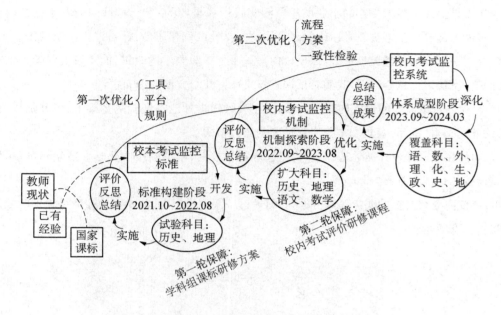

图 6-32-1　校内考试监控行动研究路径

三、成果与经验

(一)校内考试监控系统的整体框架和要素

1. 校内考试监控的对象及功能定位

校内考试监控的对象:主要是由学校组织实施的单元测试、期中期末考试等校级"纸笔考试",至于在课堂内发生的诸如"表现性评价""真实性评价"等新型评价,因涉及更复杂的评价技术和监控方案,为便于更聚焦地解决当下最基础和紧迫的问题,本项目暂不作讨论。

校内考试监控的功能:主要是通过对校内考试实施基于"标准"的全流程、过程性管理,实现基于学业质量标准的考试命题以及基于考试监测标准的问责制度,导向核心素养发展状况的诊断和基于诊断结果的教学改进。

2. 校内考试监控的框架及其要素

校内考试监控由校本考试监控标准、校内考试监控机制、组织架构和操作工具四部分组成。其中,"标准"由校本学业质量标准和校本考试监测标准两部分组成,分别对应考试命题的依据和评判命题质量的依据,是整个监控框架的基础;"机制"既包含监控实施中所需要一套流程、规则,也包含保障监控运行起来的一系列措施；"组织"用于厘清实施监控的主体以及对象；"工具"则是落实标准和检验标准的标准化、数字化工具（见图 6-32-2）。

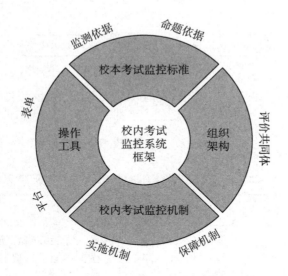

图 6-32-2　校内考试监控框架及其要素

（二）提炼了校本化学科学业质量标准的构建路径

校本化学科学业质量标准是"双新"实施背景下从学校层面保障学业质量的题中应有之义，是高中学校在落实国家课程标准时的内在要求。本项目运用分析、整合、细化、示例等策略，对国家课程标准中的重点板块进行解读和拓展，形成了校本化的学科学业质量标准（见图 6-32-3）。

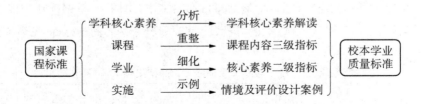

图 6-32-3　校本学业质量标准的组成要素及构建路径

1. 学科核心素养的解读路径

核心素养是教育、学习和评价的根本目标，是构建校本学业质量标准的基石。教师需要对学科核心素养的整体结构和具体表现有较清晰的认识。首先，通过对课程标准文本、教育学专家和学科专家三类资源进行文献梳理，厘清学科核心素养的整体结构（即各个素养之间的相互关系），明确核心素养的形成路径和发展重点（见图 6-32-4）。其次，根据课程标准定义，区分出每一核心素养在"知道""理解""做"三个不同层面的要求，明确促进核心素养形成的"大观念"和考查核心素养发展水平的关键行为表现（见表 6-32-1）。

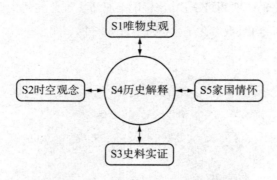

图 6-32-4　核心素养结构（历史科）

表 6-32-1　核心素养 KUD 表（历史科"史料实证"素养）

核心素养	知道（Know）	理解（Understand）	做（Do）
史料实证	史料是认识历史的桥梁。	要形成对历史的正确、客观的认识，必须去伪存真。	①能够搜集、整理、解读、辨析史料。②能够以史料作为证据说明历史问题，构建历史叙述。

2. 核心素养二级指标编码

在理解素养的基础上，学科教师按如下步骤建立核心素养二级指标：第一步，找出学业质量描述所对应的核心素养；第二步，根据学业质量描述中每一个分句代表一层意思和分句内一个行为动词代表一个具体目标的原则，将描述分解为二级指标并进行编码；第三步，将行为动词与教育目标分类学的定义和示例进行比对，重整行为目标的水平；第四步，根据描述中体现的时空限制与扶放程度，区分适用于纸笔考试、不适用于纸笔考试及介于两者间的指标（见表 6-32-2）。

表 6-32-2　核心素养二级指标（历史科"史料实证"素养）

一级指标	二级指标	水平	认知过程	可纸笔测试
S3 史料实证	S3.1 能够知道史料分为多种类型	1	记忆（A）	√
	S3.2 能够知道搜集史料的多种渠道			√
	S3.3 能够认识不同类型史料具有的不同价值	2	理解（B）	√
	S3.4 能够在解答某一历史问题时，尝试从多种渠道获取与其有关的材料	3	运用（C）	×
	S3.5 能够在探究特定历史问题时，自主地搜集有关史料			×

一级指标	二级指标	水平	认知过程	可纸笔测试
	S3.6 能够在对历史与现实问题进行探究的过程中，运用史料作为证据论证自己的观点			√
	S3.7 能够利用不同类型史料的长处，对所探究的问题进行互证			√
	S3.8 能够符合规范地引用史料	4		√/×
	S3.9 能够从所获得的史料中提取有关的信息	1		√
	S3.10 能够比较、分析不同来源、不同观点的史料	3	分析（D）	√
	S3.11 能够对史料进行整理和辨析，并判断其价值	3		√
	S3.12 能够在辨别史料作者意图的基础上利用史料	4		√
	S3.13 在评述历史时，能够对材料进行适当的取舍	4	评价（E）	√

3. 课程内容三级指标编码

不同科目的课程标准中的"内容要求"层次各不相同，需要规整。处理课标中尚未建立课程内容三级指标的科目时，学科组教师按如下步骤建立三级指标：第一步，分解过大的模块或整合较小的模块；第二步，比较课标"内容要求"与教材章节标题、内容导言的差异，结合教参提示调整主题；第三步，根据行为动词将内容要求细分，明确认知类型，形成由"内容领域—主题目标—操作目标"组成的金字塔式三级内容指标并进行编码（见表 6-32-3）。

表 6-32-3　校本课程内容三级指标示例（历史科）

课标内容要求	校本内容三级指标
1.1　早期中华文明 　　通过了解石器时代中国境内有代表性的文化遗存，认识它们与中华文明起源以及私有制、阶级和国家产生的关系；通过甲骨文、青铜铭文及其他文献记载，了解私有制、阶级和早期国家的特征。	C1　中国古代史 　C1.1　从中华文明起源到秦汉大一统国家的建立与巩固 　　C1.1.1　知道中国境内有代表性的文化遗存（A） 　　C1.1.2　知道中华文明起源与早期国家产生的过程（A） 　　C1.1.3　知道甲骨文、青铜铭文等文献记载（A） 　　C1.1.4　理解早期国家的特征（B） 　　……

4. 问题情境类型及评价设计案例

真实问题情境是发展、评价核心素养的载体。根据问卷调查和访谈结果，项目组归纳出情境"真实性"的四个主要表现,再由学科组教师对课标中具有操作性的"教学提示"进行整理、概括、补充,归纳出各学科的情境类型及其核心任务,作为设计教学和评价情境的参照(见表6-32-4)。

表6-32-4　"真实性"维度下的问题情境类型(历史科)

真实性	情境类型	核心任务
现实世界中的真实问题	生活情境	① 调研访谈 ② 评述影视艺术作品 ③ 设计名胜古迹导游词、红色旅游路线 ④ 设计布展方案 ⑤ 制作文创产品、历史剧本 ……
对理解现实世界有重大意义的问题	社会情境	① 就流行的观点展开辩论 ② 追溯社会风俗、文化现象、国际争端的历史根源 ③ 解释战争发生、社会演进的动因 ……
解决问题的真实思维路径	学习情境	① 处理信息(搜集—整理—辨析—表述) ② 探究问题(提问—假设—解释—修正) ……
专家思维	学术情境	探讨争论(分析来源、立场、意图、视角等因素) ……

承载核心素养的核心任务不变,但是任务的复杂程度却可以不同。项目组根据现有的研究成果,将情境分为"简单""综合""复杂"三类,描述其主要特征和对应的评价方式(见表6-32-5)。

表6-32-5　"复杂性"维度下的情境类型

复杂度	特征要素	评价方式
简单情境	素材信息:构成单一 问题指向:材料信息、已有知识的对应 认知类型:记忆	要点评分法
综合情境	素材信息:构成多样 问题指向:需要叙述和论证 认知类型:理解、应用、分析	思维结构评价

复杂度	特征要素	评价方式
复杂情境	素材信息：构成复杂 问题指向：材料信息、观点、论述和价值观的有机统一 认知类型：评价、创造	表现性评价

在此基础上匹配情境设计及评价案例，展示从评价目标到情境、问题链和评价量表的理路（见图6-32-5）。

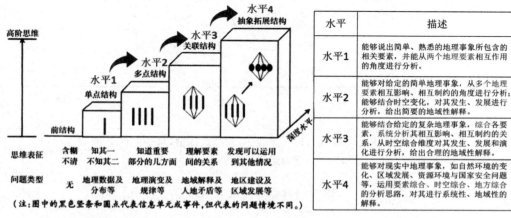

水平	描述
水平1	能够说出简单、熟悉的地理事象所包含的相关要素，并能从两个地理要素相互作用的角度进行分析。
水平2	能够对给定的简单地理事象，从多个地理要素相互影响、相互制约的角度进行分析；能够结合时空变化，对其发生、发展进行分析，给出简要的地域性解释。
水平3	能够结合给定的复杂地理事象，综合各要素，系统分析其相互影响、相互制约的关系，从时空综合维度对其发生、发展和演化进行分析，给出合理的地域性解释。
水平4	能够对现实中地理事象，如自然环境的变化、区域发展、资源环境与国家安全问题等，运用要素综合、时空综合、地方综合的分析思路，对其进行系统性、地域性的解释。

地理问题及相应的SOLO思维表征
（来源：李家清等 核心素养下以SOLO分类为基础的学习质量评价）

综合思维水平划分
（来源：普通高中地理课程标准）

新疆自然景观独特，资源丰富，近年来社会经济发展迅速，正逐渐成为我国新的经济增长极。

（共20分）

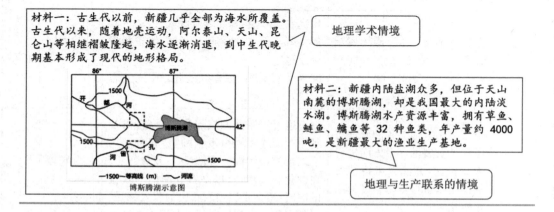

材料一：古生代以前，新疆几乎全部为海水所覆盖。古生代以来，随着地壳运动，阿尔泰山、天山、昆仑山等相继褶皱隆起，海水逐渐消退，到中生代晚期基本形成了现代的地形格局。

地理学术情境

博斯腾湖示意图

材料二：新疆内陆盐湖众多，但位于天山南麓的博斯腾湖，却是我国最大的内陆淡水湖。博斯腾湖水产资源丰富，拥有草鱼、鲢鱼、鳙鱼等32种鱼类，年产量约4000吨，是新疆最大的渔业生产基地。

地理与生产联系的情境

25. 结合材料分析新疆盐湖众多的原因。（4分）

新疆在古生代以前几乎全部为海水覆盖，后来随着地壳_____（抬升/下沉），海水消退，残留的海水在低洼处汇集形成湖泊。周边河流汇入湖泊带来盐分，加之当地气候_____，蒸发_____，湖水的盐度_____（较高/较低），形成盐湖。

地理特征的分析（低阶思维）

26. 在图5两处虚线框内添加箭头，表示河流的流向。（2分）

27. 据图5分析博斯腾湖地处内陆却成为淡水湖的原因：_____。（2分）

绘图与图解（高端思维）

28. 近年来，新疆通过在盐湖湖水中添加矿物、微生物等成分配制人工海水，用来进行海鲜养殖。与沿海地区相比，新疆利用人工海水发展海鲜养殖业有哪些优势？（6分）

29. 除了发展水产养殖，新疆海水稻种植规模也在不断扩大。分析新疆发展水产养殖以及海水稻种植对当地可持续发展的积极影响。（6分）

地理联系分析与推理（高端思维）

综合思维发展水平	描述	示例	思维结构水平	得分
	没有答题思路，散乱堆砌一些套路术语。	延长产业链，提高附加值，将资源优势转化为经济优势。	前结构	0
水平1	仅能简单提出可持续发展的某1个方面，且不能进行具体论述。	发展经济，或提供就业岗位、保护生态环境等。	单点结构	1
水平2	能够提出可持续发展的2到3个方面，但不能进行具体论述。	发展经济。 提供就业岗位。 保护生态环境。	多点结构	2
水平3	能对可持续发展的某一方面进行简单论述。	优化农业经济结构，提高农业产值。		3
	能联系情境，对可持续发展的2到3个方面进行简单论述。	提高农业产值，增加财政收入。 提供就业岗位，加强民族团结，维护新疆繁荣稳定。 减轻荒漠化和土壤盐渍化，保护生态环境。	关联结构	4～5
水平4	能够运用人地关系的原理对可持续发展的3个方面进行充分论述，并能对可持续发展的要求进行一定程度的抽象概括。	新疆通过利用盐湖发展海水养殖，以及利用盐碱地发展海水稻种植，充分利用了当地的自然资源，因地制宜发展产业，在优化农业结构、提高农业产值与效益的同时，增加了当地农牧民的收入，加强了新疆与国内其他省份以及世界的经济	抽象拓展结构	6

综合思维 发展水平	描述	示例	思维结构 水平	得分
		联系,有利于促进新疆的民族团结和长期繁荣稳定。发展海水养殖和海水稻种植还可以减少裸露盐碱地的面积,遏制土壤盐渍化、荒漠化发展,改良土壤,保护生物多样性,实现了经济效益、社会效益和生态效益相统一,有力促进了新疆的可持续发展。		

图 6-32-5　综合情境及思维结构评价案例(地理科)

(三) 素养导向的测试编制、分析与反馈方案

1. 素养导向的测试编制路径和表单工具

项目组在总结各学科组命题经验的基础上,确定了素养导向的测试卷编制路径(见图 6-32-6),并设计命题蓝图、多维命题细目表(见表 6-32-8)和审题意见表(见表 6-32-9)三种规格化表单工具进行过程管理和质量控制。

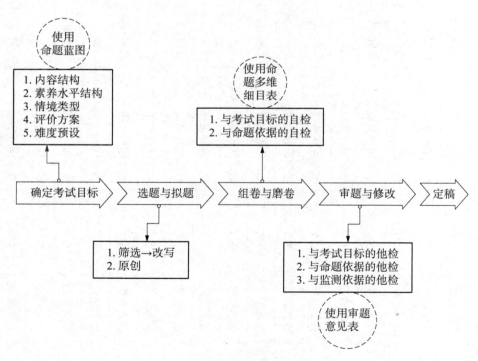

图 6-32-6　素养导向的测试卷编制路径

表 6 - 32 - 6 多维命题细目表案例（数学科）

题号	核心素养	学业质量水平	情境	内容领域	具体章节	认知水平	题型	分值	预估难度	预估得分
1	数学运算	水平一	数学课程情境	预备知识	复数	记忆	填空题	4	0.98	3.9
2	数学运算	水平一	数学课程情境	预备知识	不等式	记忆	填空题	4	0.93	3.7
3	数学运算	水平一	数学课程情境	概率与统计	统计	理解	填空题	4	0.95	3.8
4	数学运算	水平一	数学课程情境	函数	函数	理解	填空题	4	0.98	3.9
5	数学抽象	水平一	数学课程情境	函数	数列	理解	填空题	4	0.88	3.5
6	数学运算	水平二	数学课程情境	概率与统计	概率	理解	填空题	4	0.90	3.6
7	数学运算	水平二	数学课程情境	预备知识	二项式	理解	填空题	5	0.68	3.4
8	直观想象	水平二	数学探索创新情境	几何与代数	立体几何	理解	填空题	5	0.70	3.5
9	数学抽象	水平二	数学探索创新情境	函数	导数	理解	填空题	5	0.74	3.7
10	直观想象	水平二	数学课程情境	函数	三角函数	应用	填空题	5	0.78	3.9
11	数学运算	水平二	生活实践情境	几何与代数	解析几何	应用	填空题	5	0.50	2.5
12	逻辑推理	水平二	数学课程情境	预备知识	平面向量	分析	填空题	5	0.34	1.7
13	数据分析	水平一	数学课程情境	概率与统计	统计	理解	选择题	4	0.94	3.8
14	数学建模	水平二	数学课程情境	函数	解三角形	理解	选择题	4	0.88	3.5
15	逻辑推理	水平二	生活实践情境	预备知识	集合不等式	理解	选择题	5	0.65	3.3
16	逻辑推理	水平二	数学探索创新情境	函数	函数	应用	选择题	5	0.42	2.1
17(1)	直观想象	水平一	数学课程情境	几何与代数	立体几何	记忆	解答题	6	0.87	5.2
17(2)	直观想象	水平一	数学课程情境	几何与代数	立体几何	记忆	解答题	8	0.79	6.3

题号	核心素养	学业质量水平	情境	内容领域	具体章节	认知水平	题型	分值	预估难度	预估得分
18(1)	数学抽象	水平一	数学课程情境	函数	三角函数	记忆	解答题	8	0.00	5.4
18(2)	逻辑推理	水平二	数学课程情境	函数	三角函数	理解	解答题	8	0.88	6.4
19(1)	数学建模	水平二	生活实践情境	函数	数列	理解	解答题	6	0.75	4.5
19(2)	数学建模	水平二	生活实践情境	函数	数列	理解	解答题	8	0.55	4.4
20(1)	数学抽象	水平二	数学课程情境	几何与代数	解析几何	理解	解答题	4	0.95	3.8
20(2)	逻辑推理	水平二	数学课程情境	几何与代数	解析几何	应用	解答题	6	0.72	4.3
20(3)	逻辑推理	水平二	数学探索创新情境	几何与代数	解析几何	分析	解答题	8	0.43	3.4
21(1)	数学抽象	水平一	数学探索创新情境	函数	函数与导数	理解	解答题	4	0.70	2.8
21(2)	数学运算	水平二	数学探索创新情境	函数	函数与导数	理解	解答题	6	0.50	3.0
21(3)	逻辑推理	水平二	数学探索创新情境	函数	函数与导数	分析	解答题	8	0.29	2.3
										105.5

表 6-32-7　审题意见表案例（英语）

考试项目	考试科目		英语	审题人	吴萍	填表时间	
评价维度	命题的规范性	格式排版	☑按照统一格式要求排版（含试卷、答案、答题纸） ☑试卷、答案、答题纸三者一致（题型名称、分值等） ☑排版整齐，试题无错位、脱漏和错别字				
		分值赋分	☑试卷标明了大题和小题分值 ☑答案标明了大题和小题分值 ☑答题纸标明了大题和小题分值				
		评分标准	☑答案无遗漏或省略 ☑主观题评分标准中列出小的评分点或步骤给分点 ☑开放性较大的主观题列出评分项、解题视角、回答示例				
	命题的科学性	政治思想性	☑试题情境不存在与主流价值观相违背的情况 ☑试题情境不存在宣扬暴力、社会阴暗面等情况				
		试题科学性	☑试题测量目标明确 ☑试题测量目标与高考、水平考目标一致 ☑解决问题需结合学科知识而非仅凭常识即可 ☑解决问题用到的学科知识没有超过高考、水平考所列知识内容范畴 ☑题干材料表述清晰、无歧义、易于理解 ☑设问明确、无歧义 ☑题干材料、设问、答案三者逻辑一致 ☑不存在对其他试题解答有提示作用的试题 ☑整卷的难度系数设计较合理，在 0.65～0.75 左右 ☑整卷试题难度分布较合理，不存在过易和过难试题比例过高的情况				
		试题公平性	☑试题的内容、表达形式不会对男生、女生产生不公平 ☑试题的内容、表达形式不会对来自不同区域、不同家庭背景的学生产生不公平				
	命题的创新性		□部分试题材料已为许多教辅书、模拟卷等普遍使用 □部分试题是陈题、未经过明显的修改 ☑部分是原创的试题 □整卷都是原创的试题				

填表提示：

请根据表中所列的审题细目与试卷、答案和答题纸进行一一对照，符合表中表述的请在方框中打√，有部分情况不符合的请在方框中打×。

具体修改意见：

修改个别超纲词汇，用简单的同义词替换。

个别排版问题需要调整。

完形填空个别选项干扰性太大需要替换。

2. 多维度学生学情分析

项目组指导学科教师基于多维细目表标注的试题属性,在不同维度对试题进行统计分析,观察学生在核心素养等维度的表现(见图6-32-7)。

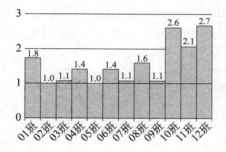

2023学年第一学期高三年级月考
数学扩展分析平均分-数学抽象

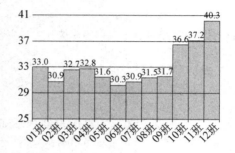

2023学年第一学期高三年级月考
数学扩展分析平均分-数学运算

图6-32-7 核心素养维度的数据分析(数学科)

3. 考后学科质量分析报告

项目组指导命题教师撰写考后反思报告,从命题指导思想、效度验证、统计结果分析和后续教学策略等方面展开基于考试结果的反思和改进计划(见图6-32-8)。

松江二中2023学年第一学期期末考试
学科质量分析报告格式要求

一、命题基本说明

(一)命题指导思想

说明:可从考试目标、难度预设等方面展开,简单说明即可。

(二)试卷的基本特征

说明:可从试题情境、重点考查的核心素养、评分标准设计等方面展开,简单说明即可。

二、试卷的总体分析

(一)试卷结构

说明:简单说明试卷与高考等考试真题卷在题型、题量及分值比例的一致性程度。

(二)测量的核心素养水平与内容要求分布

(1)考查的核心素养水平分布

说明:填写下表,列出每个核心素养水平所分配到的试题、分值及其占比。

核心素养	题号	分值	占总分的比例

说明:填写多维细目表中的核心素养名称及其水平(如语文科"言语构建与运用/1")。

（2）考查的内容分布

说明：填写下表，列出不同考查主题下所分配到的试题、分值及其占比。

内容要求	题号	分值	占总分的比例

说明：填写多维细目表中的内容模块和内容主题（如数学科"预备知识/集合"；物理科"必修 1/机械运动与物理模型"）。

三、考试统计结果

（1）整张试卷的难度和信度系数。

（2）各小题的难度、区分度系数。

（3）各班的得分情况（平均分、最高分、最低分）。

说明：以上数据可以从校考试数据分析平台中导出。

四、得分率较低的试题分析

根据数据统计，对得分率较低、区分度较低的试题进行分析，思考是试题本身还是学生的问题。例如，试题方面的问题：(1)试题是否难度太高？(2)试题本身是否存在科学性问题？(3)试题设问指向是否清晰明确？(4)评分标准是否合理？学生方面的问题：(1)对某些知识点掌握是否较薄弱？(2)在哪些能力上存在短板？

五、后续教学对策

可从教学对策（如备课组工作）、班级管理（如班级任课教师协作、学生差异化教学等）、考试命题的改进等方面展开说明。

图 6 - 32 - 8 考后质量分析报告格式

（四）学校层面在组织、技术方面的保障方案

1. 建设校内考试质量监控组织架构

构建了一个由评价中心组、命题小组、评价管理组和检视共同体组成的校内考试质量监控组织架构，明确各小组人员构成和工作职责（见表 6 - 32 - 8）。

表 6 - 32 - 8 校内考试质量监控组织架构

评价工作组	人员构成	工作职责
中心组	由学科教研组长、市区级命审题经验的教师、校外专家组成	(1) 参与制订考试蓝图 (2) 审阅命题文档 (3) 审阅考试报告
命题小组	以各年级备课组为单位，需 2 人以上	(1) 制订考试蓝图 (2) 命题与阅卷、维护题库 (3) 运用信息平台进行考后分析

评价工作组	人员构成	工作职责
管理组	由质量监控处、课程教学处、教科室及各学科评价工作联络人组成	（1）聘请评价中心组成员 （2）选拔各学科评价工作联络人 （3）制订年度考试和质量分析规划 （4）制订命审题工作流程、标准要求 （5）组织有关测量、评价的研修与科研活动
共同体	由中心组、命题小组、管理组共同组成	（1）就校级考试的信度、效度、难度、区分度等指标进行评估。 （2）就试卷设计修订的方向、原则及建议展开研讨。

2. 定制实施校本化质量评价的数据分析系统

定制了能根据学业质量标准进行分析的技术平台。各学科可在分析系统内嵌入校本化的核心素养指标和内容指标编码，将每次考试中多维命题细目中标注的试题属性与其匹配，实现对内容和素养等多维度的量化统计和分维度成绩报告。制订了教师使用平台进行质量分析的操作手册，组织对全校教师进行数据系统使用的专项培训，双管齐下帮助教师会用、善用考试数据进行分析、反馈和反思。

3. 校内考试评价实践体验课程

设计了校内考试评价实践体验课程，分为"课程标准解读""命题质量控制""审题质量控制""阅卷质量控制""教学评一致性深度研修""考试数据分析与解读"6 大模块。采用线上线下混合教学和"项目化学习"的方式帮助每位在校教师在研修活动中理解课程标准、了解命题测试技术、熟悉信息化平台操作。

"课程标准解读"模块从核心素养、学科大概念、学业质量水平和情境思维四个方面展开解读。旨在帮助教师理解核心素养的理论基础、本土化过程以及学科核心素养的内涵；理解学科大概念的本质及其提取路径；运用教育目标分类学理解学业质量标准中的学业质量水平；理解各学科情境的分类及情境化命题的意义。

"命题质量控制"模块从测量学基础指标和测试开发规范路径两方面展开解说。旨在帮助教师理解效度、信度、难度、区分度等判断试卷和试题质量的基本指标；了解编制高质量测试的基本流程——在命制试题之前事先设计考试蓝图，明确考试目标、考查的素养和内容结构以及预期的难度，在此基础上再进行分工命题、调整打磨、审题修改；学会使用格式化"命题多维细目表"明确试题的考查目标，验证试卷的效度。

"审题质量控制"模块从常见的试卷质量问题、审题的多个维度和具体指标两方面展开解说。旨在帮助教师避免考试目标偏离、试题赋分不合理和原创试题比例低的问题；帮助教师使用格式化"审题意见表"，从规范性、科学性、公平性三个维度以及排版格式、分值赋分、评分标准、政治思想性、试题科学性、试题公平性等指标检视试卷质量。

"阅卷质量控制"模块从阅卷参数的设置、规范的阅卷流程、开放性试题的评分标准三个方面展开解读。旨在帮助教师了解阅卷参数的意义及主观题两评对控制阅卷质量的价值;了解制订主观题评分细则的基本步骤和标记典型示例的意义;了解要素分析法和思维结构评价这两种质性评分方法的使用方法。

"教学评一致性深度研修"模块以工作坊的形式展示和研讨各学科在教学与评价中重点解决的问题及解决路径、方案。

"考试数据分析与解读"模块旨在通过上机操作的形式,帮助教师掌握纸笔考试中采集数据、处理数据以及解读统计结果的基本方法。让教师根据格式化的考试质量学科分析报告,反思考试达成标准的情况,反思命题效度即预设命题的指导思想、试题情境、评分标准是否得到了落实,反思考查的素养与内容分布结构是否合理;通过统计难度、信度、区分度等测量指标,分析典型试题所反映的在命题端、学生端和教学端中存在的问题,评价反思学生的学业表现,调整后续命题和教学计划。

四、检验与佐证

(一)教师测量学知识、命题能力、质量分析能力得到提升

近年来,我校有语文、政治、历史、化学、生物、信息科技等教师 10 多人次参与上海市高考、上海市高中学业水平等级考、上海市高中学业水平合格考命题。在松江区高三一模、二模考试命题中,我校学科教师是骨干力量。历史组、语文组、化学组、生物组、政治组教师多次受邀到兄弟学校或区域开展命题及课标解读讲座。教师撰写的命题研究文章、质量分析报告等呈现较高的学术性和专业性,得到同行和市区专家的一致好评。2023 年 11 月,我校围绕"基于标准的教学评一致性研究"主题,开展了市级双新展示研讨活动。在同年 11 月 21 日的上海市普通高中"双新"实施工作推进会上,我校"双新"展示研讨活动视频公开播放,"双新"实施展板面向全市展出。2023年,我校以"基于标准的校内考试监控研究"为主题的校本研修项目荣获松江区特色研修项目的一等奖。

(二)学校人才培养质量获得社会广泛认可

近些年我校高考成绩高位稳定。"强基计划"实施以来,我校录取人数从 2 人、6 人、10 人再到15 人,稳步推进,综合素质评价录取人数每年录取 60—70 人。学校也连续被清华大学、复旦大学、上海交通大学、南京大学、厦门大学等高校授予生源学校或优质生源基地。

近些年我校学生在各类竞赛中也取得了优异成绩。在 2022 年中国高中生物理创新竞赛中我校学生荣获全国一等奖、上海市特等奖,1 人入选国家集训队。全国生物学奥林匹克竞赛至今获得 1 金、12 银、12 铜的优异成绩,1 人入选国家集训队。在生物学竞赛(上海赛区)比赛中获奖共计 321 人。仅 2023 年,我校学生在五大学科联赛中就有 79 人获奖。其中,银牌 3 枚,上海赛区一

等奖 11 个,二等奖 32 个。在上海市中学生数学应用知识竞赛荣获上海市团体第一名。上海市青少年物理实验竞赛中获奖人数全市最多,上海市青少年应用化学与技能竞赛、上海市高中化学竞赛、中学生古诗文阅读大赛、上海市中学生作文竞赛、高中学生科普英语竞赛也成绩显著。

五、反思与展望

本项目工程浩大,亦无先例可循,因此,在推进过程中不免遇到了诸多困难,有值得改进之处。

本项目中的校内考试监控系统只是初步搭建出了一个"框架",尚未建立"模型",有待于对校内系统各要素之间的关系作更进一步的梳理,厘清基于标准的校内考试监控促进教学改进的具体机制。

素养导向的测试的编制、分析方案,还停留在规范流程和开发工具的阶段,有待于进一步开发素养导向的命题框架和评价指南,探讨能够引发核心素养表现的情境要素、任务类型、问题设置模式,刻画不同学业质量水平下学生的典型表现作为等级性评分标准的依据,研究不同等级间进阶的策略等。

进行考试质量控制的最终目的是指向教学的改进,仅仅在评价这个"末端"作出改革是远远不够的。因此,需要将这个项目中贯穿的"逆向设计""标准导向"的思路扩展至学校的课程设计领域,以校内考试的变革带动作业设计、课堂评价的变革,进而有效推动教学转型,最终达成以校为本的学业质量标准。

(执笔人:顾春梅)

33

任务驱动型作业的设计与评价模型构建与应用

/ 复旦大学附属中学青浦分校

核心问题

如何构建与应用任务驱动型作业的设计与评价模型,促进学习范式转型,把握作业育人功能,赋能学生成长?

一、背景与问题

(一)背景概述

教育的使命是帮助学生以各种方式发现和发展自己的优势和热情,包括完成作业。为此,学校围绕学业质量建设及学生学业负担情况,对作业问题进行调研,进而提出提升作业效能建设。

通过作业调研发现,学校的问题在于:一是作业设计与实施存在突出的问题,有积极的布置,但没有目标及系统性;过度关注"作业量",但对"功能"定位存在偏差;作业实施更多关注是否达成教学目的,但忽视学生多元需求等。二是对完成作业的任务设计不明晰,对于主任务及具体任务的分解、完成步骤、角色分配、反馈方式等缺少深度设计,特别是作业设计缺少情境实践应用的创设。

项目又梳理了国内外作业设计与实施研究现状,进一步查找问题症结,进而确定针对作业育人功能的认识问题,构建校本化双新实施项目"任务驱动型作业设计与评价研究",聚焦作业的具体任务、完成步骤、角色分配、反馈方式等要素,研究作业设计与实施。研究项目重视指向育人功能的作业设计、实施与评价,以学校系统变革来保障作业功能,保障教育内涵发展,并以校本项目化实施进一步贯彻"双新"精神,以确保走好高中课程改革实践的"最后一公里",积极响应"双减"政策。此外,深耕教育实验,传续"青浦实验"精神,探索基于"双新"实践经验凝练出的"复旦实验",以铸长三角区域教育品牌。

（二）聚焦问题

研究如何通过作业设计和评价的建模，赋能学生成长，以实现作业的育人功能。

1. 作业功能上，普遍存在异化作业育人功能的认识。从作业现状研究来看，作业凸显偏离育人功能的问题。当下普遍存在一个认识误区，即认为学业负担的根源在于作业。但经过调查归纳，我校发现更深层的原因主要在于作业的功能被异化为追求分数的策略，使得大部分的作业成为重复性、记忆性的活动，甚至成为变相"惩罚"学生的手段。此外，为减轻课堂教学压力，一些教师采用布置课外作业形式让学生将作业带回家甚至由家长指导完成，使其进而被异化为转嫁课堂教学压力的方式。

2. 作业设计与评价上，普遍忽视情境创设与问题设计。作业的旨归在于培养学生自主发展的核心素养，为学生的未来奠基，要强调"创编体现素质教育导向的作业"以提高作业设计质量。素养显现于情境问题的应用解决中，相应地，将情境融入作业设计与评价的探索是亟须突破的瓶颈，但是一线教学研究中关于"情境与作业"的研究成果占比极低。

二、路径与办法

所谓"任务驱动型作业"，指的是基于单元学习目标，通过创设真实情境问题，以主任务及任务链为指令，于具体的、可操作、可评价的问题解决应用中，让学生掌握及生成必备知识与关键能力的作业。任务驱动型作业，并非独立于各类作业类型之外的新的作业类型，而是通过可视化对现有作业进行转型的研究与实践。

任务驱动型作业设计与评价研究中的"评价"，一是指以"评价"引导教师在进行作业设计时，给出"评价"量规，通过"评价"激励或评估学生作业情况，以丰富学生学习体验，促发成长；二是指探索对任务驱动型作业的设计进行"评价"，通过评价量规评估或优化教师教学，以提升备课效能，促进专业成长。从项目研究导向看，"评价"更侧重后者，通过评价牵引，推进教学评一体化建设。

基于"双新"的大单元教学，项目组立足"作业育人功能"，通过建"模型"，引导作业设计与评价发生转型，强调创设真实情境与设计任务路径，并形成以评价为牵引的任务解决策略和方法。

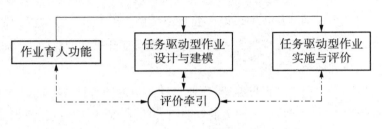

图 6-33-1　作业设计与评价研究路径图

（一）构建实践支架以解决问题

项目研究与实施注重构建实践支架，即先后以学科作业模型的建立及评价量表的设计与使用作为项目研究的实践支架，分阶段推进实践研究以解决问题。项目在既定四个阶段的进程中，探索以提供实践支架的方式分阶段来解决问题，围绕建模及应用研究创新解决思路和策略（见图 6-33-2）。

图 6-33-2　作业设计模型设计与使用推进表

1. 第一阶段：以学科组研究与评议为支架，项目研究在学科组内展开

项目组主要围绕作业设计案例对学习效能进行研讨，探索构建学科作业模型，并将模型放回学科作业设计与评价的实践中循证，对"任务驱动型作业"进行数字画像。

面对聚焦的问题，通过评比、论坛、调研等实践支架着力解决，如：评比作业功效，利用自评、周汇报等形式反观作业设计；以典型案例汇报及项目评述的形式开设论坛，围绕设计评价促进备课效能的主题进行研讨；构建学科作业模型，以调研报告等对"任务驱动型作业"模型进行调研，通过学科推广运用进行实证，并组织项目组及骨干教师对作业设计范式进行再建构。以问卷采集各方对"任务驱动型作业"的画像，将核心素养设置为评价的关键，将师生评价及课标评价等列为作业画像的主要依据，从而把握育人功能，贯彻"双新"精神。

2. 第二阶段：以构建与论证任务驱动型作业设计与评价研究的模型及使用为实践支架

第二阶段前期，以跨学科组的研究与评议为支架，开展跨学科及覆盖全学科的研究实践。主要围绕跨学科或全学科的任务驱动型作业设计与评价，对各学科作业设计及评价的共通性、共享性特点进行探索，对任务驱动型作业的可操作性及跨学科使用的可行性加以论证。第二阶段后期，以"大模型"展示及大讨论论证等为实践支架，积极推行任务驱动型作业，寻求突破，并在此基础上优化大模型，最终回归教学实践。

在研究与实践中，项目组逐渐得出结论：作业设计要强调统筹性、前置式，从基于"课时""知识点"等要素，转型到以应用为导向，着眼人的素养提升，突出对话性与成长需要。项目建设意在厘正评价旨归，立足以高阶思维能力培养、教学方式改进、学习测策略优化、学业负担减轻为主要向度来建立设计与评价框架。

3. 第三阶段：以"评价量规"设计与使用为实践支架，推进教学评价研究

从评价意义看，项目关注提升学生解决问题的能力；从实施过程看，强调以教学中作业设计的模型变革学习范式；从多元评价看，探索归纳不同素养等级的特征，以形成合理的、包含不同等级的评价标准，包括个性化学习档案。

立足作业的育人功能，围绕核心素养培育，评价作业设计要从以下几个关键点进行思考：第一，在思维发展上，作业设计是否有用高阶思维进一步驱动低阶思维的功效；第二，在"驱动"上，是否设置围绕真实问题解决的情境，将知识的掌握程度嵌入表现性或过程性作业中，如：语文作业是否围绕学生阅读与表达水平进行设计，是否切实有助于提高学生阅读素养与表达素养；第三，在关键能力上，作业中的高阶思维设计，如以典型题目或难题呈现的作业，是否有助于培育学生提炼问题、设计项目、评估学习行为的能力，是否有助于培养学生自主学习、积极探究的习惯，是否启发学生于真实情境中形成自主解决问题的能力；第四，在学习过程上，作业设计是否激发学生丰富自己的学习经历和探究解决现实问题的积极性，是否基于核心素养创新设计相关的基于课标导向的学习活动。

作业评价要为教与学作牵引，项目研究给出任务驱动型作业设计应包含的具体要素以及体现学科教育引导的方式等作业设计的清晰方向。评判作业设计质量的高低不在于作业是否难倒学生，而在于如何所有学生有题可答、有话可说。评价作业的区分度，如同用尺子去测量，要重视作业的素质培育过程，也要把握作业设计的科学性和效度。

作业设计引导"双新"建设从课程目标设定、内容设计、实施环节，到课堂教学方式、学习策略、教学效能，进而到学业负担、学习压力心理等，进行整体转型与推进；强调可视化学习，有相应的工具资料选择，给出问题解决能力的评价指标、思维能力提升的评价指数、数字赋能助力评价手段等。作业设计与评价，重视过程，也重视结果，更通过任务驱动型设计与评价启发学习内驱力，形成发现问题、解决问题、成效评估的"懂学习""会学习""能学习"的行为链。

作业评价，既要满足能力选拔的需要——这是作业设计的重要依据，不必回避；同时，又要对学科教育产生正向的引导。用"作业"作为"评价"，学得好的和学得不好的学生在作业评价上应有体现，否则无法满足能力选拔的需求；而靠大规模刷作业获得竞争力，就不能起到引导学科教育的作用。所以，要按照教育本真对待作业设计与评价，并牵引学科教育教学，不盲目在作业量上贪多，而是要让作业评价这一指挥棒形成正向作用。

4. 第四阶段：以区域化活动以及成果论证为支架，推进特色研究

第四阶段前期，以区域化活动及评议为支架，以项目区域推进会来加强成果推广与辐射，集聚智囊，集合实践，积极论证"任务驱动型作业"与各校现行作业相比的优势及不足，进而围绕"育人功能"，促进认识，以深度理解作业功能，激励学习方式转型，并以生动实践进一步丰富作业设计与评价。同时，立足课程改革实践现状，直面作业设计与评价的模型化运用带来的各种困难，

以作为后续研究内容。

解决问题过程中重点以"主题论证会"为支架：一是重点论证"任务驱动型作业模型"，特别是结合学科核心素养、真实情境创设、问题设计、学科素养评价及多种形式的反馈等主要维度进行论证和指导；二是基于"我"为"任务驱动型作业"画像，以专家经验丰富"画像"，以专家视角对"任务驱动型作业"展开论证，进而为"任务驱动型作业"深度画像。

第四阶段后期，以经验提炼与成果论证为支架，形成项目研究成果，并提炼教育特色研究。项目坚持以项目报告、研究案例、"任务驱动型作业"模型等物化成果，回应问题聚焦改革。如项目组每季出一期专辑，学术委员会负责模型指导与功能论证；学科备课组每两周提交一次任务驱动型作业，教务处对学习样态进行观评；推出"任务驱动型作业设计"的比赛或研训，教务处、教师发展中心对标育人功能联合评比作业等。

作业设计与评价研究的特色化，有助于学校特色建设和区域教育品牌建设，弘扬"青浦实验"之于教育的意义。

（二）践行单元整体设计策略，荷载素养导向育人功能

1. 双新导引，以大单元视角导引设计与评价

区别于传统作业强调课时或知识点的独立设计，"任务驱动型作业"强调以大单元大概念等要素进行整体设计。情境载体上，"任务驱动型作业"以建构主义学习观引导作业设计积极关联教材学习情境、社会生活情境以及个人成长经验情境。作业评价力求多元化，重视基于学习的意义建构以及综合性学习活动；注重借助学习档案进行单元作业设计的循证研究。

2. 育人导向，关注素养达成，促进深刻认识作业功能

项目采用人本学习观，通过组织"作业设计与评价大讨论"、调查反馈等，引导教师达成对"任务驱动型作业"的共识：基于育人功能进行设计与评价，通过作业赋能学生全程全面成长。

此外，项目建设纳入学校教育教学管理重要环节，多次组织项目推进会，响应政策实施与"双新"推进。

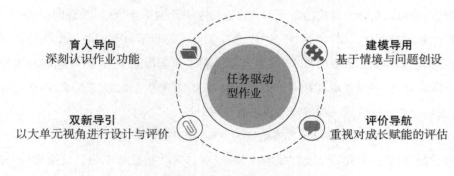

育人导向
深刻认识作业功能

建模导用
基于情境与问题创设

任务驱动
型作业

双新导引
以大单元视角进行设计与评价

评价导航
重视对成长赋能的评估

图 6-33-3　作业功能

1. 形成实践性成果:建立并推广使用"任务驱动型作业设计与评价"的模型

"任务驱动型作业"立足应用导向,指向积极的学习样态。作业设计及评价注重"建模",基于情境化真问题,以任务(主任务与任务链)为指令进行驱动,重视知识应用,突出必备知识掌握与关键能力形成。一方面以"任务驱动型作业"模型引导积极的学习样态;另一方面以学生实际的学习样态循证"任务驱动型作业"模型,结合真情境、真问题进行反思与改进(见图6-33-4)。

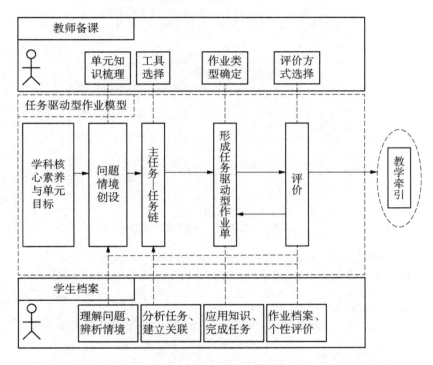

图6-33-4 全学科大模型

第一,反复论证,构建模型:学科小模型—使用论证—研究改进—使用论证—全学科模型—使用论证—改进—使用论证—全学科大模型,并以作业模型的建立与实施同步引导作业设计与评价的转变。"作业设计与评价"的模型有五个向度:学科核心素养,真实情境,基于问题,主任务与任务链,任务评价与多元反馈(作业档案、作业测评等)(见图6-33-5)。

第二,对标观评向度,推进评价效能,重视对成长赋能的评估。项目重视教学评一体化,并以评价为教学牵引:(1)对"任务驱动型作业"使用样态广泛调查,多方征询围绕"任务驱动型作业"的可观察、可操作、可评价的描述与评价,并采集被学生认可的"任务驱动型作业",为教学导航;(2)对"任务驱动型作业"的功能进行评价,对标育人功能,以新课标提出的学科核心素养及学业

作业设计："己所不欲，勿施于人"出自《论语》，现已成
为国际社会公认的处理人际关系和国际关系的黄金准则。
请结合材料一对这一现象加以分析。

辨析情境，明确任务/ ⟹ 情境：现象；任务：分析现象
主任务与任务分解

建立作业与 ⟹ 依据任务/题目的指向
情境的关联 到文中搜索信息

完成任务， ⟹ 基于以读者意识形
形成知识 成建构知识能力

评价 ⟹ 设计评价，评价读者素养

主问题任务：出自《论语》的"己所不欲，勿施于人"，
为什么现已成为国际社会公认的处理人际关系和国际关系
的黄金准则？
分解问题任务：它为什么能成为处理人际关系和国际关系
的准则？
它为什么会成为当今国际社会公认的准则？

例如必修一第一章《运动的描述》任务驱动设计：
核心任务：描述运动员的百米赛跑运动。
素材：中国运动员苏炳添破百米赛跑纪录的视频及数据
分支任务分解：
1. 观察运动员百米赛跑过程，经历了质点模型的建构过程。
2. 裁判宣布比赛成绩为 9.92 秒，理解 9.92 秒成绩是表示时间还是时刻。
3. 根据跑步者在不同时刻的位置数据，会用文字、数学关系、x-t图像三种方
法来描述物体的运动。
4. 通过计算运动员在最后 10s 内、1s 内、0.1s 内的"速度"，体会平均速度和
瞬时速度。
5. 获取 v-t 图像，研究速度的变化，理解加速度。
在这些分支任务驱动下，逐渐习得描述运动的物理量，从描述运动员的百米
赛跑逐渐过渡到可以用各种物理量描述变速物体运动的描述。思维导图如下。

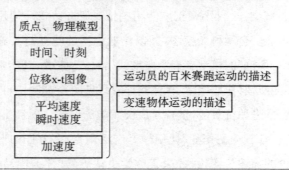

图 6-33-5 学科小模型示例

水平表进行评价;(3)建立"任务驱动型作业"作业档案,以学习者的多元成长为视角,以社会实践检验的关键能力为落点,观察评估其学以致用及任务解决的有效性。

2. 凝练理论性成果

项目组围绕把握育人功能,增进对作业价值的认识,提炼实践经验,形成课题研究论文,于《上海教师培训》发表,并形成课题报告。本研究在理论层面上,为当下的"双新"建设提供了一种全新的实践思路,从而能够进一步理解作业功能以及借助作业撬动学习范式转型的问题。

作业设计与评价研究,通过作业设计与评价的模型运用,并结合研究给出的评价量表的使用,培养学生在真实情境下的知识生成能力与问题解决能力,凸显作业的育人功能。任务驱动型作业设计与评价有助于引导教师整体理解并推动教学范式转型,将作业设计与评价纳入"双新"建设之中;同时,为推进双新"评价"研究提供了跨学科研究的观察点与切入口,更给出了生动的实践案例。

四、检验与佐证

1. 形成积极的学习样态

任务驱动型作业培养了学生的好奇心、同理心、创造力、知识掌握能力以及独立思考能力,凸显作业育人功能。通过考查动手能力、注重实验过程、强调亲身感受知识及原理的作业设计,让学生感到"原来我也可以像科学家那样进行探究",培育学习自信心,激发探究欲、热情。

2. 形成任务驱动型作业设计与评价的模型

作业设计与评价普遍使用经过研究推广的作业设计与评价模型,注重情境创设与问题解决。作业有明确的任务设计、具体完成环节和必要的条件资源等,旨在考查对科学本质的理解和对学习实践过程的积极体验。同时,通过作业对方法的正确掌握来有效地培养学生的研究素养。

3. 项目重视对学生成长进行观察

建立作业"档案",并持续使用数据化方式采集学生的反馈信息。我校学生在 2021 年市级及以上学科竞赛中获奖 72 项,区级学科竞赛中获奖 215 项;2022 年市级及以上学科竞赛中获奖 29 项,区级学科竞赛中获奖 70 项;2023 年市级及以上学科竞赛中获奖 123 项,区级学科竞赛中获奖 165 项。三年中学生在学科竞赛中的成绩是有所提升的,反映出我校学生在地方教育竞赛中的稳定表现,同时表明我校学生在学科领域竞争力的提升。

4. 教研及备课效能得以提升

提供专业发展平台,促进教师成长。项目客观上提供了专业发展评估平台,对每一位教师从专业水平、教学能力和主观能动性等维度生成一幅"教师画像":通过大数据挖掘采集教师作业设计与评价各类数据信息,包括专业爱好或专长、教学资源开发能力、教学质量评价观等。项目对每类信息进行深入分析整合,最终得出一个具有代表性的个性画像,从而重构教师专业成长模型。

5. 深耕教育实验，创新区域教研特色

项目促进了团队备课效能研究，包括跨学科无边界学习研究，逐渐形成学术联盟，有助于提升学校教育品质。通过任务驱动型作业设计与评价的研究，形成两类认识：第一，任务驱动型作业可以与传统作业设计兼容，延续使用已久的作业设计，但评价重点在于充分发挥作业的诊断功能；同时探索以育人为导向的任务驱动型作业设计与评价，发挥作业的育人功能。第二，要积极转型传统作业，倡导以育人方向转型作业设计范式，反对育人与育分"两张皮"的现状。不论哪类认识，都能基于育人功能看待作业设计与评价这课改"最后一公里"的行动。本项目进一步弘扬复旦人的教育情怀，生动讲述"双新"背景下的新"青浦实验"，形成复旦经验，走向长三角区域教育品牌。

五、反思与展望

总之，本项目研究与实践，立足项目化实施，聚焦育人功能；关注作业数量方面研究，响应减负；重视作业设计模型研究，侧重可视化；探索作业评价研究，牵引教学；引入综合性研究及信息技术支持的研究，关注教学范式转型，响应数字赋能学科建设；建立作业档案，关注个性化成长。项目需要反思与展望主要在于以下几点。

1. 管理层的反思。学校教学管理研究的视角尚未深度延伸到作业设计与评价领域，包括基于实践的对话研讨显得不足，对具有育人功能的作业设计也缺少有效的体系化培训与指导。

2. 项目组的反思。项目需要回到原点，进一步思考如何深入把握育人功能和贯彻双新精神，有广度、深度、效度地推进研究与实践。

3. 对本项目研究的展望。本项目是基于学科联合教研的一次探索与实践，在发挥各学科独特育人功能的基础上，思考如何借助项目研究带来的经验，进一步充分发挥学科之间的综合育人功能，从而开展跨学科主题教育活动，将相关学科的教育内容有机整合，以提高教师教研能力与集体备课品质，提升学生综合分析问题、解决问题的能力。

（执笔人：陈友宝）

第七部分

教研

34

创设教研新生态，打造教学高品质

/ 上海市黄浦区教育学院

核心问题

如何以区域教研转型引领素养导向的教学转型，有效推进"双新"实施？

一、背景与问题

（一）背景概述

教研工作是保障基础教育质量的重要支撑，承担着服务学校教育教学、服务教师专业成长、服务学生全面发展、服务教育管理决策的工作职能。其中区级教研作为市、校两级教研的枢纽，在区域整体推进教育教学改革、教学诊断改进、课程教学资源建设、优秀成果培育推广等方面具有重要作用和独特地位。

推进普通高中新课程新教材实施，以核心素养为导向变革育人方式，是对教育科技人才"三位一体"战略需求的积极回应，是全面提升普通高中育人质量的重要抓手。"双新"实施是一个系统工程，其主阵地在学校，其主战场在课堂，其主力军在教师。而面对"双新"实施的新要求，有诸多的难点有待进一步探索和解决：学校新课程的建设与实施，新教材的课堂转化落地，新实验、实践的活动组织，新作业、试题如何设计，新评价如何开展，等等。保障"双新"实施品质对教师教学理念及教学实践等方面的专业能力提出了更高的要求。

因此，黄浦区以上海市普通高中"双新"实施项目区建设为抓手，全面深入贯彻实施国家、市、区各级文件要求，通过优化区域教研机制，加强教研队伍建设，创新教研工作方式，创设区域教研新生态，引领各学科教研员和教师共同开展对"双新"实施过程中的课程、教学、作业和评价等育人关键环节的攻关研究，探索区域"双新"实践的有效路径，提升教师"双新"胜任力，打造教学高品质，切实保障区域育人方式改革不断深化。

（二）拟解决的核心问题及子问题

根据黄浦教育"高、先、精"定位，以"问题导向、需求导向、实践导向、成果导向"为原点，以项目实施为抓手，围绕"如何以区域教研转型引领素养导向的教学转型，有效推进'双新'实施?"这一核心问题开展实践，持续推进区域新课程新教材深入实施，并解决如下子问题：

1. 如何以区域教研机制创新，切实提升区域各校教师对"双新"理念的认识，引领"双新"内容和要求的全面落地?

2. 如何以教研方式创新促进教研员和教师专业能力及实践素养提升，引领教学方式创新，推动整体育人方式变革，培育学生核心素养?

3. 如何转变教研员和教师的教育教学评价观念，提升教学评价及教学改进的能力，促进不同类型学生全面而有个性发展?

4. 如何有效宣传和推广优秀经验，分享辐射优质教育资源，逐步形成具有黄浦特色的教研新生态、教学高品质?

二、路径与办法

黄浦区按照"顶层设计、项目引领、分类指导、定期检验"的实施策略，组建研究团队，采用图7-34-1的研究路径，推动区域高中"双新"实施，营造区域教研新生态，不断提升"双新"教学品质，引领区域育人方式变革走深走实。

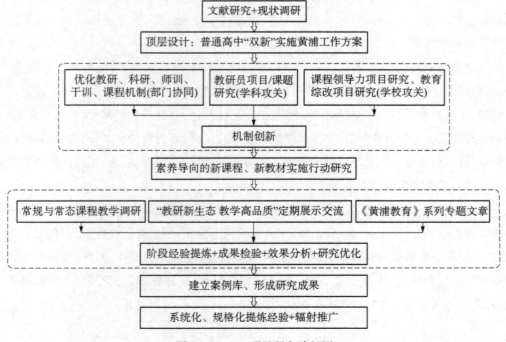

图 7-34-1 项目研究路径图

（一）顶层设计，构建区域"五四三二一"工作格局

黄浦区教育局出台《普通高中新课程新教材实施黄浦区工作方案》，聚焦"五育并举"的课程建设，明确了优化区域教研机制、优化科研引领机制、优化学情改进机制、优化师训干训研修机制的"四项机制"建设任务，提出了以高中育人方式改革为核心，聚力新课程变革、新教材实施、新课堂研究的"三新变革"，关注各类高中"双新"实施的质量，区内各高中结合已有基础和特色文化形成"一校一方案"。

（二）区校协同，构建项目引领下的多维互动行动范式

为系统推进"双新"从理念到行为的转化落地，黄浦区采用部门协作、区校协同的方式开展攻关研究。一方面，区教育学院教研、科研、师训、干训、课程等各部门协作推进"双新"实施，基于各学科课程标准，结合市级"双新"实施项目、区级"十四五"重点项目实施，组织各部门、各学科教研员带领一线教师形成研究共同体，加强对高中育人关键环节研究，形成《黄浦区基于新课程的学科教学实践指南》。另一方面，以教育综改项目为载体，组织全区各校采用"1＋X"模式进行项目申报，围绕"双新"实施下的课程建设、教学改进、多元评价、学科文化、示范校建设等主要任务开展"普通高中新课程新教材创新实践项目"攻关研究，引领区域整体实施创新教育，推进育人方式变革。

同时，作为市级课程领导力项目研究整体试验区，黄浦区依托市、区两级项目校、种子校，通过引导和推动课程的制订、实施和评价等过程，提升校长、教师的课程思想力、执行力和评价力，促进学校自主持续发展，提升课程教学品质，助力学生健康成长。

（三）调研指导，"一体两翼""双轴驱动"促进成果优化

黄浦区通过"一体两翼""双轴驱动"的方式，深化"双新"实施的循证调研，促进新课程新教材的实施与转化。其中"两翼"为常规调研与常态调研，"双轴"为区校两级课程教学管理体系与教研团队的专业支撑。在重点关注新课程新教材转化落地和育人方式变革情况的同时，通过深层次、多视角、全方位的课程与教学调研，为区域高中教育高水平建设和高品质发展提供教研支撑和专业引领。

黄浦区定期组织"教研新生态 教学高品质"年度教学教研系列展示活动，在《黄浦教育》开设"双新"推进、综改动态专栏。通过搭建区域交流展示平台，促进各学科、各学校提炼阶段经验，展示研究成果，交流研究思路，优化研究内容。

三、成果与经验

"生态"一词源于生物学，是指一定空间内的生物及其生存环境相互作用形成的、能够自我维持的整体。而区域的教研生态由全体师生、教研人员与教研内容、方式等要素相互作用形成。良好的教研生态是教师积极适应改革需求的重要保障，"双新"背景下的教研新生态应有利于教师

更新教育理念、改进教学行为,使他们逐步成长为素养导向教学改革的践行者乃至引领者。

项目实施以来,黄浦区以学校内涵建设、教师专业发展、学生素养提升为目标,以教研机制创新和方式创新为引领,区校协同开展课程、教学、作业、评价等关键环节研究,持续深入推进育人方式变革,不断提升"双新"教学品质。在实践研究中,将经验提炼、方法归纳、辐射推广并举,以期形成满足学生成长需求、契合教师实践需要、适应改革要求、充满教学活力、展现区域特色的良好教育教研生态。

(一)优化了区域教研管理机制,明确了黄浦教研队伍建设的"六个一"任务和"四三一"要求,形成了由区到校的四级联动教研工作机制,多维构建区域教师成长支持体系

教研工作职责决定了教研员是课程教学改革中的关键群体。黄浦区积极回应"双新"实施新要求,聚焦教研员专业发展需要具备的四项关键能力,从公开教学、教研活动、学科调研、下沉学校、实践研究、教研论文等维度,提出教研员在一个学年单位内要完成的六项任务(简称"六个一")。明确了黄浦教研队伍建设的"四三一"要求,促进教研员在教研实践中形成专业影响,树立专业地位,在教研中与教师共同成长。"四三一"要求指的是:锤炼想、说、做、写"四功底",主题教研分享、课堂实践、学术论坛"三展示",带出研训一体核心组"一团队"。

为落实五育并举、立德树人的根本要求,黄浦区集合德研、科研、教研、师训、课程中心等力量,充分发挥教研工作平台效能,聚焦课程和教学改革重点,部门协同推进新课程新教材实施,区域化推进课程领导力提升。

目前,已形成"区教研室—区学科中心组—片级协作块—校级教研组"的四级联动教研工作机制,推动学区、教育集团资源整合开展联动教研,突破局限,优势互补,实现优质教育资源均衡。构建分层、分类的教师培养和研修模式,实施新锐教师、百名新秀教师、优青教师等教师队伍建设的系列培养计划;优化区学科带头人、骨干教师评选,完善学科带头人、骨干教师研修共同体运作模式;以名师、名校长工作室为平台,打造一流教师队伍,着力教育人才高地建设,多维构建教师成长支持体系。

(二)推进了区域教研的创新实践,引领各学科教研员创新教研活动方式,丰富教研活动内涵,引领各学校改进校本教研方式

全面育人的"双新"教学要求下,教师和学校面临诸多新的挑战,亟须教研专业支持。教研方式也需要从基于经验的教研走向基于实证的教研,在深度参与、多向互动中提升教师"双新"理论与实践素养。为此,黄浦区各学科教研员根据教师在"双新"实施中的真实需求和实际困难,创新教研活动方式,丰富教研活动内涵,引领校本教研改进,以教研方式创新为教研新生态建设添砖加瓦。

1. 以研训一体课程深化对"双新"理念的认识

自 2021 年秋季以来,围绕"双新"实施的重点领域,各学科专职、兼职教研员共开设区级研训一体课程 50 门,覆盖高中全部学科,内容领域主要包括:单元教学、作业设计、新教材实施、命题能力、学科实践、实验教学、学科德育、数字化教学、馆校合作、素养评价等。通过专家讲座、理论学习、课例研讨、实践反思等学习形式，促进教师从理论与实践的不同维度，深化对新课标理念的理解，提升驾驭新课堂的能力。

2023年暑期，教研与师训等部门联合，聚焦"双新"实施中的重难点问题，围绕"深化教育综改，促进高质量发展"主题，组织开发了面向全区任教新高三的各学科教师的17门"新教材新内容本体性知识专项培训"课程，规范化落实课程的组织、实施以及效果评估等环节，达成"研"中有"训"、"训"中有"研"。

2. 以项目化教研推动学科教研走向深入

黄浦区教育学院教研室将"指向学科核心素养的教学设计与实施研究"作为"十四五"重点项目，组织各学科在"项目指南"引导下采用独立申报、学科组合作或跨学科组合作的不同形式进行子项目申报，引领全学科深入开展研究，全面落实立德树人根本任务，为"学科核心素养"落地创设有效路径。申报的子项目共计39项，着力归纳"素养为本"的教学特征，探索指向学科核心素养的教学设计与实施的策略和基本范式。通过项目实施，促进教学方式转型，为难点突破打下基础。

3. 以项目联合攻关教研破解改革关键问题

通过"促进教师专业发展的学科教研活动创新研究""指向学科核心素养的作业、命题设计研究"两个市级高中"双新"实施项目的推进，教研室组织多门学科共同参与，将理论研究与实践案例有机结合，以促进教师从单元教学、作业设计、学业评价等领域开展行动研究，提炼有效经验，提升学科育人高度。

4. 以主题教研回应教师实际需求

围绕"双新"实施中的重点和难点组织主题教研，通过理论与实践、展示与交流结合的形式开展案例研讨、范式提炼、实施推广，促进各学科教学研究的不断深入以及教学实践的不断优化。

5. 以深度教研促进教师专业发展

例如，高中语文学科在"考试评价"相关的深度研修中，以主题报告、工作坊研修、案例交流、实践探讨等多样化形式，对以学科核心素养为导向的大单元教学设计和考试评价进行研究，开展主题引导下的系列化、进阶性、深层次的持续探讨，在提升教研活动品质的过程中解决教学问题，促进教师的专业发展，促进教、学、考有机衔接。

（三）丰富了教育评价内涵，优化了基于学情调研的课程教学改进机制，开展了素养导向的作业、试题研究，形成了促进精准教学的教—学—评联动循环机制

评价是改革的指挥棒，教育教学评价改革具有决定课程实践变革方向的重要作用。区域广泛开展"教学评一致性"研究，以核心素养为立意开展教学评价，提升作业设计质量，以教育评价改革促进育人方式的改革。例如，高中化学等学科采取试点学校先行，取得经验再推广的做法，探索"综合性作业设计与实施"的基本规律，在此基础上，组织语文、英语、物理等学科共同开展

"指向学科核心素养的作业、命题设计研究",聚焦作业设计质量以及试题对关键能力和学科素养的考查,通过项目研究提升教师作业、命题及评价能力。

围绕增值性评价、过程性评价开展研究,发挥评价的导向、诊断、改进与激励作用,实现以评促教、以评促学,促进学生全面发展。建设"黄浦区区校一体化数智作业练习平台",通过智能化数据推送及学情监测,提升学生个性化学习效率,助力教师精准教学。

优化区域"全面+特色"的教育质量管理体系,开展黄浦区学生学情调研和创新素养测评专题研讨活动。提炼学科拔尖创新人才创新素养评价的成果,促进创新拔尖人才的培养。

优化完善学生综合素质评价体系,对标落实《普通高中学校办学质量评价指南》中关于学生评价的相关要求,积极探索利用数字化技术协同收集与整合学生在学校学习、家庭生活和社会实践等不同方面综合素质评价的表现数据,形成家校社同频共振的育人合力。

(四)打造了"教研新生态 教学高品质"教研教学展示区域特色品牌,充分发挥《黄浦教育》在经验推广传播过程中的积极作用

教研教学展示活动不仅有利于促进区域各学科、各学校间的交流互动,也在"双新"实施的各阶段对改革实践研究提出了各有侧重的经验提炼要求。每一次教研教学展示,不仅是广大参与者的学习机会,更是展示者对研究阶段成果进行复盘、检验及优化调整的契机。

黄浦区重视为区域教师提供交流展示的平台,除了常规教研活动外,着力打造了"教研新生态 教学高品质"教学教研展示活动这一区域特色品牌,通过主题教研展示、教学展示、教研论坛、校长论坛以及区域"双新"推进展示活动等形式,及时、全面总结和传播我区改革的举措与成果,弘扬黄浦教育品牌,营造普通高中育人方式改革的良好氛围。在2022年与2023年举办的"教研新生态 教学高品质"教育教学教研系列展示活动中,共主办主题教研活动23场,公开教学21节,校长论坛参与10人次,教研论坛参与13人次。2023年12月举办"五育融合 卓越育人"黄浦区"双新"实施推进活动,通过区域汇报、记者访谈、课例展示、学校经验交流、专家点评等环节,立体呈现了在黄浦区普通高中"双新"推进与教育综合改革发展中,黄浦教育人始终立足提升"双新"高品质的实施目标,积极构建国家课程实施和育人方式变革协同推进机制;始终聚焦"双新"高品质的实施路径,牢牢把握教学方式转变与教育科研推动两个关键;持续拓展"双新"高品质的实施动能,充分发挥教育数字化转型和创新教育的双翼带动,从而促进普通高中高质量发展的生动实践。

充分发挥《黄浦教育》在区域"双新"实施理论与实践成果传播过程中的积极作用,以系列专题的形式展示了区域单元核心活动设计、单元实践活动设计和作业设计的阶段研究成果,其中2022年第5期、第6期刊登区域"在线教学"专题相关文章19篇;2022年第10期刊登区域"作业设计"专题相关文章5篇。

(五)推动了教学方式变革,开展了大单元、大概念、素养导向的教学改进行动,形成了六种线上线下双线混融教学新模式

"双新"背景下的课堂教学的关键特征是素养导向,其主要变化在于:从知识与技能的落实,

到学科核心素养的发展;从教学知识点,到重视学科大概念;从关注学生是否学会,到关注学生是否会学。从而使学生在真实的、多样化的学习体验中,发展高阶思维,承担社会责任。黄浦区积极探索基于情境、问题导向的互动式、启发式、探究式、体验式课堂教学以及跨学科、项目化的综合学习方式,围绕大单元、大概念组织教学,逐步实现从"知识本位"走向"素养本位",从"以教为主"走向"以学为主",从"内容割裂"走向"内容统整",从"坐而论道"走向"学科实践"的转变。

围绕新课程改革要求,打造"黄浦区名师学习指导"特色品牌,形成在线学习资源 152 节。开展基于数据的学生学习分析研究,以数字化转型赋能课堂教学,变革教与学方式,形成了六种线上线下双线混融教学新模式,提升区域教育质量(见表 7-34-1)。

表 7-34-1 六种线上线下双线混融教学模式

类型	形式
翻转式混融教学	课前"线上自学"+课中"线下教学"
资源应用型混融教学	课中"线上资源+线下互动"
双师型混融教学	课中"异地线上指导+本地线下教学"
同步型混融教学	课内学习+课后辅导
精准指导型混融教学	课中线下教学+线上及时诊断
学习指导式混融教学	课后"教学资源+名师指导"

区域高度重视科学教育在素养提升、人才培育和强国建设中的作用,统筹推进创新实验室建设,深度聚焦科学类课堂教学改革,将实验课开设情况纳入教学视导和日常督导。重视学科实践,注重激发青少年的好奇心、想象力、探求欲,提高学生解决实际问题的能力,发展学生的科学素养。

以上海市首批"大思政课"重点试验区建设为抓手,充分发挥课堂教学的主渠道作用,将立德树人根本任务融入教育教学全过程,形成了一批有示范意义的"学科德育精品课程",实现从"思政课程"向"课程思政"的创造性转化,构筑全员育人、全过程育人、全方位育人的新格局。

(六) 开发了区域单元教学设计、课程与教学调研系列工具,出版、发表、汇编了多项理论成果。

从一线教师开展行动研究的实际需要出发,为单元教学设计、指向素养的作业命题设计等提供研究工具。基于从区域层面推进"双新"实施,提升教学指导和改进有效性的需求,研制形成了开展课程与教学调研过程中使用的课堂教学、主题教研活动、作业设计与实施等维度的系列调研工具,为区域教研员、教师开展实践研究、反思改进、效果分析和优化提供适宜的支架。

多位教研员的专著或参与编写的著作正式出版,如《实验撬动物理教师专业成长》《指向深度学习的体育单元教学设计》等。多篇反映项目推进阶段成果的论文在市、区级刊物上发表,如《落实"双新"要求 促进育人方式改革——上海市黄浦区"双新"推进的区域实践》发表于《现代教学》,《数字化转型背景下的互动式教学》发表于《上海师资培训》。汇编形成了语文、物理等多门学科的大单元教学设计案例集、2022年度黄浦区中学教学校长论坛成果集、2023年黄浦区中小学校学科德育精品课程集,黄浦区高中"双新"成果集正在组稿编辑过程中。

四、检验与佐证

在本轮市级普通高中"双新"项目实施中,黄浦区以教研转型为引领,通过教研管理机制创新,加强教研队伍建设,构建教研工作新格局,积极发掘教改过程中学校和教师的实际需求,基于目标导向,围绕素养导向的课程、教学、作业、评价等改革关键问题,通过教研方式创新,引领教研员与区域教师"双新"实践力显著提升,创设了区域的教研新生态,打造了富有黄浦特色的高品质教学模式。

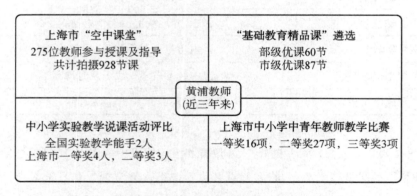

图7-34-2 近三年来黄浦教师取得的部分教学实绩

通过教研新机制建设,黄浦区在改革实践中有效提升了区域教研队伍的关键能力,推进了教育学院各部门加强协同,共同推动了区域各校间的互动与合作,有效保障了"双新"实施的信息传导,构建了教师成长支持体系。

通过教研方式创新,初步建立起高中"双新"研训一体课程体系,区校联动,打破学科壁垒,围绕教师发展和学生成长需求,开展有主题、进阶性的专项研究,聚焦关键能力培养,有效提升了教师的"双新"理解力、胜任力和领导力。通过不同类型的项目组织,引领区域教师全面深入开展新教学探索,在大单元教学、作业设计和评价改革等领域作出了积极探索。

各校注重加强校本教研,形成校本"双新"实施研究及发展特色,积极提炼经验,加强对外交流辐射。2021年以来,全区各校承办区级及以上学科研讨、教学展示活动达上百场。高中各学科也承办了多场市级"双新"推进教学研讨会、现场展示会等,及时将在学科课程建设、教材教法分析、作业评价、数字化转型等关键领域形成的有效经验进行辐射。通过教研搭建的平台,有效营造了"双新"实践研究的交流氛围,充分展示了区域教师的风采。

近三年来,我区教师勇挑重担,在"上海空中课堂""学科精要 名师点拨"等活动中担任授课及指导任务,也在教育部"基础教育精品课"遴选活动中获评部级优课、市级优课,为上海市乃至全国深化基础教育课程与教学改革贡献"黄浦力量"。

五、反思与展望

未来,黄浦区将进一步加强对教师专业发展等领域的理论研究,对教研创新与教师专业发展的内在逻辑联系进行系统思考,深入开展基于数据实证的教师专业发展研究,探索一体化"大教研"的实施方法和路径,优化学科教研的课程体系,充分发挥教研"四个服务"职能,促进区域教师更好地落实各学科育人要求,持续提升区域教师育人水平。

黄浦区还将继续对标《基础教育课程教学改革深化行动方案》的目标及任务,对课程方案转化落地规划、教学方式变革、科学素养提升、教学评价牵引、教研专业支撑、数字赋能等重点领域做好深入推进,持续提升育人水平。

黄浦区也将继续以高中新课程新教材高质量实施、高中育人方式改革为蓝本,以义务教育教学改革国家级实验区建设为契机,在"双新"实践中不断探索,通过教学联盟、学区、集团校及区域间的协同教研等方式实现优质资源共享,同研共进,聚力突破,努力为教育改革与发展贡献"黄浦样本"。

（执笔人：严　明　柯文汇）

35 "双新"视域下校本教研深度实施路径探索

/ 上海交通大学附属中学

核心问题

如何提升校本教研的针对性和实效性,充分调动教师参与的积极性,促进教师专业发展和教学质量提升?

一、背景与问题

(一)背景概述

我校教师在学习中普遍认识到:积极参与校本教研是将自身教学实践与理论研究紧密结合的有效途径。在教研过程中,教师可以深入探究教学难题,反思教学过程,发现并解决问题。这一过程不仅能拓宽教师视野,启发教学思路,还能全面提升教师的教学能力,促进其专业成长。为了更好地开展校本教研工作,我校在统一认识的基础上,对全校教师进行了问卷调查,旨在全面了解教师在校本教研中的实际需求和面临的困难。

(二)现状分析与核心问题

根据对全校 200 名教师的问卷调查,发现校本教研存在以下三个主要问题。

1. 主题选择不够精准

校本教研主题选择不够精准的问题,其根源在于教研活动规划、实施与评估等多个环节存在不足。在规划校本教研活动时,没有充分考虑学校的实际情况、教师的需求以及学生的发展需要,导致主题选择过于宽泛或不够具体。缺乏对学校整体教学情况的深入分析,没有准确识别出教学中存在的关键问题,因此无法形成有针对性、切实可行的教研主题。

2. 教师参与积极性不高

教师对校本教研提升业务能力、促进专业成长的作用认识不足,部分教师认为只要教学成绩好就足够了,缺乏对校本教研的深入理解和参与动力。此外,教师在教学研究过程中很少得到及时、具体的指导,导致教研效果不佳,最终影响了教师参与校本教研的积极性。

3. 优秀成果推广不足

尽管校本研修活动能够涌现出一批具有自主学习能力、善于总结和积极钻研的教师,他们在引领教师专业成长方面起到了重要作用,但这些优秀教师对于研修成果的推广意识相对薄弱。他们的影响范围往往局限于本人、本研修小组或本校,没有有效地将经验和成果推广到更广泛的范围,限制了校本教研的辐射效应。

针对以上存在的问题,校本教研深度实施中需要解决的核心问题是:如何提升校本教研的针对性和实效性,充分调动教师参与的积极性,促进教师专业发展和教学质量提升?

这一核心问题可以进一步细化为以下子问题:

(1) 如何科学选择校本教研主题,提高教研活动的针对性?

(2) 如何提高教师参与校本教研的积极性,促进教师专业成长?

(3) 如何加强优秀教师和研修成果的推广,扩大校本教研的辐射效应?

二、路径与方法

针对校本教研的问题,学校提出围绕"新教材新课程"实施深度校本教研。深度校本教研是指在教研主题引导下,开展系列化、深层次、持续性的实践研究,进而解决有关问题的高质量教研活动。实施深度教研的路径紧扣教研活动"主题""主体""成果"三要素,增加"主题设计",引入"教研工具",搭建"交流平台",解决"主题不明确""参与度不高""成果未辐射"三大问题,从根本上提升校本教研活动的品质。解决问题的路径如图7-35-1所示。

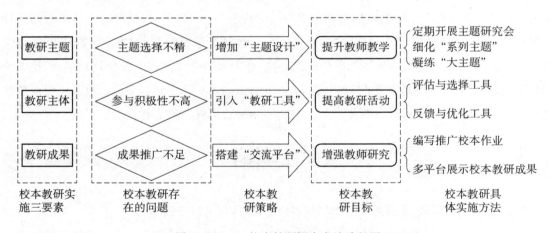

图7-35-1 校本教研深度实施路径图

(一)增加"主题设计",对标"双新"推进中的重难点问题,凝练校本教研主题

在新课程和新教材的推进过程中,学校可能会面临多方面的挑战和重难点问题,涉及课程内容的更新、教学方法的改进、评价体系的变革等多个方面。为了有针对性地设计校本教研主题，首要任务是明确这些重难点问题，并以此为基础设计校本教研主题。

校本教研活动的主题应源于教学实践中的真实问题，需要对这些"真实问题"进行有意识地、科学地提取和凝练。深度校本教研的关键在于完成从"问题"到"主题"的思考凝练过程。这一过程本身就是一个深入研究的过程，对推动校本教研的深度开展具有重要意义。

在"主题设计"环节，教研组教师通过讨论对所列问题进行分类、筛选、追问、分解和剖析，形成完整的问题链，进而提炼和确定教研的主题。在此基础上，再逐层、逐步设计一系列序列化的教研子主题，最终形成结构清晰、环环相扣的教研主题体系。

（二）引入"教研工具"，设置思考互动参与点，引导教师聚焦观察视角

教研工具作为设置教研活动参与点的技术支持，在引导教师聚焦思考问题、主动搜集证据、归纳观点等方面发挥着重要作用，有利于教师积极主动地参与研讨。为了深化校本教研，学校引入了一系列教研工具，如《专题报告记录单》《课例研修记录单》《活动研讨记录单》《活动展示观察单》《活动质量评估单》以及《活动"三度"评估单》等，旨在引导教师从"一般参与"向"自主参与"转变。

在教研工具的指导下，教师可以更加有针对性地对教学过程中的关键证据进行记录和分析，并基于这些证据参与讨论，发表自己的观点和看法。同时，教师还可以结合教研活动对自身教学实践进行反思，评估活动效果，并与其他教师进行沟通交流，共同探讨教学中的问题和解决方案。

（三）搭建"交流平台"，推广教研成果，提高校本教研辐射效益

为了解决校本教研中成果辐射不足的问题，学校考虑在实施深度校本教研的同时，着力搭建多元化的成果展示平台。一方面，学校将教研成果进行系统整理，"成品成册"，并积极推动优质课程展示活动走出学校、走向市区，打造学校教研的特色品牌。同时，鼓励教师对教研活动进行反思总结，将心得体会撰写成文，形成系列化的校本教材及课程资源，为教学实践提供有力支撑。另一方面，学校充分发挥集团化办学的优势，整合本部与分校的各类教学教研资源，建立资源共享机制，促进优质教研成果的广泛传播和应用，提高校本教研的辐射效益。通过集团内部的交流互鉴，更多老师在校本教研中有所收获，获得专业成长的机会和动力。

三、成果与经验

（一）通过主题引领，安排系列校本深度教研活动，体现学科特色

以主题引领学科校本教研，确保了教研活动的系统性和连贯性，避免了活动的随意性和碎片化，提高了教研的针对性和实效性。学校化学教研组的主题引领实践，为其他学科教研组的活动开展提供了借鉴和参考。

化学教研组在深度校本教研的"主题设计"环节，认真研读新教材，全面分析新旧教材在课程

结构、课程目标和课程内容上的差异,深度挖掘新版教材中的单元设计、课时设计和课后作业在设计方面的内在逻辑性。在此基础上,教研组通过深度讨论,凝练出贯穿整个教研活动的"大主题",并进一步细化为一系列相互关联、递进发展的"系列主题"(见表7-35-1),确保教研活动紧扣化学学科核心素养,形成了彰显学科特色的系列化教研成果。

表7-35-1 化学教研组"主题引领"的系列活动

教研分主题	目标任务	主要内容	教研成果	待解决问题
1. 研读新教材、新课标	分析新旧教材的区别	教师访谈,研读新教材、新课标	从内容的编排顺序,呈现方式,前后章节联系,解读新教材	了解学生的学情
2. 学情分析	真实问题表征:学什么,从何着手?	根据"问卷调查"数据分析学生的现状	从"知识维度、兴趣倾向和实验能力"了解学生薄弱点	高中化学必修Ⅰ第二章内容单元重整
3. "单元"的认识	了解单元教学重要性	单元教学对核心素养的价值	认识"单元"与"章节"的区别和联系	细分新教材的单元
4. "单元"的确定	高中化学必修Ⅰ第二章内容单元重整	讨论如何更合理地划分必修Ⅰ第二章小单元	单元教学设计应侧重于化学实验的设计和应用	细分单元的课时
5. 明晰"单元教学设计"与"课时教学设计"的关系	基于单元整体性出发设计课时教学	讨论"单元教学设计"与"课时教学设计"的关系	确定展示的主题与形式,确定任务与分工着手准备	准备"课时案例"
6. 情境式活动案例设计"自来水能不能直接养鱼"和"含氯消毒剂"	基于真实情境设计教学案例	"自来水能不能直接养鱼"学习氯气和氯水;"含氯消毒剂"学习含氯化合物	通过生活场景,实验探究,培养学生"实验探究与创新意识",提升化学核心素养	如何利用化学知识,进一步利用海洋元素
7. "碘的富集和提取"说课	研讨课时案例的设计并提出修改意见	"富集和提取",作为整个课堂的主线,贯穿整节课	加强实验技能和实验思想在真实情境中的应用	研讨教案设计并提出修改意见
8. 区教学展示碘的富集和提取	完成教学任务和教学目标	以真实情境"海带提碘"为背景,依托实验设计,数据分析,视频展示完成整个课堂	综合应用化学实验基本操作;了解简单的化学生产流程;搭建工业提取"微量元素物质"模型	根据实际课堂情况,改进课堂

教研分主题	目标任务	主要内容	教研成果	待解决问题
9. 核心素养目标下的教学反思与改进	根据学生学习中出现的问题，教师反思，重新构思教学设计	专家点评课时案例	加强化学实验与元素化合物知识的有机结合；重视化学实验思想和实验技能在具体问题中的应用	
10. 作业设计	情境下的化学知识应用和化学问题的解决	改编和原创题目，把化学与生活生产紧密联系	通过情景化的课后作业，提升学生"科学精神与社会责任"	

（二）通过"教研工具"的合理使用，提升教师的参与度，确保校本深度教研活动的科学性

在主题引领的教研活动中，教研团队首先通过"前测分析"深入了解学生的学习情况，梳理学生在化学核心素养方面薄弱的环节，从而明确教研活动需要重点解决的核心问题。在此基础上，教研团队通过对核心问题的提炼，确定单元教研主题，明确任务分工，有针对性地开展教研活动。

为了进一步细化教学目标，扎实落实化学核心素养，教研团队还深入解读单元课程标准，将核心素养的培养要求渗透到教学目标的设计中，确保教研活动紧扣学科核心素养。

在教研过程中，教研团队合理使用了一系列教研工具，包括"学生问卷""真实问题属性表""教研资源属性表""课例研修记录表"和"活动展示记录表"等。这些教研工具的使用，不仅丰富了教研活动的教学资源，优化了教学流程，强化了课堂互动，还有效提升了教师的参与度和实践能力（见图7-35-2）。

在"碘的富集和提取"展示活动中，化学教研组融入使用《"三度"活动评估表》，在教研活动团队与资源确定的情况下，从高度、广度、参与度"三度"表现来形成对教研活动的量化评估结果，并对结果进行相应的举证说明（见表7-35-2）。

教研组的教师首先根据自己在活动中的感受、收获，进行填写、赋分；然后教研组长进行表格数据的汇总统计；最后教研组根据"三度"模型运作使用说明，共同对本次活动进行评估。

评估值的数值，来自于化学教研组教师的评分。从"高度""广度""参与度"三个层次，结合"主题""内容""过程"对说课进行评价。评估表旨在考查说课是否主题明确且呈现结构性；内容完整，重点突出；基于证据，过程完整。若说课过程中存在"表达口语化""过程略有跳跃性""证据不够充分"等缺陷，教师可以通过"三度"评估表可以清晰了解问题并制订相对应的整改措施。表7-35-2是化学教研组"碘的富集与提取"说课的"三度"评估表案例。

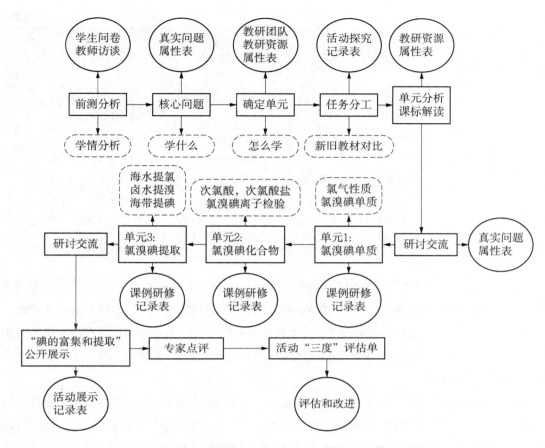

图 7 - 35 - 2   化学教研组教研活动流程及教研工具的使用

表 7 - 35 - 2   化学教研组的"三度"评估表应用

活动名称:"碘的富集和提取"说课及评估活动								
赋值区间	指标特征	"三度"	高度	评估值	广度	评估值	参与度	评估值
I (0,0.5]	指标1	0.15	主题明确,阐释基本合理	0.5	内容相对完整	0.5	研讨参与面较广,发言有看法	0.5
		0.25	主题明确,阐释合理		内容完整		研讨参与面较广,发言有观点	
	指标2	0.15	由主题转换的目标较完整,尚可行	0.5	过程基本可见	0.5	表达意见不够聚焦	0.5
		0.25	由主题转换的目标较完整,适切可行		过程可见		表达意见聚焦	

赋值区间 指标特征	"三度"		高度	评估值	广度	评估值	参与度	评估值
Ⅱ(0.5,1]	指标1	0.5	主题明确且呈现结构性,阐释基本合理	0.5	内容完整,重点较突出	0.65	针对主题,运用工具,研讨参与面较广	0.5
		0.5	主题明确且有结构,阐释合理		内容完整,重点突出且简明		针对主题,运用工具,研讨参与面广	
	指标2	0.65	所转换的目标完整,尚可行	0.5	活动适当,过程较流畅	0.5	基于证据,论述不够完美	0.65
		0.5	所转换的目标完整,适切可行		活动适当且形式多样,过程流畅		基于证据,发表观点	

在本次说课中,化学教研组的 11 位教师全员参与。除了 2 位主讲教师外,其余 8 位教师就主讲教师所选择的相关素材的呈现方式、教师课题的语言组织和表达、相关问题的指向性和逻辑性等方面与主讲教师进行具体沟通和交流。化学教研组根据统计结果对活动成效作进一步的分析与反思,深化认识,达成共识,最终将其撰写成为高质量的教研案例,并获得上海市"新教研"项目案例撰写评比"优秀"奖。

物理教研组在教研活动中引入教研工具,有效促进了团队内部的协作与明确分工,显著提升了教师们的参与热情与积极性。在"机械能守恒定律"实验教学同课异构的教学设计活动中,物理教研组运用《活动策划预告单》,明确教研主题,阐述选题的动因,说明活动过程安排及预计时间、活动效果预估及活动资源等内容。在教研活动后,通过《活动研讨记录单》《活动要点记录单》《活动质量评估单》了解参与教师在活动中的体验和观点,帮助评价教研活动是否达到预期目标,并汇总新的问题作为未来进一步研讨的内容(见表 7-35-3)。通过这些专业工具的运用,教研活动得到了系统化规范,整体执行效率亦得到大幅提升。

表 7-35-3　物理教研组使用的教研工具

教研活动策划预告单							
时间	2022 年 5 月 18 日 14:00—15:00	地点	腾讯会议	学科	物理	策划组织者	王晓敏
教研主题	团队备课:分层次的课程设计讨论	出席对象	新教研小组成员				
教研活动的设计	概述					备注	
选题的动因	提高教学设计的针对性,探索针对不同学习能力与目标素养水平进行实验教学设计的思路与方法						

教研活动的设计	概述	备注
活动过程安排	1. 介绍目前进度情况（5分钟）	
	2. 各组介绍本组教学设计思路、亮点及需要解决的问题（各小组代表，每组10分钟，共约30分钟）	
	3. 自由讨论及意见反馈（全体成员，20分钟）	
	4. 下一阶段工作及时间节点（5分钟）	
活动效果预估	1. 了解各小组教学设计思想	
	2. 了解本小组针对所面对的具体学生情况及教学需达到的素养水平，对教学设计进行完善与修改的具体意见	
	3. 了解下一阶段工作安排及时间节点	
活动资源（材料）	1. 活动策划预告单	
	2. 三个小组的教学设计初稿	

教研活动研讨记录单	
活动日期	2022年5月18日
活动地点	腾讯会议
教研主题	团队备课：分层次的课程设计讨论
研讨的问题	如何针对学情开展有梯度的教学设计
研讨形式	□主持人安排发言 □参与者自由发言 ☑既有主持人安排发言，也有参与者自由发言
你参与研讨前是否有明确的任务	☑是（任务：完成针对水平3的教学设计） □否
你发言的次数	约2次
你发言的总时间	约5分钟
请简述你的主要观点或发言内容	介绍教学设计的思路

你在小组研讨中的贡献	□最大	☑大	□一般	□小	□无
你的观点被其他小组成员接受的程度	□全部	☑大部分	□约一半	□小部分	□无

是否有你赞同的他人观点	☑有，请列举：应该先搭好框架，然后根据学情，用同一个案例进行分析 □否

是否有你质疑/反对的他人观点	☑有,请列举:课内教材中,安排了很多内容,是否都是必须在一堂课里涉及的? 能不能让学生在课前或课后自主阅读? 比如推导过程,在课堂上让学生挖空填写即可(而不是从头开始,建模、推导……,从而提高时间利用率) □否
本次研讨是否达成了共识	☑有,请列举:教案要贴近学情,不同水平层次的要体现差异,突出重点 □否

教研活动要点记录单				
活动时间	2022 年 5 月 18 日			
活动地点	腾讯会议			
活动主题	主题:团队备课:分层次的课程设计讨论			
	☑主题导向教学中的关键问题	☑主题具有明确的解释性	☑参与活动的教师能理解主题	□其他_____
活动环节	流程(请在重点流程前打√)	□1.介绍目前项目进度情况 □2.各组介绍本组教学设计思路、亮点及需要解决的问题 ☑3.自由讨论及意见反馈 □4.下一阶段工作及时间节点		
	☑教研活动安排匹配活动主题	☑教研活动过程围绕活动主题	☑教研活动成果呼应活动主题	□其他_____
本次活动已解决的问题	贴近学情,根据学生情况及教学目标,完成有梯度的教学设计			
本次活动未解决的问题(拟下一次活动要解决的问题)	1.有梯度的教学设计如何进行具体的呈现? 2.同一问题如何针对不同的学生开展教学?			
附件 1:就本次活动解决的问题进行举例说明	1.目前的教学设计层次梯度不明显,要提高针对性; 2.教学设计中要找到适合学情的亮点			
附件 2:就本次活动未解决的问题,或争议的问题进行举例说明				

　　物理教研组的"机械能守恒定律"实验同课异构教学设计活动分为准备阶段、前实施阶段、后实施阶段和总结阶段。

准备阶段:物理教研组教师全员参与,从集体钻研课标、教材,到专家指导专题讲座。通过研讨会的方式,将教研主题聚焦为"分层次的课程设计"。教师对研究主题、问题形成统一的认识,再根据学生学习能力及教师特色,完成小组分工。

前实施阶段:通过活动研讨、专题报告等形式,帮助组内教师完成面向不同学习能力水平的学生的教学设计。针对单个教研活动,进行说课试教,并使用活动策划预告单、专题报告记录单、活动研讨记录单等工具加强教研活动的深度与参与度,并通过活动总结反馈单与活动要点记录单,对单次教研活动进行总结与反思。

后实施阶段:教师们在比较了三个教学设计方案后,对最终同课异构的组织及呈现方案达成共识。根据不同的教学设计方案讨论确定一个统一的教学活动流程框架,再根据学情在同一流程框架下研究具体的呈现方式。通过课例研修的方式对三堂面向不同学习能力水平学生的常规授课进行观察与讨论。

总结阶段:借助活动质量评估单,对主题、内容、活动过程、参与度等方面进行总结与评估。

(三)通过搭建科研交流平台,加速校本深度教研的成果转化,助力教师教学水平发展

科研交流平台的构建,鼓励了教师把教研活动的心得体会转化为文字,推进了教研成果的转化、推广和应用。我校数学教研组以建立完善的校本作业体系为主要任务,将实际需求、理论探讨和专家指导相结合,推进对该问题的研究和探讨。整体思路是实践—总结—再实践,分阶段工作,边工作边深入,边工作边精细化。借助专家引领;借助数学组集体的智慧;借助教研活动工具促进反思与迭代,最终通过典型作业案例确定我校在新课程新教材下的作业设计意图与体系标准,并形成新课标新课程下具有交大附中特色的教研活动范式(见图7-35-3)。

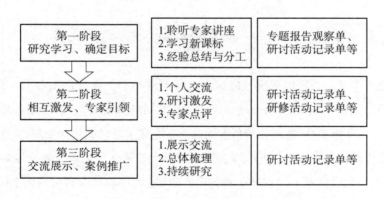

图7-35-3 新教研的教研阶段分解目标和任务

第一阶段:数学教研组进行了对新课标下学生数学作业的目标要求的研究,并梳理了我校校本作业经验。根据这些研究,初步按照新的校本作业体系撰写了部分与教学进度有关的校本作业。

第二阶段:数学教研组以"导数及其应用"一课的作业作为典型案例进行深度研究。通过组内试验与交流确定校本作业的基本范式。

第三阶段：数学教研组进行了针对各册教材的校本作业编写工作。学科团队首先进行教材规划，包括确定各个年级的教学目标、内容梳理逻辑、知识点的组织结构以及教学进度等，帮助教师清晰地了解学科的教学进度和教学内容。随后，团队成员根据教学目标和教材规划，撰写校本作业的各个部分。校本作业的内容力求准确、科学，并且符合学生的年龄特点和认知能力。同时，校本作业还体现了教学的思想理念和方式，引导学生积极主动地学习。校本作业编写完成后，经过学科教研组的评审和审定，对校本作业的内容、格式、风格等进行全面检查和修改。

围绕这些阶段任务，数学组按照《"三度"活动评估表》的工具进行教研活动研究，把作业设计与新课程新教材的大背景相契合，与提高组室教师的教学教研水平相结合，提升组室建设水平同时增进了组内的教研氛围，并且形成了新教材新课标下的适合交大附中学生特点的校本作业体系。

在校本作业的具体建设中，2023届老师首先进行了初步的"拓荒建设"，后期由2022届老师进行进一步的"精耕细作"，全体教师在体系建设或者校本应用中对新课标新教材的设计有了相对深入的理解，积累了新教材作业任务实践的集体经验。

同时，经过教育部门的外部审查，确保校本作业符合教学大纲和教育政策要求。最后，根据内外部审定的反馈，对校本作业进行必要的修订和完善。校本作业编写完后，在集团校内进行应用。在校本作业使用过程中，不断收集教师和学生的反馈，及时对校本作业进行修订，以确保其与实际教学需求相符。

四、检验和佐证

学校数理化三个学科教研组积极开展深度教研实践活动。通过运用各类教研活动属性表，不断提高教研活动的高度和广度，从而逐步形成学校"双新"教研的范例，带动各教研组全面实施深度教研。截至2023年1月，数理化学科组均高质量完成了活动案例的撰写，并在"新教研"项目案例撰写的评比中获得优异成绩，化学学科的《素养视角下的情境式单元教学设计》获评优秀，数学学科的《新课程新教材背景下的校本作业体系建设》案例和物理学科的《面向不同学习能力水平学生的物理实验教学设计与实施》均获评良好。

"新教研"实践研究让老师们聚焦教学问题，形成了课题研究的方向，在研究过程中不断凝聚真知灼见，对"双新"下的教学形成更科学的认识，提升教师科学研究的能力与品质。

近年来，随着深度校本教研活动的实施推进，教师教研能力快速提升。各学科教师聚焦教学问题，形成研究方向，积极参与各级各类重大课题的申报研究，提升科学研究的能力与品质。2022年和2023年，我校教师在上海市基础教育教学成果奖和杨浦区基础教育成果奖的评选中，荣获多项一等奖和二等奖。在上海市青年课题评审、"黄浦杯"征文等活动中多位老师获奖。

五、反思和展望

深度校本教研起始于精心设计、功成于有效实施,优化了学生核心素养培养,促进了教师专业水平发展,推进了学校办学质量提高,凸显了学校"自主探索、相互激发"的育人特色。深度校本教研活动的开展,不断引发教研反思,凝聚智慧和力量。然而深度教研依然存在不少问题,包括教研活动目标缺乏针对性、教研活动形式不够多样化、有价值的教研成果转化不及时等。

随着教育改革的持续深化,深度校本教研作为学校教育教学发展的重要支撑,其作用日益凸显。为了进一步发挥深度校本教研的作用,推动学校教育教学的创新发展,未来的深度校本教研需要在以下几个方面进行探索和改进。

（一）目标明确与动态调整

未来的深度校本教研将更加重视目标的明确性和动态调整。教研活动的目标将紧密结合学校的教学实际和发展需求,定期评估并调整,确保教研活动始终围绕提升教学质量和教师专业发展展开。通过明确的目标引领和动态调整机制,教研活动将更加聚焦、高效。

（二）教研方法创新与多元化

随着教育技术的不断发展和教学理念的更新,深度校本教研将更加注重教研方法的创新与多元化。除了传统的讲座、报告等方式外,还将引入案例分析、行动研究、微格教学等新的教研方法,以满足不同教师的需求,提升教研活动的吸引力和实效性。同时,学校将充分利用信息技术,探索线上线下相结合的教研模式,为教师提供更加灵活、便捷的教研平台。

（三）成果转化与应用推广

深度校本教研的成果转化与应用推广是未来发展的重点。学校将建立有效的成果转化机制,将教研成果及时转化为教学资源,为教师提供精准、有效的教学指导和支持。同时,加强与其他学校的交流与合作,通过教研联盟、教研沙龙等形式,将优秀的教研成果进行推广和分享,促进教育资源的共建共享。

（四）教研文化建设与特色发展

未来的深度校本教研将更加重视教研文化的建设和特色发展。学校将营造开放、包容、创新的教研氛围,鼓励教师积极参与教研,勇于尝试新的教学理念和方法。同时,学校将结合自身办学特色和发展定位,打造独具特色的教研品牌,形成富有学校气质的教研文化,为教师专业成长和学校可持续发展提供持久动力。

（执笔人:庄　凌　季晓彦）

36

实施内生性校本教研，促进教师专业发展

/ 上海市嘉定区第二中学

核心问题

"双新"背景下，如何创新校本教研模式，激发教师内生动力，促进教师专业发展？

一、背景与问题

（一）背景概述

1. 教育改革对校本教研提出新要求

校本教研是教研体系的重要组成部分，是新课程改革深化发展的必然要求，也是提升教师专业水平的有效途径。应以实施新课程新教材、探索新方法新技术、提高教师专业能力为重点，立足学校实际，健全校本教研制度，强化校本教研，全面提升中小学教师队伍的教书育人能力，不断提高基于课程标准的教学水平。

2. 教师队伍在校本教研中面临新困境

在落实"双新"、践行立德树人根本任务和培养学生核心素养的新形势下，教师是实现教育目标、推进教育改革的关键。然而，从我校的校本教研现实情况来看，教师的校本教研面临着新的困境，主要表现为以下几点。

（1）教师参与校本教研的积极性不强。一方面，课程教学改革对教师专业水平和教研成效提出了更高要求；另一方面，教师工作量不断增加，工作标准不断提高，工作压力日益增大，而学校和教师可支配的教研时间与资源却越来越少，教师教研收获感不强，导致教师专业发展内动力日益减弱，专业发展"躺平"现象日趋突出，且呈现年轻化趋势。

（2）学校对校本教研的系统性支持不足。学校对校本教研的关心督促力度不够，存在教研流于形式、为完成上级任务而教研、先教后研甚至只教不研等现象。此外，学校对校本教研的支持

服务不到位,促进教师主动发展的资源较为分散;对校本教研的创新研究不足,促进教师主动发展的评价方式有待完善。

（二）研究问题

"双新"背景下,如何创新校本教研模式,激发教师内生动力,促进教师专业发展？具体而言,本研究将重点关注以下三个问题：

1. 如何重视教师需求,提升校本教研的针对性？

2. 如何丰富活动方式,突出校本教研的实践性？

3. 如何完善学校管理,聚焦校本教研的实效性？

二、路径与内容

（一）研究路径

基于研究问题,运用调查研究、文献研究、行动研究、案例研究等方法,通过"提出问题—明确内容—实践探索—成果梳理"的路径,按照"设计—实践—评估—反思—改进"的流程展开研究(见图 7 - 36 - 1)。

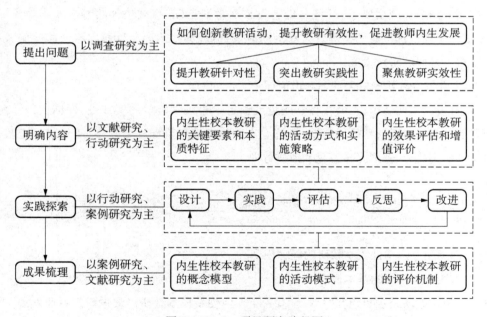

图 7 - 36 - 1 项目研究路径图

（二）研究内容

1. 内生性校本教研的关键要素和本质特征

通过文献研究,项目组了解到英国经济管理学家彭罗斯(企业成长理论的奠基人)在《企业成长理论》(1959)中指出,企业的发展是"内生性发展"。企业成长实质上不是由外在的市场所决定的,外在的力量不足以支撑企业的规模化发展。企业成长取决于其内部未被充分利用的"资源",成长是"资源"不断增加的结果,是有机体内部各种各样的资源相互搭配、合理优化使用的结果,即成长的决定力量在内部、是内因。企业使用自己资源的过程中产生的服务才是成长的源动力,即只有提供管理服务,企业的资源才能真正转变为成长的资源,即成长的条件是服务。内部资源使用形成能力,能力决定成长的快慢与限度,资源与能力双驱动企业成长。教师专业成长也是资源和能力双驱动的结果。"内生性成长"主张发展的动力源泉来自内部力量,是教师专业发展期望达到的境界,体现了教师专业发展的重心转移过程。因此,彭罗斯的"内生性发展"理论为本项目研究提供了重要的理论基础。

项目组依据彭罗斯的"内生性发展"理论,结合校本教研工作既往经验、真实现状和存在问题,根据项目研究的既定目标,明确促进教师内生动力的校本教研的关键要素应包括校本教研、资源、需求、能力,即在校本教研过程中,通过外部资源使用使教师被动发展,被动发展带来教师的能力提升,进而引发教师主动发展。通过构建内生性校本教研的运作模型,力求使内生性校本教研的特征形象化,指导教师知晓内生性校本教研的运作,促进其后续有序、扎实推进。

2. 内生性校本教研的活动方式和实施策略

基于内生性校本教研的核心要素,根据教师发展阶段和专业领域组建团队,指向教师在教育教学中的实际问题和现实需求,开展各级各类校本教研活动,强调教师的参与度和学校资源保障,并依据内生性校本教研的关键要素和活动成效,梳理和提炼内生性校本教研的实施策略,推动内生性校本教研的持续发展。

3. 内生性校本教研的效果评估和增值评价

通过教师反思、团队研讨、教育教学质量反馈等检验校本教研的实效性,评估教师专业能力的增值发展。通过阶段展示研讨活动,邀请专家和教育同仁观摩课堂教学、听取主题汇报,了解项目阶段性研究成果,获取指导意见和改进方向。

三、成果与经验

（一）初步创设内生性校本教研的概念模型

1. 内生性校本教研的基本概念

内生性校本教研是项目组在"'双新'背景下如何创新校本教研以促进教师专业发展"的问题驱动下,依据彭罗斯的"内生性发展"理论,基于校本教研创新实践与反思,逐渐提炼形成的。

首先,内生性校本教研以促进教师专业内生性发展为目标。教师内生性发展是指在学校的"未被充分利用的资源"不断组合、使用中,教师能力得到不断提升的过程,包含着"能力只能产生于资源的使用过程中""能力增长又会产生新的内部资源,带来新的发展",因此,内生性发展是学校资源和教师能力的双驱动发展。

其次,内生性校本教研是对"校本教研"这一概念的重新诠释,它是以促进学生全面发展和教师专业进步为目的,以学校课程实施过程和教育教学过程中教师所面对的各种具体的教育教学问题为研究对象,以教师为研究主体,以专业研究人员为合作伙伴,以实现教师内生资源的不断增值为要素的以校为本的一切实践性研究活动。

在此基础上,项目组初步创设了"内生性校本教研"这一概念。内生性校本教研强调从教师的实际问题和需求出发,以学校自身资源条件、管理服务为基础,通过教师的自主研究、合作交流与反思实践,让教师在校本教研中提升能力、产生新的资源,以实现内生发展、主动发展、持续发展(见图7-36-2)。它具备基于实际需求、体验问题解决、团队合作学习、学校文化浸润等特征。通过内生性校本教研,教师可以更加深入地了解本校学生的学习需求和教育教学重难点,探索适合本校学生的教育教学方法和策略,从而提升教育教学效果,促进学生全面而有个性地发展。

图7-36-2　内生性校本教研概念示意图

2. 内生性校本教研的运作模型

内生性校本教研以教师为主体,以学校提供的资源和管理服务为基础,教师在教育教学实践中产生问题需求,以此为起点开展校本教研,通过个体与团队的教研和实践,经历同伴互助、专家引领和个体反思,激发教师发展内驱动力,从而改进行动,实现教师专业能力发展(见图7-36-3)。

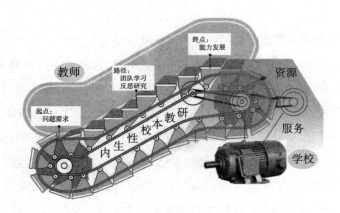

图7-36-3　内生性校本教研运作模型图

(二)基本确立内生性校本教研的活动模式

1. 指向需求满足的有效教研让教师在自主学习中激发内生动力

项目组充分认识到校本教研的本质是主动的专业学习,其主要前提是通过学习能满足教学问题解决、专业知识能力提升、个人专业发展机会等个人需求,由此提高校本教研活动的实践性与有效性。其内在机理是,当教师难以承受当前的负担,无法解决现实问题,与其所处环境之间存在不和谐因素,具有危机意识的时候,会产生学习的动机,并通过学习研究提高自身能力,克服危机,解决问题。因此,应及时构建需求引导机制与问题提醒机制,引导教师主动、及时发现问题,渴望解决问题,在此基础上设计与组织满足教师需求的校本教研活动,激发教师内生发展动力。

（1）基于教学问题解决的需求满足。"双新"推进过程中,教师无论是个体或是群体,都会遇到很多问题。如何彰显学科育人价值,如何落实学科核心素养,如何开展学习任务群的单元教学设计,如何实现教学评一致性等。学校开展"主题式"系列教研活动,确定教研主题,开展系统化、序列化、递进式教研活动,开展深度教研,提升教研品质,促进教师成长。如:学校各教研组开展"双新背景下各学科校本化实施"系列主题教研活动;开展"案例式"教研,以某节课或某个教学环节为主题,聚焦式地进行分析研讨,提高教研的针对性,如数学教研组聚焦校本作业开展案例教研;开展"浸入式"教研,邀请学科专家,通过系列讲座、项目研究、课堂示范、案例修改、专业规划等对教师展开持续性、系统性的指导,提高专家指导的有效性。

（2）基于教师专业发展的需求满足。常言道:"适合的才是最好的。"这意味着个性化优于整齐划一。项目组积极推进以教师专业发展个性化需求为依据的分层分类的教研活动。教师队伍可分为班主任、学科教师、特色教师等类别,应针对不同专业领域教师的需求开展校本教研,如以班主任工作坊、特色教师组、综合教研组为单位开展教育活动等。学校根据成长发展阶段将教师分为见习教师、青年教师、成熟骨干型教师等层次,开展层阶式校本教研,如见习教师规范化培训、青年教师成长营、成熟骨干教师项目研究等,以更加适切的方式与内容更好满足教师专业发展需求。

2. 指向团队学习的高效教研让教师在校本教研中增强发展动力

项目组充分认识到校本教研的本质是专业的团队学习、合作学习。开展和参与教研活动的教师要有共同的目标,分工合作,制订学习计划,资源共享,互助支持,持续学习,由此提升校本教研活动的针对性。其内在机理是,教师间经历、经验差异极大,这正是教研的最大动力、最好资源,"最近发展区"的鲜活经验是校本教研的最好资源,每个成员都是最佳的教研主体。校本教研的团队组织,不仅仅局限于教研组,也可以是年级组、备课组、项目组、课题组等,开展多种形式的合作与共同学习,如研讨会、座谈会、工作坊、课堂观摩、小组合作、案例讨论等,通过团队学习避免"一言堂",让教学中的实际问题通过同伴的经验互助来解决。此外,无意识的"非正式"团队教研或者无意识的"非正式"研讨,亦会给教师带来丰富的教研体验和收获,因此,学校应鼓励形成交流共享的研讨氛围。

3. 基于行动反思的深度教研让教师在实践研究中提升专业能力

项目组充分认识到校本教研的本质是专业学习,是一种持久的深度学习。教师需要不断地反思实践才能提升专业能力。其内在机理是，专业发展不是一般的知识积累和技能增加，而是一个学习者思想意识、角色、气质等多方面的实质性变化过程，这一变化过程中经常会遭遇"迷惘困境"，而突破困境可以通过三个过程，即批判式反思、与处于同样困境的人交流新认识、反思后的积极行动。项目组引导教师以校本教研活动为契机，进行自我反思，总结经验教训，不断改进自己的教学方式和方法，并在此基础上进一步确定研究主题，形成教育科研项目，深入研究教育问题，探索教育规律，实现深度教研，提高自己的学术水平和专业能力。例如生物教研组围绕"探究温度对淀粉酶活性的影响"实验实施中的问题，以"行动—问题""交流—反思""学习—再行动""总结—推广"的流程在行动反思中进行递进式、持续性的深度教研，不仅解决了教学实际问题，还取得了课题研究、科研论文、教学评比等多项教研成果。

4. 基于资源赋能的校本教研让教师在立德树人中实现内生发展

项目组认为从校本教研本质看，校本教研是教师主动的、持久的自主学习、合作学习和深度学习的过程，是随着学习、反思而不断实践的过程。这种日常性、内生性的专业学习，必须要有适切的文化、制度、机制、条件作为支持与保障，以此实现其持续发展。而从内生发展理论看，学校资源对教师能力的发展起到重要作用，激发内生动力的校本教研同样需要学校不断进行资源的创建、利用、激发与培养，让学校资源在不断发现、挖掘、创造的过程中使教师的能力得到不断增强。这些资源包括建立需求引导机制，引领积极氛围，引导向前发展；建立问题提醒机制，发现存在问题，明确努力方向；建立交流共享机制，创造和谐环境，提倡合作共享；建立反思研究机制，培养反思习惯，鼓励实践研究。此外，学校还通过改善办学条件，将陈旧的办公室和教室转变为教师研修室，为校本教研提供物质支持；重视管理服务，扩大教研时空；倡导研究氛围，增强教研活力；灵活教研制度，丰富专业资源；完善评价机制，提高教研效能；优化考评机制，激发发展动力。

（三）深入完善指向"增值评价"的学校管理

1. 系统构建学校"差异性"校本教研实施方案

学校制订并启动了《嘉定二中教师专业发展三年行动计划》，在全面整体地开展校本教研的基础上，进一步组建成长共同体，针对不同阶段、不同领域的教师开展分层分类培养。学校目前是上海市"十四五"教师专业发展基地学校和见习教师规范化培训基地，负责对见习教师进行规范化培训；2021年9月起实施以入职1—3年青年为主题的促进青年教师专业成长的"青年成长营"；对教研组备课组长实施促进教研领导力提升的"组长培养工程"；以工作坊的形式开展班主任培训，加速班主任之间的沟通与交流，提升班级管理能力；于2022年10月启动学校骨干教师培养计划，孵化区骨干教师和学科带头人。

2. 探索实施学校"发展性"教师能力评价机制

在学校管理层面，对人事考核制度、职称评定制度、绩效工资制度等重要制度进行优化与完善，无论是年初考核还是职称评定，都作了调整与改进，对教师项目实施、课题研究等方面提出一定要求，作为评价内容之一，优化了《学校教师学年度考核实施办法》。丰富了教师评价方式，实行教师自评、年级组他评与学校总评相结合的评价方式,加强对教师的过程性评价与发展性评价。

四、检验与佐证

（一）教师积极参与校本教研,教研品质得到提升

随着项目推进,学校校本教研活动更加有序开展,尤其是随着项目推进,校本教研相关资源不断丰富,各类机制制度不断构建与完善,各种设施设备不断充实与更新,校本教研的数量与质量都有不同程度的提高,校本教研的资料建设也在加强,每学年学校开设的各类公开课、教研课也有大幅增加,不少活动在市区展示获好评。

（二）教师发展需求得到充分满足,专业水平得到提高

近年来,学校教师职称晋升 20 余人,其中晋升正高级教师 2 人、高级教师 8 人,获评特级校长 1 人。2023 年 12 月,学校教师获评新一届区学科带头人 4 人,骨干教师 9 人,学科新星 6 人。现有 6 名教师担任区高中各学科兼职教研员,9 名教师担任区高中各学科中心组成员。近三年中,语文、信息技术、体育教研组被评为区优秀教研组,另有 1 名教师被评为嘉定区十佳教改之星,1 位教师被评为嘉定区十佳青年教师。

教师在各级各类教学评比活动中屡获佳绩,其中获得上海市中青年教师教学评选二等奖 2 人,区教学新秀评比一等奖 2 人、二等奖 8 人、三等奖 5 人,区第十届班主任基本功大赛一等奖 1 人并成立区班主任工作室,嘉定区优秀班主任 1 人。15 位老师参与上海市空中课堂的摄制,共计 57 节课,涉及数学、英语、物理、历史、体育等学科。教师团队参加上海市中小学单元作业设计比赛获得一等奖 1 项、二等奖 2 项。

教师参与教育科研力度明显提高,并取得一定成效。近年来,学校获立项市级课题 2 项,区重点课题 3 项,区一般课题 9 项,区青年课题 4 项;结题 6 项,优良率83.30%。获得市级科研成果一等奖 1 项,区级科研成果二等奖 3 项、三等奖 4 项。在全国核心期刊、省市级期刊及区级刊物发表论文 86 篇,区级以上论文获奖 48 项。

（三）学生得到全面而有个性的发展,教育质量得到突破

近年来,学校教育教学质量快速上升,学生团队获得上海市物理学术竞赛二等奖,全国中学生生物学联赛获二、三等奖 4 人,上海市中学生作文竞赛一等奖 1 人,全国青少年电子信息智能创新大赛无人机主题赛一等奖 1 人,自培国家一级运动员 1 人,在上海市中学生田径冠军赛男子 4×400 米接力中勇夺冠军。

五、反思与展望

理论与实践均表明,学校层面的教师发展适宜走内生路径,需重视教师的自主、自觉与自信,

重视学校资源的开发、整合与衍生，应坚信教师的内在力量是驱动他们持续成长的不竭动力。具备基于实际需求、体验问题解决、团队合作学校、学校文化浸润等特征的内生性校本教研是促进教师专业发展的一条重要渠道。

与此同时，在教育教学改革的纵深推进背景下，针对内生性校本教研的实践与探索道阻且长。首先，教师的实际需求具有持续性和发展性，例如"双新"推进对跨学科校本教研的需求已日渐明晰，学校如何通过校本教研组织教师合理"破界"。其次，教师身负"学科教师""班主任""青年教师"等多重身份，参加的团队学习如若简单叠加似乎会令其难以承受，学校如何通过校本教研引导教师高效"跨界"。最后，校本教研活动的实效性和增值性评估需要进一步多元化和系统化，学校制订怎样的评价体系促进校本教研"提界"。这些问题都需要在未来的项目研究中进一步探索。

学校将进一步关注内生性校本教研的以下五个"空间"：一是"需求空间"，了解及帮助各层教师的自知和不自知的需要；二是"个性空间"，提供足够的空间及弹性，让教师决定自己的教学与研究的方式；三是"分享空间"，物理空间、时间空间拓展的同时，心灵空间更需要拓展与塑造；四是"资源空间"，与学者及资深教育工作者紧密合作，在理论及实践之间建立起桥梁；五是"反思空间"，通过观察陌生教育体系的机会，刺激教师反思本身习惯及价值观，以帮助其更好反思。学校期待通过研究，帮助教师确定更加适切的发展目标，形成积极奋发的专业态度；为教师提供更加丰富的教研资源，引导教师身心愉悦地开拓潜能；为教师创造更加完善的发展条件，满足教师自主进步的成功体验。

学校力求通过进一步的研究，在问题与需求、合作与研讨、实践与反思、内化与升华的循环往复中实现教师内生发展，为保障"双新"落地、实现区域品质教育、师生更好发展助力！

（执笔人：宋保平）

37

"创造"特色助推"双新"实践——以向明中学项目式教研为例

/ 上海市向明中学

核心问题

教研如何支持学校特色,助推"双新"实施?

一、背景与问题

(一)背景概述

向明中学作为上海市实验性示范性高中,始终践行创造教育并具特色,其办学理念是"学会创造,追求梦想,让每个学生在创造实践中成长",与新课程核心素养要求高度一致。四十余年来,"创造教育"的主张在向明中学校本课程中表现优异,但在国家课程的学科教学中表现并不突出,其主要原因是在学科教研中学校办学理念的渗透不足。在"双新"要求下,欲使教师的教学方式从"知识教学"转向"素养教学",就必须通过有效的教研来促进教师的观念转变和能力提升。然而,传统的教研形式主要有集体备课、听课评课、专题研讨等,内容丰富但往往点到即止,难以激发教师的深入思考和持续研究,难以产生系统的教研成效。

"双新"的有效实施中,教师是关键,教研是有力支撑。要加强教师队伍建设,创新教师培训方式,重点提升教师新课程实施和学生发展指导能力。因此,研究如何创新教研方式,使教师尽快形成满足新时代教学需要以及具有本校特色的教学意识、教学行为与教学能力,对于转变育人方式、培养创新人才具有重要的意义。

(二)拟解决的问题

拟解决的核心问题是:教研如何支持学校特色,助推"双新"实施?

围绕此核心问题需要解决的子问题为:

1. 如何在学科教研中"渗透"学校的办学理念?

2. 如何在各学科挖掘出助推学校"双新"特色实施的抓手?

3. 如何提升教研"深度"？

二、路径与办法

解决问题的整体思路是学校、教研组双线并进、相辅相成：学校加强顶层设计，以项目引领学科教研，指引各教研组从"双新"实施的重点环节中寻找突破口，确立项目；教研组将学校"创造教育"的特色融入项目研究中，围绕项目开展一系列有目的、有计划、有层次的教研活动，助推"双新"实施和总结反思提炼。具体实施路径如图 7-37-1 所示。

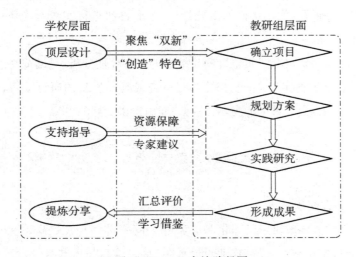

图 7-37-1　实施路径图

（一）学校层面

进行"双新"推进的顶层设计。学校结合多年来的"创造教育"经验，决定采用项目引领教研的方式推进"双新"，制订学科教研项目创建及实施要求，指导教研组将体现学校"创造教育"特色的元素——"培养学生创造性思维和创造实践能力的教学"融入项目研究，发挥项目研究的持续性作用，助力"双新"实施。

提供各种资源支持与指导。学校提供各方面的环境和技术支持，全力保障项目式教研所需的资源；邀请学科专家对项目式教研进行过程评估与指导，提出合理化建议，帮助教研组化解研究过程中遇到的各种问题，对项目方案进行调整优化，提升研究成果的质量。

汇总成果提炼并分享经验。学校汇总各教研组项目研究成果，并围绕学校"创造教育"特色助推"双新"学科实施的相关指标进行评价，提炼成功经验。通过交流分享，引导教研组之间互相学习借鉴，提升学校整体教研水平，为持续推动"双新"实施积聚能量。

（二）教研组层面

确立项目。教研组团队以学校制订的"学科教研项目创建及实施要求"为依据，以落实学科核心素养、转变教学模式为根本,以培养创造性思维和创造实践能力为聚焦点,从"双新"实施重点环节中寻找突破口,确立教研项目。

规划方案。教研组团队通过理论学习、观点分享、思维碰撞,将新课程理念与学校办学理念内化于心,对理念如何在项目中体现进行思考与讨论,制订项目研究目标,确定研究内容,理清研究思路,细化研究步骤,明确分工任务,形成项目研究技术路径,根据研究进度和难度,做好项目式教研总体安排和时间规划。

实践研究。教研组团队围绕具体的研究内容,如教学设计、活动设计、作业设计、实践操作、过程分析等方面开展研讨,制订实施细节并付诸实践,形成案例,收集实践信息,组织深入讨论,通过分析、比较、创造的过程,优化案例的实施细节,继而再次进行实践。这是一个长期、循序渐进、螺旋上升的教研过程。

形成成果。教研组团队对项目实施过程与结果进行有效性分析,总结成功经验,形成项目阶段研究成果。教研组团队还可以进一步深化项目研究或是产生新的研究项目,增强团队成员的研究意识,锻炼研究能力,提升教学能力,为"双新"实施提供更好的保障。

三、成果与经验

(一)确立了学科教研项目

"双新"实施在教学方面的重点是深化课堂教学改革,具体体现在提高课堂教学效率,变革课堂教学方式,认真开展实验教学,提高作业设计质量,推进信息技术与教学深度等方面。我校各教研组围绕课改重点,结合学科实际找准项目切入点,例如,语文和物理学科聚焦大单元(专题)教学设计,数学和历史学科聚焦课堂教学引导,化学和政治学科聚焦项目化学习活动设计,英语、地理和生物学科聚焦校本作业设计,通用技术学科聚焦人工智能教学,从而确立了学科教研项目。

同时,各学科的教研项目中都融入了学校"创造教育"的特色元素,即创造性思维和创造实践能力。创造性思维作为一种高阶思维,是思维培养的高层次目标,创造实践能力则是创造性思维在实践活动行为中的表现,这些既是学校"创造教育"的理念,又是新课程核心素养的关键领域,实现了学校理念落地与"双新"实施的同频共振。

需要说明的是,并非所有的教学问题都有必要通过设立项目进行研究,不必小题大做。通常,教研组项目需要经历一至三年的研究周期,由教研组长领衔,根据组内教师专业优势进行研究内容分工,设定项目进度,组织系列化教研活动。

(二)创建了项目式教研范式

学校通过项目式教研来有力推动"双新"的校本化实施。以项目为中心、围绕一系列相关主题开展的教研活动可称之为项目式教研,这是一种聚焦问题、层次分明、结构紧密的教研方式。

相较于一般的教研活动,项目式教研会具有较好的针对性、持续性和深入性,能产生深度教研的效果和较好的攻坚效果。在项目式教研过程中,教研组长组织团队长期沉浸于研究的问题,汇聚思维焦点,容易引发深度思考,同伴之间的启发与辩论又容易激发教学创造力,这种持续且有序的研究活动使研究内容在教师头脑中始终保持激活状态,假以时日就形成了教师的一种行为自觉,自然关联到日常教学中,持续发挥项目促进"双新"落实的作用。

项目式教研通常包含六个主题,围绕每个主题的教研活动次数是灵活设置的,活动内容可以根据项目的进展随时设计安排,遵循实践反思、聚焦问题、互动生成、创新思路的基本原则展开主题研讨。

主题一:形成核心概念共识。通过这一主题教研,让教研组内的教师明确教研组的研究项目、研究意义、项目对学科教学以及教师教学能力提升的促进作用,使教师对项目产生认同感,甘愿在项目研究过程中投入足够的精力和智慧,使教研深入人心、卓有成效。

主题二:确立项目发展目标。通过这一主题教研,促使组内教师共同思考项目研究的方向,基于群体对学校教学情况的认知、对自身执行能力的判断,统一想法,最终形成研究目标。这个讨论过程非常重要,目标是否可行直接决定了项目实施的前景和难度。

主题三:制定项目实施路径。此主题教研的任务是讨论实施项目的具体流程,确定与目标相匹配的路径、具体内容、总体构想、主要过程、研究方法和人员的分工与协作,为后续的研究工作搭建框架,理清思路。

主题四:设计项目实施细节。此主题教研聚焦项目实施细节,其目标是构造出项目研究的微结构,每一个微结构都有其对应的目标、内容和任务设计,必然是要经过精耕细作、反复打磨才能呈现出良好的形态。通过头脑风暴、观点辩论、策略研讨充分激发教师的个人智慧和创新潜能,凝聚成团队智慧,为实践研究提供良好的基础。

主题五:实践研究持续跟进。此主题教研进行的是实证研究、行动研究,通过教学实施来检验是否能如愿完成项目设计的目标和任务,及时发现问题,研讨解决方法,优化实施细节,然后再进行实践和检验,直至实现目标。随着实践研究循环往复不断深入,项目的持续性效应充分发挥作用,最终转化为教师的教学能力和学生的学习收获,提升教学效能。

主题六:总结经验反思不足。通过这一主题教研,对整个项目实施的过程和效果进行分析,根据教师的教学感受和学生的学习体验对项目进行有效性分析,整理研究思路、方法和策略,总结经验,反思不足之处,修改完善方案,为项目成果的长期实施和拓展转化夯实基础。

项目式教研可以根据项目研究需要采用丰富多样的活动形式。比如,各教研组分别在图书馆、博物馆等进行资料搜集方面的教研,在高规格实验室进行实验探索方面的教研,在高校、科研单位进行前沿知识学习方面的教研,在企业、实践场所进行知识应用方面的教研⋯⋯丰富的场景资源和智慧资源更有助于教师开阔视野、活跃思维、提升专业素养。

(三)凝练出"双新"实践成果

教研组聚焦各自的特色发展项目,通过项目式教研完成了从规划到实施的工作,凝练出"双新"实施的策略和做法。

1. 创新学科教学模式

跨单元专题教学。在遵循学科单元教学逻辑的基础上,我校语文教研组确立了"跨单元专题教学——高中语文实用性文本写作教学"的研究项目,以培养学生"语言建构与运用、思维发展与提升"的核心素养为目标,以"实用性阅读与交流"学习任务群为基础,组织组内教师分工解析分散在五册新教材中的实用性文本写作任务,通过一年的教研整合设计出一套符合新课标、有层次的实用性文本写作专题教学活动,又经过一年的教学实践研究及修正,最终形成了跨单元实用性文本写作专题教学实施模式。

线上线下融合教学。数学教研组围绕"基于 SPOC 和 BOPPPS 的高中数学建模教学案例研究"项目,开展了数学建模案例和教学方式的研究,通过一系列学情分析、查阅资料、交流研讨等教研活动,组内教师凝聚智慧,合作设计出与新教材紧密结合、联系生活的高中数学建模教学设计,以及数学建模素养评价方法,并将相关基础知识、模型、算法等工具制作成"希沃胶囊"或网络平台微课。学生在自学线上微课的基础上再完成线下课堂学习,既锻炼了自学能力,又提高了课堂教学效率。通过边设计边实践边反思,在完成一轮新教材教学的过程中,教研组形成了一组数学建模教学典型案例和策略。

延展性项目化学习。化学教研组确立了"依托创新实验室的化学项目化学习"教研项目,通过教研活动仔细分析研究新教材中的实验,将其中具有延展空间的实验升级打造为项目化学习活动,并采用我校创新实验室课程的"确定主题—设计实验方案—操作实验—处理分析实验数据—撰写研究报告"教学模式实施教学,充分利用教材中的实验资源为学生提供更深入、更具挑战性的学习体验。

2. 创新作业设计思路

多角度的实践作业。地理学科的最大特点是与学生的生活实际全方位关联,它是培养学生知识应用能力、解决问题能力的绝佳平台。地理教研组在不断优化基础作业的同时,将教研目标定位在拓宽作业设计的角度,丰富作业的形式和内容,使地理与生活立体化呈现在学生面前。通过一系列项目教研活动逐步形成了以区域为背景的填图作业、基于教材"活动""探究"等栏目的实践作业、以时事热点为背景的应用作业、基于地理研学等实践活动的探究作业,从而打开了作业设计的新思路。

多层面的特色作业。英语教研组围绕"以培养学生创造性思维为目标的英语特色作业设计"项目进行深入教研,聚集体之智慧设计出三个层面的特色作业:其一是与"同一语篇的多角度教学——同课异构"相配套的课后作业,引导学生进行差异化思考;其二是形式多样的单元作业,让学生在语言综合运用的过程中深化对单元的理解,在新情境中产生创造性思维;其三是有难度梯度的项目化实践性学期作业,着眼课外实际问题,在解决问题的过程中外化学生的创造性,达成创造性思维内化于心外化于行的效果。

四、检验与佐证

（一）项目式教研推进教研组建设

近年来，项目式教研带动我校教师围绕教研组特色发展项目开展了 24 项相关的课题研究，发表了相关论文 30 篇，其中多篇论文在区级及以上评比中获奖。教师将项目研究产生的活动设计和创意等运用在各类教学评比中，并多次获奖，其中 1 人获"第十五届全国中学物理青年教师教学大赛"一等奖，3 人获市级奖。同时，通用技术教研组在项目研究过程中成长为创新型教研组，成为兼具本学科扎实专业素养和新兴前沿学科创新实践教学能力的"双师型"团队，其中 1 人被评为"黄浦工匠"。

各教研组将项目研究过程中的思考与探索对外做了交流展示与辐射，参与了市级高中"双新"推进区域联合教研"理念·实践·跃迁——例说'圆周运动'的单元教学设计与实施"研讨与展示活动，主办了"学科德育导向下的高中英语阅读教学之同课异构教学展示"等活动，用教学上的创新来回应"双新"实施，落实素养教学的同时推动教研组学科建设更上一层楼。

（二）"创造"教学成为教师自觉行为

调查统计显示，目前有八成左右的教师能够深刻领悟创造性思维和创造性实践能力的内涵与重要性，并将其转化为行动力，能够将培养学生的创造性思维和创造性实践能力作为一种常规的教学习惯，会自觉地在教学中寻找落脚点，将新课程理念、新教材意图中与思维相关的教学要求更好地落实到位。有 90% 以上的教师在单元教学设计、课时教学设计、课堂提问设计方面的教学创新能力有所提升，超过 70% 的教师在学生活动设计、课时作业设计方面的教学创新能力得到提升，但部分教师在长作业（活动设计）方面的创新能力提升略显不足。

（三）创造实践促进学生个性发展

各学科的项目研究使学校"创造教育"特色在落实"双新"的教学过程中惠及所有学生。可以发现，学生在实践活动中表现出良好的实用性文本写作能力和创作能力，建模能力稳步提升，在学科特色作业中表现出丰富的创作形式和极具个性化特点的创作内容，在项目化学习的过程中形成了质疑、验证的习惯，创造性思维和实践能力同步发展。

五、反思与展望

（一）项目式教研与常规教研实现优势互补

项目式教研在近几年的学科教研中发挥了显著的推动作用，其针对性强、持续性好、深入性足的优势非常明显，得到了绝大部分教师的赞同，但其无法作为学科教研的全部，必须与常规教研同步进行，形成优势互补，才能保证教研工作的整体性和有效性。

（二）项目式教研破解素养教学关键问题

在这一轮项目式教研经验的基础上，学校将进一步优化实施路径与方法，以点带面，继续针对"双新"教学中的关键问题开展项目式教研，加强教研深度，攻坚克难，发挥持续性作用。

（三）项目式教研推动教育教学改革落地

随着教育数字化转型、人工智能入校园、加强科学教育等教改目标的出现，带给教学的挑战越来越丰富，教师面临的困难不小，以项目式教研应对挑战和困难是一个好方法。

（执笔人：成　瑾）

后记

教育改革的道路从不平坦，但每一次深耕实践、每一份研究探索，都是迈向未来的坚实步伐。唯有勇敢求索，方能拓展教育的边界；唯有深度变革，方能真正推动核心素养的落地。

在上海市教委的全程引领与行政推进下，在上海市教师教育学院（上海市教育委员会教学研究室）的精心组织与专业指导下，"上海市普通高中新课程新教材实施研究与实践"项目历时四年，锚定"双新"改革的关键问题，攻坚克难，持续突破。项目始终坚持"问题导向、需求导向、实践导向、成果导向"，以科学研究为支撑，以课堂实践为根基，以教师成长为目标，推动变革向纵深发展。经过不懈努力，首批35所项目学校及杨浦、黄浦两个项目区顺利结项，为"双新"改革的深化提供了坚实支撑。

然而，项目的完成不止于项目报告，而在于经验的沉淀、思想的传递与实践的生长。本书——《指向核心素养落地：37个核心问题的上海实践》，正是基于这一初心，致力于提炼、优化与推广研究成果，让"双新"改革的探索经验可复制、可借鉴，并经得起实践检验。我们不仅希望总结经验，更期望通过这场深度研究与实践对话，推动思考与行动的进一步跃升：

- 从经验归纳走向推广检验，让研究成果经得起实践的淬炼；
- 从课程规划迈向教学改革，实现理念创新与课堂变革的协同推进；
- 从共性问题攻关拓展至校本特色研究，让每所学校的探索都能找到自己的方向；
- 从政策引导走向教师自主创新，推动课堂变革与育人方式深度融合，形成教育变革的内生动力。

基于这一思考，每所项目校和项目区从必选与自选两个研究成果中，提炼最具特色、最具实践价值的成果，进一步优化提升。经过系统梳理与归类，本书最终形成七大主题：创新人才培养、课程规划、跨学科课程、数字赋能、教学、评价、教研。每个主题都承载着不同学校的独特探索，既是经验的汇集，也是实践的指南。

本书由韩艳梅总体策划，搭建成果框架，组织专家指导，并负责统稿。

致谢专家与团队

本书的高质量呈现，离不开高规格专家团队的精准指导。在此，谨向华东师范大学安桂清教授、周文叶教授、高丹丹教授，以及教育专家李彦荣、王天蓉、姜明彦校长致以最诚挚的感谢。他们在指导过程中倾注了大量心血，不仅提供了学术支持，更以专业智慧点燃学校实践探索的思考之光。

同时,向首批 35 所项目校和杨浦、黄浦项目区的院长、校长和教师团队致敬——他们不仅是"双新"改革的践行者,更是教育创新的探索者。正是他们扎根教学现场,在教学与育人实践中不断探索与突破,推动学生的成长与发展。

特别致谢

感谢上海市教师教育学院(上海市教育委员会教学研究室)院长王洋,他高瞻远瞩,统筹规划"双新"改革的推进路径,推动项目从探索尝试走向实践深化。感谢副院长谭轶斌和原副院长纪明泽,他们的精准研判,确保项目稳步推进,为项目的实施提供专业支撑。感谢各区教育学院院长、教研室主任及各位专家在项目推进中的大力支持。感谢编辑刘佳,她为本书的策划与出版倾注了大量心力。

教育改革,是一场持续的探索。本书或有不足,期待引发更多共鸣、检验与超越。敬请批评指正。

"上海市普通高中新课程新教材实施研究与实践"项目组

2025 年 1 月